浙江省哲学社会科学重点研究基地

浙江省信息化与经济社会发展研究中心

The Research center of information technology & economic and social development

中国农村水利市场化
管理困境及其出路选择

张 宁 董宏纪 著

ZHEJIANG UNIVERSITY PRESS

浙江大学出版社

图书在版编目（CIP）数据

中国农村水利市场化管理困境及其出路选择 / 张宁，
董宏纪著. —杭州：浙江大学出版社，2015.12
　ISBN 978-7-308-15071-2

　Ⅰ. ①中⋯ Ⅱ. ①张⋯ ②董⋯ Ⅲ. ①农村水利—水
利管理—研究—中国 Ⅳ. ①F812.8

　中国版本图书馆 CIP 数据核字（2015）第 202636 号

中国农村水利市场化管理困境及其出路选择

张　宁　董宏纪　著

责任编辑	杜希武	
责任校对	杨利军　秦　瑕	
封面设计	刘依群	
出版发行	浙江大学出版社	
	（杭州天目山路 148 号　邮政编码 310007）	
	（网址：http://www.zjupress.com）	
排　　版	杭州好友排版工作室	
印　　刷	杭州日报报业集团盛元印务有限公司	
开　　本	710mm×1000mm　1/16	
印　　张	17.5	
字　　数	343 千	
版 印 次	2015 年 12 月第 1 版　2015 年 12 月第 1 次印刷	
书　　号	ISBN 978-7-308-15071-2	
定　　价	59.00 元	

版权所有　翻印必究　印装差错　负责调换

浙江大学出版社发行部联系方式：（0571）88925591；http://zjdxcbs.tmall.com

本书系国家自然科学基金项目（71203053）、教育部人文社科项目（10YJC790382）、浙江省哲学社科规划"之江青年"项目（11ZJQN002YB）研究成果。

前　　言

　　中国是一个农业大国,不同区域的自然经济条件、作物类型都存在很大差异,因而对农村水利也存在不同的需求。长期以来,我国针对农村水利本身所具有的物理特征,擅长采用工程技术手段对其进行管理。实践证明,农业灌溉管理制度的执行恰恰是忽略了灌溉系统的科学管理方法及其经济效益的正确评价,以致灌溉管理制度改革出现了事倍功半的效果。从实现水资源合理利用的角度来看,水利管理已经受到政府和国际社会的强烈关注,随着我国水利民营化管理及其产权改制工作的推行,政府和农户之间的关系也日益复杂和微妙,再加上各利益主体的直接和间接经济效益,都为水利市场化管理蒙上了纷繁的表象。尤其是农村水利建设与管理是一项更为复杂的系统工程,其工程产权及市场化管理体制改革不能"一刀切",还需要考虑不同区域地形地貌、水资源条件与经济发展水平,对各阶层利益相关主体管理的投入方式进行理性分析。首先,农村水利投入是一个集体行动,政府不能缺位,依靠单个农民是无济于事的,只有政府激励,宣传动员并提供资金支持,农民在博弈合作过程中,才能充分发挥农民参与的积极主动性;其次,由于地域空间差异性,不同行业(种类)的农村水利将面临不同的市场化管理困境和挑战,而不同功能的农村水利运行及管理方式也不尽相同;最后,不同时代的市场经济管理机制演化都有其不同的产生背景和适用条件,适合我国动员利益相关者投入和管理水利的方式应为激励机制设计下的多种管理模式并存。因此,在空间地理上,实证研究不同地区农村水利管理效率及其空间差异,以及利益相关者共同参与水利市场化管理的作用机理,不仅可以为构建中国区域特色的农村水利市场化管理创新机制提供理论依据,理顺工程建管过程中的内外部关系,保证水利事业的良性运行,实现水资源可持续利用及为高效节水生态农业奠定基础。同时,若能有效促进农户参与水利市场化管理不仅可以间接促进水资源的合理利用,也会创造一定的社会效益,这对开展我国不同地区的水利市场化管理模式的空间差异,促进区域经济的协调发展,实现农业生产、保障粮食安全以及因地制宜地推进新农村建设都具有重要的现实意义。

　　本研究通过大量的实地调研资料,从政府、集体(协会)及个体农户三方利益相关者共同参与水利市场化管理的视角,从宏观和微观两个层面,分别对利益相关者、组织激励与空间差异三个部分进行实证研究。首先,通过政府激励与农户参与进行动态演化博弈与结构设计,揭示中国农村水利市场化管理中的利益相关者博

弈及政府声誉缺失的深层原因;其次,运用结构方程模型(SEM)对我国政府激励
条件下的农户参与合作的激励机制进行有效性设计,进一步提出科学有效的水利
市场化管理实施保障体系及出路选择,为政府和相关机构提供政策建议和方法支
持;最后,综合地形地貌、水资源条件和经济发展水平,探索中国农村水利管理效率
的空间变化趋势及其影响因素,阐明我国不同区域农村水利市场化管理创新的差
异性,并结合浙江省水利科技项目市场推广的案例研究,对我国农村水利市场化管
理提出相关的政策建议与保障体系。主要包括:

第一,基于空间经济学模型的农村水利市场化管理的空间差异

农村水利自身发展有其区域特殊性,这就需要对中国不同区域农村水利管理
有效性进行分析与评价,探求水利市场化管理基于时间、空间维度的变化趋势;构
建空间计量模型,实证研究农村水利管理效率的空间效应及其影响因素,从而有效
提高我国水利工程整体抗灾减灾及环境保护能力。

第二,水利市场化管理困境中的利益相关者及政府声誉缺失

通过"农户市场化—集体分享制—政府监督式"构建一个利益相关主体共同参
与的水利市场化管理系统,运用演化博弈理论及结构方程模型对该管理系统中的
激励与约束机制进行有效设计,探求农户参与水利市场化管理的博弈决策行为等
因素变化,从而揭示农户参与农村水利市场化管理的内在形成机制,是实现农村水
利市场化过程中产权制度创新的重要手段。

第三,水利市场化管理中的激励机制设计与实证检验

实证模拟农村水利工程市场化管理模式及其运行机制,运用政府干预(参与)
手段来逐步引导不同区域农村水利市场化管理模式的创新,制定适合我国不同区
域农村水利市场化管理创新机制,最大化地发挥政府主导、集体主位、农户主体相
关政策法规作用,实现农村水利管理技术创新的外部效应内部化。

本研究特色表现在:1. 能够综合地形地貌、水资源条件及社会经济发展水平,
将空间经济与案例研究结合,对水利市场化管理的空间差异及其创新机制进行研
究;运用自然科学中的系统工程图法对典型区域的水利市场化管理模式进行情景
模拟,可使中国不同区域市场化管理模式的创新结果一目了然;2. 从政府、集体与
个体农户共同参与的视角,在利益主体参与式管理系统中,对该系统的激励与约束
机制设计、农户参与行为的变化趋势进行理论与实证分析,揭示在政府主导、集体
主位和农民主体的前提下,不同区域水利市场化管理创新的内在机理,丰富了我国
准公共产品市场化管理理论及农户参与式管理理论;3. 本研究针对政府对农户的
激励措施随时间而发生变化的特点,及双方信息不对称问题的存在,建立了政府激
励下的政府与农户的演化博弈模型,基于不同演化稳定策略的分析,深入剖析了利
益相关者在水利市场化过程中不同阶段的动态特性和行为特征,不仅较好地弥补
了文献研究中的农户动态性行为特征的缺憾,也突破了现有国内学术界以宏观定

性和微观定量独立探讨为主的研究思路与方法,使研究更具有规范性和科学性。

本著作是国家自然科学基金《小型水利市场化困境:利益相关者、组织激励与空间差异》(项目编号:71203053)及教育部人文社科青年项目《农村小型水利市场化及其激励机制研究》(项目编号:10YJC790382)的研究成果综合而得。在历时约4年的项目研究中,我的研究生刘聪(浙江大学在读博士)、洪凯、华楠、吴春凤、钟乙萱、卢靖、时宁宁、王梦琳对本课题的研究进行了大量的调研与数据准备工作,并按照项目总体设计和要求,参与了部分内容的初稿撰写。刘聪、华楠参与了第四章和第五章的研究工作,洪凯、钟乙萱参与了第六章的研究工作。钟乙萱、吴春凤、卢靖等参与了第七章的调查与研究。卢靖、时宁宁参与了第八章的修改与审核,最后由本人及浙江水利水电学院董宏纪副教授进行统稿及审核,在校研究生阳景、张建平、王梦琳、梁超同学在统稿过程中也做了大量的辅助工作。

本项目在研究过程中还得到了许多同行和有关部门的热情支持和帮助。在此,特别感谢在研究期间美国肯塔基大学(University of Kentucky)对本人在美国留学期间的实地调研、会议出席及本课题研讨会的讨论,让我有机会学习了很多美国博士生的研究方法,所有这些方法都对本研究起到了关键性的作用。感谢美国肯塔基大学 Pro. Wuyang Hu 和 Dr. Guzhen Zhou 对本项目研究思路的把握及鼎力支持,感谢浙江大学陆文聪教授的指点,让我在水资源管理研究领域中终身受益,感谢盐城工学院周博博士、杭州电子科技大学申恩平教授、段显明教授的批评与指正,感谢浙江省水利科技推广中心的裴瑶、王萱等同志对本课题的调研支持!

张　宁

2015 年 7 月 28 日

目　　录

图表目录

第1章　绪　　论

1.1　研究背景与意义

1.1.1　研究背景

随着全面推进新农村建设的战略实施,水资源短缺成为我国农村经济发展的瓶颈,提高农业生产能力,一个很重要的方面是改善农田的水利条件,国家除了必须把大中型水利工程项目纳入国民经济和社会发展计划外,另一个很重要的方面是把农民的积极性调动起来,在政府增加投资建设的同时,如何管好、用好现有的农村水利工程,使当地各种零碎的水资源得到充分有效利用,切实做到兴利除害、开源节流、改善生态环境,是农业灌溉可持续发展且不可缺失的重要前提。我国自实行农业经营制度改革以来,农村水利主要实行以村委会为主的村集体直接管理模式。这种管理模式因难以适应市场化条件下农业分户经营的需要,致使大部分农村水利在相当长的时间里存在"产权不清、主体缺位、工程老化、效益衰减"等现象,加大了我国水利管理难度,直接影响了农业生产的稳定发展。近几年来,虽然不少地区探索实行了"用水者协会"、"承包经营"、"股份合作制"等多种形式的农村水利产权改革等市场化管理方式,但由于农村水利属于准公共产品,一直靠国家投资、经营与管理,转型中的水利市场化效果并不显著,投资供给不足和工程效益衰减始终并存,水利市场化管理出现进退两难的困境。主要表现在:①多数农村水利投入呈现出市场和政府"双失灵"的局面:一方面,由于水利的系统性和公益性,私人投入激励不足,市场机制无法发挥其资源的有效配置;另一方面,本应由政府承担的公共投入出现严重偏差,导致农村水利公共投入陷入困境;②由于地方及乡镇政府的集权化管理,过多注重了农村水利的社会效益,较少或没有考虑其经济效益,使其不能进行成本核算,最终导致水利设施无力自我运行和维持;③水价过低或不收水费,致使农民缺乏节水意识,造成一方面农业灌溉用水严重浪费,另一方面农业水费收入不足,难以形成有效的农村水利工程供水补偿机制;④农村水利管理投入收益较低,农民投入积极性不高,农村劳动力的区域性流动,使其投入和管理的机会成本逐渐增大,无疑对动员社会加强水利市场化投入是雪上加霜。其原因在于政府、(村)集体和个体农户之间"责、权、利"不明确,缺乏相应的激励与约束机制,使农户参与水利市场化管理流于形式,农民用水者协会名存实亡,严重影响了农业稳定生产与发展。

我国是世界上最大的粮食生产和消费国之一,农村水利是支撑农业发展的基础设施,农户是农村水利建设与管理的主力军。数据表明,中国80%的农村水利设施主要用于农业灌溉,灌溉用水占全国用水总量的将近75%,但是灌溉用水效率却只有25%~40%,这种水资源短缺与用水效率偏低的反常现象值得我们深思[1-2]。用水效率偏低与农户对灌溉用水的参与意识和节水意识有很大的关系,因此,提高农民灌溉节水意识,保证农村水利事业持续进行是当前需要解决的关键问题。1995年,世界银行的贷款灌溉项目开始推行参与式灌溉管理以来,1995年6月第一个用水者协会于湖北省漳河灌区成立,1996年由水利部农村水利司主持的,在都江堰召开的灌区管理体制改革研讨会上首次将"参与式灌溉管理"的概念引入灌区管理单位,此次会议明确提出了借鉴国际先进经验,构建具有中国特色的适合市场、社会组织承担的水利公共服务,引入竞争机制,通过合同、委托等方式交给市场、社会组织的水利工程市场化改革。截至2009年,全国成立的各类农民用水合作组织累计达到5万多家,其中位于大型灌区内的有1.7万多家,由农民用水合作组织管理的田间工程控制的面积已占有效灌溉面积的40%以上[3-4]。这些模式都体现了让用水农户以"主人"的身份参与灌区规划、施工建设、运行维护等管理方面的事务,进而逐步形成良性发展的灌溉管理体制与运行机制。但是,以上模式在实际运作过程中,由于农村水利市场化有效实施过程中政府的主体缺位,企业的支体不足,农户参与水利市场化管理的意愿逐步降低。

20世纪80年代以来,世界上许多国家将农业灌溉系统的部分或全部管理权转移到农户身上,通过制定相关政策、法规,鼓励农户参与水利管理(Participatory on Irrigation Management,PIM),进而减轻国家的财政负担,提高水利灌溉工程的运行效率[5-7]。中国在世界银行和国际灌排组织的支持下,结合大中型灌区更新改造和续建配套工作,建立了用水户参与式灌溉管理的改革试点。自1995年在湖北省漳河灌区建立第一个用水协会试点至今,中国水利参与式灌溉管理也由最初的水利市场化试点进入的初始发展推广阶段。参与式灌溉管理日益得到学术界的普遍关注,冯广志(2001)[8]根据中国水利发展情况,分析了发展经济自立灌排区,实施农户参与水利市场化管理的条件和制约因素等。许志方(2002)[9]在借鉴国外用水户参与灌溉管理经验的基础之上,分析了有效保证用水农户参与农村水利灌溉管理的影响因素。张陆彪等(2003)[10]分别对中国湖北省漳河灌区和江苏省皂河灌区实施农户参与水利市场化管理的实践效果和存在问题进行了实证研究,湖北省京山县孙桥镇对镇所属水库管理进行改革。改革之后,以前的水利职工变成了聘任制的社会人员。刘静等(2008)[11]运用漳河灌区的农户调查资料,将用水者协会的作用对灌溉水资源供应和农业生产的影响等进行了计量分析。上述已有实践及研究表明:水利市场化管理对于提高水资源的利用率,改善支渠以下灌区工程的管护,减轻农民水费负担和减少用水纠纷等方面起到了重要作用。但是该管理模式在运行中也存在一些问题,除国家对水利建设投入严重不足外,就是部分地方政府公共服务责任与意识的缺失,通过市场的方式将农村水利供给盲目地推向市场,导致农户参与水利市场化管理的合作行为出现博弈状态。因此,如何有效地调动农民积极参与水利管理的积极性是急需解决的问题之一。

以浙江省为例,随着浙江省非农产业经济的快速发展,农民就业范围在逐步扩大,出现农户对农村水利工程投劳投工的大幅度减少。尤其是 2002 年农村税费改革"两工(农村劳动积累工和义务工)"的取消,使农户劳工投入出现明显下降,见图 1.1。据统计,与 1996—1997 年度相比,2005—2006 年度农户对水利工程的总投工数量减少了近 70%,完成土方量减少了 22%,改造的中低产田面积下降了 48%,新增恢复改善灌溉面积减少了 25%左右,2006—2012 年间,农户投劳基本保持较低的水平,波动不大。这说明农户参与农村水利管理的比例自 2004 年起已明显下降。

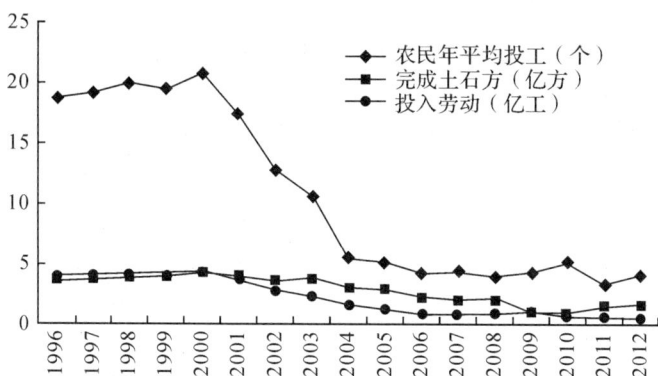

图 1.1　1996—2012 年全省河道整治过程中农户参与情况

资料来源:浙江省水利厅《农村水利基本建设统计表》及《浙江省统计年鉴》,1996—2012。

1.1.2　问题的提出

改革开放以来,农村水利设施建设面临着政府失灵与农村社区自我管理失灵的问题。面对上述管理困境,在市场经济改革的大背景下,以市场化方式提供农村水利服务就成了一种自然而然的选择。众所周知,市场化改革必须具备一定的前提条件。在农村水利市场化改革的支持者看来,我国广大农村已经基本具备了相应的条件[12]。基于以上背景,为了增强农村水利市场化管理的意识,我国在总结国际水利工程管理经验的基础上,结合本国的管理体制对水利工程用水户市场化管理颁布了一些国家政策和法律法规,如《中华人民共和国水法》、《农业法》、《农业技术推广法》、《小型农村水利和水土保持补助费管理规定》、《水利工程水费核定、计收和管理办法》、《灌区管理暂行办法》及省级水利部门颁发的为了规范和支持用水者协会发展的政策性文件等,面对国家及地方政府相关法律法规的压力,全国各地区均高度重视水利市场化管理工作,并纷纷采取措施,如承包责任制、租赁制、股份制和用水者协会等趋向于水利市场化产权改制的模式[12-14]。以用水者协会为例,它以集体形式构成,保证责、权、利相统一,在一定程度上大幅度减少了人为破坏水利建筑物的现象,改善了工程运行的效果,同时也有效避免了以前的灌溉死角和灌溉不及时问题,使农民的生产收入得到改善。因此,我们从用水者协会的运行中可以看到产权明晰后的农户参与水利市场化管理对于水利工程具有重要的意义,但是不可否认当前水利市场化管理在实践中还存在着诸多问题,很多试点省份都没有达到预期的目标不仅出现了"无人参与"的局面,又面临着投入资金不足的窘况。那么究其原因,制约村集体、用水组织和农户等利益主体共同参与水利市场化管理的关键因素是什么? 又应该如何克服这些制约因素,走出水利市场化管理的困境? 其次,政府的激励措施会对农户及用水组织的参与水利市场化管理决策产生怎样的影响? 什么样地区才能保证水利市场化管理的有效实施,这些都需要进一步深入开展研究。

(1)当前农村水利市场化管理是水利改革的一种趋势,虽然文件中没有明确提出,但在实施过程中的水利工程产权制度改革已成为市场化管理的先驱。由于我国农户群体具有血缘、地缘等特殊性,在处理集体事务时存在很多的问题,很难达成一致意见,市场化条件下较为容易按照自己的想法各行其是,无法形成有效的集体合力。这种现象能不能用行为经济学得到解释,是不是具有制度经济学上的依据,接下来的研究将会解决这个问题。

(2)在农户的集体行动或者共同处理集体事务时,还存在着地方政府、村集体、农民合作组织等其他利益主体的集体性博弈,个体农户在参与过程中往往缺乏有效的监督和激励机制,激励机制的存在是否必要,是否会对农户及其参与行为决策产生影响,对农户的参与合作效果是不是会有很大的主导作用,这也是本书将要研究的政府、农户等相关利益主体博弈等问题。

(3)农户参与农村水利市场化管理的相关研究是在农村范围内开展的,而农村往往是熟人或半熟人社会,农户之间由于存在地缘、亲缘、宗族上的关系,互相之间比较熟络,农户的决策和参与组织管理的积极程度是否会受到其他农户的影响,社区特征以及农户之间的互动是否会对农户参与行为产生激励性影响,是否还需要在此环境下进行激励机制设计的研究,这同样是本书将要研究的问题。

(4)从农户参与的角度,分析和解决我国水利市场化管理困境,必须先要对我国不同省域的经济与地理环境等条件指标进行分类选取,有效分析农村水利管理效率的空间差异及其成因,从而以(3)农户参与市场化管理的激励机制设计的研究结论作为起点,分析不同自然地理环境条件下的地区农村水利市场化管理模式及其运行机制,这是本书研究最后需要解决的关键性问题。

1.1.3 研究意义

中国是一个农业大国,不同区域的自然经济条件、作物类型都存在很大差异,因而对农村水利工程也存在不同的需求。长期以来,我国针对农村水利工程本身所具有的物理特征,擅长采用工程技术手段对其进行管理。实践证明,农业灌溉管理制度的执行恰恰是忽略了灌溉系统的科学管理方法及其经济效益的正确评价,造成灌溉管理制度改革出现了事倍功半的效果。尤其是农村水利工程建设与管理是一项更为复杂的系统工程,其工程产权及市场化改革不能"一刀切",还需要考虑不同区域地形地貌、水资源条件与经济发展水平等空间因素,对各阶层利益相关主体管理的投入方式进行理性分析。首先,农村水利投入是一个集体行动,政府不能缺位,依靠单个农民是无济于事的,只有政府参与,宣传动员并提供资金支持,才能发挥农民的积极性;其次,由于地域空间差异性,不同行业(种类)的农村水利将面临不同的困境和挑战,而不同功能的农村水利运行及管理方式也不尽相同;最后,不同时代的管理机制演化都有其不同的产生背景和适用条件,适合我国动员各级利益相关者投入和管理水利的方式应为多模式并存。因此,在空间地理上,实证研究不同地区农村水利管理效率及其空间差异,以及各级利益相关者共同参与水利管理的作用机理,不仅可以为构建中国区域特色农村水利市场化管理创新机制提供理论依据,理顺工程建管过程中的内外部关系,保证水利事业的良性运行,实现水资源可持续利用及为高效节水生态农业奠定基础。同时,实证分析不同区域农村水利工程管理效率及其空间格局的变化趋势,探求影响水利工程效益发挥的制约性因素,对建立符合区域特色的农村水利工程市场化管理模式,促进区域经济的协调发展,实现农业生产、保障粮食安全以及因地制宜的推进新农村建设都具有重要的现实意义。同时,农村水利市场化管理已经成为政府和学术界关注的重要课题,它在一定程度上决定了农村水利管理的效率和利用率,是实现水资源可持续发展和水资源有效合理利用的重要手段,对于水资源循环利用和实现社会可持续发展起着重要作用。

(1)理论意义

目前对水利市场化管理困境中的利益相关者博弈问题、激励机制设计以及不同区域不同模式等相关研究主要集中在定性研究,定量研究较少。本研究以理论探索为主,从管理学、经济学、社会学等多学科角度对农户参与水利工程市场化管理的激励机制进行能够有效实施的设计,研究方法也与以往研究农户参与意愿影响因素的主要方法 Logistic 模型不同,而是采用用博弈论等相关模型进行研究,在方法上具有显著的创新性。另外,运用动态演化博弈模型探讨政府和农户之间的利益关系,分析了随着时间的变化政府与农户行为策略选择的变化,在此基础上提出农户参与水利市场化管理有效实施保障体系及其出路选择,最终提出了在不同管理模式下构建市场化管理文化体系,设计报酬体系,制定监督和制裁体系以及培育互惠性社会资本模式四种激励方案,进一步丰富了农村水利市场化管理的相关理论和文献,另外,本文的研究可以应用到后续的激励机制设计的研究中,为他人的研究提供借鉴,具有重要的理论意义。

(2)现实意义

从政府激励和管制的角度看,本研究成果可以为各省和其他地区政府对水利是否可以采用市场化管理的激励模式提供参考和借鉴。2005年的中央1号文件明确提出:"政府补助资金所形成的农村水利设施固定资产归农民用水合作组织所有"。目前,虽然各地区政府投资力度都有所加强,政府主导地位也都有明显体现,但是在操作过程中相关利益主体之间的相互作用依然存在很大阻力,所以本研究集中精力对两大利益主体——政府、农户之间的演化博弈进行深入研究,并通过对水利市场化管理的有效实施进行激励机制设计,力图为推动农户有效参与水利市场化管理的相关条例的有效执行提供进一步的细则支持。

从实现水资源合理利用的角度来看,水利管理已经受到政府和国际社会的强烈关注,随着我国水利民营化管理及其产权改制工作的推行,政府和农户之间的关系也日益复杂和微妙,再加上各利益主体的直接和间接经济效益,都为水利市场化管理蒙上了纷繁的表象,若能有效促进农户参与水利市场化管理不仅可以间接促进水资源的合理利用,同时也会创造一定的社会效益。因此,开展我国不同地区的水利市场化管理效率的空间差异及市场化管理中利益主体博弈及其激励机制的研究对建立循环经济型社会也十分必要,具有重要的现实意义。

本书从农户参与的视角出发,实证研究农村水利工程市场化管理中的利益相关者博弈、激励机制设计以及不同地区管理效率的空间差异,侧重于解决由于农户之间的相互作用引发的参与阻力,从而设计出可以有效解决农户参与水利市场化管理中的政府声誉损失的困境,以往关于农村水利市场化管理的激励研究大多从外界因素如政府、政策、体制入手,进行了定性分析,而较少从农户参与的角度出发进行详细的激励机制设计,本研究通过对我国其他地区及浙江省的实际调查和统计分析为市场化的空间差异及激励机制设计提供了现实依据,具有重大的现实意义。

1.2 研究目标及拟解决的关键问题

1.2.1 研究目标

本研究基于政府、集体(协会)及个体农户三方利益相关者共同参与水利市场化管理的视角,系统、全面地对中国不同区域农村水利管理效率的空间差异及其组织激励进行理论与实证研究。综合地形地貌、水资源条件和经济发展水平三维区域结构,探索中国农村水利管理效率的空间变化趋势及其影响因素,从宏观和微观两个层面,分别对政府激励与农户参与水利市场化管理系统中的激励机制及参与行为进行动态博弈演化与结构设计,揭示不同区域农户有效参与水利市场化管理的内在机理,阐明不同区域农村水利市场化管理创新的差异性,并结合浙江省水利科技项目市场推广的案例研究,建立不同区域符合实际情况的农村水利市场化管理模式及其产权创新机制,有效提高我国水利工程整体抗灾减灾及环境保护能力。

1.2.2 拟解决的关键问题

(1)基于空间经济学模型的农村水利市场化管理的空间差异

农村水利工程自身发展有其区域特殊性,这就需要对不同区域农村水利管理的有效性进行分析与评价,探求农村水利市场化管理效率的变化趋势。如何将农村水利的空间地理结构与技术经济管理相结合,从自然地理与经济条件、工程投资与产权结构、工程规模与效益、人口与区域发展四个方面进行变量设置,探讨我国不同区域农村水利市场化管理效率的变化趋势及其成因,是本研究的重点。

(2)农村水利市场化管理困境及其利益相关者博弈

如何通过农户市场化—集体分享制—政府监督式三个模块的利益相关者构建一个有效的水利市场化管理系统,运用演化博弈理论及结构方程模型对该管理系统中的激励与约束机制进行有效设计,探求农户参与水利市场化管理的博弈行为等因素变化,从而揭示农户参与农村水利市场化管理的内在形成机制,是实现农村水利工程产权制度创新的重要手段。

(3)农村水利市场化管理中的激励机制设计

制定适合我国不同区域农村水利市场化管理创新机制,最大化地发挥政府主导、集体主位、农户主体的政策法规,实现农村水利工程管理技术创新的外部效应内部化。实证模拟农村水利工程市场化管理模式及其运行机制,运用政府干预(参与)手段来逐步引导不同区域农村水利工程市场化管理模式的创新,正是本研究的关键性的科学问题。

本书首先综合以前学者的研究成果,有针对性地从政府和农户仅有有限理性和信息不确定的实际情况出发,运用演化博弈对农户参与水利管理的非对称混合策略博弈进行演化稳定性分析,从而揭示水利市场化管理过程中博弈双方的动态特征,在此基础上,运用结构方程 SEM 模型对我国政府激励条件下的农户参与合作的激励机制进行有效性设计,进一步提出科学有效的水利市场化管理有效实施的保障体系及出路选择,为政府和相关机构提供政策建议和方法支持。

1.3　研究内容、技术路线及方法

1.3.1　研究内容

考虑到目前国内水利市场化管理遇到的市场化困境问题,单纯靠市场机制无法解决市场化管理中农户的惰性行为,本书重点研究我国不同区域因自然地理环境条件的空间差异不同,政府对农户两大利益主体在参与合作过程中的激励与约束机制。在水利市场化管理过程中政府对农户和集体(协会)的管制有两个特点:一是在水利市场化管理过程中,以社会利益最大化为目标的政府和以个体经济利益为目标的农户之间的利益冲突;二是政府对农户的管制存在动态性。因此,政府管制农户的复杂性决定了动态分析的必要性,演化博弈模型为分析政府和农户之间的关系提供了一种有效的动态分析框架。

本书的研究内容具体安排如下:

第一章,绪论。

这部分首先阐述了水利市场化管理有效实施的研究背景、研究意义、研究目标和需要解决的关键问题,接着对研究内容、研究的技术路线和研究方法进行了说明,最后指出了研究的创新点和不足之处。

第二章,水利市场化管理理论基础与文献综述。

这部分介绍了本研究基于的理论基础和相关文献综述。首先分析了水利市场化管理的理论基础;其次对书中所提出的水利概念界定及市场化研究方法进行了理论综述;最后根据现代学者有关农村水利管理中的农户参与及其市场化管理模式等机制进行了相关研究综述,提出当前研究中存在的不足。

第三章,国内外水利市场化管理实践及发展现状。

首先对国外水务市场化管理的实践现状进行了梳理,尤其对美国、墨西哥、德国及日本等国家水务产业市场化的实行过程中存在的问题及管理经验进行总结;其次,对我国农村水利管理实践现状及通过实地调查的浙江省农村水利市场化管理实践过程中存在的主要问题,进行分析与总结,为后续识别出影响农户参与水利市场化管理的制约因素指明方向。

第四章,水利市场化管理困境中的利益相关者与政府声誉缺失。

从中央(地方)政府、农民合作组织(协会)、个体农户共同合作参与水利市场化管理的角度出发,首先根据奥尔森(Olsen)的集体行动理论探讨了水利管理中的三大利益主体的合作困境,然后运用演化博弈论作为研究方法对农村水利市场化管理中农户的集体行动困境和激励机制设计的必要性进行了深入分析,提出政府声誉损失在水利市场化管理中的存在的现象,在此基础上,重点开展政府激励条件下农户有效参与水利市场化管理的博弈模型研究,提出了水利市场化管理的激励机制演化趋势,为进一步提出农户有效参与水利市场化的激励机制奠定基础。

第五章,水利市场化管理中的激励机制设计与实证检验。

对浙江省部分参与或曾经参与过农村水利管理的农户进行调查走访,并运用结构方程模型进行了理论与实证分析,证实了研究假设,研究结果为进一步设计激励机制提供了理论和实践上的依据。在此基础上,通过对农户激励因素的实证分析,分别从构建市场化管理文化体系、设计薪酬体系、制定监督和制裁体系以及培育互惠性社会资本模式四个方面,对农户的激励机制进行了一个系统的设计,并借助经济学和社会学上的委托代理理论和社会资本理论进行了详细阐述。最后,通过对浙江省诸暨白塔湖水利会民营化、市场化管理实践的案例分析,对农户参与水利市场化管理的激励机制设计进行了实证检验。

第六章,中国农村水利市场化管理效率的空间差异研究。

从农村水利管理效率这一新的角度研究农村水利建设问题,基于水利总投入与总产出的经济社会效益指标,量化分析我国不同地区的农村水利设施管理效率,并分析不同地区效率情况及其基于时间、空间维度的变化趋势;构建空间计量经济学模型,实证研究中国农村水利管理效率的空间效应,分析影响其效率的相关因素;根据农村水利管理效率空间差异分析的结果,期望找出管理效率低下的主要原因,提出针对性的意见来提高我国农村水利工程市场化管理效率。

第七章,浙江省水利科技项目市场推广案例研究。

为了更好地对前期研究结果进一步进行系统分析与实证检验,运用理论分析、实地考察与调研、模型试验、数据搜集等实证分析方法,对2009—2012年的浙江省水利科技项目市场推广的绩效后评价进行了案例研究,探讨了浙江省水利科技项目所属的领域分类和典型技术(产品)的市场推广效果,并对2009—2012年浙江省水利科技推广专项计划进行了综合评价。评价结果表明水利科技市场推广效果良好,并能深入总结市场推广经验和及时有效地把握水利科技推广项目存在的问题,为后续的水利项目市场推广工作提供了一定的经验借鉴。

第八章,水利市场化管理的实施建议与保障体系。

根据研究结果对政府和农户提出方法建议,并在此基础上提出水利市场化管理有效实施的保障体系及其出路选择。归纳本书中的研究结论,并提出建议,以实现我国农村水利市场化管理科学有效和可持续的发展。

1.3.2 研究的技术路线

本文运用定性和定量的研究方法,主要包括空间计量模型、动态演化博弈及结构方程对水利市场化管理中利益主体的激励机制问题进行设计,围绕研究问题进行展开,技术路线图如图 1.2 所示。

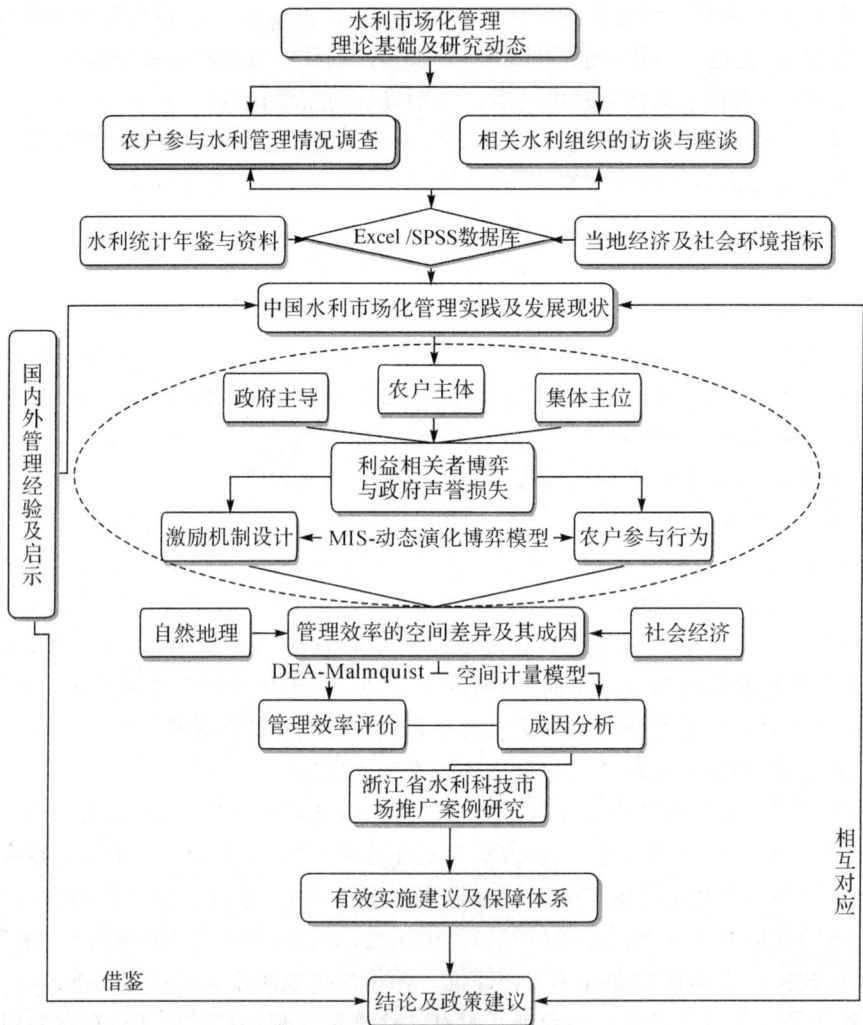

图 1.2 本书研究的技术路线图

1.3.3 研究方法

本研究在系统整理国内外有关研究成果以及大量统计数据的基础上,对我国不同区域农村水利市场化管理创新及其激励机制进行研究。具体研究方法如下：

(1)实地调研与统计模拟

实地调查是基于事先设计好的调查表格和问卷，内容涉及乡镇及村级农村水利工程类型、规模、投资结构及供水情况，农户家庭人员、外出打工人数、收入来源及土地承包转让等问题，以及农村水利工程管理组织和农户对管理体制改革的态度、意愿及行为取向等方面。本研究拟选择不同区域实行农村水利工程市场化管理的乡镇、村为样本点，进行实地考察和问卷调查，为保证数据统计资料的真实性、可靠性，调查对象涵盖当地基层水利员、乡(镇)村干部、农户，进行访谈后，真正了解区域农村水利管理的实际效果，尽可能地保证获得的数据真实。

(2)DEA-Malmquist 指数分解法

本研究采用(Data Envelopment Analysis，DEA)方法是因为可以选取较多的决策单元(Decision Making Units，DMU)，构筑有效的边界面，得到有效的结果；Malmquist 指数在规模效应不变的前提下，分解为技术效率和技术进步的变化，可以对 DMU 管理变化进行有效分析，所以两者的结合为区域间效率变化的度量提供了分析工具。

(3)空间计量经济学模型

对一个国家来说，不同区域的农村水利工程市场化管理是一个相当复杂的经济与社会现象，它不仅受到自然条件、资源禀赋、水利政策及经济社会发展状况等一系列环境因素的影响，同时在微观层面上还受到农民个人特征、家庭特征、生产特征以及社区特征诱发的参与行为的影响。空间计量经济学模型正是以空间经济理论和地理空间数据为基础，对经济活动的空间相互作用(空间自相关)和空间结构(空间不均匀性)问题进行定量分析，研究空间经济活动的一种经济计量方法，弥补传统计量经济方法对区域空间效应分析的不足。

(4)结构模型与实证分析

结构模型方法是从微观层次的角度把农户的生产行为和消费行为结合起来，来系统分析各种政策和外界冲击对微观农户的生产、消费、市场供给等行为的影响一个工具；管理模式是为实现组织目标而建立的一个综合管理系统，机制设计是发挥这个管理系统职能的重要手段。因此，本研究在利益相关者共同参与农村水利工程管理系统的研究中，结合行为经济学与管理科学理论，构建一个以工程管理效率最大化为目标的结构模型，分析该管理系统对农户的影响，设计一种更为合理的激励与约束机制。

(5)比较研究与案例分析

基于自然地理与社会经济条件，首先对浙江省具有区域特色的农村水利科技市场推广进行个案分析与比较，运用绩效评价方法，对水利科技市场推广绩效进行区域性评价，并采用案例研究的形式对浙江省诸暨水利会市场化管理模式及其运行机制进行情景模拟、分析、归纳总结;并基于实证分析结果,对不同区域农村水利工程管理模式进行有效创新,提出相应的对策与建议。

1.4　研究的创新和不足

1.4.1　研究的创新之处

针对农户不愿参与农村水利管理的现状,分析得出农户参与农村水利市场化管理的制约性因素为政府声誉损失,进一步构建了基于政府供给服务及激励情境下的利益相关者共同参与的演化博弈模型,揭示了政府激励农户和集体(协会)共同参与水利市场化管理的内在机理。所以,创新之处可归结为如下两条:

(1)研究方法的创新。在水利市场化管理中的利益相关者博弈及政府声誉损失的实证分析方面,运用结构方程 SEM 模型及演化博弈对农户参与机制进行设计是本研究的创新点之一,较好地突破了以往激励因素的研究缺乏定量研究和较多运用 Logistic 方法的局限,同时运用结构方程还能很好地处理评价信息不确定的问题,并通过实例识别出制约农户参与水利市场化管理的原因和关键因素。

(2)内容创新。针对政府对农户的激励措施随时间而发生变化的特点及双方的信息不对称问题,建立了基于政府激励的政府与农户的演化博弈模型,基于不同演化稳定策略的分析,从政府角度和农户角度出发,剖析双方在水利管理过程不同阶段的动态特性和行为特征,较好地弥补了以往很多文献缺乏对政府和农户动态性行为特征分析的不足。同时,在激励机制的设计上没有局限于以往的研究思路,而是创新性地通过经济学、管理学等多学科的结合,设计出针对农户实际情况并适合农户参与水利市场化的创新性激励方案。这属于内容上创新。

1.4.2　研究的不足之处

农户参与行为实证分析部分在浙江省范围内开展,但由于地区差异性,不同地区对农户产生激励影响的因素可能也会有所不同,本文的分析没有把这种微观层面的空间差异考虑进去,这将会是今后研究的重要方向。

本书侧重探讨了基于政府激励的农户与集体参与水利管理的动态博弈模型,是从政府外部层面和农户内部层面出发研究利益双方的行为策略,没有考虑农户与农户之间的内部原因。而现实中农户与农户之间的合作困境也是影响农户参与水利管理的重要原因,所以本文缺乏农户与农户博弈的研究和相关的水利市场化管理有效实施设计,以及对政府、农户、集体三者之间以外的利益相关者组成的系统完整的水利市场化管理的研究,这些也是今后研究的重点努力方向。

第2章 水利市场化管理理论基础与文献综述

本章对本研究所用到的水务市场化管理理论、集体行动理论、委托—代理理论、互强互惠理论和社会资本理论等理论基础进行相关介绍，并对农户参与农村水利市场化管理的相关研究及其激励机制的相关文献进行综述，为本研究提供理论基础和研究依据。

2.1 水利市场化管理理论基础

2.1.1 水资源市场价值理论

20世纪70年代以前，水资源价值论的观点还没兴起，人们普遍认为水资源取之不尽用之不竭，彻底忽视了水资源的重要性，随着经济的不断发展，水资源的供需矛盾日益加剧，水资源作为重要的经济资源越来越受到人们的关注。20世纪70年代以来，水资源价值日益受到学者的关注和研究，然而由于水资源价值形成的特殊性和影响因素的复杂性、多变性，国内外自然资源学者以及经济学家对未开发的水资源是否具有价值以及水资源价值的内涵、形成原因等问题尚未达成一致。当前国内外学者对水资源的价值分析主要依据效用价值理论、劳动价值理论、地租理论、生态价值理论。

2.1.1.1 效用价值理论

将边际效用价值应用于水资源价值来源于"物品的稀缺性和有用性"，物品的价值是以效用为基础，以稀缺性为条件，两者都是价值形成不可或缺的因素。在20世纪60年代以前，人们对水资源的认识还停留在取之不尽用之不竭的层面，水虽然有用，但是无穷无尽，缺乏稀缺性，因此认为其并无价值。然而随着工业技术的进一步发展和人类社会对水资源的破坏和污染，可利用的水资源出现了供需矛盾、时空分布不均等问题，部分地区甚至出现水资源短缺，水资源问题已经成为制约人类社会经济进一步发展的瓶颈之一，当前国际社会认识到水资源的效用和稀缺性，开始认识到水资源价值的重要性。虽然单一的边际效用价值论对水资源价值的解释还存在一定的争议，如边际效应递减规律对未开发的水资源缺乏科学合理的解释，但是效用价值论对研究当前水资源价值问题仍具有一定的借鉴作用。

2.1.1.2　劳动价值理论

西方经济学家对劳动价值理论观点的提出可追溯到威廉·佩蒂(William Petty)的《赋税论》,其后,皮埃尔(Pierre Leroux)、洛克(Fhon Locke)、休谟(Dasial Hume)、斯图亚特(James Deham Steuart)等人对劳动价值理论提出了新的观点,充实并完善了劳动价值理论,然而当时不同学派对劳动价值理论的解释和观点过于琐碎,缺乏系统性,直到亚当斯·密(Adam Smith)第一个建立了古典政治经济学理论体系,并在《国富论》一书中提出劳动决定价值的基础。马克思劳动价值论正是马克思在前人的基础上批判地继承了古典政治经济学劳动价值论而形成的科学的劳动价值观。马克思从劳动价值观的角度将价值定义为"凝结在商品中的无差别的人类劳动",并认为物品价值的大小取决于该商品的社会必要劳动时间。

2.1.1.3　地租理论

马克思主义的地租理论是从李嘉图(Darid Ricardo)的地租论的基础上,辩证地提出了对地租的科学解释,马克思主义认为,地租是土地使用者由于使用土地而缴给土地所有者的超过平均利润以上的那部分剩余价值。马克思按照地租产生的原因和条件的不同,将地租分为三类:级差地租、绝对地租和垄断地租。前两类地租是资本主义地租的普遍形式,后一类地租(垄断地租)仅是个别条件下产生的资本主义地租的特殊形式。水资源的稀缺性和不可替代性使得水资源所有权的垄断成为可能,水资源所有权实现的一种经济形式就是对使用所有权属于国家或地区的水资源征收一定的费用,不管水资源条件如何,除非是对水资源所有权的放弃,只要水资源所有权明确,就可以征收一定的地租(水费),这就是水资源的绝对地租。马克思主义地租理论认为级差地租的实现具备三个条件:第一,土地肥沃程度的差别。第二,土地位置的差别。第三,在同一块土地上连续投资产生的劳动生产率的区别。并且前两个条件产生了级差地租 I,而第三条件得到了级差地租 II。因此由于水资源存在的位置及水资源条件不同,以及对水资源开发所连续投入的劳动生产率的区别导致了收益的不同,而形成了水资源的级差地租,虽然两种级差地租所形成的原因不同,但是其本质是一样的。

2.1.1.4　生态价值理论

随着社会经济的发展,上述理论不能够完全解释水资源价值,生态价值论认为在整个生态系统中,各个有机组成部分相互制约相互依赖,组成了一个具有因果关系、互相调节和补偿功能的生态系统,其中,任何一个环节的变化会影响整体系统的变化,经济社会的高速发展必然要求对自然资源特别是水资源的投入,同时在这个过程中,也会不可避免地将生产的废弃物投放到自然界,造成自然资源特别是水资源的污染和破坏,反过来水资源的破坏将会影响到整个系统,所以在人们利用水资源时,必须以某种方式予以补偿,以保持整个系统的稳定和平衡。根据马克思社会再生产理论,为了维护生态平衡,必须及时补偿社会再生产过程中损耗的自然资源,只有这样才能获取一定的剩余价值(M)。假设生产过程中消耗的不变资本和可变资本分别为 C 和 V,那么商品的价值应为 F＝C＋V＋M,F 为再生产过程投入的自然资源,从某种意义讲生态价值理论对水资源价值的研究具有较好的启示意义。

2.1.2　公共产品定价理论

公共产品(Public Good)是私人产品的对称,是指具有消费或使用上的非竞争性和受益上的非排他性的产品。对公共产品理论的开创性研究始于美国经济学家保罗·萨缪尔森(Paul A. Samuelson)(1954)在 *The Pure Theory of Public Expenditures* 中指出每个人对该产品的消费等于该产品的供给总量,而每个人对该产品的消费不会影响其他人对该产品消费的减少,用数学表达式定义为 Xm＋j＝Xim＋j,即第 i 个消费者对 m＋j 种产品的消费等于 m＋j 种产品的总量。萨缪尔森的定义虽然没有明确指明公共产品具有非竞争性和非消费性的特点,但是通过逻辑推理,不难发现萨缪尔森的定义包含了这两个特点,马斯格雷夫(Musgrave)(1959)在《财政学》一书中首次明确提公共产品区别于私人产品的非竞争性和非排他性等特征。

根据公共产品的非竞争性和非排他性,公共产品分为纯公共产品和准公共产品(混合公共产品)。纯公共产品是指那些为整个社会共同消费的产品,在消费过程中具有完全的非竞争性和非排他性,非竞争性包含两层意思:(1)边际成本为零,即增加一个消费者给供给者带来的边际成本为零。(2)边际拥挤成本为零,即每个消费者的消费支出不会对任何消费者的消费数量和消费质量造成影响。非排他性是指任何人对这类产品都不能独占,而且要想将其他人排斥在外,让他不能享受这种产品的利益是不可能的。然而现实中完全的非排他性和非竞争性的东西几乎不存在迈尔斯(Miles,2001),Enke(1955)指出虽然萨缪尔森的公共产品概念简练但是太脱离现实。因此针对以上问题,在介于纯公共产品和私人产品这两个极端之间,布坎南(Janes M. Buchanan,Jr)、阿特金森(Anthony Barnes Atkinson)、斯蒂格利茨(Joseph Engene Stiglitz)、巴泽尔(Barzel Y.)等对公共产品概念进行了连续性处理并从不同角度提出了准公共产品的定义。准公共产品(混合产品)指满足上述纯公共产品两个特性中的一个,而另一个表现为不充分性,即具有非排他性和不充分的非竞争性或者具有非竞争性和不充分的非排他性。

供水行业属于典型的公用事业,同一般自然垄断厂商不同,供水行业所提供的水是一种公共产品,更是典型的准公共产品。同纯公共产品免费提供产品和服务有所区别的是准公共产品会采取定价来提供供给产品,和纯公共产品非竞争性不同,准公共产品具有局部竞争性,免费定价会导致拥挤,而合理的收费有助于避免"公地悲剧"的发生,减少盲目浪费的同时使得公众有一定的节水意识,而合理的水价在提供社会福利性的同时也有助于弥补供水成本和保留一定的盈利。但是由于准公共产品和供水行业自身的特性,使得真正意义上的市场水价难以形成,这是因为:(1)准公共产品的外部性(外部经济和外部不经济)使得社会成本和社会收益难以测算,因此完整的市场水价也就无法形成;(2)自然垄断厂商从自身利润最大化出发,必然导致垄断价格高于边际成本,形成垄断利润,而对于供水行业而言,社会福利性是其定价目标之一,因此,政府必然会对其价格加以管制,不论是为了实现帕累托最优还是零经济利润的目标,政府管制下的供水价格势必难以真正形成市场价格,甚至在经济零利润的条件下供水企业会出现亏损,政府还要进行财政补贴。

2.1.3　市场化管理理论

伦西斯·利克特(Rensis Likert)在 20 世纪 50 年代提倡"参与"的管理概念,参与管理就是指让员工和下属在不同程度上参加组织的决策过程和各级管理工作,从而可以使管理者和下属可以以平等的身份研究和讨论组织中的重大问题,可以使下属受到尊重,感受到来自上级的信任,可以使下属产生出一种强烈的责任感和使命感,市场化管理可以为员工提供有效的激励。市场化管理是从人群关系学派衍生出来的,它的领导理念非常符合管理的人性化趋势。

2.1.3.1　市场化管理的定义

不同学者对市场化管理有不同的定义和理解,弗鲁姆(V. H. Vroom,1959)认为市场化管理是一个过程,即两个及以上的团体或单位加入决策制定的过程,所有参与决策制定的人员同时也受该决策的影响。过格拉斯·麦格雷戈(Douglas McGregor,1960)把市场化管理看作上级对下级委派任务的一种特殊形式,即下属在自己职责范围内获得了更多的选择权和控制权。拉蒙斯(C. J. Lammers,1967)把参与看作一个组织中下属向上级运作权利的总额,在下属及上级看来,这种行为是合法的。特伦斯·米切尔(Terence R. Mitchell,1973)把参与定义为组织中的所有人员共同享有决策的制定权,并且在决策制的过程中,"能力"的重要性强于"职位",整个参与过程必须是公开的。威廉·P. 安乐尼(William P. Anthony,1978)同样认为市场化管理是下属参与决策制定的过程,它侧重强调下属群体的主动参与,上级善于利用下属的能力解决管理上的主要问题,让下属参与组织的重要决策。多纳尔多·唐纳德·萨格尔(Donald J. Sager,1982)认为市场化管理是下属和管理者共享决策制定与合作所产生的经济报酬,并且下属不会被监督者和同事施予专制的司法行动。马夏尔·萨斯金(Marshall Sashkin,1984)认为参与是下属对自己工作环境中特定活动的规划、指导和控制。在他对参与的理解中有四个方面的内容:(1)参与设定目标;(2)参与制定决策;(3)参与解决问题;(4)参与变革。

2.1.3.2　市场化管理的理论追溯

市场化管理的理论基础是管理学上的有关人性假设的理论,继霍桑实验后在20 世纪 30 年代美国心理学家梅奥(E. Mayo)提出了"社会人"假设,该假设认为社会需要为人们工作的主要动机,人们希望管理者可以满足他们的社会需要和自我尊重需要。支持这种人性假设的人提出了"市场化管理"的管理方式,使员工在不同程度上参与组织相关决策的研究和制定。麦格雷戈(D. McGregor)提出了"自动人"的人性假设,并结合管理上的相关问题概括为 Y 理论,该理论认为人有自我实现的需要,认为在适当的条件下采取市场化管理,可以使人们在组织中充分发挥自己的创造力,在相关事务的决策上享有决定权,从而可以在一定程度上满足他们自我实现的需要。

2.1.3.3　市场化管理的关键因素

市场化管理是通过增加组织成员对决策过程和管理过程的投入从而进一步影响组织的管理绩效和组织成员的工作满意度,在组织成员进行市场化管理的过程中有四个关键因素:权力、信息、知识和技能以及报酬。权力就是组织成员被赋予一定的做决策的权力,这些权力可以根据组织成员的能力进行适当调整和分配,涉及范围包括组织任务的各个方面。信息的完备与否决定了做出决策的有效程度,组织应该保证把必要的信息传递给参与管理的成员。组织成员参与管理,应该具备相应的知识和技术能力,不然无法做出高水平的决策,组织应该提供合适的机会对参与管理的成员进行培训。报酬可以作为组织成员参与管理的一个重要的激励因素,组织成员参与管理可以提供给成员内在报酬如自我实现的满足感和外在报酬如工资、奖金、晋升等。本章对水利市场化管理的相关研究及其农户市场化管理有效实施的相关文献进行综述,为本文的研究提供了理论基础和研究依据。

2.1.4　集体行动的一般理论

关于公共池塘资源的供给和使用,存在着诸多集体行动的困境,公共池塘资源是一种人们共同使用整个资源系统但分别享用资源单位的公共资源,它同时具有非排他性和竞争性,因此不同于纯粹的公共物品和私人物品以及俱乐部物品。奥斯特罗姆(Elinor Ostrom)教授认为在公共池塘资源的环境中,理性的个人可能导致资源使用拥挤或者资源退化的问题。关于公共池塘资源的困境有三种基本的模型,分别介绍如下:

2.1.4.1　公地悲剧模型

加勒特·哈丁(Garrett Hardin)在 1968 年发表了一篇文章——"The Tragdy of Commons",正式提出公地悲剧的概念,公地悲剧是一种比喻的概念,指不论任何时候,只要许多人共同使用一种稀缺资源的话,就会使环境发生退化。哈丁在文章中假设了一个场景:一群牧民共同在一块公共草场上放牧,其中一个牧民想多养一只羊增加个人收益,同时该牧民知道一个事实:草场上已经有足够数量的羊,如果再增加羊的数量,将会使草场的质量下降。在这种情况下,如果该牧民从自己的私利出发,肯定会选择多养羊以此增加收益,因此草场退化的代价由所有牧民共同承担。但是如果每一位牧民都这样想,那么"公地悲剧"就产生了,即草场持续退化,直至无法养羊,最终导致所有牧民破产。哈丁的观点说明了个人理性和集体理性的矛盾,在哈丁设想的牧场中,每个人都受制于一个驱使他在有限的范围内无节制的增加羊数量的制度中。由此我们延伸出两个会导致"公地悲剧"的一般性条件:首先,资源对所有人而言是开放的,即没有排他性。其次,每个人都会从资源的使用中收益,但仅仅分摊其中一小部分资源成本。

2.1.4.2 囚徒困境模型

哈丁(Hardin,1932)的论文中提到的公地悲剧模型可以被形式化为囚徒困境博弈,囚徒困境博弈是一种具有完全信息的非合作博弈,即所有对局人都拥有完全信息,完全信息是指所有对局人都知道博弈树的全部结构以及与结局有关的回报,至于对局人是否知道其他人的策略选择情况则取决于这些选择是否是可观察的。在博弈中,每一个对局人都有几个策略,不管其他博弈参与者选择什么策略,对局人自己只要选择背叛策略,就可以使他们的境况变得更好。

囚徒困境模型假定每个参与者都是利己的,为了追逐自身利益最大化而不惜牺牲掉他人的利益,在该模型中,不存在干预个人决策的外在力量,参与人完全可以按照自己的意愿进行策略的选择。对囚徒困境模型而言,它的纳什均衡并不是估计团体利益的帕累托最优。囚徒困境模型也很好地说明了个人理性和集体理性的冲突,很好地诠释了集体行动困境。

2.1.4.3 集体行动的逻辑

奥尔森(M.Olsen)在1965年出版了 *The Logic of Collective Action:Public Goods and Group Theory* 即《集体行动的逻辑:公共选择与团体理论》,该著作讨论了在"理性人"假设的前提下,集体行动的特征是什么以及如何理解个人理性和集体理性的关系。奥尔森的集体行动理论包括了三个方面的内容:

(1)个人自利不会导致集体利益。

奥尔森对传统的集团理论的基本要义进行了质疑,传统理论例如马克思的阶级理论、制衡权力理论认为集团和组织之所以可以建立起来是由于个人可以通过组成集团实现"共同利益"。但是奥尔森却认为从个人理性和自利的前提中无法推演出人们会做出增进集体利益的行为。有理性的个人不会主动采取行动以实现他们共同的利益,除非集团中人数很少或存在强制性手段和其他特殊手段。奥尔森认为集体利益是一种公共物品,具有非排他性和非竞争性,任何人的消费都不会影响其他成员的消费。在个人是"理性人"的假设下,团体中的成员会在集体利益这一公共物品的消费上采取以下行为:在集体利益的生产上尽量减少投入,把自己应付的成本转嫁到他人身上,同时尽可能多地消耗集体利益,把自己的支出转嫁给他人。成员的这种搭便车的倾向使得公共物品的生产和消费都存在较大的"外部性"。

（2）影响集体行动的因素。

奥尔森从三个方面来考虑影响集体行动的因素:个人获益度、效益独占的可能性以及组织成本,这三个方面都和团体的规模和异质性有关。奥尔森把一个人是否会参与集体行动看作是理性分析和选择的结果,主要体现在为了产生集体利益所做的投入（成本）和集体利益能够给个人带来的收益的比较中,只有后者大于前者,集体效用才会被生产出来,对于每个成员来说,满足"团体效益的净增值要不小于个人在团体中所占份额的倒数"时对个人来说是"经济的"。奥尔森还考察了集团规模与集体公共产品的供给的关系,得出集团规模越大,个体越多,个体的份额就越小,从而团体的公共物品的供给量就越远离最优水平。奥尔森认为大团体中往往较难进行协调,难以对搭便车或不守规则的现象进行有效监督,个体成员没有足够的动力为集体付出,而小团体则情况会好很多,因此他认为在大团体中存在无集体物品供给的情况,小团体中的供给则低于最优水平。同时还考察出了在团体规模相同时,集体公共物品是否能产生的关键条件是团体的异质性。

（3）大团体的集体行动要靠"选择性诱因"的手段。

"选择性诱因"可以是奖励性的,也可以是惩罚性的,可以是社会性的,也可以是经济性的,实质上是一种激励机制,目的在于激励组织成员为了集体目标而付出。奥尔森认为大团体中的公共物品要靠"选择性诱因"来激励,单纯靠自愿是不可能产生的。奥尔森通过对近代工会组织的成长过程分析后得出,工会这种潜在团体之所以能够维持至今,主要依靠了"选择性诱因",即强制入会的"封闭工厂制"和"工会工厂制",甚至工人纠察与暴力,以及靠保险、救济等非集体利益的提供。因此奥尔森认为大团体之所以能够得到维持,并非是因为团体利益,很大程度上是由于"选择性诱因"的运用,这些由于激励产生的"副产品"动员了成员参与的积极性。

2.1.5　委托—代理理论

20 世纪 30 年代,美国经济学家伯利（Berle Adolf Augustas,Jr）和米恩斯（Gardner C. Means）由于发现企业所有者不仅具有所有者的做法还具有经营者的做法,这种现象对于企业的管理存在着很大的弊端,正是基于对这一现象的了解,他们提出了"委托—代理理论",倡导应该将所有权和经营权分开,使企业所有者保留剩余索取权,而把经营权转让给第三者机构,这一观点的提出使委托代理理论成为了现代公司治理的逻辑起点。委托代理理论是在契约理论的基础之上发展而来的,由于一些经济学家对 Aroow-Debreu 体系中企业"黑箱"理论的不满意,并且经过很多研究者对企业内部信息不对称和员工参与市场化管理有效实施的研究而发展起来的。委托代理理论的理论基础是非对称信息博弈论,非对称信息是指对于双方参与者而言,两者掌握的信息是不尽相同的,一方掌握的信息另一方不一定掌握有,而另一方也可能掌握有对方不知道的信息,若从两个角度进行划分可以表述为:发生时间的非对称和发生内容的非对称。时间非对称是指,非对称可能发生在当事人签约之前,也可能发生在签约之后,逆向选择模型用来研究事前非对称信息博弈,道德风险模型用来研究事后非对称信息。内容非对称是指某些参与人隐藏的行为或者隐藏的知识,研究参与人行为的模型称为隐藏行为模型,研究参与人知识的模型称为隐藏知识模型。

委托代理关系是委托代理理论研究的主要内容,委托代理关系是由于信息不对称,处于信息劣势的委托方与处于信息优势的代理方,相互博弈达成的法律关系,其中委托人根据契约规定雇佣代理人为其服务,与此同时给予代理人一定的决策权力,并根据代理人工作的表现和质量对其支付一定的酬劳。委托代理理论遵循以"经济人"假设为核心的新古典经济学研究范式,具有以下两个基本假设:

(1)委托人和代理人之间存在利益冲突。

委托代理理论假设双方都是经济人,那么双方无疑都追求自身利益最大化,并且双方在委托代理的关系中关注的重点不一样,委托人关心的是代理人能否帮其达到目标,是服务的最终结果,而代理人关心的是自己的付出能否得到等量的报酬。通常情况下,由于委托人无法完全知道代理人的服务水平和质量,或者知道的情况与实际情况之间有偏差,所以导致了代理人有偷懒、投机、虚报成果、减少努力水平的动机,而委托人则希望代理人在不监督的情况下也能努力工作,因此双方的利益是不一致的,甚至是彼此冲突的。正是由于利益冲突关系的存在,导致代理人可能会利用委托人授予的相关权利去投机取巧、谋取私利从而产生道德风险等代理问题。所以需要设计一种契约来协调委托人和代理人之间的利益冲突。

(2)委托人和代理人之间存在信息不对称。

假设委托人和代理人之间不存在信息不对称的现象,那么代理人的所有行为都在委托人的掌握之中,就算二者之间存在利益冲突,委托人和代理人也能找到一个最优契约去解决代理问题,因此代理人就无法偷懒、投机。假设委托人和代理人之间不存在利益冲突,那么即使信息不对称也不会存在代理问题。所以基于以上的分析,正是因为委托人和代理人之间存在利益冲突和信息不对称的问题,才会导致二者之间委托代理关系的产生,因此委托人需要设计某种契约,以产生尽可能大的激励效果使代理人按照委托人的利益行事,诱导代理人达到一个最优努力水平。

经过不断的探索、完善和发展,委托代理模型已经从传统的单一委托人、单一代理人和单一事务的双边委托代理理论发展到多个代理人、多委托人、多项事务的代理模式,并且委托代理理论现已被广泛应用于社会各个领域。

2.2 概念界定及研究方法综述

2.2.1 概念界定

2.2.1.1 水利界定

本研究所面对的研究对象主要指农村水利(Rural Water Conservancy),它是指防治旱、涝、渍和盐碱灾害,对农田实施灌溉、排水以提高农业综合生产能力的人工措施的总称,在国外一般称为灌溉和排水,其任务是通过工程技术措施对农业水资源进行拦蓄、调控、分配和使用,并结合农业技术措施进行改土培肥,扩大土地利用,以达到农业高产稳产的目的,主要包括农田灌溉工程、农村引水工程、集雨工程、水土保持、小型河道治理、农村水电、牧区水利等等。刘俊浩(2005)[15]认为农村水利有广义和狭义的区别,狭义定义主要是指以灌溉排水为主的农田灌溉设施系统,主要包括农田灌排系统设施、截流提水设施①和水土保持设施,广义的农村水利是指包括灌溉、排水设施、水土保持、农村人畜饮水工程在内的与农村和农业有关的水利设施。本研究所指的农村水利按照其广义范围,依据其功能及范围,将其分类为防灾减灾领域、水资源保障与水土保持领域、河湖健康领域、农村水利领域以及农村饮水安全领域。

2.2.1.2 水利市场化

为解决目前水利基础设施建设中存在的劳动投入不足,投资不足和管护不足等问题,各级政府纷纷实施市场化取向的改革,积极鼓励私人资本进入该领域。私人资本的进入弥补了政府投资和农户自身投资的不足,但是由于相关配套制度改革措施的不完善,造成了农村水利基础设施实行市场化供给、经营、管理的困境。本文水利主要指农村水利,水利市场化主要是指采用产权改革的模式进行了承包、租赁、拍卖、股份制等一系列的农村水利设施统统被认为是同一概念,农村水利建设是指农村水利的兴建、维护和管理,是为农业生产提供基础性设施的集体行动。

2.2.2 研究方法的理论综述

2.2.2.1 经济博弈论方法的理论综述

1. 博弈论及其发展

博弈论的基本概念包括:参与人、行为、信息、策略、收益、结果、均衡。参与人(Player),又称局中人,是指博弈中选择行动并期望达到自身利益最大化的决策主

---

① 农田排灌系统由取水枢纽、输水配水系统、田间调节系统、排水系统、容泄区以及各种灌排建筑物构成;截流提水设施包括小型水库设施、小型抽水设施等。

体(可以是个人,也可以是团体,如厂商、政府、国家)。行为(Action)是指参与人的决策变量,如消费者效用最大化决策中的各种商品的购买量,厂商利润最大化决策中的产量、价格等。策略(Strategies)又称战略,是指参与人选择其行为的规制,也就是指参与人应该在什么条件下选择什么样的行动,以保证自身利益的最大化。信息(Information)是指参与人在博弈过程中的知识,特别是有关其他参与人(对手)的特征和行动的知识,即该参与人所掌握的其他参与人的、对其决策有影响的所有知识。收益(Payoff)又称支付,是指参与人从博弈中获得的利益水平,它是所有参与人策略或行为的函数,是每个参与人真正关心的对象,比如消费者最终所获得的效用、厂商最终所获得的利润。结果(Outcome)是指博弈分析者感兴趣的要素集合。均衡(Equilibrium)是指所有参与人的最优策略或行动的组合。这里的"均衡"特指博弈中的均衡,一般称之为"纳什均衡(Nash Equilibrium)"。

在西方学术界,对博弈决策问题的研究可以追溯到18世纪甚至更早时期。但一般认为,1944年冯·诺依曼(Von Neumann)和奥斯卡·摩根斯特恩(Oskar Morgenstern)合作出版的《博弈论与经济行为》(*The Theory of Games and Economic Behavior*)一书,标志着系统的博弈理论的形成。到20世纪70年代,博弈论开始被纳入到主流经济学的教科书和研究著作之中。特别是最近十几年来,博弈论在经济学中得到了广泛的运用,尤其是在揭示经济行为相互制约的性质方面。1994年诺贝尔经济学奖授予三位博弈论专家,2005年诺贝尔经济学奖再度授予两位博弈论专家,就是对博弈论在经济学中的应用成就所给予的高度评价与广泛认可。

2. 博弈论的分类

博弈的分类可以从三个角度进行。第一个角度是按照参与人的先后顺序进行分类。从这个角度,博弈可以划分为静态博弈(Static Game)和动态博弈(Dynamic Game)。静态博弈是指在博弈中,参与人同时选择或虽非同时选择但后行动者并不知道先行动者采取了什么具体行动。动态博弈是指在博弈中,参与人的行动有先后顺序,且后行动者能够观察到先行动者所选择的行动。第二个角度是按照参与人对其他参与人的了解程度进行分类。从这个角度,博弈可以划分为完全信息博弈和不完全信息博弈。完全信息博弈是指在博弈过程中,每一位参与人对其他参与人的特征、策略空间及收益函数有准确的信息。如果参与人对其他参与人的特征、策略空间及收益函数信息了解得不够准确,或并非对所有参与人的特征、策略空间及收益函数都有准确信息,在这种情况下进行的博弈就是不完全信息博弈。第三个角度是按照参与人之间是否合作进行分类。从这个角度,博弈可以划分为合作博弈和非合作博弈。合作博弈是指参与人之间有着一个对各方具有约束力的协议,参与人在协议范围内进行的博弈。反之,就是非合作博弈。典型的合作博弈是寡头企业之间的串谋(Collusion)。串谋是指企业之间通过公开或暗地里签订协议,对各自的价格或产量进行限制,以达到获取更多垄断利润的行为。

根据上述分类,非合作博弈可以得到四种不同的类型:完全信息静态博弈、完全信息动态博弈、不完全信息静态博弈、不完全信息动态博弈。与上述四种博弈相对应,有四种均衡概念,即:纳什均衡(Nash Equilibrium)、子博弈精炼纳什均衡(Sub Game Perfect Nash Equilibrium),贝叶斯纳什均衡(Bayesian Nash Equilibrium),精炼贝叶斯纳什均衡(Perfect Bayesian Nash Equilibrium)。

3. 有关博弈论的研究成果

一般认为,博弈论始于 1944 年冯·诺伊曼(Von Neumann)和摩根斯特忽(Morgenstern)合作的《博弈论与经济行为》一书的出版。1994 年诺贝尔经济学奖授予了三位博弈论专家,这正式标志着博弈论已经成为主流经济学的一个重要部分。事实上直到现在为止,博弈论仍是经济学中发展最迅猛的分支之一,国际政治学家很早就已经开始将博弈论作为分析工具。早期的经典文献,包括鲁斯(Luce)和雷法(Raiffa)的《博弈与决策》、谢林(Schelling)的《冲突的策略》、泰勒(Tayolr)的《无政府与合作》、哈丁(Hardin)的《集体行动》等。1950 年代到 1970 年代的有关研究基本上集中于对核威慑、军备竞赛与裁军等国际安全方面的问题。1980 年代之后,博弈论在国际政治研究中再度复兴,新一代的学者迅速地将博弈论的应用扩展到包括军事组织、国际安全合作、贸易谈判、环境保护、债务危机等各个领域。尤其值得一提的是,博弈论在实践中的应用产生了一个与我们的研究关系更为密切的分支学科即谈判理论。雷法(Raiffa)的《谈判的艺术与科学》是这一领域的代表作。他分别讨论了在两方谈判者讨论一个议题、两个谈判者讨论多个议题、多个谈判者讨论多个议题的情况下谈判适用的策略。影响谈判结果的主要因素包括:议题的关联性、博弈次数、局中人人数、联盟的形成等。麦克米林(McMilln)研究了博弈论对多边贸易谈判的适用性。鲍德温(Baldwin)更具体地讨论了 GATT 中的谈判技巧并总结了有关的观点。

博弈论是一门战略科学,它尝试得出不同的"选手"(比如贸易伙伴、雇主和工会甚至犯罪团体)之间将采取何种行为才能确保本方的最大利益。1994 年美国知名数学家约翰·纳什就因博弈论而与另两位合作者共同赢得了诺贝尔经济学奖,博弈论近年来在大踏步前进,微观经济学领域最前沿的东西几乎都在这一部分。

学科的交叉使得经济学的许多分支领域得到了蓬勃发展,也是历年诺贝尔经济学奖关注的一个热点,布坎南、科斯、卡尼曼和史密斯等人的获奖就是最好证明。2005 年度诺贝尔经济学奖被授予以色列经济学家罗伯特·奥曼和美国经济学家托马斯·谢林,以表彰他们在博弈论分析领域所做出的突出贡献。奥曼和谢林长期钻研博弈论研究,揭示了经济冲突的成因,例如价格战和贸易战如何兴起、为什么某些团体组织在管理公共资源上更为成功等。他们的学术成果对于市场的价格形成和经济谈判有深远的指导意义,在安全和裁军政策等社会领域也被广为应用。

4. 经典博弈论与 Nash 均衡

经济学家和管理学家们发现一切社会关系和管理活动背后的人类行为中包含了丰富的博弈关系，即多个利益智能体之间相互作用的关系。同时，生物学家和生态学家们也发现生物种群内和生物种群间的相互行为关系本质上也是多个生物智能体或生物智能种群间的博弈关系。因此，分析博弈关系能有效揭示人类相互作用的行为规律和生物体间及生物种群间的行为规律。博弈论是一种公认的研究多个智能主体间相互作用关系的重要理论方法。一般认为，博弈论正式作为一门理论发展始于 1944 年冯·诺伊曼（Von Neumann）和摩根斯特忽（Morgenstern）的专著《博弈论与经济行为》[41]。随后 Nash 在 1950 年到 1953 年发表的四篇论文[42-45]提出和论述了纳什均衡这一重要概念，奠定了非合作博弈的理论基础。经过几十年的发展博弈论现在已经成为主流经济学和管理学中最核心的内容，并几乎成为所有领域经济学家和管理学家的基本分析工具和共同研究语言。我们把以 Nash 为代表的博弈论称为经典博弈论。经典博弈论建立在如下基本假设下：（1）参与人是完全理性的：知道如何追求自己的利益最大化和有无限的信息处理与计算能力；（2）共同知识性：参与人是理性的具有共同知识；（3）博弈结构和博弈环境在博弈发生前事先给定。纳什均衡是经典博弈中最重要的解概念，而经典博弈论就是在这些假设下探讨所有参与人的理性行为判据，即分析博弈的纳什均衡。

5. 演化博弈论与有限理性

由于经典博弈的上述诸多缺陷，基于有限理性的演化博弈理论被提出。然而，与完全理性一样，有限理性至今也是一个没有完全界定的概念。那么，如何认识、理解和描述博弈人的有限理性呢？由于以有限理性为基础考虑变化结构与环境的博弈分析框架与建立在达尔文自然选择思想基础上的生物进化理论的分析框架很相似，例如人类在遇到复杂问题时一般会由直觉引发行为方式，并会模仿成功者的行为，这与其他生物的行为很接近；人类的竞争合作行为与动物世界的竞争合作也是很相似的，借鉴研究生物种群性状进化和稳定机制的方法来分析人类的行为是一种有效的借鉴类比研究思想与方法。更重要的是，借鉴生物进化理论与生物行为规律的分析方法还可以模拟博弈均衡解的动态实现过程。在生物进化思想的启发下，柯纳德·史密斯（Maynard Smith）和晋瑞斯（Price）将生物理论中的进化思想引入了博弈论，并于 1973 年发表了创造性的论文《动物冲突的逻辑》[46]，提出了演化博弈的思想和演化稳定策略的概念，这种起源于生物进化理论的博弈分析方法就被称为"演化博弈论"。

演化博弈认为群体中个体间的相互作用是一个关于他们所面对的局势（博弈环境与参与人状态）不断变化的动态过程，并且博弈局势与参与人行为相互依赖。这表明演化博弈描述了博弈前没有被给定的博弈结构与环境[47-50]。另外，在演化博弈中，参与人的理性是根据博弈局势的变化不断进化的，个体的有限理性在进化过程中被表征。理性实际上是个体进行选择时所依据的规则,经常可描述成个体选择偏好[51]。于是,在演化博弈中,有限理性被表述成个体在对博弈局势的认识与学习中确定动态演化的行为选择规则(或称为决策机制)。因此,与经典博弈中完全理性的负面描述不同,演化博弈中的有限理性,都是从正面给出博弈人应该怎么去决策(或怎么去学习)。演化博弈分析的关键是确定博弈人的学习机制和策略演化的过程[52-55]。

6. 基于微分方程的复制动态演化机制

演化博弈的复制动态模型最早是在 1975 年由泰勒(Taylor)和琼克(Jonker)[56]提出,后在梅纳德(Maynard)[57]、韦伯(Weibull)[58]、霍夫保尔(Hofbauer)和西格蒙德(Sigmund)[59]的专著中进行了深入的研究。此模型用常微分方程(或方程组)来描述策略的演化,是一种确定性的演化模型。复制动态模型假设种群中个体数量无限大,且混合均匀(种群中任意两个个体等可能的进行博弈),并且没有考虑决策环境中的不确定因素,可以看作是一种无变异的自然选择学习模型。由于微分方程(或方程组)在数学上具有很好的解析性质,因此复制动态是演化博弈中最常用的一种决策机制。这一机制已广泛地应用于演化生物学、社会科学和经济学的博弈模型的分析中[60-63]。当个体策略的演化不仅与时间有关,而且与空间有关时,复制动态模型需要用偏微分方程来描述。

2.2.2.2　管理效率研究理论综述

就常用的管理效率而言,有技术效率和配置效率,这两种效率的乘积被定义为经济效率或成本效率(王金霞,2000)。根据 1951 年库普曼斯(Koopmans)的定义,"技术效率"可以从两个角度来观察:就产出面而言,是指在技术水平不变的状态下欲增加任一种产出的数量,须以减少其他产出的数量为代价,这时的产出状态达到技术效率;就投入面而言,是指在技术水平不变的情况下,如果减少任一种投入的使用量,须以增加它种的使用量为代价,此时也达到技术效率。本文认为管理效率是指管理活动中投入和产出的比例关系,从这个角度来看,可以采用技术效率来体现管理效率。

1. 生产前沿面理论

经济学的生产理论经常用生产可能集描述生产技术关系,生产可能集就是既定的生产技术条件下所有可行投入和产出向量的集合,反映生产过程中投入、产出和技术三者之间的关系,可以表示为:

$$P(x)=\{y:(x,y)\in T\} \qquad 和 \qquad L(y)=\{x:(x,y)\in T\} \qquad (2.1)$$

式 2.1 中 x 表示生产要素投入,y 表示产出,$L(y)$ 表示所有可能投入的集合,$P(x)$ 表示所有可能产出的集合,T 代表生产中的特定技术水平。

图 2.1 反映了 $L(y)$、$P(x)$ 和 T 三者之间的关系。OO' 与 x 轴间围成的区域反映了生产过程中的技术水平 T;给定的一个投入水平 x_0,对应的产出集合 P

(x_0)由 y 轴上封闭有界的区间$(0,y_0)$表示；给定一个产出水平 y_0，所对应的投入集合 $L(y_0)$ 由 x 轴上封闭无界的区间$(x_0,+\infty)$构成。

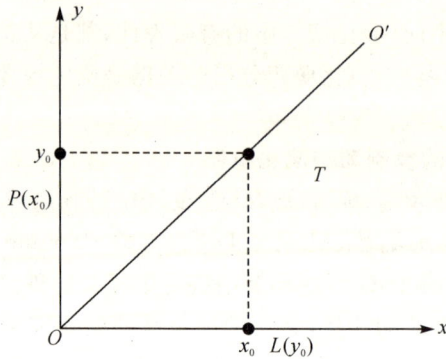

图 2.1　生产可能集描述

资料来源：Kumbhakar S. & Lovell C. A. K. Stochastic Frontier Analysis[M]. Cambridge University Press,2003：18.

　　生产过程中，有限的投入得到有限的产出，无限的产出只有无限的投入才有可能实现，产出可能集还具有有界、封闭性的特征。在给定生产要素和产出价格的条件下，生产者追求的是产出最大化或投入最小化的有效生产状态。在生产可能集内，所有有效生产活动点(x,y)所构成空间中的超曲面就被称为生产前沿面。如图 2.2 所示，如果将特定生产技术水平下所有可能的投入与产出组合点都标到坐标中，在这些点集的外围可以画一条包络线，使得最外围的点全部落在这条线上，同时所有其他的点又都在这条线之内，这条线所表示的就是生产前沿面。

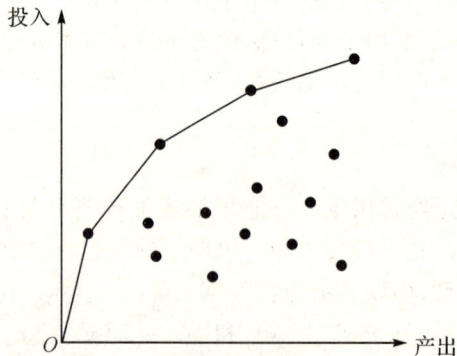

图 2.2　生产前沿面描述

资料来源：Kumbhakar S. & Lovell C. A. K. Stochastic Frontier Analysis[M]. Cambridge University Press,2003：25.

2. 技术效率测算

1957年英国剑桥大学经济学家法雷尔（Farrell）在著作《生产效率的测定》（*The Measurement of Productive Efficiency*）中首次提出运用前沿生产函数来测度技术效率，得到理论界的认可，而技术效率测算是以生产前沿为基础，其公式为：

技术效率＝实际产出/前沿产出

前沿产出必须在生产前沿的基础上获得，而实际中真正的生产前沿是未知的，要得到前沿产出的情况必须先估计生产前沿。法雷尔（Farrell）给出参数型函数方法和非参数分段线性技术两种估计生产前沿的方法，参数方法需要对生产函数的函数形式进行假设，非参数方法不需要。艾吉尔（Aiger）和朱（Chu）采用了法雷尔（Farrell）的第一个建议（Aiger&Chu，1968），查思斯美国筹学家（Charnes），库普（Cooper）和罗德斯（Rhodes）采用了 Farrell 的第二个建议（Charnes，Cooper&Rhodes，1988），并形成了目前技术效率评价两类最具代表性的方法：随机前沿分析（Stochastic Frontier Analysis，SFA）和数据包络分析（Data Envelopment Analysis，DEA）。

3. DEA 与 Malmquist 指数理论

结合本研究需要，选择数据包络分析作为研究技术效率的方法，针对这一方法进行简要的介绍。数据包络分析（DEA）是多投入多产出的以数据为导向的决策单元（Decision Making Unit，DMU）绩效评价方法，它实际上是一种运用线性规划方法度量生产单元相对效率的数学过程，通过连接所有观测生产样本点形成分段曲线组合，得到凸性生产可能性集合来构建一条非参数包络前沿线，生产有效点位于生产前沿面上，将各决策单元变量和有效前沿面对比，从而识别低效率决策单元，并给出其相对效率值。由于无需考虑输入输出指标单位量纲问题等优点，它目前是相当完善的一种效率测算方法，被广泛运用在管理科学中。假定有 N 个生产单元，每个生产单元都使用 K 种投入要素生产 M 种产出，计算第 i 个生产单元的相对效率值，就是求解下面的线性规划：

$$\min_{\theta,\lambda} \theta$$
$$s.t \begin{cases} -y_i + Y\lambda \geqslant 0 \\ \theta x_i - X\lambda \geqslant 0 \\ \lambda \geqslant 0, i=1,\cdots,N \end{cases} \tag{2.2}$$

式2.2中 θ 是标量，λ 是 $N \times 1$ 的常向量，所求的 θ 就是观测样本的相对效率值，θ 无量纲，一般 $\theta \in (0,1]$。当 $\theta=1$ 时，意味着这个观测样本是生产有效的，即位于生产前沿面上，该生产单元在投入既定的情况下不能多生产出更多的产出，既定的产出量的情况下无法减少投入量；当 $\theta<1$ 时，意味着这个观测样本是生产无效的。

DEA 模型按是否引入可变规模报酬的假定，分为不变规模报酬方法（Constant Returns to Scale,CRS)和可变规模报酬方法(Variable Returns to Scale, VRS)。CRS方法计算每个决策单元的相对效率,可以用来衡量整体效率,但无效率时,无法清晰分辨是技术的因素还是规模因素造成。VRS方法将CRS方法中技术效率分解为纯技术效率和规模效率两部分,便于分析技术效率变化的原因。按计算方向可分为投入主导和产出主导两种效率评价方法,投入主导型表示保证产出水平不变的情况下,减少投入的情况,产出主导型表示保证要素投入不变的情况下,增加产出的水平。

Malmquist指数理论是经济学家马姆奎斯特(Malmquist,1953)提出,费尔(Fare等,1989)构造了从t期到$t+1$期的Malmquist生产率指数用以客观衡量全要素变动(TFP)与技术效率变动(Effch)、技术进步(Tech)之间的关系,分别表示以t时期的技术为参照,t期和$t+1$期生产点的距离函数,注脚c表示固定规模报酬,v表示变动规模报酬。Malmquist生产率指数分别为:

$$M_t(x^t,y^t,x^{t+1},y^{t+1})=\frac{D_c^t(x^{t+1},y^{t+1})}{D_c^t(x^t,y^t)},M_{t+1}(x^t,y^t,x^{t+1},y^{t+1})=\frac{D_c^{t+1}(x^{t+1},y^{t+1})}{D_c^{t+1}(x^t,y^t)}$$

(2.3)

按照理想指数的思想,定义它们的几何平均为综合生产率指数:

$$M(x^t,y^t,x^{t+1},y^{t+1})=(M_t\times M_{t+1})^{1/2}=\left[\frac{D_c^t(x^{t+1},y^{t+1})}{D_c^t(x^t,y^t)}\cdot\frac{D_c^{t+1}(x^{t+1},y^{t+1})}{D_c^{t+1}(x^t,y^t)}\right]^{1/2}$$

(2.4)

在分解综合生产率指数的问题上,费尔(Fare)(1994)在规模报酬可变(VRS)的假设下,将技术效率变动(Effch)进一步分解为纯技术效率变化(Pech)和规模效率变化(Sech),从而表现出更多的具有实际价值的分析信息。

$$TFP=M(x^t,y^t,x^{t+1},y^{t+1})=Pech\times Tech\times Sech=\frac{D_v^{t+1}(x^{t+1},y^{t+1})}{D_v^t(x^t,y^t)}\times$$

$$\left[\frac{D_v^t(x^t,y^t)}{D_c^{t+1}(x^t,y^t)}\cdot\frac{D_v^{t+1}(x^{t+1},y^{t+1})}{D_v^{t+1}(x^{t+1},y^{t+1})}\right]^{1/2}\times$$

$$\left[\frac{D_c^t(x^{t+1},y^{t+1})/D_v^t(x^{t+1},y^{t+1})}{D_c^t(x^t,y^t)/D_v^t(x^t,y^t)}\cdot\frac{D_c^{t+1}(x^{t+1},y^{t+1})/D_v^{t+1}(x^{t+1},y^{t+1})}{D_v^{t+1}(x^t,y^t)/D_v^{t+1}(x^t,y^t)}\right]^{1/2}$$

$$=Pech\times Tech\times Sech$$

(2.5)

式2.5中TFP>1表示生产率水平提高。$Tech$为技术变动指数,又称为"前沿面移动效应",表示从t期到$t+1$期的技术生产边界的推移程度,反应生产前沿面的移动对生产率变化的贡献程度。$Effch$为技术效率变动指数,又称为"追赶效应",表示从t期到$t+1$期的相对技术效率的变化程度,$Effch$>1表示DMU在t+1期与$t+1$前沿面的距离相对于t期与t期的前沿面的距离较近,相对效率提高。$Pech$为纯技术效率变化,是在规模报酬可变假定下的技术效率变化,$Pech$>1意味着管理的改善使效率发生了改进。$Sech$为规模效率变化,表明规模经济对生产率的影响,$Sech>1$ 表示 DMU 从长期来看向最优规模靠近。

4. 生产前沿面理论小结

本节回顾生产前沿面的相关理论基础,介绍生产可能集及生产前沿面的概念,并基于生产前沿得出技术效率的测算方法,在常用的测算技术效率的 SFA 和 DEA 方法中选择 DEA 方法进行了简要的介绍。在对技术效率进行时间和空间分解上 Malmquist 指数是较好的评价模型,对较好研究农村水利设施管理效率的分解有较大作用。

2.2.2.3　空间计量经济模型的理论综述

托布勒(Tobler)地理学第一定律认为"任何事物之间均相关,而离得较近的事物总比离得较远的事物相关性要高"。不同地区间的经济地理行为一般都存在一定程度的空间交互作用,对于地理空间属性的数据,一般认为离得近的变量间比在离得远的变量间具有更加密切的关系,涉及的空间单元越小,越有可能在空间上关联密切,安德林(Anselin,1988)。空间计量经济学提供了有效的理论和实证分析方法来识别和估计地理经济现象中表现出的空间效应,本文借鉴这些理论和方法,认为空间效应主要来源空间依赖性和空间异质性,空间依赖性反映现实中存在的空间交互作用;空间异质性指的是地理空间上的区域缺乏均质性,从而导致经济社会发展存在空间上的差异性。

1. 空间计量理论

空间统计是关于地理关系的统计分析,格里菲斯(Griffith,1922)认为空间统计就是将空间互相依赖概念引入统计分析中,从而提供更多的真实性数据和分析结果,产生更好的预测或更有效的参数估计。在研究中考虑空间依赖性之前,需要先进行空间相关性的预检验,如果空间效应发挥作用,需采用合适的空间计量经济模型估计,建立的空间计量经济模型效果的好坏还需要通过空间相关性检验进行判断。计算和判断一个地区的效率问题在地理空间上是否有空间依赖性、存在集群现象的空间统计方法有很多种,常用的有:Moran's I、Gearys's C、Getis 指数,一般来说分为两大类:全域空间自相关和局域空间自相关。

2. 全域空间相关性检验与分析

全域空间自相关是从区域空间的整体上描述和分析区域农村水利管理效率空间分布的集群情况,Moran's I 指数和 Gearys's C 比率是常用的方法,两者作用基本相同,前者主要针对全域空间相关性分析,且较为常用,后者更适用局域空间关联分析。本研究采用 Moran's I 指数的计算及检验过程。

$$\text{Moran's}\,I = \frac{1}{\sum_{i=1}^{n}\sum_{j=1}^{n}W_{ij}} \times \frac{\sum_{i=1}^{n}\sum_{j=1}^{n}W_{ij}(y_i-\bar{y})(y_j-\bar{y})}{\sum_{i=1}^{n}(y_i-\bar{y})^2/n} \tag{2.6}$$

式 2.6 中 y_i 表示第 i 地区的观测值, $\bar{y}$ 表示所有地区观测值的平均数, n 为地区总数, W_{ij} 是二进制的邻近空间权值矩阵, 目的是定义空间对象的相互邻近关系, 本研究采用邻近标准, $W_{ij}=1$ 表示区域 i 和 j 相邻, $W_{ij}=0$ 表示区域 i 和 j 不相邻。

Moran's Ⅰ 取值范围为 $[-1,1]$, 可以看作各地区观测值的乘积和, 各地区观测值 y 空间正相关, 则数值应当较大, 观测值 y 空间负相关, 则数值较小。空间相关系数的 Moran's Ⅰ 散点图将各地区的效率水平(观测值)分为四个象限的集群, 从而识别该地区与邻近地区的关系: Moran's Ⅰ 散点图右上方第一象限表示高效率地区被高效率水平的其他地区包围(HH), 左下方的第三象限表示低效率水平地区被低效率的其他地区包围(LL), 这两个象限表示正的空间自相关关系, 即相似观测值之间的空间关联; 左上方第二象限表示低效率地区被高效率水平的其他地区包围(LH), 右下方的第四象限表示高效率水平地区被低效率的其他地区包围(HL), 这两个象限表示负的空间自相关关系, 即地区农村水利管理效率的空间关联; 如果所有的观测值均匀分布在上述四个象限, 则表明地区农村水利管理效率之间不存在空间自相关性。

3. 空间关联局域指标(LISA)分析

全域空间相关性较难探测存在地理上不同位置的区域空间关联, 需要采用局域空间关联指标分析可能存在的局域显著性的空间关联。安瑟林(Anselin)介绍了探索空间数据分析及空间关联局域指标分析(Local Indicators of Spatial Association, LISA)方法, LISA 分析满足两个条件: 每个区域空间观测单元的 LISA 描述了围绕该区域单元显著的相似性空间单元之间空间集群程度; 所有空间单元的 LISA 之和与对应的全域空间关联指标成比例。LISA 的空间自相关性及集群分析主要包括局域 Moran's Ⅰ 和局域 Geary 指数。

局域 Moran's Ⅰ 的计算公式可以定义为:

$$\text{Moran's} I_i = Z_i \sum_{j=1}^{n} W_{ij} Z_j \tag{2.7}$$

式 2.7 中 $Z_i = y_i - \bar{y}$, $Z_j = y_j - \bar{y}$ 为观测值与均值的偏差。

4. 空间计量模型

安瑟林(Anselin, 1988)认为空间计量经济学研究的是在横截面数据和面板数据的回归模型中如何处理空间交互作用(空间自相关)和空间结构(空间非均匀性)。本文介绍和使用考虑了空间效应, 包括空间相关性和空间差异性的空间常系数回归模型, 包括空间滞后模型(Spatial Lag Model, SLM)与空间误差模型(Spatial Error Model, SEM)。

空间滞后模型主要是研究变量在地区之间是否有扩散现象, 模型表达式为:

$$y = \rho W y + X\beta + \varepsilon \tag{2.8}$$

式 2.8 中 y 为被解释变量; X 为解释变量矩阵; ρ 为空间回归系数, 反映样本观测值的空间依赖作用；W 为 n 阶空间权值矩阵；Wy 为空间滞后因变量；ε 为随机数误差项向量。

空间误差模型的数学表达式为：

$$y = X\beta + \varepsilon$$
$$\varepsilon = \lambda W\varepsilon + \mu \tag{2.9}$$

式 2.9 中 ε 为随机误差项向量；λ 为 $n \times 1$ 阶的截面因变量向量的空间误差系数，衡量了样本观测值中的空间依赖作用；μ 为正态分布的随机误差向量。

可通过包括 Moran's Ⅰ 检验、两个拉格朗日乘数形式 LMERR、LMLAG 及其稳健的 R-LMERR、R-LMLAG 来判断效率水平的空间相关性是否存在，SLM 和 SEM 哪个模型更合适。Anselin 和 Florax 在 1995 年提出如下的判断准则：统计中，若在空间依赖性检验中发现 LMLAG 比 LMERR 更加显著，且 R-LMLAG 显著而 R-LMERR 不显著，则适合的模型是 SLM；如果 LMERR 比 LMLAG 更加显著，且 R-LMERR 显著而 R-LMLAG 不显著，则适合的模型是 SEM。除了拟合优度 R^2 检验外，常用的检验准则还有：自然对数似然函数值（Log Likelihood，LogL）、似然比率（Likelihood Ratio，LR）、赤池信息准则（Akaike Information Criterion，AIC）、施瓦茨准则（Schwarez Criterion，SC），LogL 越大，AIC、SC 值越小，模型拟合越好（吴玉鸣，2007）。

5. 空间计量经济学小结

考虑农村水利设施效率的空间依赖性，要对其空间相关性的进行预检验，本节介绍了全域空间相关性检验的 Moran's Ⅰ 指数方法和空间关联局域指标 LISA 分析方法；构建了空间常系数回归模型 SLM 和 SEM 两种模型；并对如何判断效率水平的空间相关性是否存在，如何选择模型的判断准则进行了较为详细的介绍。

2.2.2.4　推广绩效评价方法

绩效这词最早源于工商管理、人力资源管理和社会经济管理方面。"绩"即为成绩，"效"就是效率、效益。对于绩效可从不同角度理解，在经济合作与发展组织（OECD）看来，其是指实施活动所获得的相对于目标的有效性，它包含活动获得的公众满意程度，活动主体对预定活动过程的遵从度，以及活动的有效性、经济性和效率性。普雷母詹德（A. Premchand）的绩效概念包含效率、组织做出的贡献、产品和服务的质量与数量[16]。绩效的内涵较之于效率、效果更为丰富，它不仅指政绩，也包含工作过程、工作态度的范畴，更包含经济性与效果性、资源支出成本与效率、发展前景、社会进步等范畴。在《公共支出绩效评价研究》中，朱志刚指出，"绩效一方面是对结果的考量，另一方面是对接受方满足程度、过程及提供方主观努力程度的考量"。综合绩效的多种表述，绩效可理解为效率、有效性和效益的有机结合，在内容上包含行为的过程和结果两个方面，是某组织或项目于某时间范围以某种方式实现的成绩和结果以及实现的过程[17]。水利科技推广项目属于财政支农项目,其绩效与企业绩效相比,具有其自身的特点,其绩效呈现多样性,不仅有经济效益,还有更多的是社会及生态效益;此外,还包括直接的短期效应及更多的难以衡量的长期间接效益。

对绩效评价可从不同的角度进行定义。从人力资源管理的角度来看,是指"一定时期内对员工为组织所做的贡献进行评价的过程,涉及数量和质量两个层面,其过程具有复杂性"[18]。从企业管理上来定义是指"对企业资源占有、使用、管理与配置的效果进行评价"[19]。而从公共部门管理上来定义则是指"指政府公共部门能在多大程度上为了满足社会公众需要而提供产出产品"[20]。另外对绩效评价的概念也可从评价入手,经济合作与发展组织(OECD)发展援助委员会词汇表对评价的定义是指决定一项活动、政策、计划的价值或重要性的过程;迈克尔·斯奎文(Michael Scriven)最近指出,有近60个不同的术语表达了评价的不同含义,包括裁定、评估、评论、考核、测试等[21]。它们都为了达到一种目的,在分析政策运行结果时使用某种价值观念。更为恰当的表达是,通过评价过程可为政策运行结果提供更为有用的价值信息[22]。综合以上几种观点,认为绩效评价是一个系统化的过程,它采用科学、规范的评价方法,对照特定的评价标准,客观、公正、科学、全面地权衡比较和归纳评判项目投资行为过程、产出、结果的效率性、经济性、公平性和有效性。它包括评价的动作和行为,也评价结果的反馈和改进,即"结果(做了什么)+过程(如何做的)=真正的绩效"。绩效评价原理如图2.3所示。

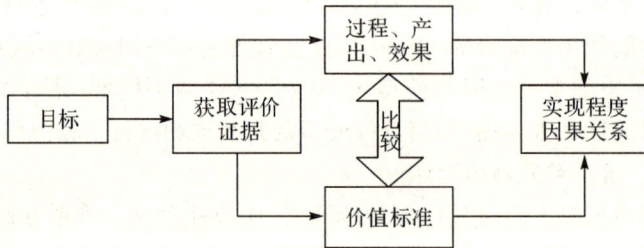

图 2.3 绩效评价原理图

基于绩效评价的预期目标,其实质是对一项活动的有效性进行剖析和评估。对于财政支农形式的水利科技推广项目的绩效评价,在过程方面,涉及投入是否能迎合经济性需求,项目本身及其与资源和环境之间可否持续协调发展,运行过程是否合理、合规等方面。在结果方面,主要涉及行为结果可否达到预期目标及预期影响,投入产出与投入比较是否有效率等方面[23]。

同传统的项目评价相,当前绩效评价不同主要体现在以下两方面:

(1)重视评价内容的科学性、完整性与连续性。它是在对项目微观层次的技术经济评价、影响评价和社会评价等内容基础上的发展,丰富了项目管理以及项目与环境资源协调、社会可持续发展等内容。评价覆盖了项目的整个生命周期,使得评价更具连续性,有利于各阶段项目信息衔接汇总,确保评价结果的科学性、权威性。

(2)重视项目全过程的动态评价。它增加并丰富了过程中的动态评价,要求对项目整个周期的定期与不定期的跟踪监督评价,尤其是对决策与建设过程的评价,并根据结果实时反馈、调整,真实反映了监督管理和评价指导的作用。

2.3 有关农村水利市场化管理的相关文献综述

从目前来看,对农村水利工程市场化管理的研究主要集中在农村水利工程市场化管理模式开展必要性、市场化管理组织的研究、管理机制和模式的研究,以及水利管理模式的绩效评价、灌溉水权和水价等五个方面。

第一,有关农村水利工程市场化管理模式开展的必要性的研究:弗米林(Vermillion,1997)认为世界各国普遍存在灌溉系统恶化、政府财政负担严重和农民对供水单位不满等问题,要解决这些问题,就必须进行市场化管理模式的推广和发展[24]。并提出了三个理由:一是政府机构缺乏对灌溉系统进行优化的激励与责任。而农民则与灌溉系统质量的提高和持续,以及灌溉管理的成本收益具有直接的关系,给予农民一定的权利和激励,农民更愿意承担灌溉水的成本并改进灌溉系统的运行效率。二是灌溉管理制度变革有助于防止灌溉系统的进一步恶化。三是灌溉管理制度的变革有助于减轻政府的财政负担。许志方、张泽良[25](2002)对荷兰、美国、印度尼西亚、墨西哥、吉尔吉斯坦、伊朗等国家的参与灌溉管理经验进行述评后认为用水户参与管理和建立用水者组织是当今灌区管理改革的必然趋势。它不仅可以改善灌溉系统的运行管理现状,而且可以充分激发受益农民的积极性。

第二,有关农村水利市场化管理组织的研究:尔特(Hunt[26],1989)、阿普露夫(UPhoff,N.)、Wickramasinghe,M. L. & Wuayaratna,C. M[27](1990)等学者从社会资本角度对用水者组织的发展进行了分析,经研究发现,用水者协会的规则、用水者之间的社会与经济的同质性、用水者之间的相互信任、用水者协会与政府的合作等对用水者协会的持续发展具有重要的影响。梅章蒂克(Meinzen-Dick[28],1997)探讨了农民用水者协会(WUA)的责任范围问题,并认为由于用水者协会是根据用水者的利益管理和运作的,监督和实施成本会大幅度地降低,巴德汶(Bardhan[29],1993)、奥斯特罗姆(Ostrom[30],2000)等在大量的案例实证研究的基础上试图找出农民参与灌溉管理集体行动成功的一般性原理,研究表明,用水者协会在解决灌溉问题上具有很大的潜力。Tankhiwalle,N. R[31](2001)在研究了多国的灌溉管理实践后指出,农民的参与程度与效果,往往会决定协会成功与否以及灌溉改革的成败。仇志峰[32](2010)通过挑选山东省600户定点农户并以108条定点斗渠的跟踪调查资料为依托,较为全面地探讨了农民用水者协会在组织建立及运行管理中存在的若干问题及影响农民用水者协会正常运行的各种因素,为农民用水者协会的组建及运行管理提供理论依据。侯建华、王继涛、董鹏飞[33](2010)对农民用水者协会的组建与管理中的几个关键问题进行了研究,提出了以灌区管理单位为依托的组织单位;利用效益费用分析,提出了协会合理规模的确定方法;明确了协会供水成本中折旧、维修和工资等要素的计算方法。

有关农村水利市场化管理制度的发展的研究:以往的多数的研究结论认为政府的政策对农村水利市场化管理制度的发展具有十分重要的作用,政府应该创造良好的政策环境,并保持政策的连续性。萨马德(Samad,M.)和弗米林(Vermili-ion,1999)[34]等人的研究探讨了用水者协会的建立所需的条件,认为政府支持系统的建立对用水者协会的组建有重要的影响。山姆(Sam,H.)、詹森(Johnson)、马克(Mark,S.)等[35](2002)则从全球的视角探讨了灌溉部门机构改革方案问题,研究了市场化影响灌溉部门机构改革的约束条件,认为可以从农民市场化管理发挥重要作用的灌溉机构改革来解决目前灌溉制度的问题,并提出如果认为只是成立用水户协会就能解决灌溉管理中的问题,而不进行机构改革的话,注定是要失败的。理查德·瑞丁格(Rishard Wright[36],2002)对中国的市场化灌溉管理改革进行了研究,认为任何供水组织的改革模式面临的一个重大挑战是如何克服政府机关的官僚和机制方面的制约因素。

第三,有关农村水利市场化管理机制和模式的研究:刘凤丽、彭世彰[37](2004)介绍了市场化管理在美国、日本、荷兰等发达国家和墨西哥、印度、安得拉邦、菲律宾和斯里兰卡等发展中国家的应用情况。然后根据我国市场化管理发展的动态,归纳了四种用水户参与模式,分别是:"供水公司+用水户协会+用水户"模式、"用水户协会+用水户"模式、完全转让给用水户协会模式和承包、租赁等模式。并在比较不同模式各自特点的基础上探讨了我国灌区管理改革的方向,认为灌区管理体制改革发展的最终目标是建立完备的 SIDD 体系。周杰[38](2007)针对以往研究大多针对欠发达地区和缺水地区的状况,选取东部发达地区且水资源比较丰富的浙江省诸暨市作为研究对象,完善了市场化管理研究的范围,另外从历史演变和进程上考察市场化管理,突破了以往只注重现状研究的缺陷,使得研究结果更具有启发性。周杰应用博弈论和埃莉诺·奥斯特罗姆(E. Ostrom)的自主治理理论分析市场化管理,构建了湖民参与水利设施管理的重复博弈模型,并在博弈分析中结合当地特点引入社会资本的分析,在研究视角上具有很大的创新性,并从引入社会资本的重复管理博弈的讨论中总结出诸暨水利会市场化管理机制运行的内在机制,同时总结了诸暨水利会管理机制运行上的成功经验、存在问题及其创新方案,具有很大的现实意义。杨春、陆文聪(2007)[39]对用水户市场化灌溉管理体制进行了研究,总结了市场化灌溉管理的主要模式,包括农民用水者协会、股份合作制、承包、租赁、拍卖、村集体管理,另外各地根据其具体的农村水利发展特点还有一些独特的管理模式,例如即灌即收型方式、土地规模化示范园、镇级水利工程统一管理、自助式的水利管理等。接着分析了我国农村农村水利工程市场化管理存在的四点问题和不足:①水利机构管理体制不完善,农民参与程度低;②水利管理机构运行资金不足,运营不合理;③水利管理机构内部运行不畅;④基层水利机构管理人员素质不高。韦鸿鸷(2008)[40]认为用水户市场化管理是适应新形势农村用水管理,协调供水与用水关系的改革。他分析了用水户参与水利市场化管理的必要性和重要作用,同时指出当前用水户市场化管理模式存在的困难和问题,主要有四点:①思想认识问题;②用水户参与管理的基本组织形式问题;③用水户协会组建的边界和规模问题;④产权和工程维修配套问题。

第四,有关水利工程市场化管理的绩效评价的研究:韩青、袁学国(2011)[41]研究了市场化灌溉管理对农户用水行为的影响,对甘肃省张掖灌区用水户协会参与灌溉管理制度对农户用水行为影响的实证分析结果表明,用水户协会的成立、排灌系统的完善、农业生产结构的调整和水权市场的建立等因素,在一定程度上提高了农户灌溉水的利用效率,缓解了水资源短缺的局面。但同时发现,由于当前用水者协会"自上而下"的行政管理导致用水户在灌溉管理中并不具有真正的发言权和决策权,用水户对灌溉管理的民主参与并没有达到节约用水的目标。刘静、Ruth Meinzen-Dick、钱克明、张陆彪、蒋黎(2008)[42]研究了我国中部用水者协会对农户生产的影响,检验了政府采取市场化灌溉管理和用水者协会改革政策的效果。通过对湖北漳河灌区和东风灌区208户农户的问卷调查资料进行统计分析和计量经济模型分析,得出用水者协会的成立对农户灌溉水资源供应和农业生产产生了积极影响。调查中有80%的农户肯定了用水者协会的作用,用水者协会调动了农户进行渠道维护和管理的积极性。用水者协会可以继续作为我国灌溉管理改革的一个方向和选择。孟德锋(2011)[43]基于2007年苏北地区农户调查数据,采用累积比数Probit模型对农户参与灌溉管理满意度的影响因素进行研究,研究结果表明:政府支持用水者协会与否、农户是否参加培训、农户参加例会次数、协会账目公开次数、农户上交水费是否减少以及协会规范运行时间等因素对农户参与灌溉管理满意度产生显著的正向影响,而协会规模对农户满意度的影响显著为负;成立协会是否征求农户意见、农户是否参加农民用水者协会和是否参加协会主席选举、协会主席身份以及农户的基本特征变量对农户满意度的影响不显著。其中一些因素的影响机理相对复杂。

第五,有关灌溉水权和水价的研究:Wade[44](1987)认为定义良好的水权会给农民参与供水系统组织和管理提供激励,这些权利可分配给用水者个人,也可分配给WUA这样的用水者组织。Meinzen-Dick(1997)等认为产权是影响用水者协会可行性的关键因素之一。Svendsen and Vermillion[45](1994)、Johnson[46](1997)等学者的研究结果表明明晰的水权和灌溉水的有效分配也是灌溉管理制度成功变革与发展的必要条件,并认为用水者组织如果不拥有水权,就无法对水资源的使用、管理等事宜做出决策。Bromley[47](1992)认为水资源的相关定价必须将灌溉系统等实物基础设施(干渠、控制性建筑物、渠系)和灌溉系统中流动的水同时作为更大考虑范围中的一部分内容来研究。韩洪云、赵连阁、王学渊[48](2010)对农户灌溉用水效率与农业水权转移的内在逻辑关系进行了系统分析,研究发现:农户用水效率改善只是农业水权转移的必要条件,水权和水价机制的建立、用水者协会的发展和灌区管理体制改革,降低了水权转移的交易成本,是农业水权转移的充分条件。农户灌溉用水效率差异是不同灌区农业水权转移的基础和结果。夏朋、倪晋仁(2007)[49]从水权制度运行的微观层面出发,对政府管理者和用水户之间的行为进行了博弈分析,考察了在不同的政策下双方的行为变化,以及对水权制度所产生的影响,认为政府可以通过降低检查成本、加强内部管理、提高超额罚金以及对不同类型的用水户进行差别对待等方式,使得用水户降低超额取水的频率,以实现全流域水资源优化配置的制度目标。郑通汉(2002)[50]从可持续发展的角度研究了水价的构成,认为水价所决定的水供求不能超出水资源的承载能力和水环境的承载能力,水价所决定的收支水平必须保证供水工程能持续运行和用水户有支付能力。

2.4　有关农户参与水利管理的相关文献综述

2.4.1　参与式灌溉管理的研究

参与式灌溉管理(Participatory Irrigation Management,PIM)是从市场化管理这一人性化管理模式中衍化出的对灌区管理体制和经营体制的重大变革和突破,并在世界范围内得到了广泛的推广和应用,并且取得了显著的成效。其核心内容是:"用水户参与管理",即在政府宏观调控的前提下让用水户这一主要主体参与到灌区的建设和管理工作中来,以实现灌区灌溉工作的顺利开展和良性运行。通过整理文献可知目前对农村水利工程市场化管理的研究主要集中在以下五个方面:开展市场化灌溉管理的必要性、市场化管理的制度、市场化管理的机制与模式、市场化管理的绩效评价、灌溉水权和水价[51]。

我国对市场化灌溉管理模式的研究开始于1992年,且主要是在国外的灌溉管理经验基础之上展开研究的。2004年刘凤丽、彭世彰[52]针对发达国家和发展中国家的灌溉管理情况进行了分析,他们认为由于很多发达国家都具有用水户参与水利管理的历史,所以他们推行市场化灌溉管理的工作会相对容易,并且发达国家经济实力较强、市场较完善,所以这些有利条件都为水利市场化管理奠定了良好的基础,而相比之下发展中国家遇到的阻力会明显较大。但是无论这些先天的条件差距有多大,发展中国家最明智的选择要是要多多借鉴发达国家关于市场化管理的发展模式和法律法规,丁平等(2006)[53]对国外市场化管理模式进行了总结,大体分为三类:(1)灌区管理形式,代表国家是美国;(2)自我管理模式的用水者协会,代表国家有西班牙、墨西哥、土耳其;(3)公私合作模式,代表国家有法国和澳大利亚。李友生等(2004)[54]在分析市场化灌溉管理理论的基础上总结了我国用水户参与灌溉管理的管理模式主要有农民用水者协会、股份合作制、承包、租赁、拍卖等,而且需要根据不同地区的实际情况采取不同的管理模式。冯广志(2008)[55]主要阐述了市场化灌溉管理在印度、巴基斯坦、美国、日本等国家的应用情况。高虹(2009)[56]则详细分析了农民用水者协会和承包这两种灌溉管理模式的推广应用情况,并根据实际调查结果为市场化灌溉管理的进一步发展提出了建议和意见。陈晓坤(2010)[57]主要研究了不同国家和地区的灌区管理模式,并在此基础上得出经济自立灌排区(SIDD)将成为我国灌区管理改革的首选模式。

2.4.2　农户参与水利管理的合作意愿及行为研究动态

张宁、陆文聪等[58](2006)运用 Logistic 回归模型对新疆阿克苏地区 250 个农户参与水利管理的影响因素进行分析,结果表明:影响农户参与水利工程的影响因素除了农户自身特点外主要还有农户家庭和生产特征、农户社区特征等。张宁(2007)[59]实证调查了浙江省 11 个地区 697 个农户参与水利工程管理的态度、意愿及行为取向,并用 Logistic 模型分析了影响农户参与水利管理工作的影响因素。孔祥智、史冰清(2009)[60]利用博弈模型和其他相关计量模型对广西横县 116 户农户参加水利灌溉管理意愿的影响因素进行了分析,结果表明农业经济活动的特征是影响农户参与意愿的最主要原因。张兵、孟德锋等(2009)[61]采用有序因变量回归模型对实证调查得到的苏北地区 189 户农户的数据进行分析,得出农户家庭负担系数、用水者协会的运行时间、农户是否可参加主席选举、是否开展培训、是否公开账目等因素影响农户参与水利市场化管理的持续性。赵立娟(2009)[62]研究了内蒙古世行用水协会农户的参与行为,得出农户参与用水协会的行为受外部条件和农户自身因素两方面的影响,比如农户的自身状况、经济状况、对市场化管理的认知程度都影响其参与水利管理。郭玲霞(2009)[63]以妇女参与用水协会的行为作为研究对象,通过实证得出妇女参与水利管理的意愿较低,究其原因主要和妇女年龄、家庭规模、心理素质、科学文化素质、身体素质等因素有关。陈永福等(2006)[64]主要研究了水价高低与农户参与意愿之间的关系。研究表明:灌溉投入对农业生产的效率具有重要的作用;当农户主要以种植主要经济作物为主时他们的意愿灌溉水价较低;当灌溉水价提高时农户一般会考虑调整种植结构。韩青,袁学国(2007)[65]通过对甘肃省张掖灌区用水户协会参与灌溉管理制度对农户用水行为影响的实证分析结果表明,用水户协会的成立、排灌系统的完善、农业生产结构的调整和水权市场的建立等因素,在一定程度上提高了农户灌溉水的利用效率,缓解了张掖灌区水资源短缺的局面。刘辉、陈思羽(2012)[66]的研究发现:受访农民的文化程度越高、身体健康状况越差、家庭劳动力越短缺、种粮收入占家庭总收入的比重越大,他们越愿意以出钱的方式参与水利管理而不是出力;另外还得出:农村水利建设对农业生产的重要程度越高、自然灾害对农业生产的影响越大,农户越愿意参与农村水利建设。曾桂华(2010)[67]将制度、人才、资金、技术4个要素做为着眼点分析了农民参与灌溉管理的制约因素,并且从宏观角度分析了当前农户参与水利管理的阻碍主要有农民民主意识差、末级渠系工程不配套、产权制度改革不彻底、法律法规不健全等现实问题。周利平等(2012)[68]对江西省639位农户进行深度访谈调查,并利用二元Logistic模型分析了影响农民参与农村公共产品建设意愿的主要因素主要有种植规模、家庭收入、地理特征、民主参与、政策支持、农民对公共产品的需求等因素。

2.4.3　农民合作组织管理研究

农村水利市场化管理涉及农户等有关各方的合作问题,以往关于农户合作问题不少学者也进行了相关研究,主要集中在农村合作组织,农户自身的行为逻辑引发的合作问题以及博弈理论运用下的合作问题等三方面的研究。

第一,关于农村合作组织的研究。李熠煜(2004)[69]考察了农村民间组织的生长成因,认为促进农村民间组织发展的主要原因是农村中社会资本的运用,农村精英的参与以及政府对公共物品的不充足供应。他认为农村社会化服务组织是农户自身的利益表达机制,可以有效协助政府进行治理。阎占定(2011)[70]从新型农民合作经济组织的视角,对嵌入新型农民合作经济组织的乡村治理进行了全面系统的研究,认为新型农民合作经济组织参与乡村治理很有必要,是乡村治理中的重要力量,并将会在参与乡村治理的过程中,逐步改变乡村治理的存在生态,但新型农民合作经济组织参与乡村治理是一个渐进的、非均衡的过程,将会呈现阶段性发展趋势。刘美萍(2007)[71]对我国农村非政府组织的生长动力机制进行了研究,认为农村非政府组织是在供需作用下的产物,其发展的动力包括农村制度变迁、社会需求、外部力量和社会精英等因素。当前农村公共物品和服务的提供问题上,分散的农户存在"搭便车"的行为,市场主体由于追求利润最大化常常出现"失灵"的现象,政府难以因地制宜地提供所有的公共物品,因此需要发挥农村社会化服务组织的作用,针对这个问题,李武(2009)[72]对农村社会化服务组织理论和组织的合作机制进行了研究,研究内容涉及组织的定义、特征、组织演进、类型、作用和必要性,合作机制的输入和输出,合作的建立和运行以及合作机制的演化博弈论分析等方面的内容,最后对江西省农民用水者协会进行了实证分析,最后得出:农村社会化服务组织的参与主体是农民,并且属于农村非营利性组织,农村社会化服务组织能够提供政府、社会和个人无法提供的社会化服务,农民基于对公共利益的需求并通过合作提供所需的准公共物品和服务是农村社会化服务的合作机制,传统的合作价值观、权威的出现、政府的支持和外部资源的输入可以促进农民合作的实现。Staatz(1989)认为合作社的剩余索取权和决策控制权由所有社员共同拥有,而决策管理权则根据合作社的不同而不同,有些合作社采取社员"一人一票"的决策原则,有些采取"一人多票或一股一票",有些则由核心社员代为决策。合作社的这种剩余索取权导致了一些较为严重的问题,例如投资不足,不能对管理者绩效进行有效衡量等。Eilers 和 Hanf(1999)探讨了在合作社中谁是委托人谁是代理人的问题,他们认为在合作社中存在双向的委托和代理关系,当合作社管理者向社员提供合同时,管理者是委托人,当农户向管理者提供合同时,社员就成为了委托人。

　　第二,关于农户自身的行为逻辑引发的合作问题的研究。苏杨珍[73](2007)针对公共物品的自主管理和自主组织模式在实践中易陷入集体行动困境的问题进行了研究,对邹平县张高村村民自发合作修路成功的典型案例进行了分析,分析内容主要包括两个方面:村民自发合作行为为什么会发生以及是如何发生的。分析得出自发合作的两个方面是统一的合作思想秩序和共同的行动能力。自发合作的思想秩序来源于共同物理方位结构上的共同利益需求,共同的行动能力来源于村庄内部社会资本的动员、共同体内部的激励和村庄中第三方的支持。贺雪峰[74](2004)认为农村社会是一个熟人社会,熟人社会的行动逻辑之所以与公众社会的行动逻辑差别很大是因为不同社会境遇下不同行动者理性算计的约束条件不同,他还认为农户不是根据自己实际得到的好处而是根据与他人收益的比较来权衡自己的行动,农户的公正观是:不在于我得到或者失去多少,而在于其他人不能白白地从我的行动中额外得到好处。王志华[75](2007)以云南易村为个案,分析了村民合作的现状、变迁及原因,以及外部资源、力量注入过程中村民参与是怎样促进村民合作的,最后得出村民不缺乏合作能力,合作的关键是整合村民在私人事务和公共事务中不同的合作意识,并在参与的过程中统一村民的行动逻辑。吴理财[76](2004)分析了在日常生活中农民合作的一些"特殊理性",认为这些看似奇怪的理性其实有它自身的社会、制度性根源,只有把从微观上研究农民的行为逻辑和宏观上研究它的社会、制度性根源结合起来,才能更好地认识农民。徐超[77](2007)以农村水利为介入点研究了农民的合作问题,认为农户合作困境的产生是由国家、市场和村庄三个方面的因素共同造成的。农户合作缺乏外部的组织力量,无法解决农户合作的交易成本问题,缺乏村庄内部合作的社会基础。刘滨、康小兰、王珂[78](2009)认为农民的经济行为会形成一个以自我利益为中心,以经济利益为半径的经济生活圈,其理性程度、合作意愿和合作能力与经济生活圈呈正相关关系。M. Olsen(1965)提出了经典的搭便车理论,认为在集体行动中解决搭便车的有效策略是采用选择性激励。Robert D. Putnam(2004)认为在一个继承了大量社会资本的共同体内,自愿的合作更容易出现。

第三,关于博弈理论运用下的合作问题研究。陈毅、袁明旭[79](2006)立足于博弈论的分析框架来寻求合作博弈的均衡结果。从博弈论的发展历程出发讨论了熟人世界和陌生人世界的合作何以可能的问题,得出熟人社会中的博弈历史形成的声誉机制利于合作的产生,在陌生人社会中,如果以行为纯正而不是动机纯正作为出发点,以生存博弈为前提,用道德博弈提供博弈框架,同时共同遵守内在博弈规则及其演进和三方博弈的利益兼容机制,达成合作也是可能的。赵立娟、史俊宏[80](2010)通过单一回合静态博弈模型、重复博弈模型对用水者协会持续运行的可能性及条件进行了分析,并将模型由两人合作延伸到多人合作,最终结果表明,个人的声誉机制和谋求长期稳定利益的期望促使了农民用水者协会持续稳定的运行。蒋明、孙赵勇[81](2011)运用博弈理论和实证研究分析了农民专业合作经济组织发展的内在规律和现实困境,认为要想保证农民专业合作经济组织健康发展,就必须加深博弈主体的认知程度,强化对博弈主体的监督和支持力度,以及形成以产权为基础的三方利益联结机制。王孝莹、张可成、胡继连[82](2006)从农户之间相互作用、相互影响的角度出发,运用博弈模型对农户之间合作的动因和合作的制约因素进行了合理的解释,认为一次性博弈和重复博弈都不能使农户摆脱合作困境,只有引入激励机制,才能有效促进农户合作。

2.4.4 激励机制设计在不同学科的研究动态

关于激励机制,前人也做了大量相关的研究,主要是关于经济学上的激励的研究,关于社会学、管理学上的激励的研究相对较少。

第一,关于经济学激励的研究。梁巧转、马建欣[83](1999)针对当前企业发展中存在的人力资本流失现象,建立了激励的系统分析模型,基于使员工留在本企业工作的三个因素,根据三种因素的不同的组合方式,建立了三种激励模型,对三个激励模型的系统输出(即所有激励措施都不起作用的情况下那些最终离开公司的人数与进入该系统的人数比例)进行比较,得出:对员工同时施行经济激励措施和权利激励措施时,不如仅对那些逃避了经济激励(或权利激励)的人再施行权利激励(或经济激励)措施(称之为"二分激励")更为有效。徐宏毅、张子刚、李晓慧[84](2001)基于国企(委托人)与管理者(代理人)之间的关系,用委托—代理理论模型分别考察了在信息对称和信息不对称情况下的委托人对代理人的激励模型。随即又提出了考虑时间因素情况下委托人支付给管理者的最优合同模型。最后结论是必须设计合理的经理激励机制,使管理者个人效用最大化目标和企业所有者利润最大化目标相一致,诱使追求自身利益最大化的管理者做出符合所有者(政府)意愿的行为选择。魏光兴、覃燕红、蒲勇健[85](2006)应用行为博弈论研究了公平心理偏好下多代理问题的最优契约,分析了公平心理偏好对激励效率的影响,得到结论：即使代理人是完全独立的，公平心理偏好下最优契约也是同时基于个人产出和他人产出的联合契约（Joint Contracts），而不是仅仅基于个人产出的独立契约（Independent Contracts），标准博弈论的充分统计量原则不再成立，而且公平心理偏好通过联合契约提高了激励效率。李志敏、杜纲[86]（2006）利用人力资本产权理论，设计了使人力资本激励效应最大化的物质激励和非物质激励的组合激励模型。根据需求层次理论和人生心理发展周期理论，提出了非营利组织人力资本的动态激励模型。最后鉴于影响激励效果的因素以及激励效果评价的模糊性，采用模糊数学的方法对动态激励模型做了定量评价，并给出了实例进行证明。该种方法对发挥非营利组织人力资本的激励效应起到一定的实践意义。周金阳、戴毓、周德群[87]（2008）构建了国有农业企业经营者的多任务委托代理模型，分析了国有农业企业经营者的激励要素及关联关系。研究发现，当国有农业企业经营者在赢利性目标和社会性目标方面的努力产生不同的业绩信息且前者业绩信息对后者业绩信息具有极大影响时，经营者具有独立的多项工作任务且工作任务努力的激励成本之间相互独立，那么激励相容条件下赢利性工作任务的最优业绩报酬受到社会性工作上努力的边际收益的影响；最优业绩报酬是绝对风险规避度、边际激励成本变化率和可观测变量方差的递减函数。董宏纪、张宁[88]（2008）将农户参与方式分为报酬性参与和非报酬性参与，建立了农村水利工程农户市场化管理系统中的激励机制理论模型，推导出现阶段我国农村水利工程市场化管理的农户行为变化，与实践结合使农户参与水利管理的激励机制充分体现，并提出了农户有效参与农村水利工程管理的机制设计思路。王小龙[89]（2000）利用委托代理模型对尽职激励合约和敬业激励合约的制度界区进行了划分，通过构造出一个完美信息博弈模型来解释公共组织委托人的道德风险如何破坏敬业激励机制的激励功能，为公共部门深化改革提供了机制设计的理论准则。张延人、顾江[90]（2001）对官僚体制中的契约和激励机制进行了研究，运用信息经济学理论对转轨经济中官员的腐败行为进行了解释，认为统治者要有效地激励官员必然要以特权为手段，而这又会造成腐败。在统治者主导的制度变迁中，企业家和统治者在信息水平和激励能力上的差异和统治者保持官僚集团内部效率的需要这两个方面造成了腐败。丁元耀[91]（2003）讨论了一个激励约束机制，该机制同时考虑了隐藏信息和隐藏行动，并在委托代理模型的框架下给出了最优契约存在的条件及性质，所得到的结果对国有资本委托代理关系中实现"放权让利"改进企业效率的措施研究具有一定的参考价值。黄宁静（2006）[92]对我国农民专业合作组织的激励机制进行了一个系统性的研究，在研究过程中同时重视合作组织内部普遍性的制度性激励和根据成员的异质性，对不同需求进行的差别化激励，最后提出了由激励目的、主体、客体、内容、时机和场合为要素的农民专业合作组织激励机制。崔思岚（2009）[93]运用新制度经济学和博弈论，通过对四川省农民专业合作经济组织的实证分析，着重对中国农民专业合作经济组织的农户成员激励机制进行了系统的理论探析,从而对农户成员的激励机制给出了系统的解说。朱士华、丁丽(2005)[94]详细分析了政府激励机制的内涵,并在此基础上提出了政府激励机制的设计模式,即三个支点和三个通道组成的模式。庞娟[95](2010)针对影响农村社区公共品自愿供给的因素是什么以及如何设计促进农村社区公共品的自愿供给的激励机制进行研究,得出应该引入筹资机制、声誉机制、惩罚机制和明晰化的产权来进行激励。杨淑君(2004)[96]运用委托代理理论建立了双向激励约束机制研究框架,构建了适应我国企业管理水平的双向激励约束方案——经理人合同期望回填机制。黄健柏(2004)[97]从提高激励契约效率的视角出发,把显性激励契约与隐性激励契约结合起来构建我国经营者的激励机制,同时把研究的重点从制度层面转移到激励机制设计的技术层面,研究了如何解决信息非对称条件下经营者激励的有效性问题。邓玉林(2006)[98]基于知识型员工的行为假设改进了激励机制研究中的相关模型,将行为主义学者的研究思路纳入基于不对称信息博弈的激励机制研究模型,对知识型员工的报酬激励机制、关系契约机制、内在激励因素的超契约机制以及人力资本产权激励等方面进行了深入的研究。吴一平(2006)[99]以中国经济转轨中的制度变迁为考察背景,研究体制转轨中与产业组织理论密切相关的若干激励机制设计问题,从微观契约治理的角度研究如何针对中国经济转轨中的机会主义现象设计具体可行的契约,从而通过激励机制的设计来提高资源配置效率。张朝孝(2003)[100]重点研究了员工激励与团队合作的问题,基于严格的数理模型推导为现代人力资源管理中的员工激励与合作问题构建了博弈论基础,对解决团队中的不合作问题和根据实际情况制定恰当激励具有指导作用。罗倩文(2009)[101]研究了我国农民合作经济组织内部合作行为及其激励机制,运用演化博弈论解析了农户非合作的困境,试图寻找促进农户走向合作的条件和机制。

第二,关于社会学激励的研究。李双燕、万迪昉、史亚蓉(2009)[102]运用互惠量表考察了广义互惠、平衡互惠和负互惠三种类型互惠行为对员工的影响,结果发现广义互惠与对组织内个人有利的公民行为、工作满意度呈正相关关系,平衡互惠与角色内绩效、对组织内个人有利的公民行为、对组织有利的公民行为和工作满意度呈现显著的正相关关系,负互惠与工作满意度呈现显著的负相关关系。李训(2007)[103]借鉴 Fehr & Schmidt(1999)的公平偏好理论模型,在假设代理人具有公平偏好的前提下,针对研究的问题运用信息经济学和博弈论的方法,构建了各种经济数理模型,对个人和团队的激励机制设计及效率问题进行了较为深入和全面的研究,分析了代理人的公平偏好对代理人努力水平、激励机制设计、委托人效用和团队效率的影响,修正和完善了标准激励机制的研究,为现实中存在的激励问题提供了合理的解释。钟美瑞(2007)[104]把公平和互惠的心理特征融入委托代理和社会困境的分析中,以绩效—报酬低敏感性、团队搭便车和社会困境问题为导向,构建了社会偏好视角下的激励问题行为分析框架。魏光兴、覃燕红(2008)[105]引入公平偏好并以行为博弈论为分析工具,研究了同事压力的形成机制及其对团队合作的激励机制,认为由很强的公平偏好单独形成的内部同事压力以及由惩罚成本不太高的同事惩罚和强度不太弱的公平偏好共同形成的外部同事压力对团队合作具有重要的激励作用。

第三,关于管理学激励的研究。美国心理学家亚伯拉罕·马斯洛(Abraham H. Maslow)1943 年在《人类激励理论》中提出的需要层次理论认为人的需要分为五个层次,只有低层次的需要得到满足后,高层次的需要才具有激励作用。道格拉斯·麦格雷戈(Douglas M. Mc Gregor)提出了关于人性的 X 理论和 Y 理论,他认为实行员工集体参与决策,为员工提供富有挑战性和责任感的工作,建立良好的群体关系可以极大地激励员工积极工作。弗雷德里克·赫茨伯格(Frederick Herzberg)提出了双因素理论,认为内部因素与工作满意有关,外部因素与工作不满意有关,使员工感到满意的都是关于工作本身或工作内容方面的,被称作激励因素,使员工感到不满的是关于工作环境或工作关系方面的,被称作保健因素。要想真正激励员工努力工作,就必须注重激励因素。美国哈佛大学教授戴维·麦克利兰(David C. McClelland)在 20 世纪 50 年代提出的三种需要理论认为有三种后天需要推动和激励人们工作,分别是成就需要、权力需要和归属需要。美国马里兰大学管理学兼心理学教授洛克(E. A. Locke)和休斯(Hoghes)于 1967 年最先提出目标设置理论,他们经过研究发现外在的刺激都是通过目标来影响动机的,目标可以使人们根据难度的大小来调整努力的程度并影响行为的持久性。因此他们认为目标本身就具有激励作用,目标可以把人的需要转变为动机,并使人们根据目标的方向对自己的行为进行适时的调整和修正,这种使需要转化为动机,再由动机支配行动从而达到目标的过程就是目标激励。美国心理学家和行为科学家斯金纳(Burrhus Frederic Skinner)等人提出了强化理论,该理论认为人的行为是其所获刺激的函数,如果所获刺激对他有利,则行为就会重复出现,若对他不利,这种行为就会减弱甚至消失。因此主张对激励客体实施有针对性的刺激进行激励,例如当人们由于采取某种理想行动受到了奖励,则他们很有可能重复这种行动,如果某种行为没有受到奖励或受到了惩罚,则该行为重复的可能性很小。美国心理学家约翰·斯塔希·亚当斯(John Stacey Adams)于 1965 年提出了公平理论,该理论是研究人的动机和知觉关系的一种激励理论,该理论认为对员工产生的激励程度来源于员工对自己和参照对象的报酬和投入比例的主观比较感觉。该理论认为动机的激发过程实际上是人与人之间进行比较,做出公平与否的判断并据以指导行为的过程。北美著名心理学家和行为科学家维克托·弗鲁姆(Victor H. Vroom)于 1964 年在《工作与激励》中提出了期望理论。该理论认为人们如果预期到某种行为能给个体带来某种特定的结果,而且结果对个体具有吸引力时,个体就会有动机采取这种行为。该理论包括三项变量或三种联系,期望或努力—绩效联系、手段或绩效—奖赏联系、效价或奖赏的吸引力,预期理论的关键在于弄清个人目标以及这三种联系,详见图 2.4。

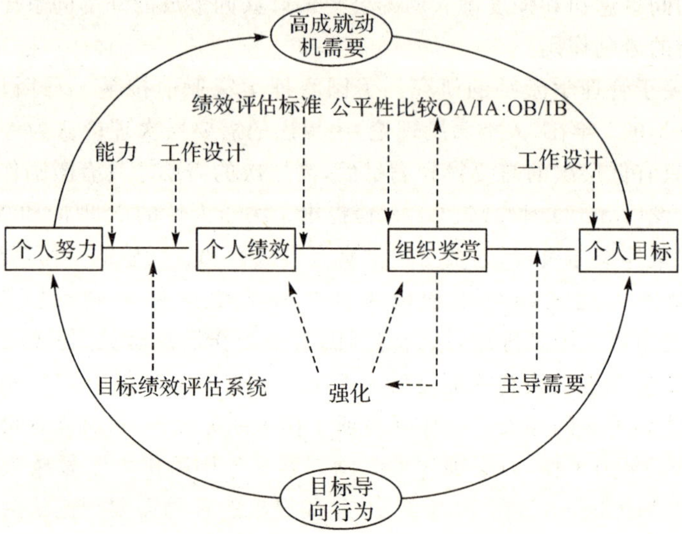

图 2.4　激励理论的文献整合

　　通过对农户参与农村水利工程市场化管理的相关文献进行综述发现,现有文献对水利市场化管理,农民合作组织管理以及激励机制都有了比较详尽的研究,对水利市场化管理的研究主要从农村水利工程市场化管理模式开展的必要性、市场化管理组织与制度的发展、市场化管理机制和模式的研究、市场化管理模式的绩效评价、灌溉水权和水价等几个方面进行,对农民合作组织管理也从农村合作组织。农户自身的行为逻辑引发的合作问题以及博弈理论运用下的合作问题等三个大方向进行了研究,对激励机制的研究涉及不同学科领域,研究较为丰富。但是通过阅读这些文献发现,关于农户参与农村水利工程管理的激励机制的研究较少,现有的研究大部分是通过委托代理模型的运用进行农户参与管理报酬体系的设计,或者是将农户参与方式分为报酬性参与和非报酬性参与,建立了农村水利工程农户市场化管理系统中的激励机制理论模型。关于农户参与农村水利工程管理的研究相对较少,在这其中针对农户层面激励机制的研究更是较少涉及。这对于农村水利工程市场化管理来说是一个研究的不足,本文的研究力求填补这一不足,从农户视角出发,进行农户参与农村水利工程激励机制的设计。

2.5　研究述评

从国内外学者对农村水利工程管理研究的研究动态来看,主要集中在有关产权、水费、水价、管理模式和运行机制等方面的探讨,且较详细地分析了我国农村水利薄弱性的真正原因,试图找到一条适合于我国农村分户经营制度的管理思想,进行有益探索,但如何结合地区空间差异,从宏观到微观,建立一个有效的利益主体共同管理的系统,实证研究农户市场化管理有效形成的内在机制,从目前所掌握的文献资料来看,尚未见有学者采用规范、量化的研究方法对此展开研究。除此之外,在构建农户市场化管理模式的形式上,大部分学者提出了农村水利工程产权改制和用水者协会,但对其所提出的市场化管理模式是否适用于任何地区,尚缺乏应有的实证检验。因此,这就需要综合地形地貌、水资源条件和经济发展水平,从利益相关者共同参与的视角,系统、全面地对中国农村水利管理的空间差异及其协调机制进行实证研究,探索中国农村水利管理效率的区域变化及其主要因素,揭示不同区域农户有效参与农村水利工程建设与管理的内在机理,合理建立适用于不同区域符合实际情况的农村水利市场化管理模式,对理顺工程建管过程中的内外部关系,促进区域经济的协调发展,实现农业生产、保障粮食安全以及因地制宜地推进新农村建设都具有重要的现实意义。

通过对农户参与水利市场化管理的相关文献进行综述发现,现有文献对水利市场化管理有效实施都有了比较详尽的研究,对水利市场化管理的研究主要从农村水利市场化管理模式开展的必要性、市场化管理组织与制度的发展、市场化管理机制和模式的研究、市场化管理模式的绩效评价、灌溉水权和水价等几个方面进行,对水利市场化管理有效实施的研究涉及不同学科领域,研究较为丰富。但是通过阅读这些文献发现,关于农户水利市场化管理的探讨还存在以下几方面的局限性:

(1)针对市场化农村水利管理过程中存在的问题,更多的是从宏观角度定性分析问题,定量研究不足。

(2)对于农户水利市场化管理的制约因素的研究较多,但都是定性研究或者局限于用 Logistic 模型进行研究,其他定量研究基于农户视角出发并是不多见。因此,本文拟利用定量分析方法,实证研究不同因素之间的相互影响关系及对农户参与水利管理行为的影响程度和重要程度,从而找出水利市场化管理困境中的关键因素。

(3)关于农户参与水利工程管理的研究相对较少,在这其中针对基于政府激励的政府与农户的复制动态演化博弈分析和保证水利市场化管理有效实施的保障体系的设计更是较少涉及。

第3章 国内外水利市场化管理
实践及发展现状

3.1 国外农村水利市场化管理实践及其发展概况

事实上,农村水利市场化管理在全世界范围内对改善农业灌溉管理体制和经营机制来说都是一个重大进步,自提出以来在许多国家得到运用并产生了广泛的影响和显著效果。20世纪80年代,水利市场化管理曾经在一些亚洲发展中国家也得到有效推广,如韩国、尼泊尔、泰国、菲律宾、缅甸等国家,这对于有效改善农村水利面临的基础设施老化、成本回收不足、灌区服务质量下降、灌溉面积减少和提高农户参与度、满意度、降低灌溉成本,以及减轻政府财政负担等问题的解决都具有重要的实践意义[23],但大多数发展中国家的实践过程中都存在着诸多体制性的问题,为总结经验基础较好的对策建议,本研究主要针对发达国家或市场经济较为好的体制国家,如美国、法国、墨西哥、日本的农户参与农村水利市场化管理的发展现状进行分析与总结。

3.1.1 美国

美国由于西部大部是干旱地区,灌溉水利设施成为西部经济发展的重要基础,农村水利市场化管理在美国得到了很好的应用。许志方、张泽良把美国农民用水户参与水利市场化管理的形式归结为两种:成立灌区公司和渠道公司[9]。如果对象为每个灌区,那么每个灌区范围内都会有2000~2500个土地所有者,让他们通过选举的方法,推选有能力的农户作为代表来进行水利市场化管理,赚取一些盈利。灌区公司是可以作为一种营利组织,通过公司设立的理事会进行自主管理,理事会可以进行民主选举,来定期召开会议讨论相关事宜,而会长代表理事会来处理各种配水及渠道运行管理工作。这两种用水组织都通过选举的方式来体现农民用水户的市场化管理:灌区一般用农民用水户的灌溉面积来实行其投票权力的大小;渠道公司一般按用水户所持有的股份来确定其票数;还有一种方法是按成员来算,一人代表一票。两种用水合作组织都可以靠计收水费来运行,用水户根据他们的灌溉面积和掌握的股份来确定他们需要交的水费,一般水费都是在灌溉季节来之前就要先收缴一部分的,若有的农户不交钱,那么就会取消其用水资格。美国的用水组织有一系列相关的法律来明确灌区管理者和农民用水户双方的权利与义务，他们通过完善的法律法规和制度来约束和激励用水户自治管理，继用水组织建立以来农户水费负担明显减轻，同时用水效率和管理效率都明显提高，用水户的节水意识也明显增强，超量用水现象大大减少。

3.1.1.1　强调利益相关者在水资源管理上的协作

利益主体不仅包括政府，还包括企业和农户。20 世纪 70 年代以前，美国联邦政府一直强调水资源政策和法令，强调政府在水资源管理中的主导作用，他们曾花费巨大财力和精力，来负担农村水利工程的全部或主要投资，忽略了州政府和地方政府及企业界和公众的有效性参与，管理效果却不明显。现今，美国政府将水资源管理权限移交到了州政府，强调各部门之间的协作，跨州或跨流域的农田水利工程由联邦政府批准，州的水利工程由州政府批准，水利工程建设投资开始实施多元化，有政府拨款、发行国债、银行贷款、建立"水银行"（以银行贷款的形式向用户提供用于水利建设的资金，然后由用户偿还）、社团或董事会成员投资以及水电站收取的电费等等进行市场化管理，都取得了较好的成效（刘春生，2011）。

3.1.1.2　市场机制在水交易市场中的充分体现

在美国，有价供水、照章纳税是水资源管理的鲜明特点，市场机制在美国水利融资中扮演了重要角色，尤其是水利建设与管理的投融资主要来自于市场。在社会融资过程中，除纯公益性水利项目外，政府会要求社会融资缴纳一定的融资资本金，直至今日，美国水利融资管理模式及效率还是在全世界相对比较靠前。一般来说，在水利项目建设时先由政府融资支持项目建设，而项目完工投入使用后，政府要求项目经营管理者从项目受益者中收取费用（电费和水费）来偿还政府的融资资金成本及利息[106]。例如，1959 年政府修改田纳西流域管理局法后规定田纳西流域管理局从 1960 年开始除按拨款和当年公用事业贷款的平均利润率，用净电力收入偿付外，每年还要归还 1000 万～2000 万美元，归还总额可达到 10 亿美元[107]（吴易娴，2011）。有关美国农业水价的制定，由董事会讨论决定并提交政府价格部门批准实施，而董事会主要是由农民用水户民主选举产生，这样能比较平衡农民与企业双方的市场利益，从而实现双赢；如果二者意见有较大分歧，还可以召开水价听证会。美国的农业水价每年修订一次，它主要是根据水利工程造价、运营成本、输水距离、用水目的、用水对象、用水时间、用水量等多种因素由政府和供用水双方通过议会讨论制定法律规定或签订合同、协议等多种形式确定[129]，近几年，美国农业水价的年增幅达到 8%。

3.1.1.3　深化水利产权制度改革，确保投资主体的合法利益

产权清晰是美国水利投融资社会体系积极参与的重要前提。目前我国水利市场化管理困境的主要问题就是产权不清，从而导致我国水利投融资主体出现缺失，为此，我国因在产权设置方面，通过拍卖、租赁、承包等市场化管理方式明确水利工

程项目的使用权,确保水利建设管理的融资主体投资经营的合法权益,调动我国水利建设主体投融资的积极性[129]。美国的法律也明确了水产权,谁拥有了土地,谁就拥有了地下水的开采权,但不得出售;谁投资了水利建设,谁就拥有使用和管理水利的权利,可以采用承包、拍卖、股份转让等形式进行使用和管理。同时,每个水利工程区域内的水资源权由工程法人代表拥有,可以转让、出卖,建立"水银行",等等。水价和水权的运用,使水的商品价值得以充分体现,提高了水资源的利用率,减轻了水资源的浪费;美国水利建设融资制度在不同时期有所不同,但每个时期水利建设融资制度都与当时的水法相呼应,各融资主体在水法框架内依法进行水利建设融资确保水利建设融资有序进行。1997 年美国德克萨斯州自然资源保护委员会提出了水权分析系统,建立了基于优先水权制度的 WAM 模型来计算水资源可利用量。更进一步,水银行构建了水权交易体系,将每年的水资源可利用量按水权分成若干份,以股份制形式进行管理[129]。综上所述,在市场化的水利产权设置方面,美国投入了大量的科研与经费进行了管理体制的创新。

3.1.1.4　水利投资的社会利益、生态效益和经济利益最大化

2012 年美国水利工程的初始投资通常由联邦政府承担 65%～86%,农民只负担 10%～15%,一般由陆军工程师兵团负责规划设计与建设,完工后交给农民选举产生的理事会管理和经营,灌区的用水也按照法律章程依据水权有秩序的进行。美国十分注重多目标综合开发利用,实现水利投资的社会利益、生态效益和经济利益最大化。每项水利工程都力图在防洪、供水、发电、航运、养殖、旅游等方面发挥最大效益,提高水利项目的投资效益,增加水利项目融资吸引力[130];水电是一种可再生的清洁能源应大力发展,美国通过适当提高水电价格,实现以电养水。目前我国水电价格过低不利于水电事业的发展,政府也许可以适当提高水电价格,提高水电项目的利润率从而增加项目融资的吸引力,促进水利建设发展。

3.1.1.5　加大水利项目债券的发行力度

美国水利建设投融资的一大特点是相关法律授权有资质的水利建设单位依据水利项目建设的需要向社会发行债券筹集水利项目建设资金,这样不但能解决水利建设单位资金瓶颈问题,而且减少了水利建设单位对政府的依赖,减轻财政压力,并且债券的还本付息也要求水利建设筹资单位提高资金的使用效益,从而减少资金的铺张浪费[130];实行财政资金有偿使用是美国水利融资的另一大特色,除了纯公益性水利、防洪和航运工程项目外,其他水利项目政府融资是要求回收一定的融资资本金,政府要求项目经营管理者从项目受益者中收取费用(电费和水费)逐年偿还政府的融资资本金及利息,这样使水利项目经营者更加注重财政资金的使用效益[129]。目前我国水利建设资金不足,我们应加大水利项目债券的发行力度,筹集更多社会资金用于水利建设,解决水利建设的资金瓶颈。

3.1.1.6　先进的水利科技技术推广

美国的水资源管理普遍利用了国际上较为顶尖的科学技术,包括新型材料、新型测量技术、供水预测系统、完善的数据访问途径和观测网络等,其在污染资源化、循环回收、高效灌溉等方面对水利建设与管理都具有巨大优势[129];此外,为了应对 21 世纪的水资源挑战,美国联邦层提出了如下的科技战略:开展全国水资源普查、开发新一代水资源监测技术、开发并推广可提高供水稳定性的技术、开发能够被广泛接受的水资源利用新技术和新方法、为水利基础设施解决方案开发协作工具和方法、加强对水生态系统服务及用水需求的了解、改善水温预测模型及其应用[130]。这对美国的水利科技市场推广具有重要的历史与现实意义,我们理当借鉴。

3.1.2　法国

法国的农村水利管理模式大致与美国一样,但是市场化的规模因农业灌溉面积的不同而与美国不同,它主要以中、小农户为主,而一个农户平均拥有 0.02～0.03km^2 的土地。法国用水者协会的平均规模是每个协会有 75 个成员和 2.5km^2 灌溉农田[106]。目前在法国南部有 1/3 灌溉农田采用了农户参与式灌溉管理的市场模式。法国灌溉水利工程的主要特点是:产权明晰,即大型灌区建设的骨干工程在农户农场范围之外的归政府建设,农场之内的归农户自己负责,政府投资的工程产权归政府所有,政府委派代表组成监事会对这部分资产进行监督。政府把建成的工程交给用水户(也包括当地工业部门和城市用水者),由用水户选出代表组成机构自主管理,水费按照运营成本计收[131]。用水机构作为一个整体进行独立核算。灌区的多种服务,如环境改善、防洪等由政府投入,农业灌溉由农户自主管理,农业水费一般低于运营成本收费,政府实施以工补农,给予用水户一定的政策优惠,如马赛附近的大型灌区,农业供水占供水量的 2/3,但是农业水费收入仅占水费总收入的 1/3[132]。据法国官方网站[134]相关信息,2011 年法国用于水资源管理方面的投资达 168 亿欧元,其中 42％来自流域水管理部门、40％来自私人投资者、18％来自政府公共财政支出,在上述投资中,用于水利基础设施建设和现代化更新方面的支出约为 86 亿欧元,用于水污染防治方面的支出为 43 亿欧元。

3.1.2.1　政府、公共机构和民众在市场化管理中的协作

1. 法国政府在水资源管理中的地位与作用

在法国,政府涉水事务的主管部门是"生态、能源、可持续发展与海洋部"(简称"生态部"),负责制定与协调水政策。生态部于 2007 年由几个相关部委合并组成,集中管理生态、交通、能源、生境与海洋。生态部内设的水务部门负责设定并组织国家政府在水资源领域的行政干预。生态部管理着"部际水务委员会"秘书处,该委员会受国家总理领导,纳入了所有与水有关的部委,以便于部际协调[132]。例

如,卫生部负责饮用水、再生水、雨水利用以及污水处理等方面工作;农业部则涉及灌溉、水库蓄水等方面,农业活动也会对水量和水质产生影响。生态部在地方上依托于3个层次的行政支撑:在6大流域,流域委员会总部所在大区的行政首长被任命为流域协调官,代表国家政府协调水资源管理事务;生态部在各大区和省的行政职能主要体现在技术支持和执法监督方面(见图3.1)[133]。例如,各大区的环境局等部门负责可持续发展等方面工作;各省的公共事务与农业局等部门通过"水执法"完成水政策的监督与技术支持。

2. 公共机构 EPTB 在水资源管理中的作用

法国水环境管理署 ONEMA 是根据 2006 年底通过的水与水环境法成立的一个国家级公共机构,预算来自水管局[132]。ONEMA 负责水与水环境的认知与监测,主要职能包括引导水利科技的科研项目方向、管理国家水信息系统(并向高校、科研机构等单位提供数据支持)、协助水执法并对违规行为进行记录以及参与基层的涉水行动(如组织水与水环境状态的诊断等)[132];在法国,流域层次的公共机构(EPTB)正在越来越多地参与到水资源管理中。法国于 2003 年 7 月 30 日颁布的环境法首次提到"EPTB"的概念,强调通过创建 EPTB 以协调流域防洪、水资源管理及湿地保护工作。该法律颁布后,法国已有的多个具有类似性质的公共机构(如卢瓦尔河公共机构和塞纳河大湖组织等)都统称为 EPTB,并成立了协会[132]。截至 2009 年,法国已有 25 个 EPTB,它们通过与水管局签署总协议,或者与子流域水务委员会签订合同,承担防洪工程的建设与管理等工作。2010 年 7 月 12 日颁布的格勒纳勒 2 号法令(2010—788 号)提出要加强 EPTB 在子流域水资源开发与管理计划(SAGE)实施中的作用[106]。

3. 法国水资源管理中的民众参与

根据法国 1978 年的一项立法,民众对于政策文件具有知情权。早在 20 世纪初期,法国的大型开发项目就已设立公开调查环节,近年来对于特大型的建设项目,还成立了独立于行政主管部门的国家公共讨论委员会,以确保公众同意。在水资源管理领域,农民用水户代表直接参与到流域委员会中,普通民众也可通过多种渠道参与水资源管理[132]。法国在 20 世纪 70 年代建立了流域委员会与公众之间的对话机制,欧洲水框架指令对公共协商提出了更高要求,按照该指令要求,法国于 2005 年推行水资源信息公开与公众咨询,并在 2008—2009 年对流域规划等文件进行了公共咨询。公共咨询由流域委员会和流域协调官(代表国家政府)共同组织,水管局负责具体协调,出版社、电视台、广播、网站、文件等都成为公共咨询的途径,相关资料在地方政府和水管局向公众进行为期 6 个月的公示,并设置意见簿以收集民众意见,民众也可通过给水管局写信或上网反映意见,每个流域委员会都有专门部门负责跟踪公众咨询情况[132]。在流域管理委员会(RBC)或称为"水议会",用水户在这个立法机构可以提出公诉。管理委员会由当地权威人士选出的代表、各种用水户选出的代表、政府组织机构的代表组成[106]（见图 3.1）。

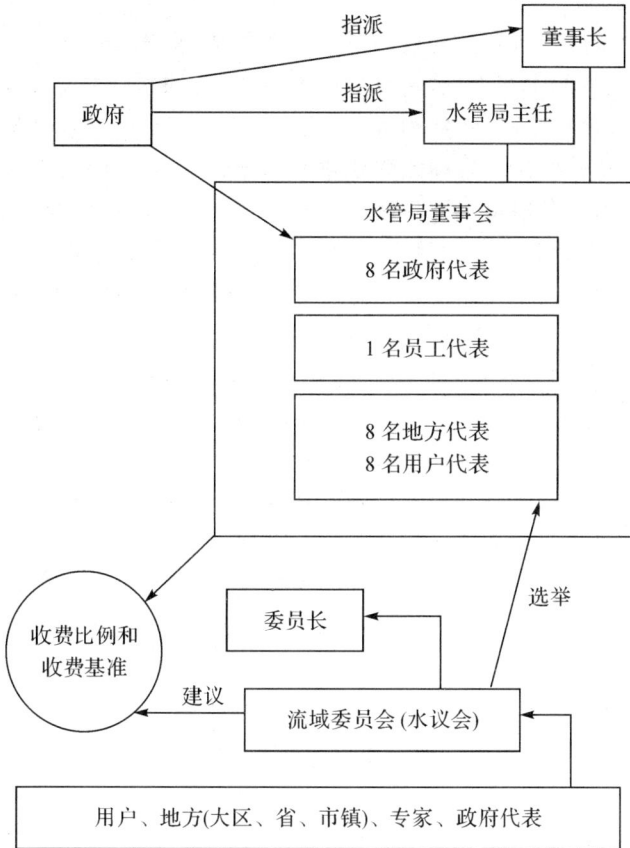

图 3.1 流域级水资源环境管理机构图

资料来源:张联、陈明、曾万华.法国水资源环境管理体制[J].世界环境,2000(3):23-25.

3.1.2.2 以市场手段和经济手段优化配置水利资源

首先,依据法国用水者付费及污染者付费原则。不仅用水者付费,污染者要付多几倍的费用,而且任何变水系统状态(水量、水位改变、部分淹没、河体改变、水深改变等等)都要付费,这不仅为水的利用和净化提供了一种激励机制,而且允许地区间有差异。在法国,正是农民用水户支付了绝大部分水利资源的建设和运行费用,使得法国的水利投资来源及回收途径有两大项:水费和水税。目前是以水费为主,在决策投资建设供水工程时,首先考虑的是如何回收投资成本和利息,通常由投资者、供水公司和用户协商提出一个合理可行的水价方案,共同签署合同。确定用水户能承受水价标准后才开工建设。其次,具体的水价政策的制定是在国家宏观指导下,采取水价听证会制度,通过协商确定水费和污染税费的标准,并由各流域委员会的执行机构负责向用户收取。最后,确定各用水户的征收标准时,需要根据供水与污水成本分开核算。

其次,水费是法国水资源管理经费的主要来源,水费的概念与我国的工程水费完全不同。以巴黎的水费为例,它包括地方税、向流域水管局交纳的取水排污费、农业供水基金、增值税等。水费构成:饮用水处理占55%,污水收集处理占31%。排污费占6%,取水费占1%,国家农业供水基金占1%,增值税占6%。水费价格全国不统一,各地方政府可根据具体情况制定水价,但地方制定水价时必须充分考上级流域机构的费用和国家的税收。国家农业供水基金,用于补贴人口稀少地区和小城镇兴建供水、污水处理工程。流域机构计收水费和排污费,计收标准由流域机构根据情况制定。对工业部门按其污染种类和污染量收取。对生活用水则按取水量来收取。水管局按其和流域委员所定协议从地方水费中收取。流域水管局向用水户征收的水费和污染税,90%用于资助地方兴建水工程。水税的“公共一致性”使水利资源的配置更趋于公平合理。利用这笔公共基金,城市居民可以帮助分散的农村地区的民众,资助其进行各种水利项目的建设;每一个人在对这笔公共基金做贡献的同时,又可用它来支付对自己所在江河流域内水资源的净化与保护,以优化自身生存的水环境,这是个非常好的循环经济的水管理实例。

最后,法国政府通过经济手段加强水资源管理和水污染防治,相关的工厂或居民设施用水需要得到环保部门批准,向水中排放污水也要得到许可,同时还必须符合国家规定的排放标准要求,用水和排水都要向流域水管理局交纳用水费和排污费(水费根据用水量征收,排污费根据排放的污染物当量征收),未经批准用水或超标排放污水,由地方环保部门负责监督处罚(相关从事污水处理的行为可以得到流域水管理局的资助或补贴)。此外,地方政府有投资修建公共污水处理设施的责任,通过强化基础设施建设来保护水资源的合理利用。

3.1.2.3　一种新的个人与集体共同管理水利设施的伙伴关系

法国的水利工程建设,尊重民众意愿并遵循严格的审批程序。水务局负责工程规划设计,流域委员会负责在工程所辖范围内进行民意调查,广泛征求公众意见。工程在规划合理、设计完善、公众同意的前提下,都是由政府批准实施的。否则,政府将会将受到公众的法律起诉,并负责对公众进行经济赔偿。

法国政府审批流域机构提出的江河治理方案和流域水政策等,对于一些重大的水事活动,首先以“水议会”形式公布社会各界,广泛听取意见。以罗纳河流域为例,罗纳河流域委员会由124位成员组成。其中地方政府代表48位,大的用水户代表48位。中央有关政府部门公务员22位,专家代表6位。流域委员会以投票表决的方式确定各种事项,超过半数同意的事项即通过。委员会包含了地方政府、用水户、中央政府有关部门及专家各方面的代表,并采用投票表决的形式决定各种事项,代表了各方面的利益,反映了各方面的意见。事实说明这种民主决策的管理方式更为科学、有效和符合实际。同时,法国政府非常注重以广泛节水宣传来加强水资源治理,提高民众的节约用水意识。目前法国 96% 的家庭安装了计量水表,计量用水在法国早已制度化,由于安装了家庭水表,大量减少了水资源浪费现象的发生。此外,法国政府充分调动公众的积极性,鼓励公众参与水资源的管理,通过听证、咨询、让公众推选的水代表参加水事务的投票表决,一方面可以反映各方面的意见,尊重各方面的利益,体现科学民主的决策和管理,另一方面通过社会民众的积极参与,加强国家对水资源利用知识的宣传普及,保障了相关水资源管理和水污染防治政策的顺利实施。

3.1.2.4　通过建立流域管理来加强水利建设与管理

法国将全国分成六大流域区,包括塞纳河—诺曼底流域、罗纳河—地中海流域、莱茵—莫斯流域、阿尔图瓦—皮卡底流域、卢瓦河—布列塔尼流域和阿杜尔—加龙河流域,每个流域都设有流域委员会和流域水务局,具体负责流域内的水资源规划和水管理工作。这种综合管理是建立在一套完整的法律体系之上,以法律的行政管理手段为主,以经济手段为辅,借助于国家与有关的公共或私立合作对象达成的协议,同时采取各种手段加以贯彻实施。这种注重以流域为单元的水量水质综合管理机制为法国水资源的合理利和水环境保护提供了可靠保障。法国水务管理的特点就是水资源的水量、水质真正做到了一体化管理,水资源的开发利用和保护工作由一个部门负责。政府颁布一系列法令和制度要求水量水质并重,取水必须事先得到许可,污水必须经过处理。达到法律规定的水质标准才能排入河流或湖泊。例如在法国农村,一般是 5 户人家就需要建设 1 个污水临时贮存场所,经过过滤、沉淀等简单处理达到基本无害才能够排放。在法国农村一般 1000 人左右的城镇就必须建立集中供水厂,水厂开采地下水作为水源,实行定额供水。一方面保证了供水的水量可以得到有效控制;另一方面也可以保证水质达到欧盟的要求,还可以对排水系统的负荷做出真实的评估,有利于村镇级的污水处理厂的设计与管理。

3.1.3　墨西哥

墨西哥全国 50% 以上的灌溉面积位于 81 个大型灌区之内,并且由农民都是采用自主管理模式来对农田水利进行市场化管理。早在 1989 年墨西哥政府就开始实施了这种水利管理政策,有效缓解了政府的管理和筹资压力,同时也大大调动了农户的用水积极性,在后续 5 年内取得了明显的管理成效。截至 1994 年 2 月全国 81 个国有大型灌区控制面积 3.2 万 km^2 中的 2/3 已移交给 316 个农民用水户组织来管理[8](冯广志,1997),并由用水户组织自行管理和运营,这一举措使灌区财务自给率从 1989 年的 43% 增至现在的 80%,并且用水效率也得到了提高,从 1989 年全国灌溉用水量的 370 亿 m^3 到 2000 年的 280 亿 m^3 减少了将近 100 亿 m^3

的用水量[9]（许志方,2002）。墨西哥政府增强农户参与水利灌溉管理的方式主要有:①政府组织人员编写试听教材,并对参与管理的人员进行培训、组织用水户参加报告会等,使得用水户相信灌溉管理权的转移是一项积极变革,从而来调动他们的积极性。②制定相关的法律法规。明确用水户的权利和义务,并签订协议。③鼓励并帮助农户调整种植结构以增加农户收入。④政府对水利灌溉系统进行足额投资、推广技术、培训人员等。

为解决墨西哥严重的水资源问题,政府把解决水资源问题作为国家最为优先解决的问题,并制定了新政策:第一,发展基础设施,消除现有的差距和不足,满足不断增长的用水需求。第二,强调努力提高水的利用效率。第三,优先考虑减轻和控制污染。新政策强调在水质和水量方面,对水利设施进行统一规划和管理,引入市场经济机制、价格和其他经济激励手段引导高效利用水。第四,通过独立的水资源管理权力加强政府的控制能力。第五,充分做好各级政府机构法规协调工作,分散职责。第六,扩大用水户和社会团体在整体中的参与作用。

3.1.3.1　政府对水利管理的法律制度极为重视

水法中强化了国家水资源委员会作为国家唯一的权力机构,负责对水资源在质和量两方面的管理,并成立各大江河流域委员会,协调联邦政府、州政府及市政府、用水户和其他利益团体共同分担规划和管理国家水资源的责任。水管理主要依据以下三条基本原则:第一,凡是使用国家水资源的单位和个人都必须办理许可证或得到特许;第二,必须得到允许才能将废水排入国家的河流中或回灌到地下;第三,凡是受益的用水户和那些使用河道进行排污的单位,都要根据他们的耗水量和污水排放量及方式按比例对水资源的管理和水质的恢复及改善做出贡献,政府允许用水权的转让,实现规范化[109]。水资源委员会既是一个主管部门又是一个权威机构,根据水法,委员会必须对灌区管理权的转让进行监督,确保内部制度的建立和完善。在实际操作过程中,农田灌区的转让涉及与成千上万的用水户进行全面谈判的复杂过程。与这个过程有关的方面包括:政治上切实支持管理分权化的进程;设计并实施一套促进转让进程的奖惩办法,包括为基础设施的修复和现代化技术改造提供技术和资金支持,提供运行和维护设备;同用水户协商,确定在财政上实现自收自支的策略,设立组织及职能机构,在总体上对灌区和子灌溉系统进行管理;改进现有的制度框架,为用水者协会的组建提供可能性;通过选举用水户协会的执行理事,有效地推进协会的民主化进程;对委员会的人员进行培训,为灌区管理权转让做好准备,清除障碍。目前墨西哥已有 2 万 km² 的面积转让给 37 个区 246 个用水户协会,涉及 25 万农民,88%的灌溉面积完成了管理权的转让工作。绝大部分的灌区在财政上实现了自给自足。水的有效利用率从 9 上升到 6[110]。除在资金和技术上对灌溉系统的修复及现代化改造予以支持外,在分权进程中,农村水利的田间工程也得到了加强,用水户协会在其中充当了重要角色。通过多方渠道的筹措,包括与世界银行签订的贷款协议,国内信贷资金及用户协会的自有资金渠道,资金来源也有了保障。城市立法也必须进行改革,以适应自 1990 年开始实施联邦政府"国家供水和卫生计划"以来所发生的巨大变化。水法中已明确提出必要的技术支持,将现有的当地机构转变为在财政上自给自足的水事企业单位,并允许私人参加。为了补充完善水法,全国已有一半的州级立法机构根据水委员会建议,通过了分权管理模式的新法律。为促进当地机构向水事企业的转换,委员会设计了一套适于引进国际信贷资金的财经机制。从根本上讲,地方州政府和市政府必须进行必要的立法和组织机构调整,在最近几年内建立财政上能自收自足的水事企业单位。责任心和财政自理能力是给予市政府巩固水事公益事业特殊资助的主要条件,且联邦财政对各州的分配政策也受自给水平的影响。到目前为止,墨西哥水事企业已在人口超过 5 万的城市发展起来,州一级政府已设立分权管理机构,协助农村和小城镇开展这方面的工作。

3.1.3.2 提倡分权管理

提倡成立实力雄厚的用水户协会,以加强水管理工作,同时保证在制订水资源计划和决策的过程中能代表所有的用户;明确城市中的水服务工作就是当地政府的重要职责之一。官僚主义集权管理操纵供水和水事投资,这必然排除了激励机制,也造成了水的储存与再生问题。现在仅仅 35%的城市水再生工厂得到完全运转。它们的效也很低,仅仅 15%的处理后污水有再利用价值。水资源和政策资源的无限制的投入是墨西哥几十年立法的特点。用水效率和管理效率的低下是"水危机"日益严重的根源。而法律对于人类自身生产的无节制的宽容,对于用水需求的无原则的满足,以及国家(作为一个超级企业)对资源的集权管理排除了市场制度,这是现存制度的主要弊端。集权控制模式的发展导致墨西哥 1917 年宪法 27 条规定,水是国家财产,用水户需经相应的联邦机构授权。过去 70 多年,一些法律、规章确定了政府干预的范围,以及公共或私人组织、个人用水之权利、义务。食品需求的扩张、与美国相邻的巨大的北部无人区的开发,推动了国家灌溉委员会(National Irrigation Commission)和 1926 年《灌溉法》(Irrigation Act)的产生。土地改革是墨西哥革命后政府的重大决策,它推动了灌溉工程的建设。全国兴建了大量灌溉区,其中包括大量小规模的灌溉区,从而在投资和收益方面获得更好的地理分配。1946 年,水资源部(Ministry of Water Resources)代替了国家灌溉委员会。从此以后,由一个机构集中管理水发展问题。这种制度安排被一些国家效仿。作为促进国家经济发展,尤其是工业地区发展的结果,用水量大增,创造了以地区为基础进行水管理的必要性。水资源和农业部(Ministries of Water Resources and Agriculture)合并为农业和水资源部(Ministry of Agriculture and Water Resources),从而统一政府行动,解决了农业地区诸多问题。然而,这种机构调整使水的计划与管理分割开来,尽管水问题、水冲突的解决正在要求更有效的政府行为。国家水委员会着力于三方面的工作:(1)发展基础设施,减少供求差额;(2)提高用水效率;(3)减少水污染。采取的一系列水政策包括:(1)统一水质、水量的计划与管理;(2)引进市场机制,采用价格和其他经济激励,提高用水效率;(3)通过唯一的水机构加强政府管制;(4)各级政府机构的通力合作;(5)职责分散化;(6)用水者以及社会的更大参与。

非集权化的新法律提倡用水户的联合,从而在灌溉地区加强水管理,保证水计划与决策过程中用水户的适当代表性。1990 年,国家水委员会着手把其管理的灌溉面积的 78%,相当于全国的 50%,即 2133.33km² 田地,转交用水户管理。法律为用水户团体的创立制定了规范。规定各团体管理的灌溉田地为 0.07 万～10 万km²,并制定了团体运行规则。每一团体获得许可证,成为水权和相关基础设施的持有者(Holder);个体权利从而得以确认、登记。水权可以在小灌溉区内、之间,或者同灌溉地区之外的第三方相互转让。

3.1.3.3 综合运用市场机制的经济手段及奖励机制

水法中已强化了国家水资源委员会作为国家唯一的权力机构,负责对水资源在质和量两方面的管理。联邦技术委员会作为水资源管理委员会的管理主体,负责立法方面的协调工作。这个技术委员会作为一个真正的水内阁,每两个月举行一次内阁会议,由农业及水资源部部长主持会议。参加会议的成员包括与水管理及利用有关的所有各部部长。技术委员会监督水资源委员会的计划及实施。有组织地参与制定管理规章制度,规范各流域的用水及用水计划,是水法所赋予的用水户和第三方利益团体的必要条件。通过对美国、法国、墨西哥成功的农户参与水利管理的经验,可以得出:水利市场化管理有效实施的建立是提高用水户参与管理的积极性和保障用水协会持续发展的重要因素,政府相关的政策引导和制度安排可以形成一种水利市场化管理有效实施,最大限度地发挥农户参与灌溉的作用。

墨西哥现代水法开始寻求水资源管理中政府管制与市场机制的微妙平衡。获得这种平衡成为近来法制与机构改革的最重要目标。水管理的两项基本原则是:第一,公共组织或私人用水、排水皆须获得许可;第二,从用水或向河道排污而受益的人必须为资源的管理与发展、水质的恢复与改进等项目付费,付费与用水比例、废水数量和特征相联系。

3.1.3.4 加强社会各界人士的参与,改善系统性能和提高决策的科学性

水法中明确,在国家利益前提下,鼓励加大私人企业主在水资源管理及开发中的参与作用,扩大参与机制。鼓励私人投资。水法宣称,促进私人参与水管理和发展的各个方面符合国家利益。在世界银行水资源管理研讨会上,专门提出了 4 个方面有关的论题:制度的建立、管理分散化、规章和经济手段的运用、私人企业主的作用和地位。社会的参与不仅使政府的职能有了新的概念,而且推动完成大量水利用任务。其农业用水改革的基本思路促成了 1990 年将 78 个灌区(占全国总灌

溉面积 50%）的水管理工作移交给用水户来管理的计划。根据规定，这个计划必须于 1995 年完成。水法为成立用水户协会提供了总的操作框架，并为灌溉面积大约为（100～101.5km²）的灌溉子系统组织运行管理制定了必要的制度。用水协会在得到特许权以后，实际上就成了用水权利和基础设施的所有者。协会规定用水户个人的权利并进行登记注册。各个协会的注册记录汇总成整个灌溉区域的登记册。该登记册是公开的并免费为任何有关团体提供查询。凡是在灌溉子系统内部转让用水权，或在各灌溉子系统之间转让用水权或与灌区范围以外的第三方出让用水权，都要遵循缴纳保证金的原则。

现在这种参与的范围已扩大到承包修建水厂和重要的基础设施，以及设施的运行维护和收费、测量及检漏等服务项目。随着投资大门的敞开，一个真正的水工业开始出现。在过去的两年内，一些项目中的私人投资已累计超过 9 亿美元，这些资金直接用于维持大坝的兴建、城市大流量供水渡槽的修建，以及几个市的水厂建设（包括北部边界上的那些水厂）。特别是最近，由国内外一些机构资助的墨西哥境内的用水协会和外国公司的私人企业主参与的统计数据呈上升势头。墨西哥水利事业的巩固与发展，在立法和机构改革的进程中，还需要有大量的合格人才资源，同时需要把实用的技术真正转让到用水户手中，才能保证将经济讯息转化成有效的行动。

通过美国、法国、墨西哥成功的农户参与水利管理的经验，可以得出：有效的水利市场化管理有效实施的建立是提高用水户参与管理的积极性和保障用水协会持续发展的重要因素，政府相关的政策引导和制度安排可以形成一种水利市场化管理有效实施，最大限度地发挥农户参与的作用。

3.1.4　日本

日本在工业化以前一直是一个典型的农业国，而且其小规模的经营方式与我国大部分地区相似，经过 20 世纪 50—70 年代大规模的土地改良运动，日本在农村水利管理模式上亦遇到过许多与我国现阶段相似的诸如组织制度、资金保证、管理机制、法制建设以及产权制度等水资源管理问题，从中积累了不少成功的经验。日本是个岛国，自然资源相对缺乏，而作为农业生产之基础——水资源的利用更是自古至今一直受到极度重视。随着社会发展与农业技术进步，日本相继成立了水利组合、土地改良区及信托型水利等基层组织管理模式，来反映农民共同利用、协同管理的基本原则，其发展经历了以村落为基本单位的自主管理（公元前 3 世纪至 19 世纪末）、民间自治与村落共存的基层水利组合（19 世纪末至 1949 年）和土地改良兼水利管理的农民自治（1949 年至今）3 个不同阶段[111]。

日本政府历来重视灌排工程等农业基础设施的建设，每年的中央农村财政预算中有 30%以上资金用于加强农业水利和农村土地开发。据日本农林水产省农业构造改善局统计,四分之三的土地改良工程都是由农民自治的土地改良区负责管理,主要包括水库、渠道工程、泵站、蓄水池等农业灌排水工程[112]。随着农田基本建设的完善和水利规模的扩大,水土合并管理的专业化分工也越来越细,到20世纪70年代末,大部分地区的土地改良项目基本完工,土地改良区也逐渐成为日本农业用水与土地资源相结合的农民自治管理组织。

3.1.4.1 水土兼管中的土地改良区

水土兼管是指在土地改良过程中,对土地改良区域内的水利设施进行改造和管理的方式。土地改良区是水土兼管的主要组织,它是一个具有法人资格的农民自治团体,遵行自主运营的原则,对土地改良区内的所有水利设施同时进行管理。根据《土地改良法》的规定,土地改良区具有法人资格,其会员主要来自于区内的土地农民受益者,无论同意与否,要求全员加入,土地及水利设施的改良费用也采取以法定的形式强制性征收[113]。鉴于土地改良工程是一项公共性很强的工程,法律赋予了该区域内成员参与和强制征收经费的权利,保障土地改良区在国家土地改良过程中发挥了主导作用[114]。

日本土地改良区是以水利组、村落等最基层组织构成树枝状的多层管理体系,分别由土地改良区总代表大会、地区土地改良区及其下设的管理区和农村水利管理组织组成(见图3.2)。土地改良区总代表大会为水土管理组织的最高权力机构,接受县级政府部门的指导和监督,包括理事会和监事会。

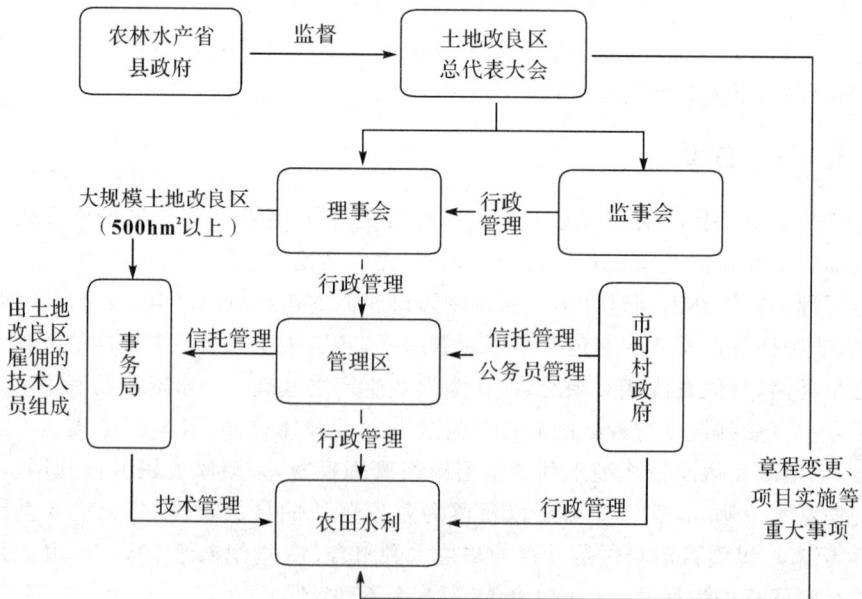

图 3.2 日本土地改良区组织结构示意图

日本水利建设投资主要来自政府预算资金和受益农民融资。2004 年在日本水资源管理支出项目中,投入重点已经不是通过开源来继续扩大供给量,而是保护水质和改善水环境,占比为 68.45%(见表 3.1)。水工程可按其规模和性质,分别由中央、都道府县、市町地方政府或土地改良区等不同层次的机构或团体进行水利建设和管理投资。受益农民融资主要来源于土地改良区会费和基本设施建设投入。会费主要用于土地改良区的生产运营和水利管理,除管理人员工资、办公费等,还包括水利的维修与改建。一般情况下,在没有大修的情况下两项费用总和约占农户收入的 5%。基本建设费用也称土地改良投资,对于受益面积在 30km^2 以上的农村水利设施,国家投资 75%~80%、县(都、道府)投资 5%~17%、村(市、町)和农户分别承担其余部分,农户一般负担低于 10%(水利政策信息网站,2012)。

表 3.1　2004 年日本政府对水管理的资金投入概况

项　目	主管部门	金　额(亿日元)	占总预算比例(%)
确保农业用水	农林水产省	2430	10.14
水源和水质保全	农林水产省	16400	68.45
地下水利用合理化	农林水产省	2.8	1.17

资料来源:日本国土交通省.日本的水资源[M],北京:中国农村水利水电出版社,2004:102.

3.1.4.2　土地改良区的地位与作用

土地改良区作为日本的农民自治管理组织,在农村水利建设与管理中发挥着核心作用,其主要功能主要包括:

第一,在农业生产基础设施整治方面。通过土地改良区的实施,整治和开发了水库、渠道工程、抽水部、水闸、溉排水渠等水利设施,确保了农业用水;通过农田集约化与规模化,提高了农业生产率;开发新农田,增加农田面积,促进了农业产业结构的调整。

第二,在农业生产基础设施保护方面。为防备农田、农业设施遭受自然破坏,对受益区内的农业生产设施进行合理的维修。

第三,在农业灌溉管理方面。合理分配水资源的利用,制订详细区内宏观配水计划,维修水库、渠道、泵站、干渠等水利设施和设备,以确保农业生产的安全。

第四,在农村生活环境整治方面。整治农村道路,改善农村生产和生活设施,规划和建设农村景观等。其中土地改良区在水利建设规划中非常重视生态环境的保护,为保护某些特定生态条件下的生物种质不受工程影响,会对规划重新调整,保护生态环境。

3.1.4.3　土地改良区的管理体制构建

水土兼管模式是通过土地改良区内的农民自治组织,采取立法手段强制性收取土地改良费,决策机构由土地改良区域内的农民民主选举产生。这种体制既能保证该模式管理体制的正常进行,又保证了管水组织的独立性,使其成为真正意义上的农民自治组织。

1. 农户自治组织的成立、解散与合并

土地改良区成立需要符合以下条件:一是参加的农户数量要有 15 户以上;二是土地改良工程项目要公布工程概况,确立受益区域,制定土地改良目标和水利建设规划;三是在农户自身权益上,要征得受益区域内 2/3 以上农户的同意;四是在行政机关审批上,要得到上一级乡镇或县级(日本称都道府县)批准。土地改良区一旦获批,区内所有农户都将成为会员,享有相应的权利和义务。土地改良区只有在完成改良目标后,经总代会表决,县级或乡镇政府批准后方可解散;当然,如果县级管理部门发现土地改良区有违法运营现象,也可以宣布解散并收回土改工程。土地改良区在与邻近的其他区或在实施改良工程时,出现重复工作等相关事项时,必须在经过总代会表决且得到上级相关部门同意的情况下才可以合并[115]。

2. 组织结构设置

土地改良区是按系统原理实行的一种科层制管理方式,各管理机构对灌排工程实行分工:一是水资源开发公团直接管理水源及干渠等骨干工程;二是灌区综合土地改良区主要管理支渠及田间调节池等工程;三是水资源开发公团委托各地区土地改良区管理水田专用支渠及旱田灌溉设施等配水工程;四是土地改良区下设的管理区管理所在地区的田间渠道;五是最基层的管理组负责田间配水,分为水田和旱田两类,受益区内的农户按所拥有的耕地情况分属于各管理组。

土地改良区成员由土地改良区范围内的自耕农(拥有土地产权者)和佃农(租用别人产权土地者)组成,理事长和理事由土地改良区农户选举产生[7]。在该农民自治组织内的土地改良区人员,除了理事、监事等人员有法律效应以外,其他机关人数根据土地改良区面积规模大小而不同,平均仅为 4 人,5km² 以下几乎没有专职人员,大多是市町村(自然村落)行政组织的工作人员和其他土地改良区成员兼职。

对于技术含量高、规模较大的土地改良区,必要时会雇佣工程师或技术人员组成技术管理,政府相关部门协助参与行政管理。该管理机构一般由 4 个科室组成,即总务科、财务科、工程科和管理科,分别负责行政、费用的征收以及土地改良工程的申报施工及日常管理。中小土地改良区由于设施简单规模小,可由土地改良区自主管理。

在监督机构上,土地改良区机构必须接受上级政府管理部门的监督与控制,包括督促土地改良区遵守法令和章程、合理实施土地改良法,要求其提供业务报告、会计报告等[116]。

3. 决策机制

土地改良区的决策机构为全体大会,当其成员超过 200 人时,可设立代表大会。其代表由成员民主选举产生,成员享有选举权和被选举权,全体大会需由三分之二以上成员出席[75]。大会章程的变更、新项目上马、土地改良区的解散、合并等重大事项需经全体大会或代表大会的民主决策。土地改良区每年必须至少召开一次全体大会,全体大会只要有半数以上成员参加即可召开,参加人员中有半数以上表决同意即可决策。但事关土地改良区解散、合并以及关系土地改良区存亡的重大事项,必须有三分之二以上成员出席,并在出席人员三分之二以上同意的情况下,才能决策[117]。

土地改良区的执行机构为理事会和监事会,由 7 名以上人员组成,其中理事中至少五分之三、监事中二分之一必须是土地改良区成员。具体的选举方法由章程规定。土地改良区理事会的职责是申请土地改良项目、偿还项目成本、筹集社会资金、负责水利设施的运行与维护。监事会的主要职责是监督理事会成员的相关管理工作,对水利设施的管理、维修情况进行督察考核,对财务状况进行审计核查[115]。

对土地改良区管理人员的考核,依法按照《土地改良法》章程、规定及大会的决议进行。作为土地改良区的代表——理事长,要根据规定条款从理事中选举产生。此外,根据条款规定,为了日常工作顺利进行,可相应设立事务局(秘书处)和专业委员会,进行辅助管理。

3.1.4.4　土地改良区内的农民自治水利管理

农村水利管理原则上是利用水利设施的土地改良区,在自行负担费用的情况下进行自治管理。这就要求土地改良区不仅需要管理好水利设施,维护其功能,还要通过运转和操作设施来管理农业水资源[116]。总的来讲,土地改良区在水利管理方式上可分为水资源的分配管理(简称配水管理)和设施的日常维护与管理(简称设施管理)两类[117]。但无论是配水管理还是设施管理,从水源到各农田灌溉都是由土地改良区—地方水利调节团体—村落水利组合三级组织共同负责。水源取水设施即干渠由土地改良区负责,支渠等由地方水利调节团体负责,末端斗渠等由村落负责。这些团体和组合都是农民自发组织的,每年从土地改良区领取补助作为其组织活动费用。

1. 配水管理方式

土地改良区每年都要制订区内宏观配水计划,在水库、渠道设施和泵站等重点设施处需长期派驻专人负责管理,在灌溉季节还应雇佣人员看守闸门和渠道,且要求他们必须按配水计划控制各干渠放水,巡查所辖区域,定期汇报。这些管理人员应主要来自土地改良区成员,对该区灌溉情况非常了解,且具有良好的声誉及责任感。遇到干旱年份用水紧张时,土地改良区要召集地方水利调节团体、村落水利组合的负责人,对宏观配水计划进行修改和补充,同时增加配水管理工作的透明度,避免用水纠纷。

干渠以下配水方式主要由地方水利调节团体和村落负责。除了各组织间的相互协调外,主要是依据习惯水权进行配水管理,如:番水制(一日两番12小时制,三番8小时制等)。

2. 水利设施管理方式

土地改良区主要负责干渠以上部分的水和设施,如水库、渠道设施、泵站、干渠等设备的维修、更新、加固、疏通等,支渠及末端的相关设施由地方水利调节团体和村落自行出资出力。对于农村水利设施的维修,基本由土地改良区的用水户自主管理,农户在日常使用中发现设施损坏需要维修的时,一般先向土地改良区汇报进行申请,然后通过土地改良区会同事务局和当地府道县的官员对受益农户的申请进行调查取证和确认后,由土地改良区来进行投资维修,如遇较大的设备故障,可直接向国家申请,其具体运作流程详见图3.3。

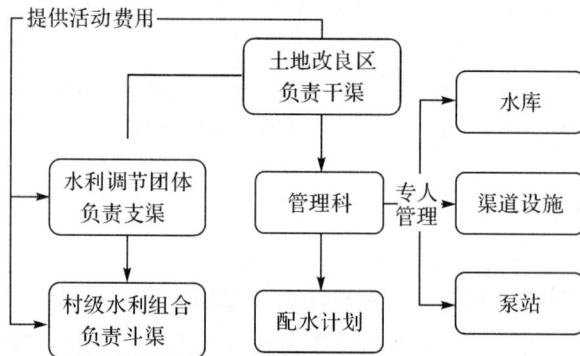

图3.3 日本土地改良区的农民自治水利管理流程

3.2 国外农村水利市场化管理实践经验总结

通过以上对美国、法国、墨西哥的水利市场化管理的经验及其他较成功地区的案例总结,可以对国外水利市场化管理的成功做法做出总结,如何能充分调动农民的自律机能及自我管理能力,建立有效的农民参与式水利市场化管理模式,始终是我国水利管理学者们研究的重要课题。尤其是日本的水土兼管模式中除了水土资源结合管理之外的农民自治型管理,深刻地反映了农民在土地改良过程中呈现的"共同利用、协同管理"的可持续发展理论。这种水土兼管、农民自治的管理模式,其组织结构和运作方式对我国目前的农村水利农民参与式管理体制改革具有重要的参考价值。但值得注意的是所有反映的国外各个阶段的不同水利基层管理模式,都是在适应各时段的社会经济条件、农业生产力情况以及政府相关政策的背景下设立的,直接套用显然不符合现实条件。因此,针对以上国外水利市场化管理模式的有效分析,可以为我国水利市场化管理体制创新得到以下几点启示:

1. 国外水利市场化管理主要适用于小型灌区

赵翠萍(2013)曾指出很多国家的水利市场化管理适用的灌溉面积不超过 $5km^2$,其面积属于小型灌区,基本相当于中国的斗渠,这样的灌溉面积便于用水者协会的管理[123]。比如印度和印度尼西亚,虽然这两个国家很早就开始施行水利市场化管理的管理模式,并且总的由农户集体管理的灌溉面积比较大,但是每个用水者协会管理的灌溉面积都只限于 $2\sim5km^2$,在这些灌区内,从用水者协会成员的选举、到协会的运作以及水费的计收都是由农户集体参与管理的。也有较为特殊的情况,比如墨西哥和土耳其,他们的市场化灌溉管理也比较成功,但是每个用水者协会管理的灌溉面积比印度和印度尼西亚等国的要大,因为墨西哥和土耳其的水利市场化管理是通过向世界银行贷款实现的,所以其每个协会负责管理的灌溉面积会较大。在墨西哥即使数平方千米的大型水库,政府也会把权责转让给用水者协会进行管理,在土耳其,用水者协会代表大会成员已超过 3000 人。

2. 农民用水合作组织是市场化灌溉管理的主要组织形式

从国外的水利市场化管理的实践来看,农民用水合作组织是目前最主要的市场化灌溉管理的存在形式,也是世界银行所提倡的形式。农民用水合作组织成立的主要目的是让农民真正参与管水、自觉维护工程、提高灌溉效率和设施使用寿命,减少水费收缴中间环节和放水期间守水劳力,从而减少灌溉成本,减轻农民负担,同时也在一定程度上减轻国家财政负担。他们有管理、使用政府移交的水利基础设施的自主权,同时有自行安排灌溉用水的调度权,工程维护、改善、更新、改造的决策权。同时该农民组织有保证工程保值和增值的义务,有按国家规定收缴水费上交供水单位的义务,有按国家和地方政府规定完成各项水利建设的义务。但是各个国家因为自身的灌溉特点,对协会性质的规定也不尽相同,比如很多国家都把用水者协会定义为非营利组织,也有一些国家将其定义为"自负盈亏"的运行组织,比如美国的灌溉用水协会和灌溉供水公司就都是这种类型的组织。另外每个国家的协会组织成立方式也不尽相同,很多国家农民用水合作组织的成立只需依据当地相关的合作社法,再经当地水管部门签订协议即可生效,但是墨西哥的农民用水者协会还要经过国家水资源委员会的同意和水权转让证,并得到公证处公证才可生效[124]。

3. 健全的法律体系和组织形式是水利市场化管理有效运作的保障

根据国外成功的市场化管理的经验,发展中国家一般是在这些成功经验的基础上建立用水者协会,并对水利市场化管理加以尝试和推广的,所以从法律保障这个角度来看,发展中国家关于水利市场化管理的立法还远不及发达国家完善。健全的法律体系主要包括配套的专门法律法规的设立及适当的调解机构的建立这两方面。西班牙和日本对水务市场化管理的立法由来已久,早已形成完善的体系和成熟的立法,使得水利市场化的工作也有法可依,且能够顺利开展;另外美国的水利市场化管理法律法规更具有针对性,每个州可以依据自身的灌溉特点制定出适合各自的水利法律法规,使得灌区的各项事务都能在灌区协会和理事会的主持下独立有效的开展。西班牙和荷兰在调解机构的建立方面是比较成功的典型,荷兰的水理事会组织早在800多年前就已经成立了,该水理事会的主要职责是负责解决用水争端等问题的调节,其成员主要由农户、土地所有者、房东以及在其范围内的居民代表组成,每年选举一次,主要任务是维持合理的排水流量和排水条件、调解各种用水争端。

有效的组织形式主要表现在灌溉管理权利的转移和合作问题上,在水利市场化管理的过程中,参与灌溉实施的组织管理单位有不同的组织形式:公共机构、地方政府、灌区、股份公司、私人公司、承包商、用水者协会等各类组织机构,而各种机构又各具特点[65](见表3.2)。

表 3.2　各种灌溉管理机构的特点

组织形式	执政人	资金来源	管理能力
公共机构	部门和地方政府的理事会	水费和其他补贴	专业、处理大型复杂问题
灌区	对地区或州政府负责	土地税和地方收入	主要依赖合同形式
股份公司	选举产生理事会,无政府职能	水费和其他经营收入	适合中小型规模
私人公司	所有者或股东,无政府职能	水费和其他经营收入	受公司资金限制
承包商	与发起人或组织签订协议	由发起人支付资金	专业技术公司
用水者协会	由成员选举的代表	水费或土地税	小规模

4. 政府始终处于主导地位,给予水利建设和管理多方面支持

虽然水利市场化管理和农户参与被绑定,并且很多国家在水利市场化管理的背景下出现了财政上的入不敷出现象,但是,纵观水利市场化管理成功的案例,成功的原因无不是政府在推行过程中占据了主导的地位,从资金的投入、人员的配备、政策的支持和技术的指导等多个方面都给予了大力的支持和帮助。比如,日本虽然依据《土地改良法》的规定对农村水利建设与管理遵循"受益者负担"原则,但实际上水利基础设施的建设和维护管理工作仍然是以政府投资为主,其他融资为辅,并在把经营管理权让给农民之前对管理者进行技术培训和对设施进行维护保养;同样,韩国的水利市场化管理过程中政府的主导地位也是十分明显,在资金投入上保证了水利市场化管理的顺利进行;欧盟的很多国家虽然也是把管理经营权让渡给了农户,但是仍然依据水利基础设施公益性较大的性质给予适当的补助,有时补贴额高达80%以上;印度的法律也规定政府对水利设施的投资不应低于总预

算的 1/6,同时还要对采用喷灌和滴灌等节水技术的农村水利项目额外给予25%～50%的补助。

5. 将农民自治管理组织纳入法律保障体系

国外政府非常重视水利工程的立法,从大到小,从宏观到微观,使各种水利工程的建设和管理都有法可依,依靠《土地改良法》以及其他一系列相关法律法规来规范农民用水行为。因此,在我国水利设施发展的过程中,可以借鉴国外日本《土地改良法》的相应做法,逐步将农村水利建设与管理纳入法律保障体系,依法进行管理活动,并赋予基层水利管理组织或部门、农户及其他社会团体一定的义务和权利,加强政府对农村水利宏观管理的合法性,使农民对相关水利政策的长期有效性充满信心。

6. 增加各级政府对水利管理的稳定长期投入

国外政府在财政预算、国家宏观调控中较好地贯彻了"以工补农,以商补农,有力促进了工农、城乡和水土协调统一发展的思路"。特别是 1949 年日本政府颁布的《土地改良法》,通过补贴土地改良资金的形式,以工、商业的税收支持农业和农村发展,使每年农村水利基础设施管理经费都提高了 7.5%,有力地促进了农村水利设施的改善,提高了农村生活环境和农业生产效率[5]。因此,我国可以考虑建立一套完善的农村水利管理投入机制,加大公共财政对农村水利建设和管理资金的支持力度。同时,对于已出现老化失修的水利工程,应该按其规模和性质,分别由中央政府、地方政府或农民自治水利组织等不同层次的机构或团体进行建设和管理,形成一个稳定的农村水利管理投资体系,有效解决农村水利长期投入不足的问题,使投资效益最大化。

7. 开展农业用水补偿机制

美国、法国、日本同我国一样,随着经济的发展,特别是城市和工业的发展,用水矛盾日渐突出,都面临着用水协调的问题,但发达国家在协调中十分重视合理调整各级用水户的利益,制定相应地管理政策,以保证农业用水被挤占后的合理补偿,使农村水利开发出新的水源或采取其他措施而不受或少受损失。随着我国工业化与城市化的提高,城镇用水将进一步紧张,为弥补水资源供给不足,大部分由农民投劳兴建、以灌溉用水为主的小型水库发挥了重要作用。这些以小型水库为主导的农村水利向城镇、工业供水的增加,不仅挤占了农业生产和农民生活用水,同时进一步促进了农村水利老化失修。根据公共产品外部性理论,需要形成一个良好的水利工程供水补偿机制,即基于水资源经济价值补偿原理,按照供水量大小,使工业、城镇用水应对农业用水进行经济补偿,对农村水利进行有效管理及维护,以此来保证农村水利设施的外部效应内在化。

8. 结合土地承包经营机制,调动农户参与积极性

日本的水土兼管模式是在土地改良的基础上,拥有着全体同意和当地居民(或土地使用者)2/3 以上成员同意后成立的,它既是一个负责土地改良、整治和开发农业生产的组织,又是一个管理维护农村水利设施的民间组织。一方面通过对土地改良进行有效管理,使受益区土地与农户密切相连;另一方面,可以调动农民在土地改良区内管水用水的积极性,有效参与土地改良区内的农村水利管理。因此,在通过受益农户组成的土地改良区的基础上,对农村水利设施进行管理应该是一种比较合理的模式。实践证明,这种方式效果很好。这种模式是否也可以借鉴到我国农地流转等政策,附带农村水利承包经营管理的结合模式,还需要我们进一步思考和探讨。

3.3　中国及浙江省农村水利管理实践及其发展现状

本节主要是在梳理水利市场化管理在国内发展现状的基础上,运用实地调查及统计数据系统地分析了中国水利市场化管理的发展现状、发展特点和存在的主要问题,为本文的进一步研究提供理论的宏观背景。

3.3.1　中国农村水利发展历程

3.3.1.1　计划经济时期的农村水利(1949—1976)

1949—1953 年是新中国成立后农村水利的恢复时期,这一期间修建和整修较大的灌溉排水工程 280 多处,建设和整修小型塘坝 600 多万处,扩大灌溉面积 3.735 万 km^2。尽管这一时期技术人员缺乏水利工作经验,但遵循科学规律修建的水利工程,也有较好的质量和效益。

1953—1957 年第一个五年计划期间增加灌溉面积近 6.667 万 km^2。1957 年底,全国用于排灌的设备动力比 1952 年增长了 4 倍,达到 1800 多万 kW。1957 年下半年,农村水利建设已失去计划控制,进入"大跃进"时期。

1958—1961 年是"大跃进"时期,1962 年比 1957 年实际增加灌溉面积 3.692 万 km^2。虽然这一时期兴建了很多大型农村水利项目,但由于瞎指挥、浮夸风等原因挫伤了群众兴修水利的积极性,造成了人力、财力和物力上的大量浪费,很多大中型水库和灌区没有得到有效使用,并给水利工作遗留下很多难题。由于很多工程缺乏前期准备,违反了自然规律和各种可能条件,给国家造成了很大损失。

由于"大跃进"等运动和 1959—1961 年 3 年严重自然灾害,我国农业生产遭到极大破坏。1961 年 1 月党的八届九中全会后农村水利工作进入整顿、巩固、续建、配套阶段,之后农村水利建设有所发展,1965 年底全国有效灌溉面积达到 32 万 km^2,1963—1965 年平均每年约增加灌溉面积 66.70km^2。"大跃进"时期兴建的大量水库和灌区,经过续建、配套,绝大多数都是在这一时段逐步发挥供水和灌排效益的。到 1965 年,全国机电井数量达到 19.42 万眼,全国排灌机械动力达到 667

万 kW,比 1960 年增长 88%。

1966 年"文化大革命"开始,全国陷入十年动乱,国民经济陷入崩溃的边缘,农村水利事业也无法幸免,遭受了巨大损失。这一时期,将农村水利工作划分为两个阶段:1966—1970 年是全面停顿并遭受严重破坏时期;1970—1976 年是恢复整顿但仍受到严重干扰的时期,总体来说,这一时期农村水利虽然也有一些发展,但是成效有限。

3.3.1.2　农村体制改革时期的农村水利(1977—1989)

1978 年底中共十一届三中全会把党的工作重心转移到社会主义现代化建设上,提出了改革开放的方向和目标。随着改革的不断深入,计划经济体制逐渐被更符合国情的社会主义市场经济体制取代,随着农村原有体制的改革,农村水利建设出现两个深刻的变革:国家介入的减弱和农村社会自主性的增强。国家介入的减弱表现在不断减少国家资源投入和农村自治组织承担原来由国家承担的组织农民参与水利建设的责任。由于农村体制的深刻变革,人民公社的解体,这一时期的农村水利建设和发展出现了很多新的问题。

1977—1979 年,平整土地 16.667 万 km²,增加除涝面积 1.067 万 km²,灌溉面积 2 万 km²,对大量的中小型水利进行维修、加固和配套,修建了大量田间工程。这一时期水利管理也提上了日程,农田基本建设的显著成果为 80 年代农业丰收奠定了物质基础。

1980—1989 年,农村水利工作前期着重抓经济效益和改革,后期进一步关注和开展农村水利建设。80 年代初期的农村改革开放虽然极大促进了中国农业和农村的发展,但是,农村水利建设却陷入了前所未有的倒退阶段,以 1990 年不变价格计算这段时期的水利基建投资的年均增长率为 2.1%,且仅占全国基本建设总投资的 2.7%;1982—1986 年有效灌溉面积从 48.66 万 km² 逐年降低到 47.87km²,每年平均减少 0.79km²,年均递减率为 0.4%,这是新中国成立以来唯一出现有效灌溉面积递减的时期。1986—1987 年农村水利建设管理从倒退进入到停滞和缓慢增长阶段,大批小型水利工程老化失修、效益衰减,河道排洪排涝能力显著下降。农村水利建设规模偏小,投资投劳不足,水利工程投资持续下降。根据《中国水利统计年鉴》的统计数据测算,1985—1990 年有效灌溉面积的年均递增率为 0.3%,从 47.87 万 km² 增长到 48.39 万 km²;这时期的水利基建投资的增度由 80 年代初期的 2.7% 增长到 8.6%,使农村水利建设进入追求经济效益阶段。

3.3.1.3　农村税费改革时期的农村水利(1990 至今)

1990 年左右,农民负担较重的地区采取撤乡并镇、压缩编制等方法来减少地方政府财政开支,也试行农业税费改革。此后,关于农村税费改革的步伐从未间断,国务院办公厅发布的《关于做好 2002 年扩大农村税费改革试点工作的通知》中将改革的主要内容概括为"三个取消,一个逐步取消,两个调整和一项改革",即:

"取消屠宰税,取消乡镇统筹款,取消教育集资等专门面向农民征收的行政事业性收费和政府性基金;用三年的时间逐步减少直至全部取消统一规定的劳动积累工和义务工;调整农业税政策、调整农业特产税征收办法,规定新农业税税率上限为7%;改革村提留征收和使用办法,以农业税额的 20% 为上限征收农业税附加,替代原来的村提留"。这一文件还首次提出"三个确保",即"确保农民负担得到明显减轻、不反弹,确保乡镇机构和村级组织正常运转,确保农村义务教育经费的正常需要,这三个确保是衡量农村税费改革是否成功的重要标志"。

税费改革在减轻农民负担的同时也带来新的问题,其中最为突出的是:税费改革后乡村两级财政大为减少,乡村两级政府为农村和农民提供公共服务的能力进一步降低。农村税费改革后,税费改革中某些强制性政策规定,如取消"两工",也给农村水利建设带来巨大挑战。

3.3.2 中国农村水利市场化管理实践及现状

我国是一个具有几千年农田灌溉历史的文明古国,人口、耕地、气候、水资源等自然条件,决定了中国农业必须走灌溉农业的发展道路。经过几千年的发展,截至2000 年全国已有 402 个大型灌区推行了市场化灌溉管理模式,截至 2009 年,全国成立的各类农民用水合作组织累计 5 万多家,其中位于大型灌区内的有 1.7 万多家,由农民用水合作组织管理的田间工程控制的面积已占有效灌溉面积的 40% 以上(全国水利发展统计公报,2010)。灌区对我国的农业发展、粮食生产和解决我国13 亿多人口的吃饭问题做出了不可磨灭的贡献。但是许多灌区都存在诸如管理体制不顺、运行机制不活、机构臃肿、人浮于事、工程老化等弊端,已经不能适应经济社会发展的需要,不仅给灌区农民带来了不便,给国家带来沉重的负担,而且也严重制约了灌区的发展。

中国自 1995 年推行水利市场化管理改革,并且第一个用水者协会也于 1995年于湖北省漳河灌区成立,1996 年水利部农村水利司在都江堰召开灌区管理体制改革研讨会时首次提出把"参与式灌溉管理"引入灌区管理,会议上明确提出了"借鉴国际先进经验,构建具有中国特色市场化管理模式"的灌溉思路,对在计划经济下形成的灌区管理体制进行了改革,为建立适应社会主义市场经济体制要求的新型灌区管理体制和运营机制进行了探索和改革。改革主要体现在:进行灌区股份合作制改造;灌区斗渠工程实行公开竞价承包、租赁;成立供水公司;推行农民参与灌区管理,组建用水者协会等[125]。在诸多形式中推行农民参与灌区管理,组建用水者协会的管理模式在我国运用较为广泛。湖北省的漳河灌区、陕西省的关中灌区、甘肃洪水河灌区、江苏省皂河灌区及内蒙古自治区河套灌区等都是市场化管理改革的试点灌区。水利市场化管理自推广以来总体上也取得了显著的成效,主要表现在:

①减少了用水纠纷。以前我国灌区内都是吃"大锅水"的现象,即农户所交的水费与其灌溉量关系不大,所以灌溉面积较小的农户会因为和别人交了一样多的钱而用水量却不如别人多而感到不公平,用水户成立之后,管理更加有条理,农户所交水费不再"一刀切",而是根据自己的灌溉量来缴纳一定量的水费,这在一定程度上解决了用水的纠纷。李鹏等(2006)[126]在研究灌区市场化管理存在的问题与对策中提出相关部门组织对湖北省的漳河和东风渠灌区的调研工作中,有 85% 的农户反映成立协会后各村组之间水事纠纷明显减少。

②节省了劳动力投入。李鹏等(2006)[126]在研究灌区市场化管理存在的问题与对策中,通过实证研究得出节省了农户灌溉用水劳动力投入减少的结论。因为灌区农户认为成立协会后,农户用于等水、看水的时间缩短了,这主要归功于协会成立后渠道的工程质量得到改善,提高了大部分渠道的过水能力,缩短了灌溉周期,大大提高了灌溉保证率,同时由于协会由专人负责看水,也节约了农户用于守水的时间。

③减轻了政府和灌溉管理单位的负担与工作压力。在建协会前每逢放水期是"五长上阵"(组长、村长、水管站长、区长、镇长)和灌溉管理单位协同工作,方可保证下游供水。采用用水者协会管理模式,灌区配水、供水均有协会组织实施,从而减轻了灌溉管理单位的负担。

虽然农村水利市场化管理在上述方面取得了明显的成效,但是在实际的运行中还存在一些问题,根据水利部专家组的调查,农户参与水利市场化管理在实际的运行过程中存在一些推广的困难和限制,主要表现在农民及协会人员素质、建立及运行管理、规章制度、利益补偿机制等几个方面:

①各级政府对组建用水者协会的认识和支持不足。如贵州省 2004 年 8 月批转了由省水利厅、发改委等共同拟定的《贵州省水利工程管理体制改革实施意见》,意见强调了要"积极培育和推行农民用水合作组织",为推行参与式灌溉管理提供政策意见[67]。但是事实上,很少有地方政府像贵州省这样响应水利市场化管理的政策号召,组建用水户协会多数是水利管理部门"一头热",而地方政府很少参与或者由于认识不足而采用观望或阻挠。如果没有地方政府的政策支持和大力宣传,农户很难认识到水利市场化管理的效益和目的,更不会主动参与管理,即使想参与进来也会由于参与渠道不畅通或者无参与渠道而选择放弃,致使后续很多问题得不到解决,所以地方政府一定要提高认识,不仅如此,还要大力宣传和制定具体政策鼓励农户积极参与、正确高效地参与到水里管理中来。

②协会人员素质较低。张宁(2007)[31]针对浙江省 679 个农户的调查显示,近有 51.70% 的农户不了解也没有参与过农村水利工程相关决策。作者对浙江省部分农户的调查也显示很多农户根本不清楚用水者协会的概念、作用、内涵,高度的参与管理和监督意识更是无从谈起,这说明目前缺乏对农户的培训。由于大多数

农村经济、文化水平落后,加之受传统习惯的影响,用水者协会从主席到工作人员的基本素质都普遍偏低,所以很难从根本上使农户能真正能成为自我管理、自主经营、自我发展的参与实体。所以今后要采取多种途径,加大培训教育的力度,不断提高协会人员的素质。培训内容包括:法治教育、灌溉业务培训、服务意识和服务观念的教育等。

③用水者协会的组织体系不完善和运作不规范。目前中国绝大多数地区的用水者协会是在专业水管部门和当地政府的推动下,主要以行政村为边界而不是按照水文边界组建的,协会执委会成员大多是村委会成员兼任。这种形式在协会建立的初期对促进水利改革做出了一定贡献,因为这种组建方式有利于调动乡村两级行政组织参与改革,降低按渠系组建协会所要求的村与村合作的难度,有利于资源的调度和对协会的监督。但是,随着水利改革的进行,这种运作方式的弊端展现无遗,因为成立了用水者协会之后,协会成员由于要参与管理工作而导致个人的工作量明显加大,而工资并未得到相应的增长,所以在用水的过程中,繁重的工作直接影响身兼数职的工作人员的积极性,甚至还会出现身兼数职的村委会成员或村干部利用职权之便随意挪用水费的现象,那么即使协会在重点工程维修、灌溉管理、水费征收和使用办法、财务管理等方面制定了科学的规章制度,协会的组织体系和运作不规范现象也会影响农户的参与热情。另外,有的协会对计收的水费使用情况、工程维修资金使用等没有向用水户公开,也没有采取"一事一议"制度,致使用水户不清楚实际的情况,对协会持怀疑态度。为此,需要从选举协会成员、经费的运行、奖惩制度的建立、到协会法律法规的制定和管理人员的培训等方面制定出完善、规范的制度,做到协会对用水户负责,进而取得农户的信任,调动农户管水和节水的积极性。

④灌溉系统产权和水权不明晰,政府主体地位缺失。在目前中国灌溉管理体系中,对不同类型的灌区管理制度是不一样的,比如大型的灌溉工程由隶属于政府水利部门的事业单位,支渠以上的工程由灌区管理局管理,支渠以下工程由乡水利站管理,这种分散的管理制度导致了灌溉系统的水利产权不明晰。在我国用水者协会参与管理的一般为小型的水利工程,如斗渠或斗渠以下工程,主要负责这些工程的维护和管理以确保其正常的输水、水量调度(如实施轮灌的水闸)和量水功能等。但是,目前存在于我国很多灌区的一个重要问题是政府对支渠及其以下水利工程的投入日渐减少,政府的投资主体地位缺失,导致工程老化失修。如韩青(2009)[127]在《灌溉管理中的农户参与和水利市场化管理有效实施:国际比较与借鉴》中指出:在四川省的灌区中,支渠老化、损坏占52.8%,斗渠老化损坏占39.6%,农渠老化损坏占51%。在这种情况下,即使成立了用水协会也无济于事,因为村政府及用水者协会都没有能力承担起修建灌区的任务,这使得灌溉的及时性和公平性得不到保障,将会严重影响农户的参与意愿。为此,政府不仅要承担起

投资的主要任务,还应采取多种渠道筹集资金,加大对田间灌溉系统的建设投入,使移交的设施处于良好的运行状态。另外,在水权清晰、用水协会运行较好和水管组织能够自主运营的灌区,应尝试建立水权转让市场,建立有效的农业节水的利益补偿机制,使农户能够获得水权转让的收益。

3.3.3　浙江省农村水利市场化管理实践及现状

浙江省属于我国降水较为充沛的地区,但随着浙江经济社会的快速发展,其人口密度越来越大,水资源的供需和管理矛盾也越来越严重。《2012年浙江统计年鉴》的统计数据显示,浙江人均水资源的拥有量已低于全国人均水平。所以有效的水利管理才能使仅有的水利设施发挥良好的作用,但由于农村水利市场化管理制度的不完善、再加上政府和市场的双失灵导致农民投入积极性不高,严重挫伤了农户用水治水的积极性。从全省总体来看,2001—2012年期间虽然浙江省农村水利建设投资在总量和结构上都发生了明显的变化。在投资总量上,全省农村水利建设资金投入稳步增加,2012年达到194亿元,是2001年的61.48亿元的3倍之多;在投资结构上,浙江农村水利建设投资也表现出一定的多样化趋势,从2001年至2012年,在地方财政投入和民间投入出现大幅增加的同时,省级和中央财政也开始投资农村水利建设并且呈扩大的趋势,但中央财政投入占总投资的比例仍然很小,2012年仅为0.73%。在此基础上,地方及省财政对水利科技推广项目的投资比重稳步增加,尤其是在省财政资金到位的情况下,地方政府的配套资金也会显得尤为重要,见图3.4。

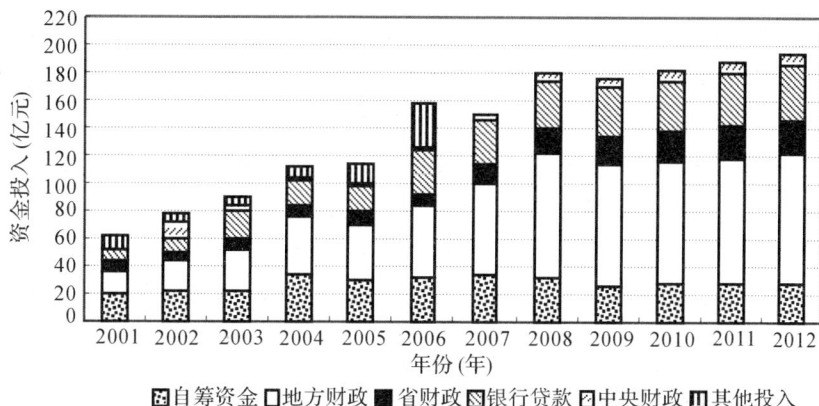

图3.4　2001—2012年浙江农村水利建设资金投入情况

资料来源:浙江水利统计资料2001—2012。

3.3.3.1　防灾减灾领域

浙江省由于其特殊的自然环境、地理位置,每年都有不同程度的洪涝灾害发生,这样使得每年都会有田地遭受洪涝淹没。因此,浙江省每年都要对受洪涝灾害的田地进行除涝。从图 3.5 左图中可以看出,浙江省的除涝面积从 2000 年至 2012 年呈现较大幅度的增加趋势。2000 年除涝面积为 4770.3km²,2012 年增加到 4977.8km²。除涝面积新增在 2000 年至 2001 年逐年增加,2001 年至 2004 年大幅度减少,2004 年至 2005 年在增加,2005 年至 2012 年从大体上在逐年减少。除涝面积的减少和除涝面积新增变化趋势大体相一致。一般每年的除涝面积新增大于除涝面积减少。2000 年除涝面积新增为 46.1km²,除涝面积减少为 20.8km²;2012 年除涝面积新增为 17.6km²,除涝面积减少为 15.1km²。除涝面积的增加有利于改善受灾害的田地情况,提高农业生产的条件。

为此,结合浙江省水利防灾减灾工程情况,急需从防汛防旱技术、水利工程安全技术与信息化管理等方面对浙江省防灾减灾领域开展水利研究与科技服务。

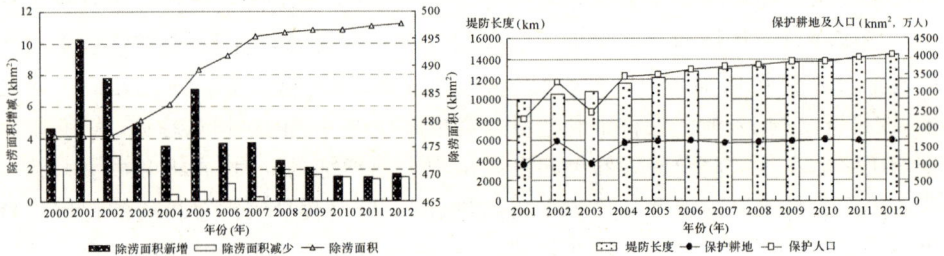

图 3.5　2001—2012 年浙江农村水利除涝及堤防防御能力的变化

资料来源:浙江水利统计资料 2001—2012。

水库和堤防在提高防御洪水的能力、减少洪涝灾害等方面发挥着很重要的作用。从 2001 年起,浙江的堤防长度逐年在增加(图 3.5 右),堤防保护耕地和人口的数量也在逐年增加,在近十年内堤防保护耕地和人口的情况出现了一些增减波动变化。2002 年堤防长度为 10475.76km,保护耕地 16368.7km²,保护人口 3281.28万人,而 2003 年堤防长度为 10711.18km,保护耕地 10223.9km²,保护人口 2453.7 万人,从 2003 年到 2012 年,保护耕地及人口在逐年缓慢地增加。浙江省为积极实施堤防的加固工程,全力消除安全隐患,提高堤防工程的防灾减灾能力。洪涝预警技术及水雨情采集系统的研发与推广将对浙江省防灾减灾领域的发展具有重要的推动作用。

3.3.3.2　水资源保障与水土保持领域

由于水利具有很强的公益性、基础性和战略性,2011 年中央一号文件提出,应抓紧建立以政府公共财政投入为主,社会投入为补充的水利投入稳定增长机制。下图显示 2001—2012 年浙江省水利建设投资情况、水库建立情况、水利供水情况和有效灌溉面积情况,可以看出从 2007—2012 年间,水利投资结构单一、投资力度增长不大；另外水库建成数量、水利供水情况和有效灌溉面积增长都不明显，这说明浙江省农村水利管理情况并不理想，管理效率不高。

1. 水资源保障现状

首先，从浙江省蓄水工程的发展来看，2000 年以来浙江小型水库数量和库容都呈现稳步增加的态势（见图 3.6），总库容量从 2001 年的 356.69 亿 m^3 增加到 2012 年的 401.53 亿 m^3，其中小型水库容量从 2001 年的 23.88 亿 m^3 增加到 2012 年的 28.18 亿 m^3；小型水库数量也从 2001 年的 3743 座增加到 2012 年的 4042 座，大型水库从 2001 年的 24 座增加为 2012 年的 32 座，中型水库从 2001 年的 123 座增加到 2012 年的 156 座。2009 年，浙江省水利科技推广中心决定用 4 年时间对水库维护、加固等技术进行研究与推广，采用配套安全监测管理信息系统，为推进中小型水库标准化建设，实现水库"安全、高效、美丽"的总体目标。尤其是数量多、分布广为特征的小、微型雨水集蓄工程，集蓄了浙江省的天然雨水，发展节水灌溉是浙江省农业和区域经济发展的唯一出路，而且这项技术投资少、见效快、便于管理，在保障浙江省农业灌溉用水和解决农村饮用水问题等发面发挥了十分显著的作用。

2. 水土保持现状

新中国成立以来到 1999 年底，浙江省共初步治理水土流失面积 20689km^3，其中修建水平梯 2499.7km^3，营造水土保持林和发展经济林果 14862.6km^3，种草 459.4km^3，采用其他措施治理 2867.1km^3。特别是《中华人民共和国水土保持法》颁布实施以来，浙江省水土保持工作取得了明显进展。据最新普查资料，全省水土流失面积经 10 年产减少了 6000km^3。但是，当前全社会水土保持意识还不强，水土流失状况仍然比较严重，全省还有水土流失面积 18998.3km^3，占总土地面积的 18.7%。在现有水土流失面积中，轻度侵蚀面积 10033.6km^3，占 52.8%；中度侵蚀面积 6769.7km^3，占 35.6%；强度侵蚀面积 1441.7km^3，占 7.6%；极强度侵蚀面积 665.6km^3，占 3.5%；剧烈侵蚀面积 87.7km^3，占 0.5%。从 2003 年到 2007 年（见图 3.7），水土流失面积在逐年增加，2007 年到 2008 年期间，水土流失面积出现大幅度减少，但从 2008 年到 2012 年，水土流失面积又在逐年缓慢增加。2003 年，浙江省水土流失面积为 27470.9km^2，2012 年，水土流失面积仅为 28471.35km^2。因此，如何有效通过技术手段来降低水土流失面积，逐渐成为浙江省政府重点关心的重要问题。

由此可见，加大水资源保障与水土保持力度，加快雨水集蓄综合利用技术、水库上游植被生态修复技术、取水计量在线监测技术等水利的技术推广，充分发挥大自然的生态自我修复能力，促进大面积植被快速恢复，是一条适合浙江省自然条件且费省效宏地加快水土流失防治步伐、改善生态环境的有效途径。

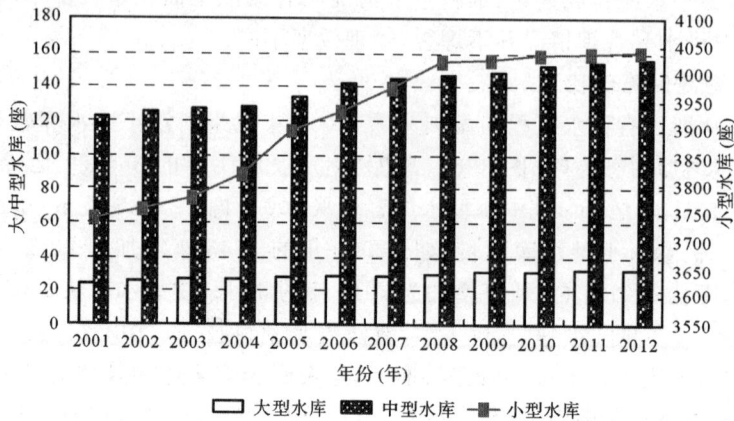

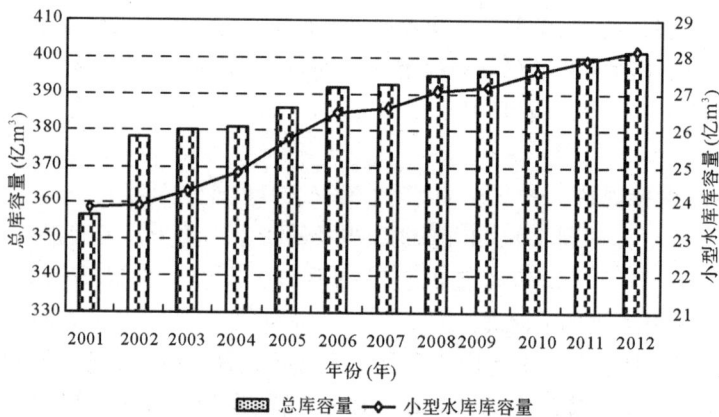

图 3.6　2001 年以来浙江大、中小型水库变化情况

资料来源:浙江水利统计资料(2001—2012)浙江统计年鉴。

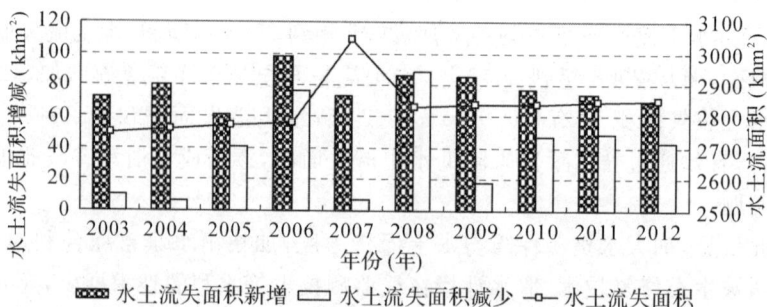

图 3.7　2003—2012 年农村水利水土流失情况图

资料来源:浙江水利统计资料(2003—2012)浙江统计年鉴。

3.3.3.3 农田水利领域

1. 有效灌溉面积的减少亟需农田水利

根据《浙江省第一次水利普查公报》可知,截至 2012 年 12 月 31 日,浙江省共有水库 4334 座,总库容 445.26 亿 m^3,共有装机容量 500kW 以上的水电站 1419 座,装机容量共 953.36 万 kW,共有集中式农村供水工程 31333 处,受益人口 2976.68 万人。实施水利市场化管理的大型灌区达到 20 个之多,各地级市成立的各类农民用水合作组织据不完全统计达到 100 多家,其中位于大型灌区内的有 20 多家,由农民用水合作组织管理的田间工程控制的面积已占有效灌溉面积的 40% 以上(浙江省水利发展统计公报,2010)。

浙江省从 2001 年以后,有效灌溉面积呈现整体上升的趋势(见图 3.8)。有效灌溉面积从 2001 年的 14039.9km^2 增加到 2012 年的 14686.5km^2,增加了 646.6 km^2。在有效灌溉面积总数逐年增减的情况下,浙江每年还有新增、减少的有效灌溉面积。浙江省的近些年有效灌溉面积新增和减少变化趋势是相同。2001 年到 2012 年,有效灌溉面积的新增和减少总体趋势都是下降的,有效灌溉面积的新增由 2001 年的 243km^2 减少到 2012 年的 106.8km^2,有效灌溉面积的减少由 2001 年的 242.3km^2 减少到 2012 年的 67.2km^2。虽然 2009—2012 年有效灌溉面积在不断增加,但新增有效灌溉面积却呈现出不断降低的趋势。

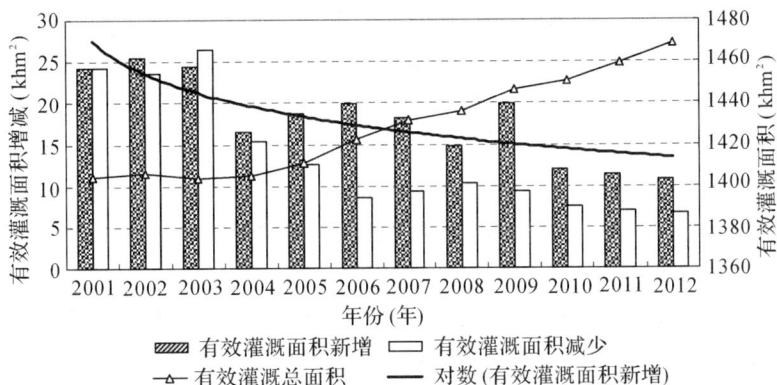

图 3.8　2001—2012 年浙江省有效灌溉面积情况

资料来源:浙江水利统计资料 2001—2012。

浙江省有效灌溉面积的减少是一个不可忽视的问题,但其减少受多方面因素的影响,其中主要是:工业和城市用地、水利工程设施损坏报废、长期缺水、建设占地、鱼池占地、退耕及其他。从图 3.9 中可以看出,除去建设用地因素以外,水利工程设施的损坏报废和长期缺水成为近几年有效灌溉面积减少的主要因素。2001

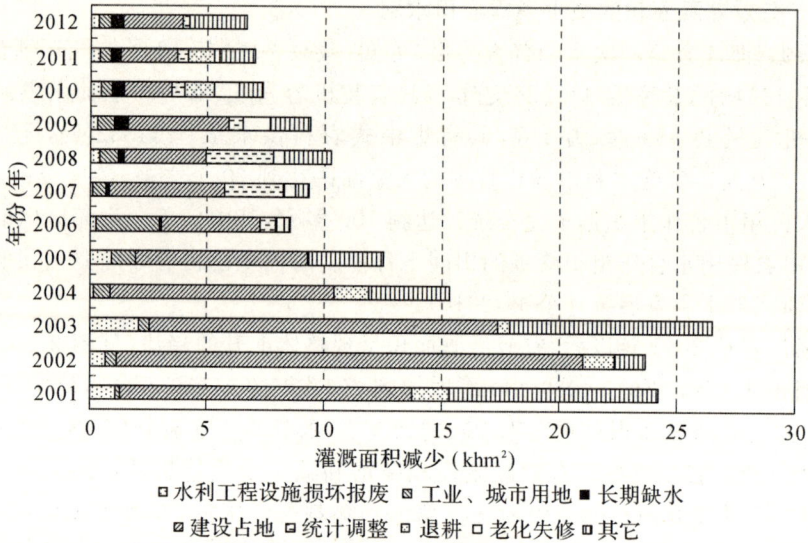

图 3.9　2001—2012 年浙江有效灌溉面积减少情况

资料来源:浙江水利统计资料 2001—2012。

年至 2012 年的水利工程设施损坏报废影响比例为 7.8%,尤其是 2009 年水利工程设施损坏报废使有效灌溉面积减少达 20.9km²。在农田水利工程管理与维护过程中,农田水利技术的研发与成果推广将直接影响有效灌溉面积的增加与减少(见图 3.9)。

2. 泵站改造和渠道衬砌

泵站等机电设施由于其经济技术性能和管理水平不高,对能源和水资源会造成大量的浪费,因此需要每年要对泵站进行更新改造,提高泵站效率、管理水平和灾害性天气的应付能力。浙江农村水利建设泵站改造从 2001 年至 2012 年呈现增减波动变化趋势(见图 3.10),2001 年泵站改造为 29960.6kW,值得注意的是泵站改造从 2009 年至 2012 年呈现大幅度减少趋势,2009 年泵站改造为 25591.58kW,2012 年减少到 9553kW。2009 年的泵站改造仅是 2004 年的 38%。因此,通过泵站改造技术可以大大提高泵站的利用效率、节约能源和水资源,为农业生产提供方便。

同时,近几年,一些渠道常年失修会造成其功能发挥受阻,渠道渗漏现象存在,严重浪费了能源和水资源,所以要长期对渠道进行衬砌,以提高渠道的输水能力,节约水资源。浙江农村水利建设渠道衬砌从 2001 年至 2012 年呈现增减波动变化(见图 3.10),2001 年渠道衬砌了 8889.08km,2009 年减少到 5206.21km,到 2011 年增加到 8378.87km,2012 年减少到 6324.56km。从 2001 年至 2005 年浙江省渠

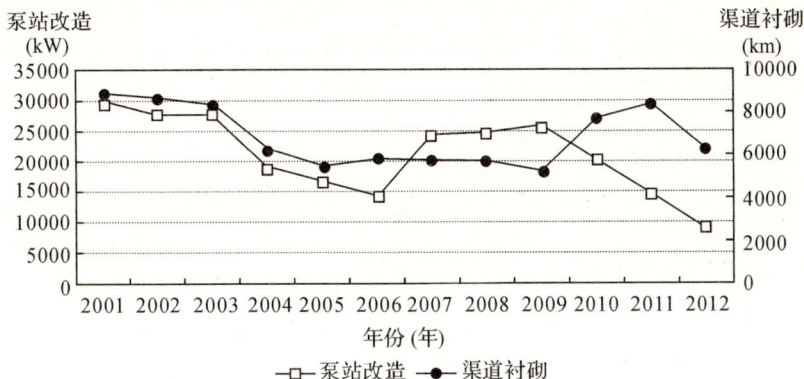

图 3.10　2001—2012 年度浙江农田水利泵站改造和渠道衬砌情况

资料来源：浙江水利统计资料 2001—2012。

道衬砌呈现逐年减少的趋势，2005 年渠道衬砌减少到了 5529.75km，2009—2012 年，虽然渠道衬砌有所增加，但 2011 年又出现了急剧下降，通过渠道衬砌改造技术来保证用水利用效率，减少水资源浪费，显得就十分必要。

3.3.3.4　河湖健康领域

浙江省河道众多，暴雨、洪水和建设开发等活动日积月累所造成的水土流失，农村经济的发展和农业耕作方式的变化，以及大量的生产、生活垃圾弃置在河道，使河道淤积日趋严重。据 2002 年的调查测算，约 6 万 km³ 河道淤积总量已达 20 亿 m³，每年平均淤积量 1 亿 m³，主要江河干流普遍淤积 0.5m 以上，平原河网淤积 0.6m 以上，严重的河段达 2m 以上。全省每年疏浚各类河道约 5000km，清淤 4000 多万 m³，累计疏浚河道 3 万 km，清淤土方 3 亿 m³。浙江经济发展较快的市、县结合城市防洪工程和村镇建设，率先启动了较大规模的河道综合疏浚治理。尽管一些河道得到初步整治，然而全省河道的生态环境不容乐观，仍然严重滞后于社会经济发展的要求。水多为患、水少为愁、水脏为忧，此类突出的水环境问题集中反映在河道。随着社会文明进步，人们对水环境意识日益增强，河道整治成为提高平原河网调蓄能力、改善水质、提升城市品位和防洪安全的重要途径，也是提高水资源承载能力、改善水生态环境的基本措施。从图 3.11 可以看出，2001 年以来，浙江省每年河道疏浚长度一直维持在 4000～6000km。2000 年以后，河道建设从单一疏浚整治逐步向疏浚、拓宽、扩岸、修提、筑堰等综合整治转变，尽管河道疏浚整治的长度有所减少，但河道整治的标准和规模有所提升。2003 年在全省实施"万里清水河道"后，河道整治工作呈现较好的发展态势。截止到 2005 年，全省已完成清水河道建设 7406km，完成投资 152.8 亿元。因此，这就需要我们改变观念，从技术上对河道疏浚能力还达不到要求、未能取得较快发展的及淤泥处理困难方

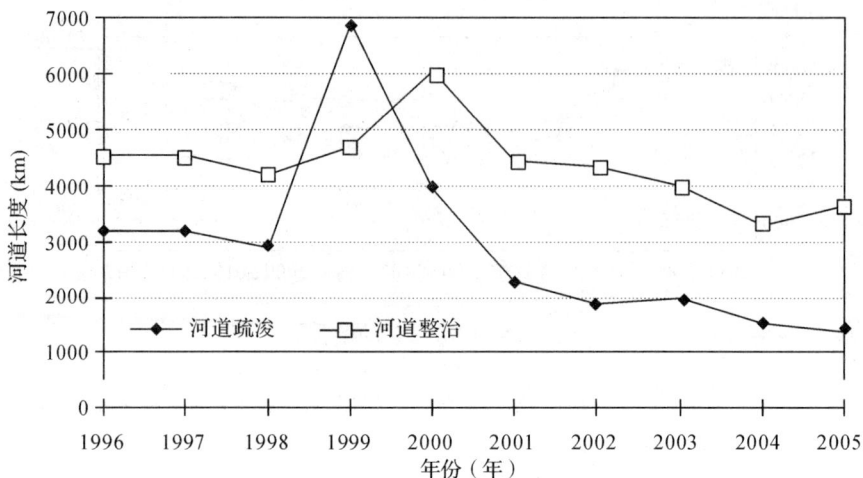

图 3.11　1996—2005 年浙江省河道整治情况

资料来源：浙江省水利厅《农村水利基本建设统计表》，1996—2005。

面进行研发与成果推广，来有效降低工程投资，提高工效，加快河道疏浚步伐。目前，水质生物监测、机制砂废水处理技术成为该领域迫切需要的重要技术手段。

3.3.3.5　农村饮水安全领域

农村饮用水关系到农村生活条件的改善、提高，它在农村的生活中发挥着很重要的作用，尤其是在一些偏僻的农村，由于其自然地理位置等各方面原因，农村饮水经常出现水质没有保证的情况，饮水问题已关系到村民的生活是否健康，饮水设施是农村基础设施中的基础，是农村其他发展的前提，因此应该更加重视农村饮水问题。在浙江农村饮水情况中，近些年需要解决饮水的人口在逐年增加（见图 3.12），由此看来，农村饮用水仍是一个不可忽视的问题。每年已经解决的人口也在逐年增加，每年需要解决的人口和已经解决的人口数之间的差距在缩小。从整体上看，2001 到 2012 年农村饮用水需要解决的人口数在逐年增加，同时，已解决的人口数也在同步增长，而已解决的人口数所占比率越来越高。在 2001 年需要解决的人口数是 744.75 万人，已经解决的人口数是 607.13 万人。2012 年需要解决的人口数是 3734.389 万人，已经解决的人口数是 3407.01 万人。农村饮用水作为一项艰巨的工程应该长期坚持下来，切实解决农村的饮水安全问题，用农村饮水安全的技术提高农村的饮用水条件，保障农民生活健康，具有非常重大的现实意义。

2001 年到 2012 年，浙江省农村水利工程供水情况如图 3.13 所示，其中农业供水所占比重最大，约占 59.13%，工业用水所占比重为 19.36%，城镇生活供水所占比重为 13.57%，乡村生活供水占 3.66%，生态环境供水占 5.33%，2001 年农村

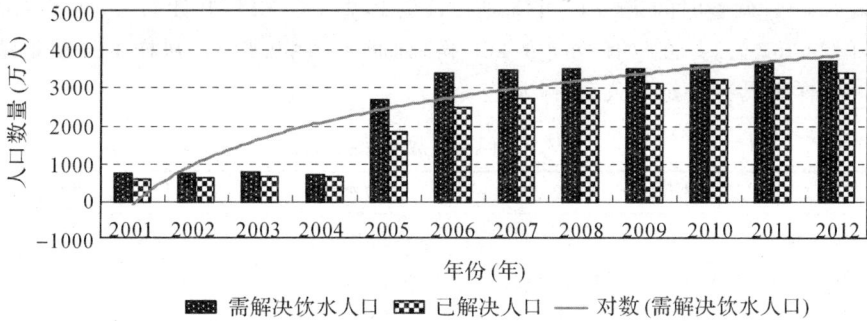

图 3.12　2001—2012 年浙江农村饮用水情况

资料来源:浙江水利统计资料 2001—2012。

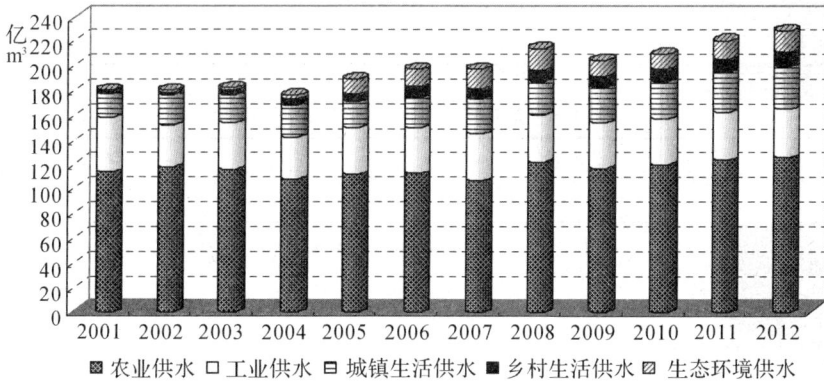

图 3.13　2001—2012 年浙江农村水利工程供水情况

资料来源:浙江水利统计资料 2001—2012。

水利年供水总量为 164.3326 亿 m³,2012 年总供水量为 218.4354 亿 m³,总体上看,从 2001 年到 2012 年,浙江省水利工程的供水量是增加的。

3.3.4　水利市场化管理中存在的主要问题

3.3.4.1　浙江农户参与水利管理现状描述

对浙江省范围内部分参与或曾经参与农村水利市场化管理的农户进行调查问卷和访谈记录,并通过详细的调查研究和统计分析,获取农户参与的相关数值,问卷内容包括农户的个人及家庭特征、参与意愿、认知程度、社区特征、监督和水利市场化管理有效实施等若干潜在变量因子,调查地点分布在浙江省诸暨市、湖州市和温州市等 11 个县市,问卷调查期间考察了 13 个村庄(本研究随机抽样后抽取了 13 个村庄),并沿途走访了众多农户,并对部分农户进行了深度访谈和参与观察

（见表3.3）。调查时间为2014年8月4日至16日，分三组，共计六人，调查共发放调查问卷260份，共回收有效问卷233份，回收率为89.6%。从样本的基本情况看，调查样本具有一定的代表性（见表3.4）。

表3.3　问卷发放与回收情况

行政村	发放数量（份）	回收数量（份）	行政村	发放数量（份）	回收数量（份）
白门下村	20	19	莫家栅村	20	18
白门上村	20	17	西洋山村	20	19
五蓬新村	20	17	松台村	20	19
白马新村	20	18	茶堂村	20	20
次坞新村	20	19	河口堂村	20	18
茅坞村	20	19	大坪头村	20	18
陈家其村	20	16			

表3.4　受访者及样本农户的基本情况

类型	选项	样本数（人、户）	比例（%）	类型	选项	样本数（人、户）	比例（%）
农户性别	男	176	75.54	农户个人文化程度	小学以下	47	20.17
	女	57	24.46		初中	99	42.49
家庭收入	小于1万	23	9.87		高中	81	34.76
	1万~2万	109	46.78		高中以上	6	2.58
	2万~3万	49	21.03	农户年龄	35岁以下	10	4.29
	3万~4万	31	13.31		36~45岁	39	16.74
	4万以上	21	9.01		46~55岁	119	51.07
					55岁以上	65	27.90

调查问卷设置了一系列关于农户对水利工程水利市场化管理的认知程度、需求程度、满意程度、参与的方式、不参与的原因、对市场化管理的评价、今后的参与意愿的问题，在回收的有效问卷（233份）中，有68人参与过相关水利市场化管理活动，另外165人没有参与过。在此摘取其中的一部分调研结论，通过归纳整理，结果如表3.5所示。

表 3.5　农户参与水利管理的调查总结

问题	有效样本	数据统计结果		
对水利工程市场化管理的法律法规了解吗?(政策支持)	233	比较了解 68(29.18%)	了解一些 102(43.78%)	不了解 63(27.04%)
对同社区其他农户参与水利管理的情况了解吗?(社区特征)	233	比较了解 87(37.34%)	了解一些 123(52.79%)	不了解 23(9.87%)
自己的参与行为容易受其他农户行动的影响吗?(社区特征)	233	比较容易 137(58.80%)	不太容易 88(37.77%)	不清楚 8(3.43%)
如果容易受其他农户行为的影响,是否会模仿?(社区特征)	233	模仿 143(61.37%)	不模仿 62(26.61%)	不知道 28(12.02%)
曾经参与过水利管理的相关工作吗?(参与程度)	233	参与过 68(29.18%)	从没 165(70.82%)	
若参与过,今后是否愿意继续参与?(参与意愿)	68	愿意 40(58.82%)	不愿意 8(11.76%)	不知道 20(29.41%)
若参与过,对相关管理的评价如何?(管理效率)	68	比较满意 10(14.71%)	不太满意 52(76.47%)	很不满意 6(8.82%)
若参与过,是否有所奖励或优惠措施?(监督和水利市场化管理有效实施)	68	有 11(16.18%)	无 57(83.82%)	
若未参与过,今后是否愿意参与?(参与意愿)	165	愿意 47(28.49%)	不愿意 17(10.30%)	不知道 101(61.21%)
若未参与过,对相关管理的评价如何?(管理效率)	165	比较认可 52(31.51%)	不太认可 31(18.79%)	不知道 82(49.70%)
若未参与过,是否有所惩罚或者强制性措施?(监督和水利市场化管理有效实施)	165	有 23(13.94%)	无 142(86.06%)	

从表 3.5 的汇总情况可以看出:

①农户对市场化管理的了解程度并不高,而且参与程度也相当低下,有 70.82% 的人表示从未参与过,他们根本不知道有市场化管理这一说,这表明浙江省的很多农户对目前水利市场化管理的情况尚缺乏认识。

②在有效的 233 份问卷中,有约四分之一的农户对水利市场化管理的法律法规和制度完全不了解,近一半的农户稍有了解。这说明农户对水利市场化管理的

重要性认识不足。

③有58.80%的农户表示自己的行为容易受其他农户的影响,61.37%的农户会选择模仿其他农户的行为。这说明周围人的支持会给农户选择参与产生很大的动力影响。但是在所调查的农户中曾经参与过的只占到总数的29.18%,这也说明农户参与缺乏来自周围人的支持,即使想参与也因为体制或者参与渠道不畅通等问题而达不到参与目的。

④对参与过水利管理的68个农户来讲,有29.41%的农户不知道自己今后是否会继续参与水利管理,有76.47%的农户对水利市场化管理的相关工作不是太满意;对于165个未参与过水利管理的农户来讲,只有10.30%的农户表示未来不会参与,其他都是愿意参与或者不知道,有49.70%的农户对水利市场化管理的相关工作表示不知道,无法给出评价。这说明很多农户对目前水利管理的满意程度不是太高,产权改制及集体(协会)的管理效果并没有预期的好,其组建方式和运作机制有待规范。

⑤对于曾经参与过和从未参与过的农户来说,都有极少数的农户表示有所奖励或者惩罚,而且通过调查发现,这些极少数的农户都集中在诸暨市,其他地区的农户基本都表示从未有明确的奖励或者处罚措施,这也说明相关部门的激励和管制不到位。

3.3.4.2　存在的主要问题

总的来看,经过十几年的推广和运作,水利市场化管理在浙江省取得了初步成效,并且得到很多灌区农户和地方水管部门的认可。但是,该模式在实施过程中也存在诸如机制不顺,立法滞后、农户参与度较低等问题。

1.　立法滞后

我国关于市场化灌溉管理的立法相对一些发达国家来说还比较薄弱,有些配套的法律法规甚至出现了空白的现象,现有的法律法规如法规有《中华人民共和国水法》、《农业法》、《农业技术推广法》、《小型农村水利和水土保持补助费管理规定》、《水利工程水费核订、计收和管理办法》、《灌区管理暂行办法》、《农村水利和水土保持补助费管理规定》、《水利工程水费核订、计收和管理办法》、《灌区管理暂行办法》等只是规定了大的框架和方向,都没有明确规定灌溉系统管理职责转移的范围,转移过程中及转移后政府部门与用水户组织的权利、责任和义务,以及非常情况下财政支持措施等。另外,与管理权转移制度相关的农村水利设施产权制度、水价形成及水费计收和使用制度等配套政策也不完善。以上政策和法规的缺陷导致用水者协会的法律地位不明确,使得农户在用水管理和工程管理中不能真正拥有参与权和决策权。所以这些法律法规已经远不能满足当前水利市场化管理的工作需要,没有明确的法律法规就没有明确的任务职责和权利,就会导致实施过程中的混乱和不规范等现象的出现。不仅如此,立法滞后的另一个很大的不良后果是在水利管理工作过程中无法明确农民用水者协会的地位和职责,导致用水者协会既不属于政府组织,又不属于独立企业法人,这种以非营利性社团组织形式出现的存在方式,很难形成积极有效的激励方式,从而会影响农户的参与热情。浙江省关于市场化管理的立法一直参照国家的相关法律,基本没有针对性的地方法规,为此,浙江省应完善和制定用水户参与管理及其配套的有关法规,探索有效的水费计收机制,采取价格听证等形式,让农民参与终端水价的制定,通过协商的方式将协会的运行管理经费计入田间小型灌排工程管理成本,为协会良性运行创造条件。

2. 市场化体制不规范

体制不规范主要体现在农户参与渠道不畅通,虽然浙江省试行农户参与水利市场化管理已有多年,并且也想尽办法调动农户参与的积极性,但是政府的激励制度很多时候都是一把抓,没有明确的主次、先后激励之分,并且在实际操作过程中由于水利管理的承包、拍卖等过程不透明,并且水价的形成机制不够公开,农户的真正诉求得不到合适的渠道进行表达,所以即便农户有心参与水利管理也行动不起来。其次,用水者协会的组建和运作也不规范,首先表现在协会的成员选取上,一个协会的运作成效与协会成员的自身素质和道德也有很大关系,我国很多地区的农户用水者协会成员并没有经过严格培训、筛选等步骤,另外有些用水者协会在建立伊始就是由村委会的很多成员兼任的,会导致两个部门之间的权责不清和利益分配不明,如此混乱的管理模式实在难以调动农户积极参与的积极性。在表 3.5 的现状调查中也可以看出浙江省农户参与水利市场化管理的体制存在问题。如表 3.5 所示:对参与过水利管理的 68 个农户来讲,有 29.41% 的农户不知道自己今后是否会继续参与水利管理,有 76.47% 的农户对市场化管理的相关工作不是太满意;对于 165 个未参与过水利管理的农户来讲,只有 10.30% 的农户表示未来不会参与,其他都是愿意参与或者不知道,有 49.70% 的农户对水利市场化管理的相关工作表示不知道,无法给出评价。这说明如果农户的参与或诉求渠道顺畅,他们对今后的参与行为选择可能会更明确。

3. 政府主导地位缺失

随着水利管理市场化的脚步,政府的主体地位逐渐缺失,想要依靠市场的大部分力量来自行运转、自行调节,但是水利基础设施本身带有极大的公益性质,是公共服务的范畴,所以基于它这一特殊的属性,政府必须承担起应有的投资主体的职责和激励主体的职责,但是这也并不代表拒绝其他投资,只有多方投资、多方合作、政府当头才能保证有足够的力量支持水利事业的发展,为农户真正带来切身的方便和实惠,这样才能真的调动他们参与的积极性,而通过对浙江省水利建设投资情况的调查研究可以看出:2007—2012 年间浙江省水利投资结构单一,投资力度增长不大,地方政府、省政府、中央政府财政投资额基本没有改变(见图 3.4)。

4. 利益主体参与程度较低

自 20 世纪 90 年代我国开始推行水利市场化管理制度以来,浙江省各地级市就开始试行产权改制和农户用水者协会管理试点,并且建立了相应的水利市场化管理有效实施等措施以调动农户积极参与的积极性,这样的运作机制在一定程度上有效地解决了用水纠纷、渠道管理质量低下等问题。但是,用水户——这个市场化管理模式的主体并没有很活跃地出现在管理工作中,也并没有作为常见的责任主体参与水利管理的监督、维护等工作中,这也成为困扰政府、用水者协会等组织的一件大事,在 3.3.4 的现状调查中也可以看出浙江省农户对水利管理的参与程度较低,受访者中只有 29.18% 的农户曾经参与过(见表 3.5),另外,研究也表明,农户参与度普遍较低与协会事务公共程度低、培训不到位等因素有关,但是,缺乏相应的水利市场化管理有效实施是更主要的原因,换言之,在参与农村水利工程的管理和维护方面,农户受经济利益的驱动较强,倾向于报酬性参与。

3.4 本章小结

通过分析国内外农户参与水利市场化管理的实践现状、梳理国外水利市场化管理的成功经验和案例及对目前浙江省农户参与水利市场化管理存在的主要问题的分析,我们可以给出后续章节的主要研究方向,即:同样都是在推行农户参与水利市场化管理的政策,并且是在借鉴国外成功经验的基础之上展开试验和推广的,以浙江省为例为什么中国大部分地区还会呈现出农户参与度低的状况?是政府激励不够,体制不全还是农户自身的原因导致了这样的结果,我们究竟应该怎样做才能突破这个瓶颈,促进水利市场化管理的长效发展?带着这些疑问和对以上分析的总结可以得出以下几点需要开展的工作:

(1)需要对农户参与水利市场化管理的制约因素开展深入研究。农户多数不愿积极参与水利管理工作,存在诸多制约因素,比如法律法规缺失、体制不健全、参与渠道不畅通、政府主体地位缺失等,需要识别和分析制约因素当中的根本原因因素和关键因素有哪些。

(2)需要对政府及农户行为开展深入研究。在中国现阶段市场化管理工作过程中,存在政府的激励随着时间的变化而演变的特征,为此需要对政府及农户参与行为的决策策略做深入研究。

(3)需要对水利市场化管理的利益主体提出明确的要求,并制定出有效的保障体系以确保利益主体的有效执行,避免"参与"成为口号。

第4章　水利市场化管理中的利益相关者与政府声誉缺失

4.1　水利市场化管理困境及其利益相关者

在理解中国水利市场化管理模式改革之前,我们首先要知道如何将农村准公共物品市场化,怎么市场化,然后才能根据由一般到具体的逻辑路线,从中推导出农村水利市场化改革的基本涵义。所谓市场化,简而言之就是让市场机制在资源配置中发挥基础性作用。市场包括三个相关的基本因素:一是市场主体,即具有独立的经济利益,并具有自主决策权的经济主体;二是市场机制,主要包括价格机制、竞争机制;三是市场客体,即通过市场进行交换的有形或无形的产品。因此,水利市场化就是指具有独立经济利益和自主决策权的市场主体在价格机制、竞争机制的约束下,对自己拥有产权(不一定是所有权,也可能是使用权、经营权、收益权等)的水利商品或服务进行交换,以实现自己利益的最大化。

现代经济学最重要的结论就是:只要市场是充分竞争的、价格信号是真实灵活的,市场机制一定能够在允许每个市场主体追求自身利益最大化的同时实现稀缺资源的最优配置,这就是亚当·斯密(Adam Smith)著名的"看不见的手"原理。农村水利市场化改革,就是通过改革过去基本上由政府包揽的农村水利投入、建设、管理和经营的传统模式,让追求自身利益最大化的市场主体在价格机制和竞争机制的引导下,参与农村水利投资、建设、管理和经营。其主要内容包括:一是投资主体的市场化,即投资于农村水利的主体是具有独立经济利益和自主决策权的市场主体,以区别于过去的投入主体——政府及其在农村基层延伸的"准政府"——村社(集体)经济组织;二是投资动机的营利性,即改革后的投资主体投资于农村水利的目标是追求投资主体自身利益的最大化,而过去政府投资农村水利的目标不是追求自身利益最大化,而是为了保证农业生产的正常进行与发展,即追求该区域的社会福利最大化;三是农业用水费用支付方式的变革,在改革前,水费的是通过乡村组织统筹共同生产费得以贯彻的,是作为行政事业性收费管理的。改革后农业水费成为经营性收费,其反映的是水利供给者与水利需求者(农户)之间的市场买卖关系,与前者有着本质的区别,即实现了从管理水到经营水的转变。

4.1.1 水利市场化发展的投资管理困境

在市场经济改革的大背景下,以市场化方式提供农村水利服务就成为了一种自然而然的选择。众所周知,市场化改革必须具备一定的前提条件。在农村水利市场化改革的支持者看来,我国广大农村已经基本具备了相应的条件。综合他们的研究,他们认为以下因素使得农村水利设施市场化改革取向完全可以成为现实选择。

第一,经过多年的改革开放,乡村社会具备了投资农村水利的资金能力。随着改革开放以来农村经济的发展,农民手中的剩余资金大幅度增加,客观上具备了投资农村水利设施的经济基础。正是基于这一点,国家有关政策鼓励和提倡社会法人、农村集体经济组织以及联户、个人,经水利部门批准,投资兴办水利工程,来保证"谁投资,谁建设,谁所有,谁管理,谁受益"。

第二,农村水利市场化运行的基础条件初步具备。市场经济的运行离不开清晰的有保障的产权制度,也离不开各种各样的契约。改革开放以来一系列相关法律法规的颁布与实施,为市场经济的运行与发展提供了必要的产权与契约基础。农村水利市场化运行当然也离不开集中于企业或农民手中的剩余资金,让农村社会逐步发展起融资网络,可以为农村水利市场化提供金融市场基础。此外,随着社会主义市场经济的发展和逐渐完善,乡村地区的市场意识不断强化,市场意识自然会渗透到水利各个行业,市场意识对水利行业的渗透,为农村水利的市场化创造了思想意识条件。

但现实并非如此,水利基础设施的建设、运行和维护均离不开资金投入。在计划经济时代,农村水利基础设施建设、运行和维护资金一般来自于地方政府与当时具有"准政府"性质的农村集体经济组织。然而随着农村经济体制改革的不断深化,农村水利设施的产权日益模糊化,资金投入严重不足成为了农村水利设施普遍面临的困境。水利市场化改革开放以来,农村水利建设却又面临着政府失灵与乡村社区自我管理失灵的双重困境。

4.1.2 水利市场化管理中的农户合作困境

农业作为弱质产业,农户作为弱质群体,抵御风险的能力较弱,个人和政府谈判成本较高,按理说应该很容易团结起来,达成不同层次的合作。但是在现实中,农户的合作往往很难达成,主要有三个方面的原因:

首先,个人理性和集体理性存在冲突。奥尔森(M. Olsen)在1965年出版的《集体行动的逻辑:公共选择与团体理论》是经济学公共选择学派的出色研究成果,该书涉及了个人理性和集体理性的关系。奥尔森认为,个人理性和自利不会使人们做出增进集体利益的行为。他认为除非一个集团中人数很少或者存在强制或其他特殊手段来促使个人按照他们的共同利益行事,寻求自我利益,有理性的个人不会为实现他们共同的利益而主动采取行动。奥尔森把集体利益看成是一种公共物品,任何一个成员对该公共物品的消费都不会影响其他成员的消费。假设个人都是理性和自利的,那么他们在公共物品(集体利益)的生产上会尽量减少个人投入,把应付的成本尽可能转嫁到他人身上,在公共物品的消费上尽可能多地使用,将自己的支出转嫁给他人,由此产生的"搭便车"的倾向使得公共物品的生产和消费都存在很大的外部性,最终造成个人理性和集体理性的冲突。

其次,机会主义行为。新制度经济学家威廉姆森(Dliver Eaton Williamson)认为,人们在经济活动中总是尽自己最大能力保护和增加自己的利益。根据新制度经济学的人性假设,人是追求效用最大化的人,所从事的各种活动的最终目的是满足自身的需求。由于农户是有限理性的,不可能预见到所有复杂和不确定的环境,更不可能获得关于环境的有关现在和将来的所有信息,因此不敢轻易接受一项新变革。信息不对称也为农户的机会主义行为提供了生存空间,农户之间的信息不对称行为使得农户无法准确估计其他农户的想法和即将采取的行动,由于农户普遍存在比较心理,注重自己和其他农户的收益比较,因此信息不对称更使得农户没有安全感。农户与政府之间的信息不对称使农户对政府不信任,对政府发起的号召响应不重视,而只关注自己的利益是否受到损害,从而产生机会主义行为。对于农户参与农村水利工程市场化管理而言,机会主义行为会使他们产生投机心理,滋生一种"我不做自会有人做"的不利观念。

最后,缺乏社区精英。农户合作很难达成的一个很重要的原因就是农户中间缺少能够关注集体利益的社区精英,即缺少具有号召力的领袖人物。由于农户长期生活在一个固定的区域内,人缘、地缘和亲缘都相对固定,他们往往会信任他们相对熟悉和尊敬的人。要使农户顺利合作,需要在他们内部有人出面组织,呼吁并会对破坏合作的人进行惩罚。随着经济发展,农村内大量人员外流,其中不乏精英人物,留在村内的普通农户缺乏相应的能力。而当前农村水利工程市场化管理之所以还存在众多问题,也恰恰是因为在农户中缺少这样的精英式人物,他们关注集体的利益,甚至不惜损害自己的利益,并对不合作者进行惩罚。

4.1.3　水利市场化管理中的利益相关者

由于现阶段地方政府与中央政府之间没有明确的分工,集体化治理阶段农民之间及农民与集体之间基本不存在利益冲突,因此可将农村水利市场化管理中的利益相关者主要分为政府、村集体、用水管理组织和农民四个方面。

1. 中央及地方政府

农村水利关系到国家安全、经济安全、生态安全和政治需要。中央一号文件已连续 5 年提出农村水利是现代农业建设不可或缺的首要条件。2006 年前以农业税为纽带,地方政府建设农村水利的积极性颇高,但农户常以拒交、缓交农业税费的方式向政府提出对水利不满的利益诉求。税费改革后,由于地方财政基本与农业生产脱离,地方政府不再有发展农村水利的财政动力,但迫于管辖压力、行政责任、地方稳定和政绩表现,仍然有发展与维护农村水利的动因。

2. 村社(集体)

当前,村社与农村水利利益相关度低,村社力量不足,基本退出农村水利事业。首先是税费利益的丧失。取消农业税后,村集体丧失了向农民收取"三项提留"和"共同生产费"的权力,村集体的相关利益逐渐消失。其次是土地调整权削弱。农户的土地承包权加强,土地集体所有权削弱,村社调整使用土地的能力下降。最后是用工能力减弱。农村劳动力大量转移,农村可用劳动力减少,村社缺乏劳动力进行农村水利建设。作为理性经济人的村集体在农村水利中的利益和权力丧失,逐渐退出农村水利建设主体,造成农村水利市场化全局的非理性。

3. 农民用水合作组织

用水管理组织的成立标志着农村水利市场化管理中,农民更多地参与到水利管理中来,期望农民能够成为水利管理的主体,有权任命用水小组的管理者和制定相应的管理规章制度,形成一个具有法人地位的一种服务型社会实体。但由于水价较高、农村水利设施年久失修以及水费和实际水量不吻合等原因,农户对用水管理组织的需求越来越低。另一方面,用水管理组织因无利可获,水费的收缴工作也成为难题。最为严重的是,以前村社组织农村水利设施与农户对接,如今村社的退出使农村水利根本无法与农户对接,进而减少和减退了水利管理组织的经营收入与作用,使得人员流失、设施陈旧、效益较差,形成恶性循环。调查中不难发现,水利管理组织的利益诉求在于能够送水到田,有大量的用水户和成片的灌溉面积,形成规模经济。

4. 单个农户

农户是农田灌溉的直接受益者,有效参与水利管理是提高效率的关键。水利是决定农户收成的关键因素,并且相对于气象和地质问题,水利问题是可以通过工程手段在一定程度上缓解、控制和解决的。随着政府水利投入的不断增加,灌溉面积不断增加,粮食产量也不断提高,农民的口粮也得到保证。但在农村水利市场化管理中,由于水利工程、水资源、土地产权为政府所有,农民之间的利益冲突和矛盾隐性化,一般的利益纠纷大多发生在农民个体与集体经济组织之间,因此农村水利市场化管理中农民与集体或政府中的不和谐现象体现为农民的参与水利管理的热情不高、懒散、搭便车和对水利设施以及水资源的不爱护、不珍惜。改革开放后至人民公社解体这段时间,由于土地的承包经营,农村水利市场化管理制度并没有根本改变,从而导致其市场化管理失效。调查中我们发现,一些地区农户为了多占土地,对农村水利进行侵占和毁损,由于其集体产权事实上的虚置,这样的行为没有得到有效制止和控制，反而愈演愈烈。

4.2　水利市场化管理中的政府声誉损失

20世纪90年代以来，我国水利改革的方向就是社会化、市场化的，原有的农村水利公共产品的体制和管理体系出现质的改变。经过十几年的实践检验，水利的社会化、市场化、产业化改革过程中，政府失灵就可能导致农业走向两个极端：一是走向更加的自给自足，另一是走向公司替代农民主体地位的"资本主导的公司化农业"。这两个走向都会危及粮食安全。特别是在全球水危机日益严峻的大背景下，水利管理走向市场化、社会化的结果只能是以政府和农民共同体为两大利益主体。水利是特殊的公共品，大江大河、大水库、大排灌系统的建设和管理的主体只能是中央政府和地方政府。小水利设施的建设和管理主体只能是农民共同体。我国现在大江大河大水库的治理主要是靠中央政府投资，这是对的。农民共同体的小水利体系却在瓦解和"改制"之中，必须恢复小水利的农民共同体的主体性，要用民建民管、政府补助和协管的体制搞小水利。没有农民共同体为主体的小水利建设和管理体制，政府对水利投入再多的钱，都很难让城乡居民享受水利之利，或反受其害。水利服务靠政府供给低效且成本高；靠市场供给容易形成垄断且用户之间"搭便车"的矛盾无法调和；只有靠农民（用户）共同体供给、政府补助才是相对有效的体制。这个道理可以通过越南和日本的实践加以印证。越南在16年前废除土地集体所有制之后，村民村社共同体（集体）迅速瓦解，原有的集体水利系统也随之瓦解，小水利服务走上了社会化、市场化道路，其结果是水利服务成为小农家庭农业发展之痛。越南农民人均收入只有中国农民的一半，与其农民共同体（集体）水利体系瓦解高度相关。2006年前后，越南农村水利服务不得不由政府统一供给，几年下来，政府不堪重负，农民怨声载道。日本和我国台湾的农村水利，一直是沿用农民共同体（水利会）建设和管理、政府补助协管的体制，比越南成功。我国的水利改革不必重复越南的错误了，原有的大水利国家建管，小水利农民共同体建管、政府补助协管的体制比较接近日本和我国台湾，是非常成功的体制，需要恢复和完善。

农村水利供给涉及中央及地方政府、村社、农民用水合作组织及农户等多个利益主体，其中中央政府凭借强大的政治权力处于博弈的强势主体，把维护公共品建设职能推给了弱博弈主体：乡镇政府和农民。但是，必须首先界定清楚乡镇政府应该为社区农民提供哪些公共产品与公共服务，否则任何讨论都将失去准则（谭秋成，2002）；为此需要在界定供给主体的基础上对农村公共品供给制度进行改革创新（史玲，2005）。博弈结果就是：中央政府希望建立一个良好的既少风险又少浪费的高效益的农村水利体系和体制，但是受到预算约束，就希望调动其他利益主体的积极性,但是由于机制不健全,地方政府对农村水利供给缺乏动力;村社组织能力弱化导致大中型水利经营体沟通农户的巨大协商成本,市场化运作的大中型水利经营体由于无法弥补自身提水成本导致其灌溉功能日益萎缩,自身运转日益艰难;当农户和大中型水利经营体无法对接时,尤其是在大旱年间,农户在"遇事找政府"的思维模式下会向村社寻求帮助,村社由于缺乏资源,爱莫能助,面对农户求助时,村社只能让农户到地方政府上访。地方政府为了维持地方稳定和自身政绩会通过行政命令大中型水利经营体放水,地方政府虽然暂时减少了麻烦,但不久就会发现农村的基本秩序再难维持。"农户用水者协会"由于缺乏强制力而缺乏效率。最终导致农村水利基础设施建设越来越差,粮食生产越来越得不到保障。各利益主体之间的博弈结果成为一个多方皆输的格局。如果不及时采取措施改变这种格局,必然深刻威胁到我国粮食安全和社会稳定。

我国自 2002 年继"两工"取消之后,农户水利市场化管理的实施进展情况确实不太乐观,与预期有相当大的差距。中央政府一致要求地方政府发挥主导作用,加快根据各地实际情况制定出有针对性的关于水利市场化管理的制度和法规措施。基于此项要求,地方政府应如何制定地方特色的政府激励和管制措施,如何调动农户参与水利管理的积极性,农户对政府的管制措施又会做出什么样的反应,政府在管制的整个过程中其措施又会随着时间发生怎样的变化,这些都是需要迫切进行研究的问题。本文以浙江省为例,通过研究地方政府与农户之间的演化博弈,进而一层一层剖析以上问题,便于为政府和农户提供相应对策建议。以下是对地方政府和农户各自特点的分析和把握:

1. 就地方政府而言,政府已经颁布了《水利工程水费核定、计收和管理办法》、《灌区管理暂行办法》等相关法律法规,但是许多灌区的地方政府的水利管理部门仍未建立针对地方的相对配套的水利市场化管理施行办法,通过调研及访问发现主要原因包括:

(1)各个管理部门之间的权责不清楚,协调难度比较大,没有问题时相安无事,遇到问题时相互推诿,一拖再拖。

(2)管制成本较高,因为在管理的过程中,涉及对水利基础设施的投资、对承包商、用水者协会等相关集体的监督、对农户的激励补助等一系列工作,需要耗费大量的时间、人力和财力。

(3)在市场化改革中,地方政府缺乏来自上级政府的压力和监督,缺乏来自舆论的压力,地方政府公共服务责任与意识缺失,农村水利市场化中公共性流失。

(4)农村水利建设投入的市场化供给缺乏公开性,地方政府甚至存在着暗箱操作及寻租行为,对相关集体和农户的参与管理的行为不够了解。

所以,地方政府对农户参与水利管理的行为有两种策略可以采取,即"监管"、"不监管"。所谓"监管"主要是指地方政府联合村委会、用水者协会、承包商等相关集体组织对农户参与水利管理工作进行管制,农户主动参与时给予一定的补助措施,不参与时给予小小的经济处罚。

2. 就农户而言,农户作为天然的弱势群体,是从事农业生产的唯一中坚力量,其个人抵御风险的能力较弱,需要依附于政府、集体和其他农户的力量才能完成对某些风险的抵御,那么按照这样的推测,农户更应该积极参与到水利管理的合作中来才对。但是通过整理文献和实地考察发现,农户参与到水利管理工作中的积极性并不高,有的甚至出现排斥的现象,究其原因,主要有:

(1)大多数农户都具有人类自利的本性,存在"搭便车"的投机心理,在内在和外在的约束力和惩罚措施缺失的情况下,他们在公共物品(集体利益)的生产上会选择尽量减少个人投入,而是把应付的成本尽可能转嫁到他人身上,在公共物品的消费上会选择尽可能多地使用,将自己的支出转嫁给他人[126]。

(2)机会主义思想,农户与政府之间的信息不对称使农户对政府不信任,对政府发起的号召响应不重视,而只关注自己的利益是否受到损害,从而产生机会主义行为。对于农户参与农村水利工程市场化管理而言,机会主义行为会使他们产生投机心理,滋生一种"我不做自会有人做"的不利观念[127]。

(3)缺乏来自周围人的支持,农户一般都居住的比较集中,长期生活在一个固定的区域内,人缘、地缘和亲缘都相对固定,彼此之间形成了强有力的信任感和凝聚力,很容易受到别的农户行为和思想的影响,存在较为严重的从众心理,不愿意独树一帜做出头鸟。

(4)农村水利市场化供给缺乏公平性。作为水利市场中的消费者,农民存在经济能力差别,经济能力差的农民缺乏选择的农村水利供给的权利,导致原来能够平等享受公共服务的农民变成了需要根据自身经济条件购买产品的消费者。

所以,农户面对政府的管制政策,有两种选择:即"参与"(参与水利管理工作)和"不参与"(不参与水利管理工作)。如果农户选择参与水利市场化管理工作,那么就要投入一定的时间、人力,还可能投入一定的财力,如果政府对农户的这种参与行为进行管制,就会对农户给予一定的激励措施。如果农户不参与到水利管理工作中来,那么就只能完全的"靠天吃饭",会面临着农业减产甚至绝收的状况。

综上所述,政府和农户之间关于参与水利管理的博弈组合策略如表4.1所示:

表 4.1　农户和政府的博弈组合策略

		农户	
		参与	不参与
政府	监管	(监管,参与)	(监管,不参与)
	不监管	(不监管,参与)	(不监管,不参与)

在该博弈组合策略中,政府和农户都不可能掌握足够充分的信息,而且双方决

策者的认知能力和程度由于受客观条件等的限制也是有限的,所以政府和农户都不可能是完全理性的,而只能是有限理性。

另外,政府和农户之间的博弈策略随着时间的推移都会发生相应的改变,而演化博弈的研究对象就是随着时间变化的群体,所以本文运用演化博弈的模型,可以深入分析农户和政府的动态演化过程。

4.3　水利市场化管理中的农户参与机制演化

我国农村水利工程的建设和管理在很长的一段时间内都是以计划经济为主,农业生产和农村水利工程都由国家和政府进行管理,虽然一些地区的灌区采取专业管理和农户自主管理相结合的管理办法,但是政府和集体在管理中起主导作用,群众的参与管理受到了很大的限制和阻碍。以政府和集体管理为主的管理模式暴露出了很多问题,例如农村水利设施产权不明晰,在责任主体上出现了"缺位"和"错位"现象;农村水利工程设施出现了老化和破损,却无人进行管理和修缮;农业用水浪费严重和使用无序,农业水利管理效率低下等。近年来,我国对农村水利的建设和管理重视起来,水利事业有了长足的发展,随着国家范围内用水管理体制的改革,"用水户参与式灌溉管理(PIM)"的理念在我国得到了很大的发展和推广。事实证明农村水利市场化管理成为当前农村水利管理的发展方向。农村水利市场化管理的实质即核心内容是"用水户参与",目的是调动农户的积极性,培养用水农户的主人意识,积极参与到水资源的管理上来。

显而易见,农村水利工程市场化管理需要农户的合作,但是当前农户参与农村水利工程管理的实践过程中出现了很大的农户合作困境,其中重要的原因是缺乏有效的外生组织和内生组织的整合,农村中普遍缺乏可以启动农民合作的力量。农户大多具有自利的本性,存在"搭便车"的投机心理,在缺乏内在和外在的约束力和惩罚措施的情况下,每个农户都可能成为破坏合作的人。另外农户的小农意识使得农户往往不是根据自己可以得到的好处来权衡是否合作,而是根据与他人受益的比较来权衡自己的行动,这种比较思想很容易使农户仿效他人的行动。在有外界政策或政府支持的情况下,农户的合作问题和农户的合作意愿有没有直接的关系呢,或者说农户的合作意愿对合作的促成是否具有决定性的作用?本文将通过博弈理论的运用对农户的合作意愿和合作之间的关系做阐述和分析。

4.3.1　农户参与合作的单次静态博弈

1. 博弈理论模型

模型假设:1、农户甲、农户乙两人参与水利管理合作;2、甲乙两人都合作时产生的收益均为 R,付出的成本均为 C,且 $R>C$;3、一方合作,另一方不合作时,合作一方得到的净收益为 $R-2C$,不合作一方得到的净收益设为 X,双方都不合作时,双方得到的净收益均为 P。具体如表 4.2 所示:

表 4.2　农户参与水利管理的"囚徒困境"基础模型

甲　　乙	合作	不合作
合作	$(R\text{-}C,R\text{-}C)$	$(R\text{-}2C,X)$
不合作	$(X,R\text{-}2C)$	(P,P)

2. 农户市场化管理的单次静态博弈分析

我们假设农户甲、农户乙共同参与农村水利工程的水利管理,现在讨论在 $T=1$,即只进行一次博弈时的情形,为分析方便,假设农户甲、乙参与合作得到的收益为 5,付出的成本为 2,均不合作时由于政府的补贴和干预可以获得的净收益是 2,即 $R=5$,$C=2$,$P=2$,则单次博弈的支付矩阵如表 4.3 所示:

表 4.3　农户参与水利管理单次博弈的支付矩阵

		农户乙	
		合作	不合作
农户甲	合作	$(3,3)$	$(1,5)$
	不合作	$(5,1)$	$(2,2)$

从农户甲的角度进行分析,当甲选择合作时,乙的占优策略是不合作,当甲选择不合作时,乙的占优策略也是不合作,即无论甲选择合作与否,乙的占优策略均为不合作。从农户乙的角度进行分析,同理可得,无论乙选择合作与否,甲的占优策略同样均为不合作。因此,甲的占优策略是(不合作,不合作),乙的占优策略也是(不合作,不合作),即该单次博弈的纳什均衡为(不合作,不合作),合作陷入囚徒困境。这也就是说,在短时期内农户进行一次参与水利管理的博弈时,往往都不会选择合作。

该博弈结果充分体现了个人理性和集体理性之间的冲突关系,根据奥尔森(M. Olsen)的集体行动理论,农户参与水利管理产生的集体利益是一种公共产品,在个人是理性的并追求自身利益最大化的前提假设下,不会为实现他们集体的利益而自觉采取行动。他们通常在集体利益的生产上尽量减少投入,将自己应付的成本尽量的转嫁给其他人,即"搭便车",同时也说明了在短期中,农户更倾向于追求短期利益,无人自愿为参与水利管理产生的公共利益这种公共产品付出成本。

4.3.2 农户参与合作的重复动态博弈

1. 研究假设

从实践情况来看,我国大部分地区已经利用产权改制和农民用水者协会的模式进行了水利市场化管理改革,并且取得了一定成效,说明农户间的合作还是可以存在和发展的。但由于农户之间存在着一个长期的博弈,因此,我们需要研究农户重复进行博弈情况下的合作策略,后面的研究基于以下两个研究假设:

(1)不完全信息假设。在农户参与水利管理的实践过程中,通常都是在一个固定的地域内,该区域内的农户使用共同的水利设施并且具有很强的利益相关性。农户所在区域一般是基于血缘和地缘关系的"熟人"或"半熟人"社会,通常在这种社会中比较注重人情关系。但随着社会发展,农户行动的依据也融入了理性的因素,把能给自身带来多大利益作为重要的考虑因素,再加上农村人员流动和其他的因素,农户在进行决策时并不能保证总是具备完全信息,或者说具备完全信息仍旧是一个严格的不太切合实际的假设。不完全信息动态博弈的定义是,在该博弈中,至少有一个博弈参与者对博弈的结构、博弈参与者类型、博弈收益等信息不完全了解,且博弈参与者的行动存在先后顺序。因此根据该定义,我们可以发现农户在决策自身行动时更加符合不完全信息的假设,因此,本部分研究的一个重要假设是不完全信息。

(2)有限理性假设。农户的行为总是具有比较明确的目标和动机,并且在一个熟人社会中根据新的信息不断修正和调整自己的行动策略,试图找到自己认为最佳的行动方案,农户的行为绝对不是盲目的,完全非理性的,但是认为其符合理性假设也有失偏颇,农户在进行行为选择时,由于拥有的信息不充分,理解能力、计算能力和分析能力等有限,往往不能实现符合经济利益最大化的目标,而通常只能得到使自己满意的结果。在当前的经济发展水平下,农户不可能全面衡量参与农村水利工程水利管理的利弊得失,他们更多地考虑是该行为对自己的生产生活的影响和自己所能得到的收益,另外由于农户的比较心理,还会比较在意其他农户得到的收益情况。因此农户只具有有限理性,在有限理性的假设下分析农户参与水利管理的行为更加具有现实意义和具有解释力。

2. 农户参与水利管理合作的动态博弈演化

演化博弈论对于行为主体采取的正是有限理性假设,因此,这些个体不具备博弈论中行为主体的完全理性,无法在经济活动中总是获得最优的结果。在演化博弈论中,行为主体被假设为程序化地采用某一既定行为,它对于经济规律或某种成功的行为规则、行为策略的认识是在演化的过程中得到不断的修正和改进的,成功的策略被模仿,进而产生出一些一般的"规则"和"制度"作为行为主体的行动标准。在这些一般的规则下,行为主体获得"满意"的收益。

　　根据前面分析的结果,我们基于演化博弈论对农户参与水利管理的合作意愿及合作行为进行更进一步的讨论,假设在长期中农户甲和农户乙在参与水利管理的重复博弈中均采取针锋相对策略,农户甲合作和不合作的概率分别是 p 和 $1-p$,农户乙合作和不合作的概率分别是 q 和 $1-q$。博弈规则是:当农户甲以概率 p 合作时,农户乙会以概率 q 合作,以 $1-q$ 不合作。当农户甲以概率 $1-p$ 不合作时,农户乙会以概率 $1-q$ 合作,以 q 不合作。同样的,当甲观察到乙合作时,会以概率 p 合作,以 $1-p$ 不合作,当甲观察到乙不合作时,会以概率 $1-p$ 合作,以 p 不合作。作为重复博弈,第一轮博弈结束后,第二轮以第一轮的结果持续下去,并依此类推。在整个重复博弈过程中农户甲和农户乙均坚持针锋相对策略。农户甲和农户乙进行重复博弈的博弈过程如图 4.1 所示:

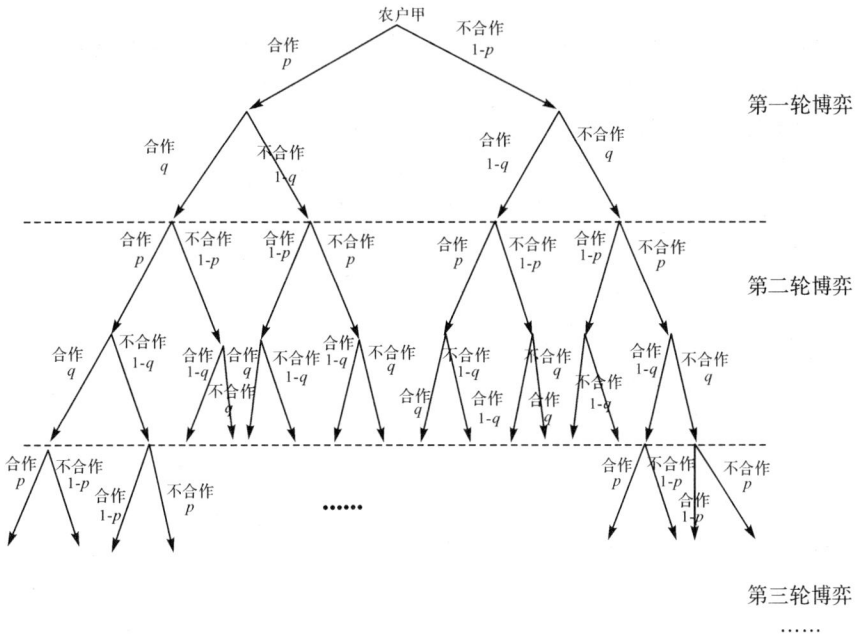

图 4.1　甲乙重复博弈的博弈过程

　　该重复博弈的博弈思想是:如图 4.1 所示,假设农户甲首先进行博弈选择,只有合作和不合作两种选择,概率分别是 p 和 $1-p$,当农户甲以概率 p 选择合作时,农户乙观察到农户甲合作,于是在针锋相对策略的引导下以概率 q 选择合作,以概率 $1-q$ 选择不合作;当农户甲以概率 $1-p$ 选择不合作时,此时农户乙观察到农户甲不合作,于是在针锋相对的策略下以概率 q 选择不合作,以概率 $1-q$ 选择合作,至此第一轮博弈结束。在第二轮博弈中,当农户甲观察到农户乙以概率 q 合作时,在针锋相对策略的引导下,以概率 p 选择合作,以概率 $1-p$ 选择不合作;当农户甲观察到农户乙以概率 $1-q$ 不合作时,便以概率 $1-p$ 选择合作,以概率 p 选择不合作;当农户甲观察到农户乙以概率 $1-q$ 合作时,便以概率 p 选择合作,以概率 $1-p$ 选择不合作;当农户甲观察到农户乙以概率 q 不合作时,便以概率 $1-p$ 选择合作,以概率 p 选择不合作,接下来对应农户乙有 16 种行为选择并且农户乙的选择仍然在针锋相对策略下根据农户甲选择的结果进行下去,依此类推,无穷进行下去。

从上述甲乙重复博弈的过程中可以看出,在第一轮博弈中,农户甲有两种选择,农户乙相应有四种对策,在第二轮博弈中,农户甲对应上一轮乙的行为有八种对策,继而农户乙相对应有 16 种对策,依次类推,我们可以知道在第 n 轮博弈中,农户甲有 2^{2n-1} 种策略,农户乙有 2^{2n} 种策略,无穷进行下去,这样以相应的概率出现了无数种行为组合,每一种组合成为一种策略。

假设农户甲与乙的博弈无限进行下去,则农户甲和农户乙有无穷多种行为组合,即有无穷种策略,若计算全部策略的收益会非常困难,为简化分析,我们选取其中最具有代表性的四种策略:a. 甲总是合作,乙总是合作;b. 甲总是合作,乙总是不合作;c. 甲总是不合作,乙总是合作;d. 甲总是不合作,乙总是不合作。接下来根据该四种策略收益的计算结果试图去寻求农户合作的意愿取向。根据表 4.4 和图 4.1 计算如下:

① 当农户甲总是合作,农户乙也总是合作时

农户甲的收益 $=3pq+3p^2q^2+3p^3q^3+\cdots+3p^nq^n+\cdots=3pq/(1-pq)$

农户乙的收益 $=3pq/(1-pq)$

② 当农户甲总是合作,农户乙总是不合作时

农户甲的收益 $=p(1-q)+p(1-q)^2(1-p)+p(1-q)^3(1-p)^2+\cdots p(1-q)^n(1-p)^{n-1}+\cdots=p(1-q)/[1-(1-p)(1-q)]$

农户乙的收益 $=5p(1-q)/[(1-(1-p)(1-q)]$

③ 当农户甲总是不合作,农户乙总是合作时

农户甲的收益 $=5(1-p)(1-q)+5(1-p)^2(1-q)^2+\cdots+5(1-p)^n(1-q)^n+\cdots=5(1-p)(1-q)/(1-(1-p)(1-q))$

农户乙的收益 $=(1-p)(1-q)/[1-(1-p)(1-q)]$

④ 当农户甲总是不合作,农户乙总是不合作时

农户甲的收益 $=2(1-p)q+2(1-p)pq^2+2(1-p)p^2q^3+\cdots+2(1-p)p^{n-1}q^n+\cdots=2q(1-p)/(1-pq)$

农户乙的收益 $=2q(1-p)/(1-pq)$

把这四种具有代表性的策略中农户甲和农户乙可以得到的期望收益列示如表 4.4 所示:

表 4.4　重复博弈时四种典型策略下农户的期望收益

甲＼乙	总是合作	总是不合作
总是合作	$3pq/(1-pq)$, $3pq/(1-pq)$	$p(1-q)/[1-(1-p)(1-q)]$, $5p(1-q)/[1-(1-p)(1-q)]$
总是不合作	$5(1-p)(1-q)/[1-(1-p)(1-q)]$, $(1-p)(1-q)/[1-(1-p)(1-q)]$	$2q(1-p)/(1-pq)$, $2q(1-p)/(1-pq)$

由于农户甲和农户乙我们可以看作是同质的,则假设 $p=q$,分别取四个数值进行分析,计算结果如表 4.5 所示:

表 4.5　农户进行重复博弈的期望收益

甲＼乙	$p=q=0.3$ 总是合作	$p=q=0.3$ 总是不合作	$p=q=0.5$ 总是合作	$p=q=0.5$ 总是不合作	$p=q=0.7$ 总是合作	$p=q=0.7$ 总是不合作	$p=q=0.9$ 总是合作	$p=q=0.9$ 总是不合作
总是合作	(0.297, 0.297)	(0.412, 2.06)	(1,1)	(0.333, 1.665)	(2.882, 2.882)	(0.231, 1.155)	(12.789, 12.789)	(0.091, 0.455)
总是不合作	(4.805, 0.961)	(0.462, 0.462)	(1.66, 0.333)	(0.667, 0.667)	(0.495, 0.099)	(0.824, 0.824)	(0.05, 0.01)	(0.947, 0.947)

从表 4.5 中可以看出,当 p 和 q 取 0.3,即双方合作意愿只占 0.3 时,双方不可能达成合作,甚至都不存在一个纳什均衡。当 p 和 q 取 0.5 时,即双方合作和不合作的意愿各占一半时,农户甲和农户乙总是不合作的策略会成为一个纳什均衡,成为双方的最佳选择。当 p 和 q 取 0.7 时,这四种策略中,双方总是合作会成为最优策略,并且其收益明显大于其他三种策略。当 p 和 q 取 0.9 时,此时农户甲和农户乙会有很大的合作意愿,在这种情况下,甲和乙总是合作的策略显著优于其他三种策略,成为双方的最优策略。双方的合作意愿从 0.7 到 0.9,收益从 2.882 达到 12.789,收益出现了较大幅度的增加。从分析中我们可以发现,在外界条件支持具备的条件下,单单就农户角度来看,他们的合作意愿越高,对农户自身而言就越有利,但是农户参与水利管理是一个多人博弈的过程,我们无法保证每个人都有很高的合作意愿,也就是说,我们无法保证每个农户的 p 和 q 值都能够达到一个较高的预期,上述 p 和 q 取值 0.7 或者 0.9 就属于比较偶然和相对理想的情况。因此,按照上述分析结果,我们得出要保证大部分甚至所有相关农户都有很高的积极性参与水利管理存在很大的难度,集体行动的困境有其存在的必然性。

4.3.3　农户参与水利管理合作的实证检验

为了对文中有关农户参与水利管理的合作情况相关研究的合理性做一个验证,除了2014年8月的调研之外,问卷又加上2012年曾对浙江省11个地区33个村(灌区)的走访调研,两次调查问卷从整体上都涉及了农户参与水利管理的合作意愿,问卷总数为539份,有效问卷508份,问卷有效率为97.5%。在调研过程中设置了找出共性的一系列问题,调查涉及农户对农村水利市场化管理的认知,当前农户参与水利管理合作的方式,未参与的农户及其不愿意参与的原因以及对水利市场化或民营化管理的先有评价,当然也包括已参与的农户对参与过后的水利市场化管理评价以及今后是否还要继续参与等问题调查。在508份有效样本中,仅有178人参与过相关水利市场化管理的相关活动,另外330人从来没有参与过。在此摘取其中的一部分调研结论,对前面关于农户合作意愿的博弈做一个合理性分析。首先针对本文关于博弈分析的研究前提,选取了相关部分的调研结果进行了归类整理,结果如表4.6所示:

表 4.6　农户对水利市场化管理的认知程度和对其他农户的反应状况

问题	有效样本	数据统计结果		
是否了解农村水利工程市场化管理的相关情况?	508	比较了解 125(24.61%)	了解一些 256(50.39%)	不了解 127(25.00%)
是否了解周围其他农户的情况?	508	比较了解 202(39.76%)	了解一些 257(50.59%)	不了解 49(9.65%)
是否容易受其他农户行动的影响?	508	比较容易 285(56.10%)	不太容易 188(37.01%)	不清楚 35(6.89%)
若受影响较大,是否模仿其他农户的行动?	285	模仿 163(57.19%)		不模仿 122(42.81%)

从表4.6中我们可以看到,在有效调查的508个农户中,对近几年的水利管理改革了解一些的占绝大多数,占到50.39%,这一部分农户对参与水利管理的情况了解一点,但是知道的不多,另外表示不了解的农户有127人,占到25%,仅有24.61%的农户表示对水利市场化管理较为熟悉。总体看来,大部分农户对农村水利市场化管理的情况并不能很好地了解和认识,这就使得农户不能对参与水利管理的利弊得失有充分的估计和评价。同样的,在这508个人中,有39.76%的农户对周围其他农户的情况较为了解,有50.59%的农户对周围农户的相关情况了解一些,但不很熟悉,另外仅有9.65%的农户表示并不了解周围农户的情况。从这几个数据我们可以看出,大多数农户对周围的环境并不具有完全信息。关于农户

是否容易受其他农户的行动的影响,我们从调查结果中可以看出,有 285 人即约占 56.10％的农户容易受其他农户行动的影响,可知这一部分人占到绝大多数,在这一部分人中,又有 57.19％的人会去模仿他人的行动。因此我们可以看出由于农业这项产业的弱质性以及周围环境的不确定性,再加上农户的小农意识,农户很容易受他人行动的影响,产生从众心理,并且自己不敢轻易有特殊的行动。

以上的数据统计结果很好地印证了前面关于农户合作博弈的假设条件和研究前提,即农户不具有完全信息和农户是有限理性的,例如农户不能对农村水利市场化管理的利弊得失有很好的预测,只能得到相对满意的结果,另外,易受其他农户的影响,容易相互比较等研究假设。这很好地证明了研究的合理性以及客观性。

本研究利用博弈理论分析了农户参与农村水利市场化管理的集体行动困境,可以发现,农户的合作意愿是我们应该深入探讨和研究的领域;如何提高农户的参与意愿,使农户积极参与到市场化管理中去;激励机制对农户合作的影响如何;等等,这些都是接下来要深入探讨的问题。

4.4　政府激励对农户参与合作策略影响的演化博弈

前面分析到农户参与水利管理面临集体行动困境,包括了两个方面的含义:第一,农户不参与合作;第二,农户参与合作的积极性不高。从当前的实践来看,对农户不参与合作研究的意义不大,因为由于政府、地缘、亲缘等一系列外在压力的影响,再加上宣传教育和农户的从众心理,一般大部分农户都可以参与到合作中去。因此我们在农户加入合作的前提下进行分析,假设参与农户的合作情况有积极合作和消极合作两种,下面通过演化博弈论分析下农户合作演化稳定策略(ESS)。

4.4.1　相关理论概述及模型构建

1. 演化稳定策略(Evolutionarily Stable Strategy,ESS)

ESS 是一个静态概念,同时它可以描述出一个系统的局部的动态性质。假设在一个群体中,所有人选择某一特定策略 x,此时闯入一个选择不同策略(假定为 y)的小群体,如果该突变小群体在该混合群体的博弈中所得到的支付(适存度)大于原来群体中个体所得到的支付,那么该突变小群体将会在大群体中得到演化并逐步壮大发展以至于取代原有大群体。反之,该突变小群体将会在演化过程中自然消亡,如果存在策略 z,当群体中绝大多数人选择该策略时,小的突变群体不可能侵入到该群体中去,那么此时策略 z 就是该群体的演化稳定策略。

梅纳德・史密斯(Maynard Smith)和普莱斯(Price)(1973)是 ESS 的提出者,他们对 ESS 的定义如下:

$x \in A$ 是演化稳定策略,如果 $y \in A$,且 $y \neq x$,则存在一个 $\varepsilon \in (0,1)$,使得不

等式

$$U[x,\varepsilon y+(1-\varepsilon)x]>U[y,\varepsilon y+(1-\varepsilon)x] \tag{4.1}$$

恒成立。

其中 A 是群体中个体博弈时的支付矩阵，y 表示突变策略，ε 是一个与突变策略 y 有关的常数，称之为侵入界限，U 表示所得到支付的函数，$\varepsilon y+(1-\varepsilon)x$ 表示选择进化稳定策略的群体与选择突变策略的小群体所组成的混合群体。该不等式的含义是：在该混合群体中，群体成员采取任何突变策略所得到的支付永远小于采取演化稳定策略所得到的支付，因此最终的结果将是所有成员的策略都向演化稳定策略 x 进行演化。

2. 单群体复制动态模型

演化博弈论从"优胜劣汰"的进化论观点研究群体行为的调整过程，一般的进化过程包括两个可能的行为进化机制：选择机制（Selection Mechanism）和突变机制（Mutation Mechanism）。选择机制是指本期中能够获得较高支付的策略将在下期中被更多参与者选择；突变机制是指参与者随机选择策略，可能得到较高支付也可能得到较低支付。如何描述群体行为的选择机制和突变机制是演化博弈论需要解决的关键问题，以往学者对群体行为的调整过程进行了深入研究，得到广泛应用的是 Laylor 和 Jonker(1978)的单群体动态调整过程的复制动态模型。复制动态指使用某策略人数的增长率等于使用该策略时得到的支付与群体平均支付之差。

Laylor 和 Jonker 提出的复制动态模型如下：

$$\frac{\mathrm{d}x}{\mathrm{d}t}=[f(s_i,x)-f(x,x)]*x_i \tag{4.2}$$

其中 $f(s_i,x)$ 表示群体中个体进行随机匹配匿名博弈时，群体中选择纯策略 s_i 的个体所得的期望支付，$f(x,x)=\sum_{i=1}^{n}x_if(s_i,x)$ 表示群体的平均期望支付。

该式的含义是：如果个体选择纯策略 s_i 得到的支付少于群体平均支付，则选择纯策略 s_i 的个体数量增长率为负，反之则为正。如果个体选择纯策略 s_i 的支付等于群体平均支付，则选择纯策略 s_i 的个体数量增长率为零。

（3）一阶微分方程稳定性理论

设有微分方程

$$\ddot{x}(t)=f(x) \tag{4.3}$$

方程右端不含自变量 t，成为自治方程。代数方程 $f(x)=0$ 的实根 $x=x_0$ 称为式（4.3）的平衡点。判断平衡点 x_0 是否稳定有直接法和间接法两种，分别介绍如下：

间接法：

如果存在某个邻域,使式(4.3)的解 $x(t)$ 从这个邻域内的某个 $x(0)$ 出发,满足:

$$\lim_{t \to \infty} x(t) = x_0 \tag{4.4}$$

则称平衡点 x_0 是稳定的;否则称 x_0 是不稳定的。

直接法:

将 $f(x)$ 在 x_0 点作 Taylor 展开,只取一次项,则式(4.3)近似为:

$$\dot{x}(t) = f'(x_0)(x - x_0) \tag{4.5}$$

式(4.5)称为式(4.3)的近似线性方程,x_0 也是式(4.5)的平衡点,关于 x_0 点稳定性有如下结论:

若 $f'(x_0) < 0$,则 x_0 对于式(4.3)和式(4.5)都是稳定的;若 $f'(x_0) > 0$,则 x_0 对于式(4.3)和式(4.5)都是不稳定的。

4.4.2　激励机制演化博弈模型的稳定性分析

事实上,政府和农户之间的博弈所面临的决策环境是复杂的,那么便于分析,做出模型假设如下:

(1)博弈过程只有两个参与者:政府和农户,并且双方都是有限理性的。所谓有限理性指博弈双方具有对事情的统计分析能力和博弈策略获益情况的事后判断能力,但是缺乏事前的预测和预见能力,既不是完全理性也不是非完全理性,而是处于二者之间,因此博弈双方都是有限理性。

(2)行为策略:政府有两种策略,对农户参与水利管理的行为进行监督管理(以下简称"监管")和对农户参与水利管理的行为不进行监督管理(以下简称"不监管")。农户采取参与水利市场化管理(以下简称"参与")和不参与水利市场化管理(以下简称"不参与"),这里的"水利市场化管理"包括农户参与基础水利设施的投资、建设、管理等工作。

(3)概率:假设政府和农户进行博弈的初始阶段,农户参与水利管理的概率为 p,农户不参与水利管理的概率为 $1-p$;政府采取监管措施的概率为 α,不采取监管措施的概率为 $1-\alpha$。

(4)参数定义及变量说明:由于两两博弈模型中涉及的变量及其代表符号纷繁复杂,为了便于分析,分别对政府和农户的相关参数进行了定义,概括如表 4.7 示。

表 4.7　博弈模型中主要参数说明

博弈双方	代表符号	符号含义说明
农户	p	农户参与农村水利管理的概率
	C	农户参与水利管理的成本(额外付出的时间、人员、费用成本)
	V	农户参与水利管理获得的收益(农业收入)
	C_0	农户不参与水利管理、希望搭便车时,政府出于管制的心理对农户实施的惩罚(如提高水价、强制交部分水费等强制性措施)
政府	α	政府监管的概率
	C_1	政府监管成本(额外付出的时间成本、行政成本、人力资源成本等)
	C_2	政府不监管(或监管不成功)时造成社会损失的成本(对良好的城镇公共秩序、社会资源的合理保存、良好公共道德的评价的补救措施)
	S	政府进行监管(或不监管情况下农户主动参与)时获得的收益(良好城镇秩序、社会资源的合理保存、良好公共道德的评价)
	R	农户主动参与水利管理时,政府给农户的财政补贴(资金补贴、用水费优惠等)

4.4.2.1　政府激励下的政府和农户的博弈分析

在政府监管作用下,根据博弈模型假设可知,政府和农户之间的博弈收益不存在纳什均衡,在实际的水利市场管理中,实际上政府与农户之间的这种博弈行为是不断重复进行的、动态的过程,而且政府激励农户的措施也会随着时间的推移而呈现出不同的特点和双方信息不对称的情况。所以,在这种没有纳什均衡存在的情况下,采用动态演化博弈模型来研究双方的博弈策略及其调整过程更符合现实的情况。

依据模型假设,政府对农户参与水利管理采取激励措施的期望收益为:

$$E_{jg} = p(-C_1 + S - R) + (1-p)(-C_1 - C_2 + C_0 + S)$$
$$= p(C_2 - C_0 - R) - C_1 - C_2 + C_0 + S \tag{4.6}$$

政府不采取激励措施的期望收益为:

$$E_{bjg} = pS + (1-p)(-C_2) = p(S + C_2) - C_2 \tag{4.7}$$

因此,政府采取混合策略,即采取管制措施和不管制措施的平均期望收益为:

$$\bar{E}_{JG} = \alpha E_{jg} + (1-\alpha)E_{bjg}$$
$$= -\alpha p(C_0 + S + R) - \alpha(C_1 - C_0 - S) + p(S + C_2) - C_2 \tag{4.8}$$

根据演化博弈理论的原理,构建政府监管措施的复制动态方程,由公式(4.6)和(4.8)可得,政府决策的复制动态方程为[132-134]:

$$d_\alpha/d_t = \alpha(E_{jg} - \bar{E}_{JG}) = \alpha(1-\alpha)[C_0 + S - C_1 - p(C_0 + S + R)] \tag{4.9}$$

农户参与水利管理的期望收益为：
$$E_{cy}=\alpha(-C+V+R)+(1-\alpha)(-C+V)=V-C+\alpha R \tag{4.10}$$
农户不参与水利管理的期望收益为：
$$E_{bcy}=\alpha(-C_0)=-\alpha C_0 \tag{4.11}$$
农户采取混合策略，即参与水利管理和不参与水利管理的平均期望收益为：
$$\bar{E}_{CY}=pE_{cy}+(1-p)E_{bcy}$$
$$=p(V-C+\alpha R+\alpha C_0)-\alpha C_0 \tag{4.12}$$

同理，根据演化博弈的原理，构建农户参与决策的复制动态方程，由式（4.9）和（4.12）可得，农户决策的复制动态方程为：
$$d_p/d_t=p(E_{cy}-\bar{E}_{CY})=p(1-p)(V-C-\alpha R+\alpha C_0) \tag{4.13}$$
由式（4.9）和（4.13）组成的动态系统的复制动态方程组为：
$$\begin{cases} d_\alpha/d_t=\alpha(1-\alpha)[C_0+S-C_1-p(C_0+S+R)] \\ d_p/d_t=p(1-p)(V-C-\alpha R+\alpha C_0) \end{cases} \tag{4.14}$$

4.4.2.2　农户参与水利管理的决策演化稳定性分析

令 $f(p)=d_p/d_t$，对农户是否参与水利管理策略选择的复制动态方程（4.13）求导可得：
$$df(p)/d_p=(1-2p)(V-C+\alpha R+\alpha C_0) \tag{4.15}$$
接下来对不同复制动态方程相关参数取值范围的选择进行演化稳定性分析：

①当 $\alpha=(C-V)/(R+C_0)$ 时，$f(p)=0$，这说明此时所有的 p 都处于稳定的状态。

②当 $\alpha=(C-V)/(R+C_0)$ 时，令 $f(p)=0$，可以得到只有 $p=0$ 和 $p=1$ 是 p 的两个稳定状态。根据微分方程的稳定性定理和演化稳定策略的性质，当 $df(p^*)/d_p|_{p=p^*}$ 时，p^* 为演化稳定策略。

若 $C-V<0$，即农户参与水利管理的成本小于其参与获得的收益时，有 $\alpha>(C-V)/(R+C_0)$，$df(p)/d_p|_{p=0}>0$，$df(p)/d_p|_{p=1}<0$，恒成立，所以 $p=1$ 是演化稳定策略。即，$p=1$ 时是演化稳定策略，此时作为有限理性的农户才会主动参与到水利管理的工作中来，而不依赖于政府的监管策略。

若 $C-V>0$，即农户参与水利管理的成本大于其参与获得的收益时，出现了两种情况如下：

①当 $\alpha>(C-V)/(R+C_0)$ 时，$df(p)/d_p|_{p=0}>0$，$df(p)/d_p|_{p=1}<0$，恒成立，所以 $p=1$ 是演化稳定策略。即有限理性的农户会选择参与水利管理工作；

②当 $\alpha<(C-V)/(R+C_0)$ 时，$df(p)/d_p|_{p=0}<0$，$df(p)/d_p|_{p=1}>0$ 恒成立，此时 $p=0$ 是演化的稳定策略。即经过长期演化，有限理性的农户选择不参与水利管理。

综上可知：当农户参与水利管理的成本小于其参与所获得的收益时，无论政府是否监管,有限理性的农户都会选择参与水利管理;当农户参与水利管理的成本大于其参与所获得的收益时,有限理性的农户选择策略会依赖于政府的选择策略,那么政府选择监管的概率的大小就决定了有限理性的农户的策略选择。

4.4.2.3　政府决策策略的演化稳定性分析

令 $f(\alpha)=d_{\alpha}/d_t$,对政府是否采取监管措施策略选择的复制动态方程(4.9)求导可得:

$$df(\alpha)/d_{\alpha}=(1-2\alpha)[C_0+S-C_1-p(C_0+S+R)] \tag{4.16}$$

接下来对不同复制动态方程相关参数取值范围的选择进行演化稳定性分析:

①当 $p=(C_0+S-C_1)/(C_0+S+R)$ 时,$f(\alpha)=0$,这说明此时所有的 α 都处于稳定的状态。

②当 $p\neq(C_0+S-C_1)/(C_0+S+R)$ 时,令 $f(\alpha)=0$,可以得到只有 $\alpha=0$ 和 $\alpha=1$ 是 α 的两个稳定状态。根据微分方程的稳定性定理和演化稳定策略的性质,当 $df(\alpha^*)/d_{\alpha}\,|_{\alpha=\alpha^*}$ 时,α^* 为演化稳定策略。

若 $C_0+S-C_1<0$,即政府的管制成本大于监管收益和对农户的强制处罚费用之和时,有 $p>(C_0+S-C_1)/(C_0+S+R)$,$df(\alpha)/d_{\alpha}\,|_{\alpha=1}>0$,$df(\alpha)/d_{\alpha}\,|_{\alpha=1}<0$,恒成立,所以 $\alpha=0$ 是演化稳定策略。此时政府不会选择监管,且其选择策略不会依赖于农户的策略选择。

若 $C_0+S-C_1>0$,即政府的管制成本低于监管收益和对农户的强制处罚费用之和时,也出现了两种情况如下:

①$p>(C_0+S-C_1)/(C_0+S+R)$,$df(\alpha)/d_{\alpha}\,|_{\alpha=0}<0$,$df(\alpha)/d_{\alpha}\,|_{\alpha=1}>0$ 所以 $\alpha=0$ 是演化稳定策略。即经过长期演化,有限理性的政府会选择不进行监管的策略。

②$p<(C_0+S-C_1)/(C_0+S+R)$,$df(\alpha)/d_{\alpha}\,|_{\alpha=0}>0$,$df(\alpha)/d_{\alpha}\,|_{\alpha=1}<0$,恒成立,所以 $\alpha=1$ 是演化稳定策略。即经过长期演化,有限理性的政府选择监管的策略。

综上可知:当政府的管制成本高于监管收益和对农户的强制处罚费用之和时,无论农户是否参与水利管理,有限理性的政府都不会选择监管措施;当政府的管制成本低于监管收益和对农户的强制处罚费用之和时,有限理性的政府策略选择会依赖于农户策略选择的概率,即农户策略选择的概率决定了有限理性的政府的策略选择。

4.4.2.4　政府和农户策略的演化稳定性分析

由动态系统复制方程组(4.9)描述政府和农户的混合博弈演化策略,令 $f(p)=d_p/d_t=0$,$f(\alpha)=d_{\alpha}/d_t=0$ 可以得出系统演化共有 5 个复制动态均衡点$(0,0)$、$(1,0)$、$(0,1)$、$(1,1)$、$[(C_0+S-C_1)/(C_0+S+R),(C-V)/(R+C_0)]$,当且仅当 $0\leqslant(C_0+S-C_1)/(C_0+S+R)\leqslant1,0\leqslant(C-V)/(R+C_0)\leqslant1$ 时成立。对于一个由

微分方程系统描述的群体动态,其均衡点的稳定性是由该系统得到的雅克比矩阵(Jacobian Matrix)的局部稳定性分析的。于是对 $f(p)$ 和 $f(\alpha)$ 分别关于 p 和 α 求偏导数可以得出由方程组(4.14)得出的系统的雅克比矩阵为:

$$J=\begin{bmatrix} \partial f(p)/\partial p & \partial f(p)/\partial \alpha \\ \partial f(\alpha)/\partial p & \partial f(\alpha)/\partial \alpha \end{bmatrix}$$

$$=\begin{bmatrix} (1-2p)(V-C+\alpha R+\alpha C_0) & p(1-p)(R+C_0) \\ -\alpha(1-\alpha)(C_0+S) & (1-2\alpha)[C_0+S-C_1-p(C_0+S+R)] \end{bmatrix}$$

当复制动态的均衡点是演化动态过程的任一局部渐进稳定不动点时,这个均衡点就是演化稳定策略(ESS),同时满足雅克比矩阵对应的行列式的值 $det(J)>0$ 和矩阵的迹的值 $tr(J)<0$ 的不动点是渐进稳定的,它们分别对应着一个演化博弈。但是并不是所有的稳定状态都是演化稳定博弈策略,还必须满足以下两个条件$\partial f(p)/\partial p<0,\partial f(\alpha)/\partial \alpha<0$[79]成立,即稳定状态要具有抗扰动功能才可成为演化博弈稳定策略。

ESS 条件:$det(J)>0$ 且 $tr(J)<0$

利用雅可比矩阵的局部稳定性分析法,通过计算可以得出以上五个均衡点对应的 $det(J)$ 和 $tr(J)$,利用 $det(J)$ 和 $tr(J)$ 的值和复制动态机制求解系统演化稳定策略的条件对这五个均衡点进行稳定性分析,分析结果如下表 4.8 所示。令 $p_0=(C_0+S+C_1)/(C_0+S+R)$,$\alpha_0=(C-V)/(C_0+R)$。

表 4.8　五个均衡点的稳定性分析

稳定点 (p,α)	行列式的值 $det(J)$	符号	矩阵的迹 $tr(J)$	分析结果
$(0,0)$	$(C-V-R)(C_0+SC_1)$	—	$C_0+C-V-R+S-C_1$	鞍点
$(1,0)$	$(V-C)(R-C_1)$	—	$C-V-R+C_1$	鞍点
$(0,1)$	$(C-V-R-C_0)(C_0+S-C_1)$	—	$C-V-R+S-C_1$	鞍点
$(1,1)$	$(V+R+C_9-C)(R-C_1)$	—	$C_0+V+2R-C-C_1$	鞍点
$(p_0+\alpha_0)$	θ	+	0	中心点

注:其中 $\theta=[(C_0+S-C_1)(C-V-R)(C_0+V+R-C)C_1]/[C_0(C_0+S)]$

从表 4.8 可以得知动态系统复制方程组(4.14)有四个鞍点和一个中心点,由此可见在一定条件下,系统复制动态方程的演化呈现周期性的特征。同时,根据政府和农户的混合策略的演化博弈稳定性分析可以得出如下结论:

结论 1　当 $0\leqslant(C_0+S-C_1)/(C_0+S+R)\leqslant1,0\leqslant(C-V)/(R+C_0)\leqslant1$,时,根据表 4.8 可以得出如下结论:

①系统动态方程(4.13)有均衡点 $0,1,(C_0+S-C_1)/(C_0+S+R)$,系统动态

方程(4.9)有均衡点 $0,1,(C-V)/(R+C_0)$。

②当 $p>(C_0+S-C_1)/(C_0+S+R)$，$\alpha>(C-V)/(R+C_0)$，时，政府系统动态方程(4.9)演化趋于均衡点 $(C-V)/(R+C_0)$，农户系统动态方程(4.13)演化趋向于均衡点 1。

③ $p<(C_0+S-C_1)/(C_0+S+R)$，$\alpha>(C-V)/(R+C_0)$ 时，政府系统动态方程(4.9)演化趋于均衡点 1，农户系统动态方程(4.13)演化趋向于均衡点 $(C_0+S-C_1)/(C_0+S+R)$。

④当 $p<(C_0+S-C_1)/(C_0+S+R)$，$\alpha<(C-V)/(R+C_0)$，时，政府系统动态方程(4.9)演化趋于均衡点 $(C-V)/(R+C_0)$，农户系统动态方程(4.13)演化趋向于均衡点 0。

⑤ $p>(C_0+S-C_1)/(C_0+S+R)$，$\alpha<(C-V)/(R+C_0)$，时，政府系统动态方程(4.9)演化趋于均衡点 $(C_0+S-C_1)/(C_0+S+R)0$，农户系统动态方程(4.13)演化趋向于均衡点 $(C_0+S-C_1)/(C_0+S+R)$。

借助于王文平、谈正达、谈英姿等学者的研究方法[80]，可以运用系统动态演化相位图来描述一个系统的动态演化。图 4.2 表示了政府和农户策略选择的动态演化趋势。

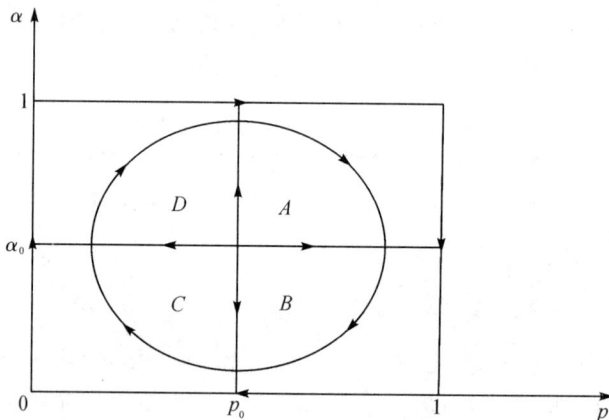

图 4.2 政府和农户的策略选择相位图

从图 4.2 可以看出：在相图的区域 A 中，满足 $p>(C_0+S-C_1)/(C_0+S+R)$，$\alpha>(C-V)/(R+C_0)$ 即 $p>p_0$，$\alpha>\alpha_0$，所以结论②成立，(p,α) 演化趋向于 $[1,(C-V)/(R+C_0)]$；区域 D 满足 $p<(C_0+S-C_1)/(C_0+S+R)$，$\alpha>(C-V)/(R+C_0)$，即 $p<p_0$，$\alpha>\alpha_0$，所以结论③成立，即 (p,α) 演化趋向于 $[(C_0+S-C_1)/(C_0+S+R),1]$；区域 C 满足 $p<(C_0+S-C_1)/(C_0+S+R)$，$\alpha<(C-V)/(R+C_0)$，即 $p<p_0$，$\alpha<\alpha_0$，所以结论④成立，即 (p,α) 演化趋向于 $[0,(C-V)/(R+C_0)]$；在相图的区域 B 中，满足 $p>(C_0+S-C_1)/(C_0+S+R)$，$\alpha<(C-V)/(R+C_0)$，即

$p>p_0$，$\alpha<\alpha_0$，所以结论⑤成立，演化趋向于$[(C_0+S-C_1)/(C_0+S+R),0]$。

从系统动态演化轨迹相位图4.2可以看出：

(1)系统的复制动态方程(4.9)和(4.13)只有在相位图的区域 A 内才有可能演化趋向于稳定均衡点$[1,(C-V)/(R+C_0)]$，即农户会参与农村水利管理，实现资源的合理利用和经济的可持续发展。

(2)当政府对农户采取监管的概率$\alpha<(C-V)/(R+C_0)$时，系统的复制动态方程(4.9)和图(4.2)处于相位图的 C 区域和 B 区域，分两种情况：第一，当处于相位图区域 C 时，农户主动参与水利管理的概率 p 趋向于p_0，即$(C_0+S-C_1)/(C_0+S+R)$；第二，当系统处于相位图 B 区域时，农户主动采取参与农村水利管理的概率 p 趋向于 0，即农户根本不会采取主动参与水利管理的策略选择。所以在相位区域 C 和 B 内，由于政府选择监管的概率偏小，所以农户的策略选择都趋向于不主动参与，此时政府的策略选择基本是无效的。所以政府要想使得农户采取主动参与的选择策略，必须使得政府的监管概率$\alpha>(C-V)/(R+C_0)$。

(3)从图 4.2可知，当政府的监管概率$\alpha>(C-V)/(R+C_0)$时，系统的复制动态方程(4.8)和图(4.2)处于相位图的 A 区域和 D 区域，也分两种情况：第一，当处于相位图区域 A 时，农户主动参与水利管理的概率 $p>(C_0+S-C_1)/(C_0+S+R)$，即农户会逐步采取主动参与的策略；第二，当系统处于相位图 D 区域时，农户主动采取参与农村水利管理的概率 $p<(C_0+S-C_1)/(C_0+S+R)$，即就算政府的监管概率达到了 1，农户采取主动参与水利管理的概率也不会超过$(C_0+S-C_1)/(C_0+S+R)$。

结论 2 政府对农户的强制处罚C_0、政府对农户主动参与管理的补贴 R 与政府采取监管措施的概率α 具有互补性。

当政府对农户的强制处罚C_0、政府对农户主动参与管理的补贴 R 增大时，政府采取监管措施的概率$(C-V)/(R+C_0)$却减小；当政府对农户的强制处罚C_0、政府对农户主动参与管理的补贴减小时，政府采取监管措施的概率$(C-V)/(R+C_0)$却增大。

结论 3 当$C_0>C-V-R+\sqrt{V^2+2R^2-2CV+CS-RS}$时，政府对农户的强制处罚$C_0$增加会阻碍农户的演化趋向于稳定点$[1,(C-V)/(R+C_0)]$；当$0<C_0<C-V-R+\sqrt{V^2+2R^2-2CV+CS-RS}$时，政府收缴的处罚费$C_0$会促使农户的演化趋向于稳定点$[1,(C-V)/(R+C_0)]$。

证明：在系统演化相位图中，区域 A 内系统(4.9)演化趋于稳定点$[1,(C-V)/(R+C_0)]$，区域 A 的面积增大有助于系统(4.9)的演化。由图4.2可知，区域 A 的面积为：

$$S_A=[1-(C-V)/(C_0+R)][1-(C_0+S-C_1)/(C_0+S+R)]$$

$$\frac{\partial S_A}{\partial C_0} = \frac{-(C_1+R)[C_0^2+2C_0(C-V-R)-R^2-(2R+S)(C-V)]}{(C_0+R)^2(C_0+S+R)^2}$$

当系统满足条件 $C_0^2+2C_0(C-V-R)-R^2-(2R+S)(C-V)>0$ 时,有 $C_0>C-V-R+\sqrt{V^2+2R^2-2CV+CS+RS}$。也就是说 $\frac{\partial S_A}{\partial C_0} = \frac{-(C_1+R)[C_0^2+2C_0(C-V-R)-R^2-(2R+S)(C-V)]}{(C_0+R)^2(C_0+S+R)^2}<0$,即区域 A 的面积关于政府收缴的处罚费 C_0 递减,C_0 增加则区域 A 面积减小,不利于系统演化。

当系统满足条件 $C_0^2+2C_0(C-V-R)R^2-(2R+S)(C-V)<0$,同时满足 $C_0>0$ 时,有 $0<C_0<C-V-R+\sqrt{V^2+2R^2-2CV+CS-RS}$。也就是说 $\frac{\partial S_A}{\partial C_0} = \frac{-(C_1+R)[C_0^2+2C_0(C-V-R)-R^2-(2R+S)(C-V)]}{(C_0+R)^2(C_0+S+R)^2}>0$,即区域 A 的面积关于政府收缴的处罚费 C_0 递增,C_0 增加则区域 A 面积增大,有利于系统演化。

所以,当政府收缴的处罚费用 C_0 在 $0<C_0<C-V-R+\sqrt{V^2+2R^2-2CV+CS-RS}$ 范围内增大时,有利于农户的演化趋向于稳定,但是随着 C_0 的增大,当 $C_0>C-V-R+\sqrt{V^2+2R^2-2CV+CS-RS}$ 时,反而会对农户的演化稳定性产生反作用。所以对于政府而言,选择适当的处罚费用是政府能否促进农户参与水利管理的一个关键因素。

结论 4　农户的参与成本 C 的增大会阻碍农户演化博弈趋向于均衡点 $[1,(C-V)/(R+C_0)]$;相反,C 的减小会利于农户的演化博弈趋向于均衡点。

证明:在系统演化相位图中,区域 A 内系统动态方程(4.9)演化趋于稳定点 $[1,(C-V)/(R+C_9)]$,区域 A 的面积增大有助于系统动态方程(4.9)的演化。由图 4.2 可知,区域 A 的面积为:

$$S_A = [1-(C-V)/(C_0+R)][1-(C_0+S-C_1)/(C_0+S+R)]$$

$$\frac{\partial S_A}{\partial C} = \frac{-R-C_1}{(C_0+R)(C_0+S+R)}$$

很明显,$\partial S_A/\partial C<0$,即区域 A 的面积关于农户的参与成本 C 递减,也就是说农户参与成本的提高会阻碍农户的演化稳定趋势。

4.4.3　农户参与水利市场化管理的激励机制演化趋势

农户是有限理性的,他们在参与农村水利工程管理的过程中,不是一成不变的保持一种应对策略,而是会根据对不同应对策略的收益大小调整自己的策略,但是这种策略的变化不是一种快速学习和调整的过程,而是一种相对缓慢的演化过程。因此,本文就农户的合作策略的演化过程进行有效分析,得出农户参与水利管理的演化稳定策略。

本文假设农户在参与农村水利管理的过程中,有两类人群 A 和 B,分别持有两种合作态度:积极合作和消极合作。合作的收益支付矩阵如表4.9所示:

表 4.9　农户不同合作态度下的收益矩阵

		B	
		积极合作	消极合作
A	积极合作	(P,P)	(U,W)
	消极合作	(W,U)	(N,N)

假设在选择参与合作的农户群体中,采取"积极合作"策略的农户所占比例为 x,则采取"消极合作"策略的农户所占比例为 $1-x$。那么两种策略群体的期望支付和群体平均期望支付分别设为 u_1(积极合作),u_2(消极合作)和 $\bar{u}$(平均),分别表示如下:

$$u_1 = xP + (1-x)U \tag{4.17}$$

$$u_2 = xW + (1-x)N \tag{4.18}$$

$$\bar{u} = xu_1 + (1-x)u_2 \tag{4.19}$$

根据上述不同支付得到单群体复制动态方程

$$\frac{\mathrm{d}x}{\mathrm{d}t} = x(u_1 - \bar{u}) \tag{4.20}$$

把式(4.17)——式(4.19)式代入式(4.20)式,得到:

$$\frac{\mathrm{d}x}{\mathrm{d}t} = x(1-x)[x(P-W) + (1-x)(U-N)] \tag{4.21}$$

设 $f(x) = \dfrac{\mathrm{d}x}{\mathrm{d}t}$,表示采取积极合作的农户所占的比例随时间演进的变化率。令 $f(x) = 0$,所得解即为复制动态的稳定状态。

$$f(x) = x(1-x)[x(P-W) + (1-x)(U-N)] = 0 \tag{4.22}$$

解得:　　$x_1^* = 0$,$x_2^* = 1$,$x_3^* = \dfrac{N-U}{P-W-U+N}\dfrac{N-U}{P-W-U+N}$

演化稳定策略要求其所处的状态对微小扰动具有稳定性,根据一阶微分方程稳定性理论,当 $f'(x_0) < 0$ 时,x_0 对 $f(x)$ 是稳定的,其中 x_0 是 $f(x) = 0$ 的解。由于演化稳定策略是一个稳定状态,因此它要求 $f'(x^*) < 0$,即:

$$f'(x^*) = 3x^{*2}(U-N-P+W) + 2x^*(P-W-2U+2N) + U-N < 0$$
$$(0 < x^* < 1) \tag{4.23}$$

由式(4.23)所示,$f'(x^*) < 0$ 取决于农户之间采取不同策略时所得到的支付情况,即 P、N、U、W 的大小情况。

我们假设激励机制是否存在对农户采取不同策略时所得到的支付具有一定程度的影响,即会使 P、N、U、W 的大小产生变化,从而可以改变农户的演化稳定策略。

下面根据群体中是否具有激励机制讨论不同情况下农户的演化稳定策略(ESS)。

(1)农户参与合作群体中不存在激励机制

在这种情况下,不存在任何外在力量改变农户的收益结构,农户共同积极合作的收益大于共同消极合作的收益,农户单方面积极合作的收益必然最低,因此会使得单方面消极合作变得有利可图,而所有农户都消极合作又会对合作产生破坏作用,但收益不会最低,因此我们可以认为:$W>P>N>U$。

此时,$f'(0)=U-N<0$,$f'(1)=W-P>0$,

$$x_3^* = \frac{N-U}{P-W-U+N} \in (0,1)$$

因此 $x_1^* = 0$ 是唯一的演化稳定策略,即农户最终都会选择"消极合作"策略,即使开始有一部分农户选择积极合作,随着时间的演化和所得收益的影响,也会使得他们的策略最终收敛于消极合作策略。

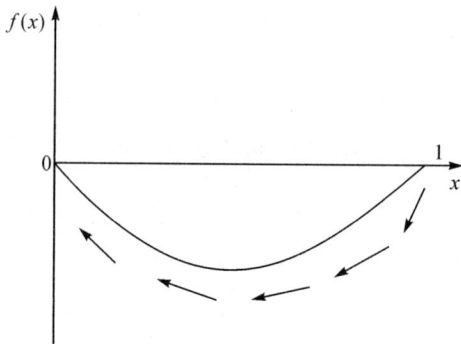

图 4.3　收敛于农户参与水利合作的消极合作策略的复制动态趋势图

注:x 表示采取"积极合作"策略的农户所占的比例,f(x)表示策略的变化趋势,下同

(2)农户参与合作群体中存在激励机制

我们认为激励机制的存在是为了更好地激励农户努力工作,有效地参与到农村水利工程市场化管理中去,也就是激励农户积极合作,减少消极合作行为的发生。激励机制的作用表现在对积极合作行为进行奖励和对消极合作行为进行惩罚两个方面。

① 若只对消极合作农户进行惩罚,并不同时奖励积极合作农户,惩罚结果使得 $P>W>N>U$,即当一方积极合作时,另一方单方消极合作并受到惩罚后所得的支付不再大于双方同时积极合作所得的支付,即此时单方消极合作不再有利可图。

在这种情况下,$f'(0)=U-N<0$,$f'(1)=W-P<0$,

$$x_3^* = \frac{N-U}{P-W-U+N} \in (0,1)$$

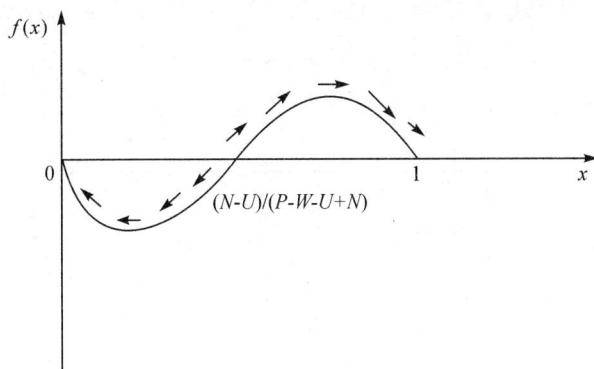

图 4.4　收敛于农户参与水利合作的两种合作策略的复制动态趋势图

这说明在区间 $(0,1)$ 内仍有一点使得 $f(x)=0$，又由 $f'(0)<0$，$f'(1)<0$ 得，$f'(x_3{}^*)>0$。因此 $x_1{}^*=0$，$x_2{}^*=1$ 同为演化稳定策略。

从图 4.4 中可以看出，农户合作的演化稳定策略究竟是向 $x_1^*=0$ 还是向 $x_2^*=1$ 演化，取决于初始的 x（积极合作农户的比例）落入哪一个区间，当 $x\in(0,\dfrac{N-U}{P-W-U+N})$ 时，复制动态最终收敛于 $x_1^*=0$，即最终所有农户都选择消极合作；当 $x\in(\dfrac{N-U}{P-W-U+N},1)$ 时，复制动态最终收敛于 $x_2^*=1$，即最终所有农户都选择积极合作。因此，当对消极合作农户进行惩罚后，最终的演化稳定策略取决于初始积极合作农户的比例。

② 若对消极合作农户进行惩罚，同时奖励积极合作农户，即具备完善的激励约束机制，此时奖惩共同作用的结果使得：$P>W$，$U>N$，即当一方积极合作时，另一方积极合作所得的支付大于消极合作所得的支付；当一方消极合作时，另一方积极合作所得的支付大于消极合作所得支付。

在这种情况下，$f'(0)=U-N>0$，$f'(1)=W-P<0$，

此时　　　　　　　　　　　$x_3^*=\dfrac{N-U}{P-W-U+N}\notin(0,1)$

所以 $x_2^*=1$ 是唯一的演化稳定策略。即存在完善有效的激励机制，且该激励机制对消极合作农户实施有效惩罚，并对积极合作农户进行有效奖励时，农户选择的策略最终向积极合作策略收敛。

经过分析可以知道，参与农户群体中不存在激励机制时，消极合作是农户的演化稳定策略，当激励机制不完善时，农户的演化稳定策略取决于农户初始积极合作的比例大小，当参与农户群体中存在完善的激励机制时，农户最终的演化稳定策略是共同积极合作。因此我们可以推测激励机制可以有效引导农户合作的演化稳定

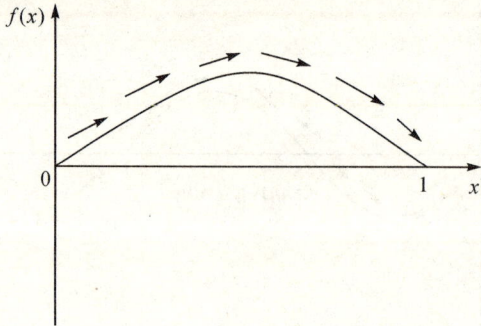

图 4.5 收敛于农户参与水利合作的积极合作策略的复制动态趋势图

策略的变迁,所以极其有必要针对农户设计一套有效的奖惩激励机制,从而可以使得农户更好地参与到农村水利工程市场化管理中去。激励机制的设计不是盲目的和无根据的,下面将在本文研究的框架内针对可能影响农户的激励因素做相关假设,并在浙江省范围内抽样调查进行实证分析,以确定哪些因素对农户具有相对重大的激励影响,从而可以设计出更合理的激励机制。

4.5 本章小结

本章运用了演化博弈的理论重点分析了农村水利市场中政府监管的策略选择和农户参与水利管理的策略选择的互动机制。在政府和农户两者都仅具有有限理性的情况下,可以得出以下结论:

(1)不同条件下政府和农户在演化博弈的过程中存在两个演化稳定策略。

1)若 $C-V<0$,即农户参与水利管理的成本小于参与获得的收益时,$p=1$ 是演化稳定策略,此时有限理性的农户会采取主动参与水利管理的策略选择,而不依赖于政府的策略选择。

2)$C_0+S-C_1<0$,即政府的监管成本大于政府监管的收益和对农户的强制处罚费用之和时,$\alpha=0$ 是演化稳定策略,有限理性的政府会采取不进行监管的策略选择,不依赖于农户的策略选择。

针对1)、2)两个演化稳定策略可以得出以下启示:

① 博弈结果1)表明:农户缺乏合适的水利市场化管理有效实施和参与渠道来参与水利的有效管理。当农户参与水利管理带来的收益大于其参与成本时,农户会采取主动参与的策略选择,即 $p=1$,但是在实际工作中,只有很少一部分农户会主动参与到水利管理工作中来,这说明农户缺乏合适的水利市场化管理有效实施和参与渠道来参与水利的有效管理。一方面是组织管理效率还不能完全满足农户

参与的要求,另一方面是农户自身的兼业行为的影响而导致其无闲暇关心。针对这种情况,政府对农户参与行为不仅需要给予财政的支持,还需要通过监督机制的设计对农户搭便车行为进行约束,使农户真正达到有效参与的目的。

② 博弈结果 1)还表明:农户受经济利益驱动较强。当参与水利管理的成本高于其参与收益时,其不会采取主动参与的行为策略,即使政府的监管概率达到 1,农户的参与概率也不会高于 $(C_0+S-C_1)/(C_0+S+R)$,而且在一定范围内随着政府惩罚措施的加重,农户选择参与的概率也会有所增加,但是政府也要把握好惩罚的度。所以农户受经济利益驱动性较强,倾向于报酬性参与,且随着报酬激励程度的高低,其参与程度也会有所变化,针对这种情况,政府和其他代理组织要对农户的行为给予一定的奖励或惩罚。

③ 博弈结果 2)表明:政府需授权第三方组织,以降低对农户直接进行监管的成本。政府的监管成本高于政府监管的收益和对农户的强制处罚费用之和时,政府的最优策略选择是不监管,这样的选择显然不利于资源的优化配置,而且农村水利属于准公共产品,一直靠国家投资、经营与管理,若政府退出或其主导地位降低,都会最终导致农村水利公共投入和市场化陷入困境。所以为了降低政府的监管成本,并避免政府不监管、不作为的状况,目前国内很多地区探索实行了“用水者协会”、“承包经营”、“股份合作制”等多种形式的水利工程管理模式,即在政府的监管下授权第三方统一组织协调和监管,以降低政府的监管成本,实现水利管理工作的长期有效进行。

④ 博弈结果 2)还表明:农户参与水利管理需要适当的激励与约束机制。在一定范围内增加政府对农户的强制处罚费用,会增加农户选择参与管理的概率,但是在实际管理中政府对农户参与水利管理的负激励是不够的,缺乏相应的监督问责机制,这对于农户参与水利管理的积极性不能起到调动作用。

(2)政府和农户混合策略下,系统复制动态方程存在四个鞍点和一个中心点。这表明:政府的主导地位不能缺失。政府和农户采取混合策略时复制动态方程的演化呈现周期性特征,这也说明水利市场化管理是一个需要政府、农户长期参与合作的过程,政府的主导地位尤其不能缺失,并且在整个过程中政府要时刻关注农户在参与过程中的行为变化,并深入分析,对症下药,切实保证农户自主管理的有效性。尤其是近年来,随着税费制度的改革,政府主导地位缺失,市场化农村水利管理投入收益也较低,农民参与积极性不高,导致政府投入和管理的机会成本逐渐增大,这无疑对动员农户参与管理是雪上加霜。究其原因在于政府、(村)集体和个体农户之间“责、权、利”不明确,缺乏相应的激励与约束机制,使农户参与流于形式,农民用水者协会名存实亡,严重影响农业稳定生产与发展。所以,鼓励农户参与水利管理、提高政府监管效率,不仅是政府和农户双方实现长期共赢的唯一途径,也是促进水利管理事业持续有效发展的主要策略。

第 5 章　水利市场化管理中的激励机制设计与实证检验

从第 4 章的分析中得出激励机制对农村水利市场化管理效率和效果起到至关重要的作用,因此需要在农户参与合作的博弈活动中制定相应的激励机制。虽然水利市场化管理是水利管理创新改革的一种趋势,但由于农户群体参与农业劳动的特殊性,在其处理集体事务时仍存在着诸多问题,难以达成一致意见,按照自己的想法各行其是,无法形成有效的合力。这种现象能不能用经济学得到解释呢,是不是具有经济学上的依据,接下来的研究将会解决这类问题。首先,在农户的集体行动或者共同处理集体事务时,往往缺乏有效的监督和激励机制,激励机制的存在是否必要,是否会对农户参与合作的决策产生影响,对农户的参与合作效果是不是会有很大的主导作用;其次,农户参与水利市场化管理的相关研究是在农村范围内开展的,而农村往往是熟人或半熟人社会,农户之间由于存在地缘、亲缘、宗族上的关系,互相之间比较熟络,农户的决策和参与管理的积极程度是否会受到其他农户的影响,社区特征以及农户之间的互动是否会对农户产生激励影响;最后,从农户参与合作的角度设计激励机制需要以上述两个研究结论作为起点,具体如何操作,是本章最后亟须解决的重要问题。

为此,本章在提出了构建水利市场化管理的文化体系、设计报酬体系的同时,制定监督和制裁体系以及培育互惠性社会资本模式四种激励方案,侧重解决由于农户之间的相互作用引发的参与阻力,运用结构方程模型构建激励效果概念模型,并假设不同因素之间的路径影响,通过实证调查得出假设因素对农户激励的路径影响,根据路径影响的大小得出对农户具有重大激励的相关因素,从而为农户参与激励机制的实践设计做准备,在对农户有效参与水利市场化管理的激励机制进行有效设计的基础上,再运用案例研究等进行实证检验。

5.1　激励效果结构模型与指标体系的构建

5.1.1　结构方程模型的基本理论

结构方程模型(Structural Equation Modeling,SEM)是瑞典统计学家和心理测量学家木瑞斯科克(Karl G. Joreskog)在 20 世纪 70 年代中期提出来的。结构方程模型弥补了传统统计方法的缺陷,是多元数据分析的重要工具,同时是一种非常通用的线性统计建模技术。SEM 通常由测量模型和结构模型构成。SEM 的建立分析过程包括四个主要步骤:模型构建(Model Specification)、模型拟合(Model Fitting)、模型评价(Model Assessment)和模型修正(Model Modification)。

5.1.1.1　测量模型

测量模型也称验证性因子分析模型,主要表示观测变量和潜变量之间的关系。测量模型由两个方程组成,具体表示如下:

$$X = \Lambda_x \xi + \delta \tag{5.1}$$

$$Y = \Lambda_y \eta + \varepsilon \tag{5.2}$$

式(5.1)规定了外源潜在变量 ξ 和外源观测变量 X 之间的联系,X 是测量自变项,是由 p 个内生指标组成的 $p \times 1$ 向量,ξ 是由 m 个潜在自变量组成的 $m \times 1$ 向量,Λ_x 是 X 在 ξ 上的 $p \times m$ 因子负荷矩阵,δ 是 X 的误差,是由 p 个测量误差组成的 $p \times 1$ 向量。δ 与 η、ξ、ε 不相关且 $E(\delta) = 0$。式(5.1)的矩阵形式可以简化表示为:

$$\begin{bmatrix} x_1 \\ x_2 \\ x_3 \\ x_4 \end{bmatrix}^T = \left(\begin{bmatrix} \lambda_{x11} & 0 \\ \lambda_{x21} & 0 \\ 0 & \lambda_{x32} \\ 0 & \lambda_{x42} \end{bmatrix} \begin{bmatrix} \xi_1 \\ \xi_2 \end{bmatrix} + \begin{bmatrix} \delta_1 \\ \delta_2 \\ \delta_3 \\ \delta_4 \end{bmatrix} \right)^T \tag{5.3}$$

式(5.2)规定了内源潜在变量 η 和内源观测变量 Y 之间的联系,Y 是测量因变项,是由 q 个内生指标组成的 $q \times 1$ 向量,η 是由 n 个潜在因变量组成的 $n \times 1$ 向量,Λ_y 是 Y 在 η 上的 $q \times n$ 因子负荷矩阵,ε 是 Y 的误差,是由 q 个测量误差组成的 $q \times 1$ 向量。ε 与 η、ξ、δ 不相关且 $E(\varepsilon) = 0$。式(5.3)的矩阵形式可以简化表示为:

$$\begin{bmatrix} y_1 \\ y_2 \\ y_3 \\ y_4 \end{bmatrix}^T = \left(\begin{bmatrix} \lambda_{y11} & 0 \\ \lambda_{y21} & 0 \\ 0 & \lambda_{y32} \\ 0 & \lambda_{y42} \end{bmatrix} \begin{bmatrix} \eta_1 \\ \eta_2 \end{bmatrix} + \begin{bmatrix} \varepsilon_1 \\ \varepsilon_2 \\ \varepsilon_3 \\ \varepsilon_4 \end{bmatrix} \right)^T \tag{5.4}$$

5.1.1.2　结构模型

结构模型也称潜变量因果关系模型,反映了潜在变量之间的因果关系。具体方程如下所示:

$$\eta = B\eta + \Gamma\xi + \zeta \tag{5.5}$$

η 是潜在因变量,ξ 是潜在自变量,B 和 Γ 都是路径系数,B 表示内生潜在变量之间的关系,是一个 $m \times m$ 系数矩阵。Γ 表示外生潜在变量对内生潜在变量的影响,是一个 $m \times n$ 系数矩阵。ζ 为结构方程的误差项,反映了在方程中未能被解释的部分,是一个 $m \times 1$ 的向量。$E(\zeta) = 0$,ζ 同方差且非自相关,ζ 与 ξ 不相关。式(5.4)的矩阵形式可以简化表示为:

$$\left(\begin{bmatrix} 1 & 0 \\ -\beta_{21} & 1 \end{bmatrix}\begin{bmatrix} \eta_1 \\ \eta \end{bmatrix}\right)^{\mathrm{T}} = \left(\begin{bmatrix} \gamma_{11} & \gamma_{21} \\ 0 & 0 \end{bmatrix}\begin{bmatrix} \xi_1 \\ \xi_2 \end{bmatrix} + \begin{bmatrix} \zeta_1 \\ \zeta_2 \end{bmatrix}\right)^{\mathrm{T}} \tag{5.6}$$

在整个结构方程模型中,$E(\xi)=E(\delta)=E(\eta)=E(\varepsilon)=E(\zeta)=0$,$\xi$ 与 δ 相互独立,ε 与 η 相互独立,ε 与 ζ 相互独立,ξ、δ、ζ 相互独立。

一个完整的结构方程模型总共包括八种矩阵:B、Γ、Λ_x、Λ_y、Φ、Ψ、Θ_δ、Θ_ε,具体分类和含义表示为:

1. 结构模型矩阵:

B:内生潜在变量被内生潜在变量解释之回归矩阵(回归系数)

Γ:内生潜在变量被外生潜在变量解释之回归矩阵(回归系数)

2. 测量模型矩阵:

Λ_x:外生观测变量被外生潜在变量解释之回归矩阵(因素载荷)

Λ_y:内生观测变量被内生潜在变量解释之回归矩阵(因素载荷)

Φ:外生潜在变量之协方差矩阵(因素共变)

3. 残差矩阵:

Ψ:内生潜在变量被外生潜在变量解释之误差项协方差矩阵(解释残差)

Θ_δ:外生观测变量被外生观测变量解释之误差项协方差矩阵(X 变量残差)

Θ_ε:内生观测变量被内生潜在变量解释之误差项协方差矩阵(Y 变量残差)

5.1.2 激励效果指标体系的构建及其概念模型

5.1.2.1 激励效果评价指标体系的构建

目前国内对农户参与农村水利管理的激励机制的研究多侧重于定性研究,例如产权、报酬设计等,对农户层面激励机制的研究较少,对农户层面激励的定量指标评价体系研究更是屈指可数。我们设计的农户行为激励效果概念模型从农户角度出发,既注重农户的个人状况,又考虑了农户的心理感受和农户之间的互动与相互作用。根据彭贺[140](2009)、王永乐[141](2010)和周红云[142](2010)关于激励的相关研究和影响因素分析,我们假设了如下指标体系,指标体系具体包括潜在变量和观察变量两部分,潜在变量有以下五个:

1. 个人及经济特征

本文认为农户的个人及经济特征会影响其参与农村水利工程管理的效果,个人及经济特征具体可以分为家庭收入、社区地位和归属感知三个观察变量。农户的家庭收入主要指农户的家庭收入来源,如果农户的家庭收入来源全部来自于农业生产,那么农户一定会积极参与农村水利工程管理,至少会比其他农户积极性高,因为这一部分农户会对参与管理组织具有很高的依赖和寄托,从而会激励他们有效率地进行相关活动。相反,如果农户的收入来源全部或者几乎来自于其他生产活动,那么我们几乎可以推断农户对于参与农村水利工程管理不会有很大兴趣,少数人可能还会有抵触心理,这样一来更不用谈什么效果和效率的问题了,因此假设农户的家庭收入状况会对农户产生激励作用。农户的社区地位对农户参与管理也可能会有一定程度的激励作用,比如农户在村内或一个村组织内任职,那么他会有更大的积极性和更大的努力程度去参与农村水利工程的管理,这是由他的责任感所推动的,另外为了体现他的号召作用和带头作用,他也会这样做,所以我们假设农户的社区地位会对农户参与管理效果产生激励作用。农户的归属感知是指农户对组织是否具有归属感,程度是多少,如果农户对农村水利工程参与组织的归属感较强,认为该组织可以带给他安全感和归属感,那么他就会积极有效地参与,反之,农户就会消极倦怠。因此我们假设农户的归属感知也会对农户的参与管理效果产生激励作用。

2. 动力驱动

本文认为农户的动力驱动对农户也有一定程度的激励作用,农户的动力驱动具体可以分成参与诱导和他人影响两个观察变量。参与诱导是指农户参与的动机是什么,他人影响是指农户的决策是否容易受到其他农户的影响。不同的参与动机可能会对农户产生不同程度的激励影响,另外如果一个农户所做决策很容易受其他农户决策的影响,那么其他农户的决策和想法就会对该农户具有激励影响,反之则反是。

3. 农户间互动

本文认为农户间互动也会对农户的参与管理行为产生激励作用,农户间互动具体可以分成权威力量、他人惩罚、惩罚成本和人际关系四个观察变量。权威力量是指农户所处社区中是否存在权威力量,该权威力量是否会对农户产生有效的威慑作用,如果农户所处社区的权威力量例如村组织、群众监督会对农户的不合理行为进行威慑和警告,那么将会有效激励农户有效参与农村水利工程的管理。他人惩罚和惩罚成本是指农户是否愿意对其他农户的不合理行为进行惩罚以及是否介意惩罚所付出的代价。如果大部分农户愿意对不合作农户进行惩罚,例如批评、孤立等,并且不介意付出的成本或代价,那么这将会对农户产生很大程度的负向激励作用,促使农户有效参与管理。人际关系在这里主要指农户是否介意自己在所处社区内的人际关系,主要指是否介意被孤立、排挤,如果他比较介意的话,那么应该会安分地参与管理,以免成为众矢之的,所以人际关系也会对农户产生激励。

4. 社区特征

本文认为农户所处的社区特征也会对农户的参与管理产生一定程度的激励作用。社区特征可以具体化为社区紧密度、信任度、趋同效应和社会资本积累四个观察变量。社区紧密度具体指农户所处社区内亲缘、人缘关系是否紧密。信任度是指农户对所处社区农户的信任程度。趋同效应是指农户所做决策是否易受其他农户的影响。社会资本积累是指农户是否注重声誉、地位等社会资本的积累。如果社区紧密度、信任度、趋同效应高的话,那么农户碍于情面或者其他因素,会在很大程度上受其他农户参与的正向或负向激励。同时如果农户除了收益需要外,还特别注重自己的社区地位和声誉的培养,那么这也会很大程度上激励农户有效地参与农村水利工程的管理。

5. 参与管理效果

参与管理效果是作为内因潜在变量出现的,也就是因变量,用来测量农户参与的效果。这个比较难测量,我们从参与行为和参与态度两个方面来衡量。

根据国内外研究理论和有关实证分析结论以及本文对指标的假设,构建的农户参与农村水利工程管理行为激励效果的指标体系具体如表 5.1 所示:

表 5.1　农户参与管理激励效果评价指标体系

潜在变量	观察变量	潜在变量	观察变量
个人及经济特征(ξ_1)	家庭收入(X_1) 社区地位(X_2) 归属感知(X_3)	社区特征(ξ_3)	社区紧密度(X_8) 信任度(X_9) 趋同效应(X_{10}) 社会资本积累(X_{11})
动力驱动(η_1)	参与诱导(Y_1) 他人影响(Y_2)	参与管理效果(η_2)	参与行为 1(Y_3) 参与行为 2(Y_4) 参与态度(Y_5)
农户间互动(ξ_2)	权威力量(X_4) 他人惩罚(X_5) 惩罚成本(X_6) 人际关系(X_7)		

5.1.2.2　农户参与行为的激励效果概念模型

根据构建的指标体系、农户间的相互作用和产生的管理效果之间的联系,本文对各因素对参与管理效果及各因素之间的影响进行了路径假设,构建了一个作用体系并尝试建立农户参与管理行为激励效果概念模型(概念模型即指我们初步假设的模型)。该模型体现了农户间作用和激励效果之间的因果关系,共尝试建立了5 个结构变量,分别是个人及经济特征、动力驱动、农户间互动、社区特征和参与管理效果,其中动力驱动、参与管理效果是内因潜在变量,其余三个是外因潜在变量。下面是尝试构建的行为激励效果概念模型,如图 5.1 所示:

根据以上农户参与行为的概念模型,我们提出以下路径假设:

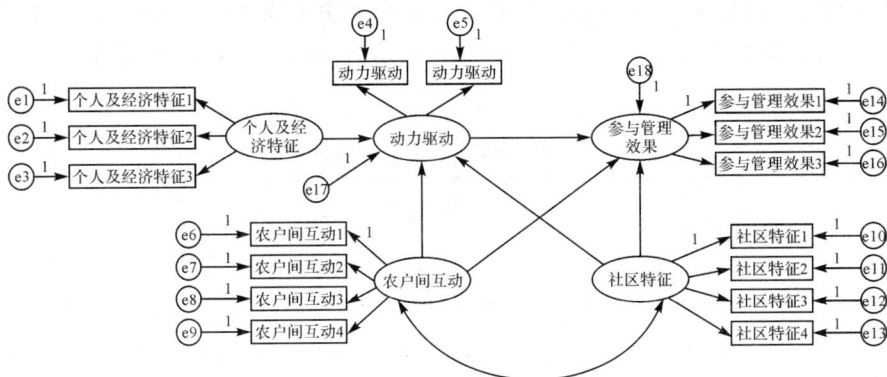

图 5.1　农户参与行为的激励效果概念模型

(1)个人及经济特征对动力驱动有路径影响

(2)动力驱动对参与管理效果有路径影响

(3)农户间互动对动力驱动、参与管理效果有路径影响

(4)社区特征对动力驱动和参与管理效果有路径影响

5.2　激励机制设计思路及实证

5.2.1　数据收集与整理

本文对浙江省范围内部分参与或曾经参与农村水利工程管理的农户进行调查问卷和访谈记录,并通过详细的调查研究和统计分析,获取农户激励的相关数值,建立了评价数据库。问卷内容包括个人及经济特征、动力驱动、农户间互动、社区特征和参与管理效果 5 个潜在变量因子,共包括 16 个可测指标。问卷采用 1～5 级 Likert 量表量度。调查地点分布在浙江省诸暨市、湖州市和温州市,问卷调查期间考察了 13 个村庄,并沿途走访了众多农户,有效问卷达 266 份,并对部分农户进行了深度访谈和参与观察(调研数据详见表 3.3、表 3.4)。

5.2.2　数据的信度和效度检验

数据的缺失值运用 SPSS17.0 软件中列表状态删除的处理方法进行处理,以确保数据分析的过程中所选择的任何一个应计变量或分组变量中带有缺失值的记录都不能进入分析。信度指测量结果一致性或稳定性的程度,一致性反映了测验内部题目之间的关系,考察量表的各个题目是否测量了相同的内容和特质。稳定性是用同一种测量手段对同一群受试者进行不同时间上的重复测量,所得测量结果间的可靠系数。由于本次调研中并没有进行多次重复测量，所以采用一致性指标来测量数据的信度。信度的测量用 SPSS17.0 进行处理，测量结果如表 5.2 所示。

表 5.2　整体问卷信度分析结果

Reliability Statistics	
Cronbach's Alpha	N of Items
0.827	16

经过信度计算得到整体问卷的 Cronbach's Alpha（信度系数）为 0.827，可见问卷的可信度较高，问卷具有较高的内在一致性并且观察变量可以信任。另外对问卷中每个潜在变量的信度分别进行计算，如表 5.3 所示：

表 5.3　各个潜在变量信度检验

潜在变量	观测变量个数	Cronbach's Alpha
个人及经济特征	3	0.704
动力驱动	2	0.843
农户间互动	4	0.802
社区特征	4	0.821
参与管理效果	3	0.829

从表 5.3 中可以看到，除了个人及经济特征的信度系数为 0.704 相对较低外，其余四个潜在变量的信度系数均大于 0.8，相对较高。因此可知，不论是整体问卷还是单个潜在变量内部都具有较高的内部一致性，问卷设计具有良好的信度。

效度指测量工具能够正确测量出所要测量的特质的程度。其中一种测量方法是先构建理论模型，通过验证性因子分析的模型拟合情况来对量表的结构效度进行考察，因此数据效度的检验可以转化为结构方程模型评价中的模型拟合指数评价。本案例中，从后面的分析中可以知道理论模型和数据拟合程度较好，因此结构效度较高。

5.2.3　参数估计结果和模型评价

采用 AMOS17.0 结构方程模型分析软件进行相关的统计分析和验证，估计方法采用最大似然法（The Maximum Likelihood，ML）。模型参数估计阶段分为两部分：通过验证性因子分析（CFA）进行整体测量模型测试；进行结构模型测试。

5.2.3.1　测量模型分析与评价

在对整体测量模型进行分析之前，已经分别检验了每个测量模型，目的是确定收集的数据是否符合其对应的结构变量指标,检验结果显示基本达到了结构方程模型分析的要求。整体测量模型分析的目的是通过 CFA 检验测量模型中的观察变量与其潜在变量间的因果模型是否与观察数据契合。该评价所涉及的相关项目及其评价标准如表 5.4 所示,测量模型整体分析结果相关指标如表 5.5 所示:

表 5.4　测量模型评价的检验项目与评价标准

SEM 基本适配度检验项目与标准	
评价项目	适配标准
是否没有负的误差变异量	未出现负的误差变异量
标准化负荷值	为 0.5~0.95
SEM 内在适配度检验项目与标准	
所估计的参数均达到显著水平	t 的绝对值 >1.96
潜在变量的个体变量信度	>0.5
平均方差抽取值(AVE)	>0.5
潜在变量的组合信度(CR)	>0.6
SEM 整体模型适配度检验项目及标准	
GFI	>0.9
AGFI	>0.9
RMSEA	<0.05(适配良好);<0.08(适配合理)
IFI	>0.9
NNFI	>0.9

表 5.5　验证性因子分析(CFA)测量模型结果

潜在变量和观察变量	标准化负荷值	t 值	误差方差	SMC(个体变量信度)	CR	AVE
个人及经济特征(ξ_1)					0.75	0.44
家庭收入(X_1)	0.58	6.12*	0.64	0.34		
社区地位(X_2)	0.47	8.85**	0.53	0.28		
归属感知(X_3)	0.68	7.87*	0.58	0.48		
农户间互动(ξ_2)					0.87	0.81
权威力量(X_4)	0.73	13.83*	0.25	0.54		
他人惩罚(X_5)	0.82	12.76*	0.28	0.68		
惩罚成本(X_6)	0.75	8.93**	0.45	0.56		

续表

潜在变量和观察变量	标准化负荷值	t 值	误差方差	SMC(个体变量信度)	CR	AVE
人际关系(X_7)	0.85	12.54*	0.31	0.71		
社区特征(ξ_3)					0.88	0.56
社区紧密度(X_8)	0.79	11.38*	0.16	0.60		
信任度(X_9)	0.87	14.85*	0.21	0.77		
趋同效应(X_{10})	0.93	13.6*	0.25	0.84		
社会资本积累(X_{11})	0.82	10.87**	0.37	0.67		
动力驱动(η_1)					0.83	0.53
参与诱导(Y_1)	0.67	8.96**	0.44	0.52		
他人影响(Y_2)	0.88	7.68*	0.56	0.78		
参与管理效果(η_2)					0.85	0.74
参与行为1(Y_3)	0.89	14.78*	0.23	0.79		
参与行为2(Y_4)	0.83	13.82*	0.22	0.69		
参与态度(Y_5)	0.84	11.23**	0.18	0.71		

注:卡方检验(χ^2)=135.26,P=0.018　　拟合优度指数(GFI)=0.95

　调整后拟合优度指数(AGFI)=0.92　　近似误差的均方根(RMSEA)=0.017

　增值指数(IFI)=0.96　　不规范拟合指数(NNFI)=0.97

　* 表示 $p<0.01$,** 表示 $p<0.05$,t 值为 $-1.96\sim1.96$ 为不显著

从表 5.5 中我们可以看出,不存在负的误差变异量,除了社区地位的标准化负荷值小于 0.5 外,其余观测变量的标准化负荷值均为 0.5~0.95,所有观测变量的 t 值的绝对值均大于 1.96,意味着所估计的参数全部达到了显著水平。指标变量的 SMC(个体变量信度)除家庭收入(X_1)、社区地位(X_2)、归属感知(X_3)小于 0.5 外,其余均高于 0.5,说明本研究整体测量指标具有良好的信度,观察变量具有测量上的稳定性。在组合信度方面,潜在变量的组合信度 CR 为 0.75~0.88,全部 >0.6,达到标准,说明变量之间具有较好的内部一致性。关于平均方差提取值 (AVE),除了个人及经济特征潜在变量的 AVE 值为 0.44<0.5 外,其余均高于 0.5,符合测量模型内在适配的标准。

另外关于模型整体适配度方面,拟合优度指数(GFI)=0.95>0.9,调整后拟合优度指数(AGFI)=0.92>0.9,近似误差的均方根(RMSEA)=0.017<0.05,增值指数(IFI)=0.96>0.9,不规范拟合指数(NNFI)=0.97>0.9,以上指标均符合 SEM 整体模型适配度的评价指标及其评价标准。

从分析结果可以看到,此测量模型的各观测变量均可显著地被潜在变量所解释,该测量模型具有良好的适配度。

5.2.3.2　结构模型分析与评价

结构模型反映了潜在变量之间的因果关系,分析概念模型所提出的主要因果关系是否得到数据分析结果的支持。结构模型的评价主要是通过检验路径系数(或载荷系数)的显著性,潜在变量之间的标准化路径系数估计的。结果如表 5.6 所示:

表 5.6　潜在变量间标准化路径系数估计结果

潜在自变量→潜在因变量		标准化路径系数估计值	t 值
个人及经济特征(ξ_1)→动力驱动(η_1)	γ_{11}	0.63	3.75*
动力驱动(η_1)→参与管理效果(η_2)	γ_{12}	0.75	4.12*
农户间互动(ξ_2)→动力驱动(η_1)	γ_{21}	0.69	7.23**
农户间互动(ξ_2)→参与管理效果(η_2)	γ_{22}	0.80	6.78**
社区特征(ξ_3)→动力驱动(η_2)	γ_{31}	0.32	−1.12
社区特征(ξ_3)→参与管理效果(η_2)	γ_{32}	0.98	18.76*
农户间互动(ξ_2)→社区特征(ξ_3)	γ_{23}	0.95	17.34**

注:γ_{ij}为潜在变量之间的路径系数,* 表示 p 值<0.01,** 表示 p 值<0.05

该模型的估计结果显示,潜在变量之间的路径系数为 0.32~0.98,除了社区特征(ξ_3)和动力驱动(η_2)的路径系数的 t 值不显著外,其余潜在变量之间的路径系数估计值均显著,这充分说明该结构模型总体上是合理的。

5.2.3.3　整体模型修正与拟合

运用 AMOS17.0 进行模型修正后,得到最终的模型如图 5.2 所示:

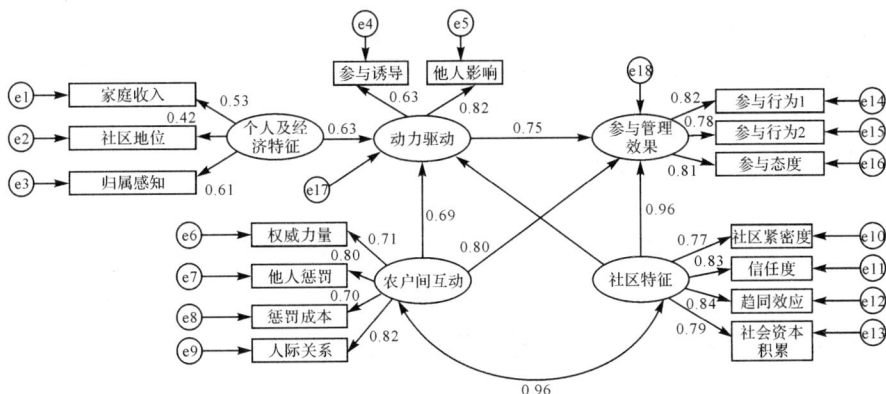

图 5.2　农户参与农村水利管理的激励最终模型

由表5.6的分析中可以知道,GFI、AGFI、RMSEA、IFI、NNFI等指标的值均符合评价标准,因此模型的总体拟合程度可以接受。在测量模型、结构模型以及模型修正的基础上,我们得到了最终的模型。

5.2.3.4　结果分析

研究结论:通过一系列的分析结果,我们验证了之前提出的四个假设,从模型分析结果来看,个人及经济特征对动力驱动具有路径上的影响,路径系数是0.63,说明农户的经济状况、社区地位和其他一些个人情况会影响其参与农村水利工程的动力,在动员农户参与时,应该根据农户的不同情况进行不同的激励。动力驱动对参与管理效果具有很大的影响,路径系数为0.75,这说明在对农户进行激励时,如何提高农户的热情,激发农户的动机具有非常重要的作用。农户间互动对动力驱动也有正向的影响,路径系数为0.69,说明农户之间的相互作用也影响了农户的参与动机,例如农户的趋同心理会使得他们在大多数农户参与的情况下也选择参与。农户间互动对农户的参与管理效果产生了非常重要的影响,从图5.2中可以看出,两者的路径系数高达0.80,这充分说明农户间的相互作用,例如对不合作者实施惩罚、农户中有威望农户的影响、农户的人际关系等会对农户产生一定的威慑力,农户或许碍于情面或怕被孤立而选择积极合作。社区特征对参与管理效果的路径系数竟高达0.98,充分说明农户长期的集体生活使得他们非常容易受到他们所处生活圈子的影响,从农户间互动与社区特征之间的高达0.95的路径系数中,我们也可以看到这一点。因此我们受到启发:农户作为一个特殊的群体,我们在对农户进行激励时,应把农户之间以及农户与其所处社区之间的相互作用充分考虑进去。

本文从农户层面出发,针对有可能影响农户的激励因素做相关假设,并在浙江省范围内调查,进行实证分析,最后得出结论:农户参与管理的动力驱动、农户间的互动和农户所处的社区特征对农户参与管理的效果具有显著的路径影响,即对农户具有显著的激励作用,而农户的个人及经济特征对农户的参与管理效果具有间接激励作用。另外各激励因素之间也具有不同程度的路径影响。本研究结论为管理者制定相关激励政策和措施提供了理论和现实依据。

5.3　水利市场化管理有效运行的激励机制设计

5.3.1　研究变量及其激励类型的划分

通过第4章的实证分析,验证了农户的个人及经济特征、农户的参与动机、农户间互动以及社区特征都对农户参与农村水利工程管理起到不同程度的激励作用。因此本章将根据上一章的研究结论得出农户有效参与管理的激励机制。

　　前面设置了十三个原因观察变量,仔细分析这些变量可以发现,归属感知、参与诱导和他人影响属于农户的内心感受,本文把这些因素称为内在激励因素,即这些因素主要基于农户的喜好。家庭收入和社区地位等变量属于农户的一些外在特征,本文把这部分因素称为外在激励因素,即这些因素属于激励农户努力参与管理的外部原因,其牵涉到报酬、奖励、荣誉等。权威力量、他人惩罚、惩罚成本、人际关系等变量属于农户之间的互动范畴,本文把这部分因素称为道德激励因素,其激励农户的根本驱动力是部分农户自身的价值观和道德。社区紧密度、信任度、趋同效应和社会资本积累属于农户所处社区的一些相关指标,这些因素属于激励农户参与管理的社区特征,本文把这部分因素称为关系激励因素,即农户期望维系与其他农户的良好关系而被迫采取符合激励主体意愿的行动。

　　这些变量划分成的四类激励因素,分别对应出四种具体的激励模式:构建市场化管理文化,设计薪酬体系,制定监督和制裁体系,培育互惠性社会资本模式,其中构建市场化管理文化基于归属感知、参与诱导和他人影响等影响因素,设计薪酬体系基于家庭收入和社区地位等影响因素,制定监督和制裁体系基于权威力量、他人惩罚、惩罚成本、人际关系等影响因素,培育互惠性社会资本基于社区紧密度、信任度、趋同效应和社会资本积累等影响因素。具体的思路如图 5.3 所示:

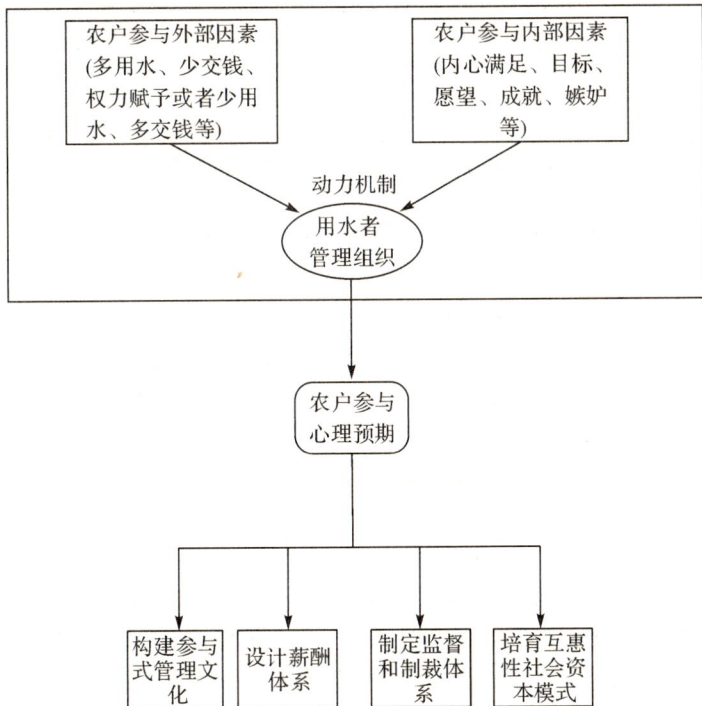

图 5.3　激励机制设计的理论路线

5.3.2 激励机制的设计

第4章中涉及的变量虽然有限,不能全方位反映问题,但是却为我们提供了一个明确的关注方向,下面是根据实证分析结果以及结合农户参与农村水利工程管理过程中面临的实际问题得出的四种激励模式,并做详细说明。

(1)构建市场化管理文化

(2)设计薪酬体系

(3)制定监督和制裁体系

(4)培育互惠性社会资本模式

我们将根据这四种激励模式并基于用水者协会对农户进行农村水利工程市场化管理的激励机制进行系统分析,该激励机制的设计主要针对农户,即基于农户的视角,具有重要的意义。

5.3.2.1 构建利益相关主体共同参与的文化体系

利益相关主体的内在激励缺失的一个最重要的表现是,虽然政府对市场化管理的优点和可能给农户带来的收益进行详细说明,但是农户仍然没有很大地参与管理的愿望。因此应该对农户进行激励,使农户真正从心理上认同市场化管理,积极有效地参与到其中来。因此我们需要构建农户参与农村水利工程市场化管理的文化体系,该文化体系应该包括以下几方面的内容,如图5.4所示:

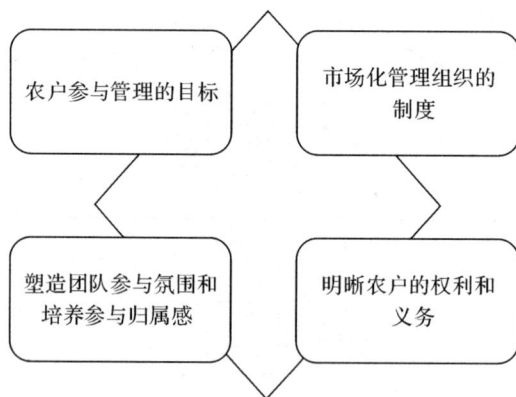

图 5.4　水利市场化管理文化体系建设

在参与管理组织中明确农户参与管理的目标,使农户对自己的未来收益和所要达成的效果有一个清晰准确的估计,比如农田灌溉会节约多少水资源,粮食会增加多少收益等。制定完善的市场化管理的制度有利于增强组织的正规性和合法性,使得农户具有责任感和紧迫感。塑造团队参与氛围和培养参与归属感可以使得农户对市场化管理产生一种归属感和依附性,使得农户从势单力薄的角色转变为一个可以与政府谈判的组织的一分子,使农户产生安全感,从而可以更好地进行市场化管理。农户权利和义务包括对农村水利进行建设、维护、使用和保养,对市场化灌溉管理而言,农户需要协助登记、核查灌溉面积、编制用水计划、协助供水量的测量,同时享受用水者协会带给他们的一系列便利,对它们的明确界定可以使农户对自己的责权有更好的认识和了解,从而更好地评估和决策自己的行为。构建市场化管理文化体系可以很好地对农户产生有效的激励,使农户高效地参与到农村水利工程管理中去。

由于农户的经济水平、身份特征、人际关系、权力等因素的存在差异,根据需求层次理论把农户的五种需求分成两个阶段:物质性需求阶段和精神性需求阶段。不同的农户处于不同的阶段,在对农户进行市场化管理文化渗透的过程中,要针对农户具体的情况着重采取不同的宣传方案:

物质性需求阶段农户:处于该阶段的农户比较注重参与管理带来的收益,以及其加入农村水利工程市场化管理组织是否具有归属感,是否找到了依靠。如果目标农户处于该阶段,就要侧重对他们宣传市场化管理可能带来的收益和保障,强调市场化管理相比较农户单干可能具有的更大的利益回报和实际保障。例如在市场化灌溉管理中,向农户强调一旦加入用水者协会,水费的收缴会节省相关环节,避免水费被挤占挪用,保障农户的利益;告知农户在灌溉中按户定需灌溉,保证公平性,从而使这部分农户打消顾虑。

精神性需求阶段农户:处于该阶段的农户希望自己有更广泛的人际关系、希望能够被人尊重或者有权力方面的需要。如果目标农户处于该阶段,需要侧重于向农户宣传市场化管理会给农户带来更大的交流发展的平台,会使得农户有更多的经验交流的机会,可以使农户有更多的平台发挥自己的能力,赢得别人的尊重,在保障自身利益不受损失的情况下可以有自我实现的机会。例如在市场化灌溉管理中,向农户说明用水者协会的会员具有参加用水小组会议、选举和被选举的权利;监督执委会工作的权利;向用水小组或者协会反映相关意见和要求的权利;可以经选举成为会员代表参加用水者协会会员代表大会进行重大事务的决策;等等。通过这些方面激发起这部分农户参与管理的强烈愿望和诉求。

从上述分析中我们得出:构建市场化管理文化体系,了解农户的实际需求,可以使农户产生对市场化管理的认同,对农户产生良好的激励效果。

5.3.2.2　设计一种有偿参与性报酬体系

我们在对浙江省进行的两次调研过程中,发现农户参与水利管理的合作意愿和相关合作机构的管理状况有一定的相关性,调研结果如表 5.7 所示:

从这几组数据中我们可以发现,不管农户是否曾经参与水利管理合作,其合作意愿与相关合作机构的管理状况有一定的相关性,对管理状况的满意度较高的农户比重和愿意今后参与的农户比重大体相仿,即农户今后的参与合作意愿与其对管理的满意度状况存在正向相关关系。

表 5.7　农户参与水利市场化管理的意愿及相关管理评价

问题	有效样本	数据统计结果		
若参与过水利市场化管理，今后是否愿意继续参与？	178	愿意	不愿意	不知道
		117(65.73%)	43(24.16%)	18(10.11%)
若参与过水利管理，对相关市场化管理效果进行评价？	178	比较满意	不太满意	很不满意
		104(58.43%)	52(29.21%)	22(12.36%)
若未参与过水利市场化管理，今后是否愿意参与？	330	愿意	不愿意	不知道
		201(60.91%)	112(33.94%)	17(5.15%)
若未参与过水利市场化管理，对管理效果进行评价？	330	比较认可	不太认可	不知道
		167(50.61%)	78(23.64%)	85(25.75%)

从调查结果中可以发现，对农村水利工程市场化管理来说，管理状况是至关重要的，但是结合实际我们知道农户虽然参与了水利工程管理，但大都是一些参与者的角色，前面提到过在用水者协会中，很少有农户真正参与到用水者协会的领导选举中来，其他相关决策也不是很多。有些地区的用水者协会的会员代表大会并没有推选农户代表的形式，村长或村支书等村干部理所当然成为本村的农户代表，集中代表该村农户的意见参与重大问题的决策。所以在大多数情况下，像用水者协会这种农户参与管理组织中，实际的管理决策者并不是农户。由于市场化管理毕竟处于发展阶段，很多地方还不完善，我们考虑到实际情况，为了最大化农户利益，应该对用水者协会这样的农户参与管理组织的实际管理者进行相关的薪酬激励，从而使其充分顾及农户的利益。

本部分我们将用水者协会作为分析对象并运用委托代理理论进行薪酬的设计。委托代理关系是指一个人或一些人（委托人）委托其他人（代理人）根据委托人利益从事某些活动，并相应授予代理人某些决策权的契约关系。因此在用水者协会中，存在着一个委托代理关系，我们把用水农户看作委托人，由于村长、村支书或者水利部门工作人员作为农户代表参与协会重大事务的决策管理，因此把他们看作代理人，为简化分析，统一称作村干部。用水者协会的委托代理关系如图 5.5 所示：

我们对该用水者协会中的委托代理关系做以下基本假设：

第一，参与农户与村干部之间存在信息不对称。正因为信息不对称，村干部会出现偷懒、卸责、机会主义等行为，信息的不对称体现在时间和空间上，可以是签约前（即委托村干部前）信息不对称（即对村干部的情况不了解），也可以是签约后信息不对称（即对村干部的努力状况不了解）。

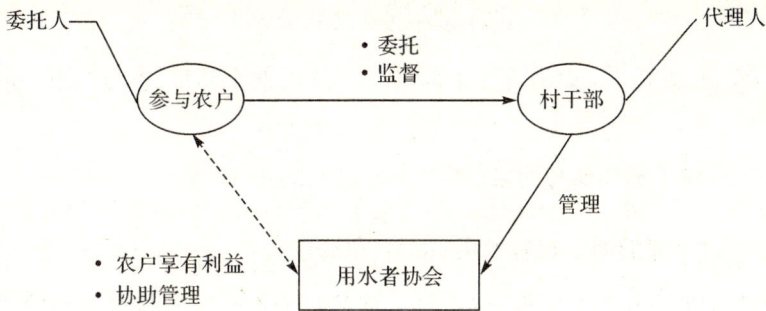

图 5.5　用水者协会的委托代理关系

第二,参与农户与村干部的目标存在冲突。由于委托代理关系中双方都遵循自身利益最大化的原则,参与农户的目标是能够通过参与用水者协会享受公平有保障的灌溉权力,水费的缴纳更公平合理,拥有了与政府进行谈判的组织基础,可以通过大家的集体维护使农村水利工程长久得到正常运转。而村干部的目标除了上述相关目标外,还存在使自己获得额外收益的私心,具有通过用水者协会"捞一把"的倾向。因此双方的目标存在冲突。

第三,代理结果的不确定性。村干部的代理结果不仅受人的行为的影响,而且还受到自然因素等不可控因素的影响。另外从村干部的角度来看,他们知识的不完备,由于有限理性而在预见困难及可能行为上的局限性,也是产生代理结果不确定的重要因素。

第四,契约的设计目标是在满足村干部参与约束和激励相容约束条件的同时,最大化参与农户的利益。参与约束就是村干部接受契约比不接受契约的收益更多,即村干部接受契约的收益不少于保留效用。激励相容约束是指村干部在该契约下努力工作比不努力工作可以获得更多的收益,从而可以对村干部形成激励。

令 a 表示村干部的努力程度,$a \in A$,A 代表村干部可供选择的所有的行动集合。θ 表示自然因素,是不受委托人和代理人双方控制的外生随机变量,取值范围为 Φ,分布函数是 $G(\theta)$。村干部付出努力 a 时,得到代理结果 $X=(a,\theta)$;此时承担的私人成本是 $C(a)$,且 $c'>0$,$c''\geqslant 0$。参与农户根据村干部的代理结果支付给村干部的报酬补偿为 $W=w(x)$,则参与农户的收益为 $X-W$,村干部的收益为 $W-C$。设 U 表示村干部的效用函数,且 $u'>0$,$u''<0$;V 表示参与农户的效用函数,且 $v'>0$,$v''<0$,则村干部的效用为 $U(w,a)=u(w)-c(a)$,且其保留效用为 U^0,参与农户的效用为 $V(x,w)=v(x-w)$。我们运用参数化分布函数法把自然因素 θ 的分布函数转化为代理结果 X 在努力水平 a 条件下的分布函数,即 $G(\theta) \rightarrow f(x,a)$。

参与农户(委托人)的目标是使期望效用函数最大化,即:

$$\max \int v(x-w) f(x,a) \mathrm{d}x \tag{5.7}$$

参与农户(委托人)面临着村干部(代理人)的两个约束:参与约束和激励相容约束:

$$村干部的参与约束(PC): \int u(w) f(x,a) \mathrm{d}x - c(a) \geqslant U^0 \tag{5.8}$$

$$村干部的激励相容约束(IC): \int u(w) f(x,a) \mathrm{d}x - c'(a) = 0 \tag{5.9}$$

因为我们假设信息是不对称的,村干部的行为不是可直接观察到的或是可证实的,因此参与农户只能根据村干部的管理结果来推测他们的努力程度。但是代理结果不仅受到努力水平 a 的影响,还受到不可控因素 θ 的影响,因此当代理结果 X 很低时,我们无法判断是村干部偷懒还是不可控因素造成的,因此无法准确判断村干部的尽责程度和为他们支付合适的报酬,因此我们需要针对村干部的努力水平对上述函数进行优化设计。我们假设村干部的努力水平只有两种情况:高努力水平 a_H 和低努力水平 a_L,对应付出的私人成本是 c_H 和 c_L,显然 $c_H > c_L$。两种努力水平下代理结果的条件密度函数分别是 $f_H(x)$ 和 $f_L(x)$。我们通过契约的设计使村干部在高努力水平下的报酬大于在低努力水平下的报酬,从而使村干部选择高水平的付出。此时,契约函数转化为:

$$参与农户效用:\max \int v(x-w) f_H(x) \mathrm{d}x \tag{5.10}$$

$$村干部的参与约束(PC): \int u(w) f_H(x) \mathrm{d}x - c(a_H) \geqslant U^0 \tag{5.11}$$

村干部的激励相容约束(IC):

$$\int u(w) f_H(x) \mathrm{d}x - c(a_H) \geqslant \int u(w) f_L(x) \mathrm{d}x - c(a_L) \tag{5.12}$$

设参与约束条件和激励相容约束条件的拉格朗日乘数分别是 α 和 β,则经过整理计算得出上述最优问题的一阶条件是:

$$\frac{v'(x-w)}{u'(w)} = \alpha + \beta(1 - \frac{f_L}{f_H}) \tag{5.13}$$

式中,$\frac{f_L}{f_H}$ 表示似然率,表示村干部(代理人)选择 a_L 时 X 发生的概率 f_L 与村干部选择 a_H 时 X 发生的概率 f_H 之间的比率,它说明了参与农户观测到的 X 多大程度上来自分布 f_L 而不是 f_H。

与此同时,村干部的收益 w 随着似然率的变化而变化。由于参与农户观测到的结果不确定,因此似然率有很大的波动,从而村干部的收益也随之会出现很大的波动,因此在非对称信息下,村干部必须承担一定的风险。从上述分析中我们可以知道,由于参与农户无法准确观察或控制村干部的努力程度,因此有可能产生效率损失,即使满足了参与约束和激励相容约束也无法像信息对称情况下一样达到帕累托效率。

从分析中知道,在不对称信息下对村干部进行激励的一个最大困境在于无法准确观测村干部的努力程度,产生把村干部的努力程度和外生随机变量相混淆的问题。因此我们设计激励机制时应该设立一个对村干部的监督机制。可以实施第三方监督,也可以在用水者协会内实施成员之间的相互监督。假设该监督机制已经存在,他们对村干部的工作情况进行监督,村干部不努力工作被监督者发现的概率是 P,那么不被发现的概率是 $1-P$。契约中规定支付给村干部的报酬是 W,一旦村干部出现管理不善、卸责、机会主义等行为并被监督者发现,将会受到惩罚,同时只取得报酬 W_0,由上面可知村干部努力工作时付出的私人成本是 $C(a)$。

假设村干部一直努力工作,则所能得到的效用是:

$$W-C(a) \tag{5.14}$$

假设村干部偷懒卸责,则所能得到的效用是:

$$PW_0+(1-P)W \tag{5.15}$$

要保证村干部可以一直为了参与农户的利益努力工作,需要满足条件:

$$W-C(a)>PW_0+(1-P)W \tag{5.16}$$

得出:

$$W>W_0+\frac{C(a)}{P} \tag{5.17}$$

因此,在设立有效监督系统的条件下,支付给村干部的薪酬满足上述条件时,就可以很好地激励村干部努力工作,避免卸责行为和机会主义行为的发生。从结论中可以发现,P 越大,即村干部不努力工作被监督者发现的概率越大,该支付条件就越容易实现,支付给村干部的报酬的下限就会越低,从而减少成本,因此监督体系的设立至关重要,只有对管理层进行有效的监督约束,才会实现高水平的合作。

5.3.2.3　制定激励与约束机制并存的监督和惩罚体系

从第 4 章和上述的分析中,我们知道农户间的惩罚和权威制裁可以对农户产生激励作用,因此应该设计相应的监督和制裁体系,以激励农户积极有效地参与管理。

在市场化管理中,不光管理者需要接受监督和制裁,参与农户同样需要受到监督惩罚,比如在建设、维护农村水利设施中,农户偷懒怎么办? 欠交水费和故意拖欠水费时怎么办? 为了自身利益而不顾他人怎么办? 这些常见的卸责、偷懒行为不便于动用严厉的惩罚措施,况且农户较为分散,对他们进行监督也比较困难,因此我们需要探索一种激励机制以便于农户之间,以及农户和管理者之间可以相互监督,相互制约,激励他们自觉主动地实施监督和制裁的职责,从而节省成本和提高效率。监督和制裁体系思路如图 5.6 所示：

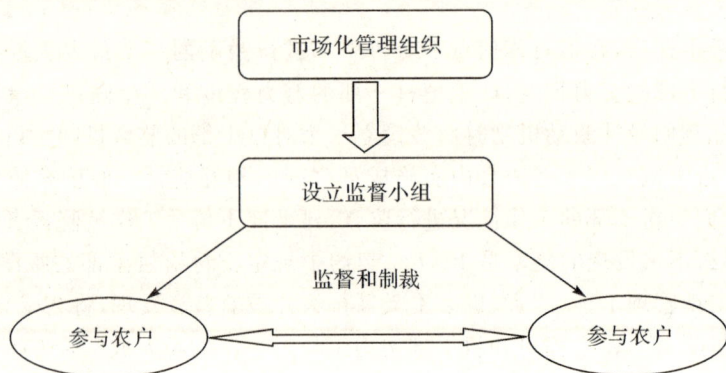

```
┌─────────────────────┐
│    市场化管理组织    │
└─────────────────────┘
           │
           ▼
┌─────────────────────┐
│     设立监督小组     │
└─────────────────────┘
          监督和制裁

  ⬭ 参与农户 ⬭ ⇄ ⬭ 参与农户 ⬭
```

图 5.6　市场化管理监督和惩罚体系

该监督和制裁体系的内容是由市场化管理组织成立监督小组，该监督小组的成员由部分农户组成，对其他参与农户的行为进行监督，同时鼓励其他农户之间进行互相监督。具体细则包括以下方面：

设立市场化管理监督小组，该小组成员由部分农户组成，对其他参与农户的行为进行监督，其他参与农户之间也可以进行监督。鼓励农户对其他农户的偷懒卸责行为进行匿名检举，并给予相应的奖励。对偷懒卸责例如不参与农村水利工程维护的用水者协会成员，实施点名批评，禁止或者减少使用水利设施的范围。对欠缴水费的农户，实施罚款，按应交水费的一定百分比收取。对破坏参与管理的农户根据他们比较看重的方面实施惩罚，例如如果该农户看重生理安全上的需要，就以禁止参与灌溉作为惩罚。如果该农户看重自我实现需要，就禁止他参与相关选举和决策事项。对偷懒卸责严重的参与农户，可以强制他们退出用水者协会。对积极参与农村水利工程管理各项事务的农户进行奖励，树立模范带头作用，可以对其委以重任，担任一些协会内的职务，也可以对其进行奖金奖励，或者让其在农村水利设施的使用上享有优惠和优先待遇。

5.3.2.4　培育互惠性社会资本模式

人际关系是我国农村社会中一个很重要的因素，农户生活在一个相对固定的生活圈子里，因此在与他人交往时，常常会把人情和感情考虑进去，很容易陷入人情困境。农户的人际关系对农户有重要的影响，在农户参与农村水利工程管理中，也有重要的作用：第一，形成道德舆论力量。第二，制约农户参与管理。第三，由于偏重人情，使农户很难做出理性决策。从新制度经济学和博弈论角度来看，关系是一个重要的激励手段。

我们引入社会学上的一个理论——社会资本理论进行关系型激励的分析。社会资本存在于特定共同体中,包括社会网络、互惠性规范和信任。在农村中,社会网络包括因血缘、亲缘和姻缘形成的家族宗族网络,由于特殊利益目的自发形成的功能性网络及个人之间由于地缘、业缘而形成的一般性的人际关系网络。用水者协会可以看作是一种功能性网络,它是为了农村水利工程的管理而由农户自发成立的民间组织。互惠性规范包括理性的和非理性的,理性的互惠是指当事人在交往行为发生前就理性计算回报的大小和程度等。非理性互惠是指人们在交往中的投入出于感情和道义,不是为了有所回报或企图。信任是一种主要的社会资本,韦伯把信任区分为特殊信任和普遍信任,他认为(1951),特殊信任是以血缘、亲缘为基础,建立在家族宗族关系上。普遍信任是以共同的信仰为基础,它是以正式的规章制度和法律作为保障的,人们常常由于害怕惩罚而采取合作行为。

在当前的农村中,农户参与农村水利工程市场化管理面临困境的其中一个重要原因就是社会资本构建上的缺失。经济的发展使农村人口流动加速,增强了人们的异质性和松散性,农村的原始性社会资本例如家庭、社区受到冲击,社会规范和道德对人的约束力大大减弱;农村法制化程度低,制度规范都很不完善,农户在行动中的风险预期增加,缺乏彼此间的信任;农户之间的人际关系趋于理性化,农户之间的交往和互动带有浓厚的功利性和目的性,偏重于个人利益,对于自己无关的事漠不关心。其实,通过第4章的仔细分析可以发现,社会资本可以为农户参与农村水利工程市场化管理的合作提供激励。

考虑到农户参与农村水利工程管理的实际情况,我们假设在用水者协会中农户的社会资本是指农户的地位、威望、声誉、被信任程度以及被帮助指数,如果农户的社会资本较多,就意味着该参与农户在享有很高的地位和威望,声誉较好,被其他农户所信任和信服,其他农户乐意帮助他。如果该农户的社会资本受到损失,是指该农户不在被其他农户所信任,声誉急剧下降,没有人愿意帮助他,在用水者协会的参与农户范围内被孤立,被大家所隔离,在这种情况下,该农户相当于被驱逐出协会,此时该农户的生活成本就会大大增加。

因此应该设计一套规则培育农户的社会资本,需要采取一定措施使得在农户中间达成一个共识:

(1)如果农户积极参与农村水利工程的管理,对水利设施的维护,保养任务积极参与,按时足额缴纳应缴水费,协助用水者协会进行用水量的测量、水费的征收等,那么该农户将得到其他参与农户的信任和尊重。

(2)如果农户对相关事务漠不关心,对水利设施的维护、保养任务不予参与,并且存在搭便车的机会主义行为,或者拖欠应缴水费,或者谎报用水量,上述情况一旦被发现,除了会受到用水者协会管理者的惩罚,而且会被其他农户所孤立、谴责。

(3)对于包庇不积极合作农户的有关农户,应该进行同样的惩罚,这种情况多发生在农户同一家族、宗族人际关系网络内,这种情况一旦被发现,则该家族宗族会受到其他农户的孤立,这种举措可以有效加强同一家族宗族内的监督。

(4)对表现好的农户进行广泛的宣传,从而使其积累更多的社会资本。

一旦在农户之间达成这种潜在的共识,那么就会对农户形成潜在的激励,因为谁都不希望自己被孤立,不希望自己失去别人对自己的信任,谁都希望可以被帮助,在农村这样一个熟人社会里,如果农户一旦丧失了社会资本,就将会面临很高的生活成本,这是每个农户都不愿意看到的。因此我们通过社会资本的运用可以很好地激励农户积极有效地参与到农村水利工程市场化管理中去,毕竟这是关系到他们自身利益的事情,农户将会更加感激和尊重为了集体利益努力工作的农户,同时将会更加排斥和反感搭大家便车的农户。

5.4　案例分析——诸暨水利会

为了促进农村水利发展的良性循环,充分发挥农村水利工程的效益,使之更好地为当地农业生产和经济社会发展服务,浙江省省于 2002 年决定对全县水利设施的管理体制进行改革,主要包括工程的所有权、使用权、经营权、管理权中的全部或部分权利面向社会进行拍卖、租赁、承包或实行股份。浙江省诸暨水利会是我国农村水利工程市场化管理的一种典型市场化管理模式,该模式一直以来实施效果很好,成为我国民间管理组织的典范,为全国范围内的农村水利工程市场化管理的发展提供了良好的借鉴和经验。

诸暨市水利会是诸暨特有的农村群众性自治组织,其服务领域涉及区域范围内的防汛抗旱,农业灌溉,农村水利工程的规划、建设和管理,协调水事纠纷等。该组织具有严格的产生程序和健全的民主制度,严格遵循“一事一议”原则,充分尊重群众的管理意愿,充分做到了财务管理规范化,资金投向合理化,民主监督全程化,很好地调动了农户参与农村水利工程管理的积极性和主动性。诸暨市水利会模式的成功管理经验不仅由于其具有相对健全的管理程序和管理制度,经过研究发现,其暗含了本文中设计的相关激励机制。

第一,诸暨水利会具有相对健全的市场化管理文化体系。

诸暨水利会具有明确的管理目标和管理制度,对参与农户都明确了其权利和义务,进行财务管理、工程运营和监督、后勤管理、堤防的日常管理和检查等一系列的工作。与此同时对参与农户和管理人员进行技术和业务培训,增强其责任心和归属感,取得了良好的成效。

第二,诸暨水利会的资金管理和报酬体系相对健全。

诸暨水利会的日常运转经费主要来自于水费收入,水费标准在湖民代表大会核定后进行计收,水利会按地域落实水费总额,由村委会向各农户收取。对于村集体经济较弱的村庄,委托村支书向用水户收取水费,并每次支付占水费1%～5%

的劳务费,对于村集体经济较好的村庄,直接由村集体经济统一负责。水费按片划分落实收费职责,对工作人员的水费计收工作实行激励考核机制,如果当年水费计收完成 100%,并且水费使用开支在规定范围内,将会给予工作人员适当补贴。

第三,诸暨水利会具有完善的监督和制裁体系。

不论参与农户之间,还是参与组织与农户之间都有一套监督和制裁体系,参与农户都生活在同一个湖畈范围内,相互之间都很熟悉,如果水利会和农户之间及农户与农户之间出现矛盾和摩擦,那么过错方一定会受到大家的议论和歧视,成为大家指责或孤立的对象,这样无形之中就对违规方造成了惩罚和监督。另外参与农户也可以对水利会管理人员进行监督和惩罚,例如《白塔湖湖民代表大会制度》规定了"水利会工作人员由代表大会选举产生",但是值得注意的是,水利会的管理人员和工作人员并非终身制,如果其工作失当,湖民代表大会有权利罢免不合格的管理人员。

第四,水利会的参与农户具有长期稳定的社会关系。

诸暨水利会具备明确的地域边界,这保证了参与农户可以有一个固定的圈子和交往对象,由于参与诸暨水利会的农户处于一个共同的地域范围内,社会资本在其参与决策中起着重要的作用,它在农户长期的社会交往中逐渐积累和增加,这在很大程度上有利于参与农户社会资本的培育,使得水利会的参与农户具有长期稳定的关系和社会资本的积累途径。

诸暨水利会的成功经验中隐含了本文设计的激励机制,更进一步说明了激励机制的可行性和科学性,为未来农村水利工程市场化管理提供了借鉴和经验。

5.4.1　诸暨市水利会发展现状

浙江省诸暨市地处浙江中部,钱塘江流域中部,会稽山西麓,总面积 2318km²,下辖 27 个乡镇(街道),1302 个行政村,106 万人口。全市耕地面积 433km²,其中水田 381km²,旱地 52km²。诸暨地处浦阳江中游,地势三面高中间低,浦阳江流经诸暨境内 66.1km,有大陈、开化、五泄、枫桥、凰桐等五条支流先后汇注干流。全市有大小湖畈 72 个,堤防总长度 295km,诸暨水利会的组织结构和管理模式是水利社会化管理的典型代表,其中主要有两种形式:一是跨乡镇行政区域、以一个圩区为主的水利会,如白塔湖水利会;二是在一个乡镇为范围成立的水利管理委员会,管辖几个圩区及辖区内所有小型水利工程,如湄池水利会。

5.4.1.1　诸暨水利会的基本模式

诸暨水利会因围绕湖畈,所以水利会主要是湖民代表大会的日常管理机构。湖民代表大会由受益村选派代表组成,它是湖畈内农民共同、民主参与湖畈水利管理的主要形式,也是湖畈水利日常管理的最高权力机构。湖民代表大会一般每年汛期前召开一次,具体研究本湖畈当年岁修与防洪有关事宜,审核上年水利经费支出及本年水利经费预算等事项。水利会的工作人员一般从本受益区的湖民中选拔，经湖民代表大会通过产生。水利会一般设主任一名、工作人员若干名。主任一般来自本湖畈所属村，且多为当过村级主要领导干部的人员，了解当地水系水情，具有较强的工作与协调能力。水利会人员是由湖民代表大会选举产生的，并非终身制，湖民代表大会有权罢免不合格管理人员。水利会工作人员分工明确。

目前诸暨最大的水利会——白塔湖水利会共有 6 名管理人员，主任负责全面工作，其他人员分别负责财务及文书、出纳、工程管理、后勤保障和巡查管理。根据湖畈大小及任务不同，水利会管理人员的工资待遇有较大的差别，其中白塔湖、西泌湖等水利会的在职人员年均收入在 1.5 万元左右，并从 2002 年开始参加了社会养老保险。与当地普通农民相比，水利会管理人员的收入相对比较稳定。虽然水利会人员文化程度普遍比较低，但他们具有一定的水利管理实践经验和专业知识，熟悉当地水系和工程情况。目前，全市水利会在岗管理人员有高级职称 2 人，中级职称 17 人，初级职称 60 人，在当地有"土专家"之称，能担当一般小型水利工程的测量、施工与管理工作。因此，水利会管理人员的工作责任心强、管理效率也较高。水利会的主要职责是：一是负责区域内各水利设施的日常维护管理；二是具体落实区域内的防汛抗旱工作；三是负责区域内的小型水利工程建设管理；四是协调处理区域内部的水事纠纷。

水利会的资金来源主要有向县级及以上水利部门申请的工程立项补助和当地镇乡政府给予的配套资金及受益区域湖民上交的水费。水费一般按受益田亩收取，其标准以全湖一年水利设施的维护管理和水利会运行的必要开支等来确定。水费一般标准为每亩 3～9 元不等，遇特殊年份，如防汛抢险开支增加，则需研究是否提高水费。水利会每年向湖民代表大会汇报上年度水利经费收支情况，接受湖民代表审核。

5.4.1.2　诸暨水利会管理绩效

水利会是一种以自然水系、流域或以共同受益的水利工程为纽带组织和联合起来的群众性管理水利日常事务的自治组织。其主要功能是：一是承担了农村小型水利设施建设和管理的业主职责，体现了农村水利工程设施"集体所有、集体管理"的权责关系；二是解决政府在农村小型水利工程设施管理和建设上的越位与错位问题，政府在工程规划决策上给予指导，在经济上给予支持，但政府不包办代替；三是水利会本身实行民主化管理，所有大事均通过民主化决策程序，有利于科学决策，避免了盲目性，增加了群众认可度。

农村小型水利工程，从性质上来说，是"纯公共产品"或"准公共产品"。由于工程集体所有的性质与农村分户经营的体制矛盾没有解决，小型水利工程维护管理责任自然就很难落到实处。沿用由乡或村代行"集体"职责去管理不能完全适应当前形势。首先，乡政府是一级政权组织，政府直接包办农村水利，容易使农民或者产生依赖心理,或者产生对立情绪。其次,作为村民自治组织的村委会,虽然在一定条件下可以代行"集体"职责,村内工程建设与管理事务按"一事一议"原则协商处理,但农村水利公共工程通常又是跨村、跨乡及按流域、渠系建设和管理的。因此,水利会作为一个介于村委会(乡镇政府)行政组织和农户之间的管理组织,可以对跨行政区域的水利工程担负起真正的管理责能。

5.4.1.3 白塔湖水利会概况

白塔湖水利会是目前诸暨市规模最大的水利会。白塔湖位于在诸暨市北部,三面环山,一面临枫桥江,地势东北高于西南,是诸暨 72 湖畈中面积最大的湖畈,流域集雨面积 63.74km²,区域内跨店口、阮市、山下湖、江藻四镇,四十八个行政村。白塔湖内河属网状湖泊,一般水深 3~5m。区域内常年平均降雨量 1400mm,年平均蒸发量 850mm,地下水资源丰富,气候温和,日照充足。白塔湖地区的农业土地总面积有 60km²,其中水田 21.33km²,旱地 10km²,水域 3.8km²。常年居住家庭 1.6 万户,人口 5 万多人,有各类工商企业 3000 余家,2005 年工农业生产总值达 50 亿元,人均年收入超过 1 万元。湖域内的主要水利工程包括 6700 余米防洪标准堤(临枫桥江,20 年一遇)、6500 余米防洪标准沿山排涝渠(东白渠道,10 年一遇),1 座引水排涝闸(4m×5m),1 座备用闸(2.6m×2m)和一处电力排涝站(155kW×13 台)。

按照《白塔湖水利会工作职责》的规定,白塔湖水利会按所属地管理原则,行政上接受店口镇、阮市镇、山下湖镇和江藻镇政府的共同领导(其中主管乡镇是店口镇),业务上接受市水利局的指导,行业管理上接受水行政主管部门的依法管理。其主要工作职责:负责全湖畈区域内的水利建设规划和小型水利工程的建设管理工作,当好当地政府和水利部门的参谋和助手;组织区域内防洪、抗旱、防台风工作;负责区域内各项水利设施的日常巡查、维护、管理和水利费征收工作;协调处理区域内的水事纠纷;组织召开湖民代表大会,提出工作计划和有关技术方案,并按照代表大会决议组织实施;完成上级部门交办的其他工作。

5.4.2 诸暨白塔湖水利会的运行机制

5.4.2.1 组织机制

1. 组织结构

早在 1950 年,白塔湖畈区就建立了湖民代表会制度,成立白塔湖水利管理委员会(简称白塔湖水利会),其前身是 1927 年成立的白塔湖水利公会。湖民代表大会是湖畈人民共同参与、民主管理湖畈水利事务的重要形式,也是湖畈水利日常管理的最高权力机构。水利会是湖民代表大会的日常管理机构。根据《白塔湖湖民代表大会制度》规定:"湖民代表大会以受益村为单位选派代表,一般一个受益村选派一名(村主任)作为湖民代表,同时邀请有关主管镇镇长以及受益镇分管农业的

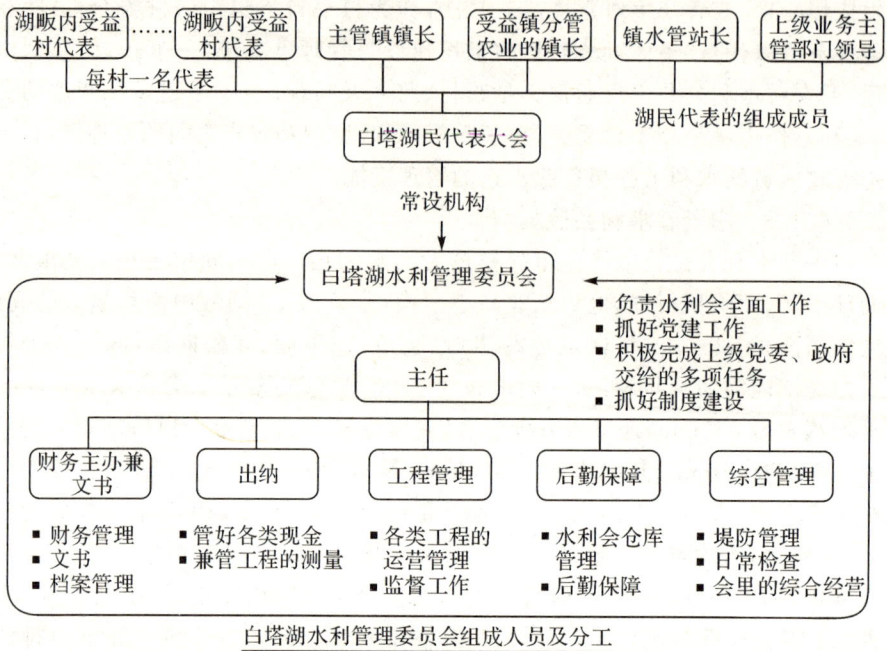

白塔湖水利管理委员会组成人员及分工

图 5.7　白塔湖水利会组织机制

镇长、镇水管站长、上级业务主管部门领导参加会议,组成湖民代表会。"(见图 5.7)湖民代表每三年进行一次补充和调整,现有湖民代表 60 人。

2. 人员分工

诸暨白塔湖水利会目前有在职工作人员 6 人,其工作分工情况如表 5.8 所示:

表 5.8　诸暨白塔湖水利会人员分工

职务	业务职称	工作职责
主任	中级技师	负责水利会全面工作;抓好党建工作,积极完成上级党委、政府交给的多项任务,抓好制度建设
财务主办兼文书	中级技师	抓好财务管理、文书、档案管理,负责杨梅桥片收费任务,落实草湖、小湖防汛责任
出纳	中级技师	管好各类现金,兼管工程的测量,负责紫东片收费任务,落实邵家埠、山下湖地段防汛责任
工程管理	技师	负责水利会各类工程的运营管理、监督工作,负责紫西片收费任务,落实沥山湖地段防汛责任
后勤保障	技师	负责好水利会仓库及后勤保障,山下湖片收费任务
综合管理	技术员	管好堤防管理范围日常检查及水利会综合经营

注:资料来源于 2012《白塔湖水利会人员岗位责任制》

3．人员任免

《白塔湖湖民代表大会制度》规定："水利会是湖民代表会所辖的日常管理机构，其工作人员由湖民代表会民主选举产生，湖民代表大会可以罢免不合格的工作人员。"在实际操作中，其工作人员的产生，是由水利会根据工作需要，向主管镇政府提出人事方案，在征求水利部门和受益镇政府意见的基础上，通过湖民代表大会决议产生。工作人员没有确定的任期，一般都任职年限较长。从 1950 年至今，白塔湖一共只有四任主任，现任的主任是第四任，于 2012 年开始就任。白塔会水利会的主任任期都比较长，这也是水利会主任能与镇和村建立长期稳定的联系，并树立长期稳定威信的一个重要原因。

4．工资福利

水利会的在职人员的年平均工资 4.5 万元每人，其中主任略高，为 5 万余元。从 2012 年起，水利会为在职人员交纳社会养老保险和医疗保险，以后退休的人员会里不再负担费用。

5．出勤制度

工作人员按与政府机关一样的上班制度上班。防汛时期实行 24 小时值班。

5.4.2.2　决策机制

1．水利会一般的议事规则

水利会的主要议事规则采取湖民代表大会制度来实施。水利会根据年度水利工程管理情况和年初工作安排，拟出大会主要议题。湖民代表大会的议程主要是听取水利会工作汇报，研究本年度水利建设计划，评议水利会工作人员，审议上年水利费开支情况，代表对水利会工作提出建议、意见，最后用举手表决方式通过会议决议。水利会根据湖民代表会议做出的决定，具体负责工程维修、防汛抗旱等水利事务的组织实施。

2．重大水利工程建设程序

对域内的重大水利工程建设项目，先由水利会提出意向，征求湖民代表意见，根据相关政策，在市、镇财政扶持的前提下，初步确定各受益村群众自负经费，然后与各村协调，形成统一意见。在此基础上，水利会向受益镇领导汇报，并邀请市水利局设计人员进行勘测设计，经审查批准设计方案后，及时召开湖民代表大会，用举手表决形式予以通过。按照建设工程招投标制度落实工程施工单位后，水利会具体负责工程的组织实施和质量管理，确保建设项目按计划高质量完成。

5.4.2.3　经费管理（见图 5.8）

1．工程建设维护经费

工程经费按照"谁受益、谁负担，多受益、多负担"的担负原则筹集资金。但实际操作中，较大的工程首先需要得到市或镇财政的支持。在市镇两级财政扶持资金确定以后，按照上述原则协商确定受益村的负担费用。各方工程资金到位后，由水利会统一管理。近10年来,白塔湖通过上级财政扶持一点、受益镇出一点、群众自筹一点的办法,完成了国家级农业综合开发、湖畈标准堤、白塔湖内湖清淤等工程建设,累计完成水利投资2000万元,其中群众自筹资金达700多万元。市级扶持一般不超过项目建设资金的50%。例如白塔湖最大的水利工程项目——枫桥江标准堤,以20年一遇的标准建设,从1994年动工,总投资1700万元,其中市财政补贴900万元,镇财政补贴100万元,其余资金由受益村集资负担,包括按25元一工折算的投劳集资。对涉及几个村的工程建设维修,一般由受益村按受益程度分摊费用。

2. 日常管理经费

目前,水利会管理经费来源主要是通过向受益农田收取每亩8元的水利经常管理费(简称水利费)。此外,水利会还有渔场、砂场、房屋出租等多种经营收入。

3. 防汛抢险费用

水利会对工程防汛抢险费用分担有明确规定。按照《白塔湖防汛抢险预案》规定,斗门水位12.5m以下,各村承担埂段所需的防洪抢险经费;斗门水位12.5m以上,防洪抢险经费由全湖统一负担;防汛抗旱领导小组组织的防洪抢险人员、器材、抢险突击队等所需经费由水利会统一负担;白塔湖埂段市水务集团输水管道处,如出现险情,抢险经费、责任由市水务集团承担;如遇特殊情况,出现险情时所需的抢险经费等,根据不同清况,与相关埂段所属镇、村协商后,再做出经费负担的决定。

4. 水利费制度

水利费收入是水利会日常运转经费的主要来源。水利费标准需经湖民代表大会审定。在水费收缴方式上,水利会不直接向农户收费,而是按地域分片落实水费收缴总额,以村为单位,向村委收取。同时,各村也采取不同的收缴方式,主要有二类:一是村委会向各个农户家庭收取水费,一般村委会委托村文书到户收取,并给予村文书不高于5%的劳务费;二是由村集体统一缴纳,目前采用这种方式的村较多,其主要原因是到户收费烦琐且难以全部收齐,以及村水利费总额不大,村集体一般可以承担。近年来仅出现极个别村委会欠缴水费,因此,水利会的水利费收缴工作总体比较顺利。

5. 财务管理制度

水利会制定了《货币资金管理制度》、《票证管理制度》、《财务开支审批制度》和《水利费收交地段划分》等比较完善、具体的财务制度。例如,现金保管实行限额管理,一般库存现金不超过1000元;财务收支要求在十天内结清账款;收款收据使用本单位内部统一印刷的票据,建立了发票领用登记制度;正式发票需向镇农经站领取,由镇农经站监控;财务开支实行水利会主任一支笔审批制度,非生产性开支1000元以下由主任签字方可报销,1000元以上开支需经水利会内部讨论,并通报镇分管领导后方可报销;禁止用自制白条收据报销;凡支出发生后两个月内不结报

财务管理制度

- 年终经费审计
- 湖民代表大会
- 开支情况审议

　　　　　　　财务管理　　白塔湖水利管理委员会

财务监督制度

　　　　　　　　　　　　　　经费筹措

- 货币资金管理制度
- 票证管理制度
- 财务开支审批制度
- 分地段水利费收交制度
- 工程经费管理制度

工程建设维护经费　　　日常运转经费　　　防汛抢险经费

规定水位以上及全湖抢险抢险活动　　规定水位以下埂段所需的防洪抢险经费

市财政

立项补助

镇财政

较大的项目　　　较小的项目（几万元的）　　水利会的资金

水利会多种经营收入

按照"谁受益、谁负担；多受益、多负担"原则在工程受益村中协商分担

水利费每亩每年8元　　各村负担责任埂段的防洪抢险经费

受益村　……　受益村　……　受益村　……　受益村

湖畈内所有受益村

部分村向村民征收水利费　　部分村由村集体经济负担水利费,不向村民收取

村民　　　　　　　　村民

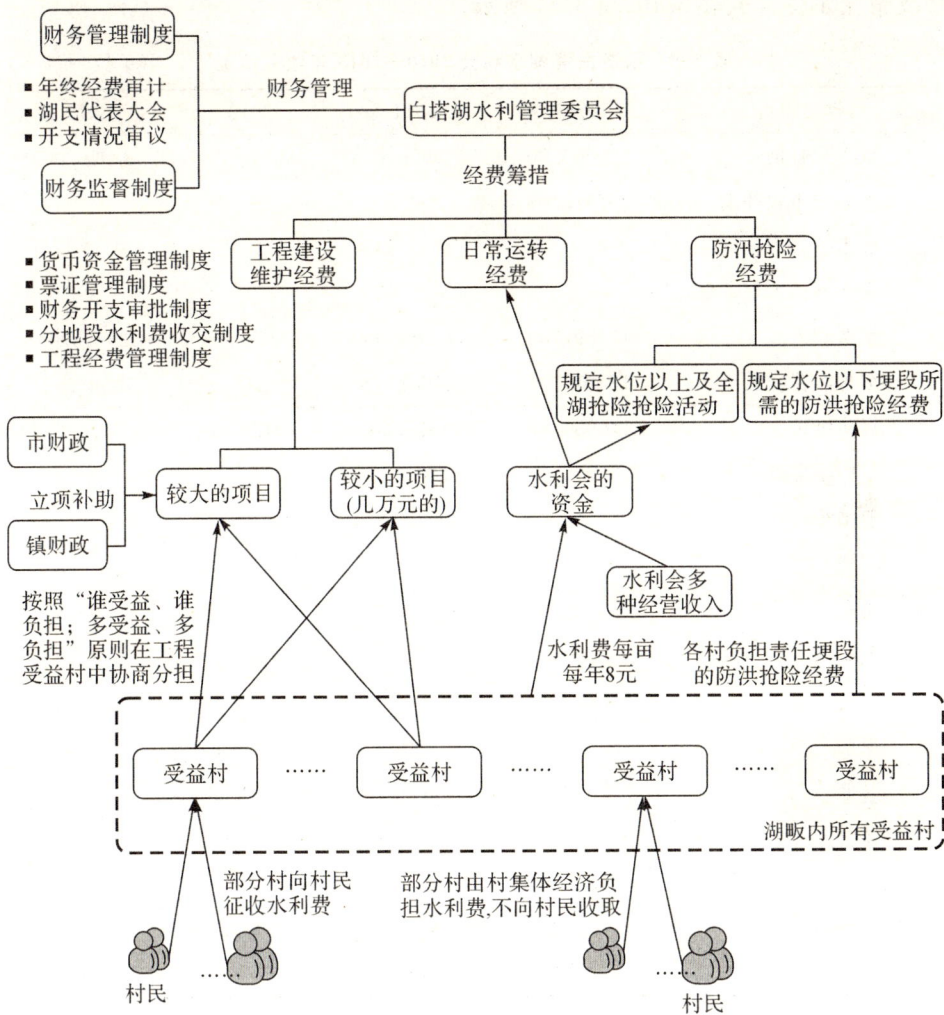

图 5.8　诸暨白塔湖水利会经费管理路线图

的票据,无特殊原因不得审批报销;所有收入必须在当月内结清入账;水费按片划分落实收费职责,对工作人员水利费收交实行考核制度,凡当年水费收取任务完成100%,且收费费用开支在规定范围内,给予适当补贴。此外,水利会对工程经费建立专用账户管理制度,严格实行专款专用。

6. 财务监督制度

　　每年年终水利会邀请镇农经站审计员及湖民代表 10 人,对水利会账目进行审计,并将审计结果及时反馈到受益镇、村及湖民代表,做到账目公平,收支平衡,开支合理。年度开支情况交湖民代表大会审议。白塔湖水利会 2010—2014 年经费

收支情况如表 5.9、表 5.10、表 5.11 所示。

表 5.9　诸暨白塔湖水利会 2010—2013 年收入情况　（单位：元）

收支项目		2010	2011	2012	2013
收入	市工程补助	129500.00	100000.00	0	82950.00
	店口镇工程补助	202812.00	0	0	0
	阮市镇工程补助	66996.00	9780.00	0	3000.00
	山下湖镇工程补助	0	3000.00	0	0
	水费收入	114897.00	172349.00	172349.00	229795.00
	多种经营收入	124319.91	321601.42	71826.76	13563.76
支出	堤防维护	176984.40	72307.50	72428.47	85426.23
	东白渠堤维护	123000.00	97000.00	0	0
	船闸管理	0	60000.00	0	0
	工资	94500.00	109127.44	81600.00	169155.76
	福利	29060.00	53156.39	86957.09	30509.84
	差旅	893.50	1069.00	2295.00	848.00
	水电	806.14	415.28	384.78	419.84
	通信	3280.55	5801.20	1931.41	1014.87
	其他	253458.00	143632.79	95002.28	44510.80
年度总收入		638524.91	606730.42	244175.76	329308.76
年度总支出		681982.59	542509.60	340599.03	331885.34
年度收支相抵		−43457.68	64220.82	−96423.27	−2576.58
2010—2013 年总经费收支相抵					−78236.71

注：收入中未计入两笔集资款：2012 年 11 月到 2013 年 2 月间，冬白渠集资 29500 元；2013 年 3 月到 2014 年 2 月间，集资 5742 元。以上数据是根据白塔湖水利会财务人员于 2014 年 11 月提供的资料整理而成

表 5.10　诸暨白塔湖水利会 2010—2013 年工程经费收支总计　（单位：元）

	2010	2011	2012	2013
工程补助总计	399308.00	112780.00	0	85950.00
工程支出总计	299984.40	229307.50	72428.47	85426.23
工程经费收支平衡	99323.60	−116527.50	−72428.47	523.77
2010—2013 年工程经费收支相抵				−89108.6
2010—2013 年工程经费收支相抵（计入两笔集资后）				−53866.6

表 5.11 诸暨白塔湖水利会 2010—2013 年非工程经费收支总计(单位:元)

	2010	2011	2012	2013
非工程收入总计	239216.91	493950.42	244175.76	243358.76
非工程支出总计	381998.19	313202.1	268170.56	246459.11
非工程经费收支平衡	−142781.28	180748.32	−23994.8	−3100.35
2001—2003 年非工程经费收支相抵				10871.89

从 2010 到 2013 年的经费情况来看,水利会经费还是比较紧张的。但是由于非工程收入(水利费和多种经营的收入)历年都有比较稳定收入,能够基本满足人员工资福利和日常管理支出,才得以使人员安心工作,组织正常运转。因此水利费的全面收缴对水利会的运转和长期稳定发挥作用至关重要。虽然制定水费标准时包括管理运行、工程维护、防汛抢险的费用,但实际是水利费的总额并不能弥补以上三项的开支。因而多种市场化经营模式的收入是诸暨水利会运转的必要补充。水利费的总额弥补水利会的管理运行已略显不足,已不能再直接投资于工程经费上。而工程经费对市级财政的依赖程度很高,虽然市水电局的领导一再表示如果市级投资比例过高,对农民自主性会有所削弱,但是近年来市级投资仍然在工程经费的 50% 左右,而且没有减少的趋势。而且在水利会的工程运作中,也形成这样的惯例,只有市级资金明确扶持的项目,才着手进行。

总之,水利会在经费管理上以保持收支平衡为主。水利费的全面收缴对水利会的运转和长期稳定发挥作用至关重要,多种经营的收入是水利会运转的必要补充。而水利工程经费,包括工程建设或者修护的,基本靠上级财政扶持和受益镇、村集资,其中市级财政支持是关键的。集资按照受益多少协商解决。水利费主要保证水利会日常运转开支,但对水利工程建设维护的直接贡献极少。

5.4.2.4 养护管理

养护重点是域内西面的枫桥江约 7km 标准堤和东南面的沿山渠道东白渠道,详见图 5.9。

1. 工程检查制度

每年初,水利会对全湖水利工程运行情况做一次实地普查,对检查中发现的工程隐患和问题及时做出处理,对已建的标准堤组织人员进行清草、养护。平时按照值班制度,每月组织一次工程检查,及时汇总、登记相关情况,按职责督促受益村加强养护,确保水利工程设施良性运行。

2. 埂长责任制

对于堤防和渠道溪堤的维护责任,水利会根据区域内水利设施的分布情况,合理划分各受益村的防汛责任埂段和养护职责。按照《埂长责任制》,以湖畈各受益

	工程检查制度	年初对全湖水利工程运行情况做一次实地普查，发现的工程隐患和问题及时处理，对已建的标准堤每年组织人员进行清草、养护；平时按照值班制度，每月组织一次工程检查，及时汇总、登记相关情况，按职责督促受益村加强养护
养护管理	埂长责任制	根据区域内水利设施的分布情况，合理划分各受益村的防汛责任埂段和养护职责。一村设埂长1人，要求受益村村主任担任
	养护公约	关于渠道管理养护的公约式规定

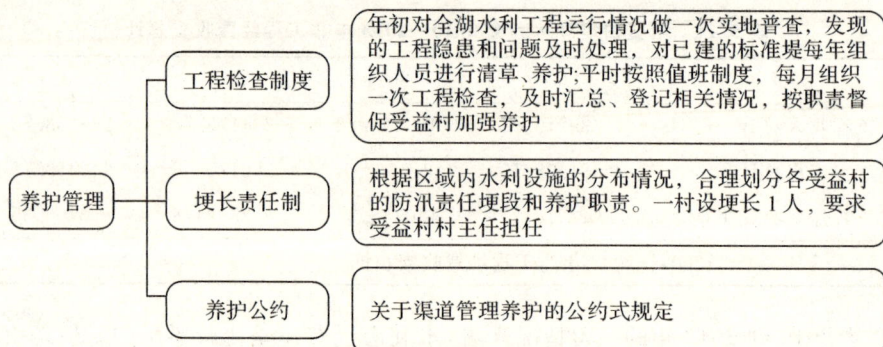

图 5.9　诸暨白塔湖水利会养护管理

村为单位，一村设埂长 1 人，要求受益村村主任担任，主要职责是：一是传达贯彻上级政府和水利管理部门的有关指示，经常向本村湖民宣传湖畈乡规民约，爱护水利设施；二是按照行政首长负责的要求，履行本村责任埂断的防洪抢险和岁修管理；三是服从防汛组织机构的统一指挥，按要求备足防汛物资和器材，服从大局，团结抗洪；四是协助水利会做好本村水利经常费征收工作。

3. 养护公约

设立《东白渠道管理养护公约》规定：①渠道埂的埂面和埂的里外坡，不得开掘种植，铲草皮，建住宅、厕所、牛栏、猪舍等；②不得随便启闭旱闸或拆卸器件、挪用和损坏，遇有什物淤塞，立即清除；③在渠道中，不得任意筑坝截流，阻碍排水；④不得在埂上任意开缺以及从事其他足以有害工程安全的行为；⑤随时注意渠道工程的安全，有发现损坏迹象，立即报告管委会修理完善；⑥沿渠涵管，严格执行用水计划，合理用水，落实专人看管；⑦渠道里不得任意倒垃圾等污物；⑧服从组织领导，小利服从大利；⑨凡对本公约认真遵守执行而有显著成绩者，应予表扬或奖励，如有违约或有损害行为者，应按情节轻重，报告上级处理。

5.4.2.5　防汛抢险机制

防汛抢险是水利会的重点工作，因此白塔湖水利会日常的巡查制度和防灾抗灾制度较为完善，并备有完善的应急预案。

1. 巡查管理制度

《水利巡查管理制度》规定：巡查管理内容主要指本湖畈所属的标准堤防、涵闸、排涝道、东白渠道等水利工程及附属设施。一般每周至少一次对水利设施进行检查，主汛期视汛情变化加密巡查次数，引潮提水时要做到定时、定人、定岗、定位。建立水利堤防巡查组，由主任担任组长，包括主任在内 6 名水利会工作人员为组员，分成 2 个小组，一组负责每月 1—15 号巡查，另一组负责 16—31 号巡查。

		每周至少一次对水利设施进行检查，主汛期视汛情变化加密巡查次数，引潮提水时要做到定时、定人、定岗、定位。水利堤防巡查组，水利会主任为组长，分成2个小组，一组负责每月1–15号巡查，另一组负责16–31号巡查
防汛抢险	巡查管理制度	
	抢险责任安排	主汛期间，水利会人员实行24小时值班，防汛抢险所需物资以水利会储备为主，受益村储备物资补充。在各村组建抢险分队的基础上，在全湖畈组成80人的抢险突击队，指挥权由水利会主任掌握，以应对突发防汛事件
	防汛抢险预案	水利会备有详细的《防汛抢险预案》，责任落实到人。一旦达到险情达到规定程度，按预案落实责任、采取行动

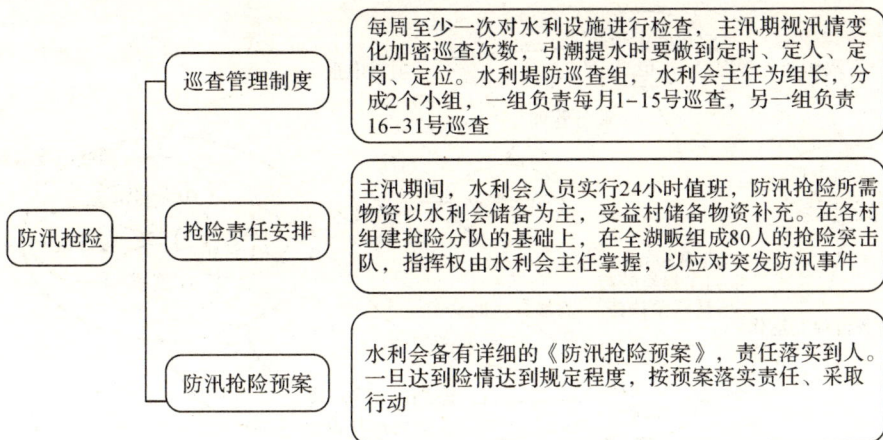

图 5.10　诸暨白塔湖水利会防汛抢险机制

2. 抢险责任安排

主汛期间，在落实《埂长责任制》的基础上，水利会人员实行 24 小时值班，按照防汛预案分埂段落实防汛抢险责任，防汛抢险所需物资以水利会储备为主，受益村储备物资补充。在各村组建抢险分队的基础上，在全湖畈组成 80 人的抢险突击队，指挥权由水利会主任掌握，以应对突发防汛事件。抢险突击队员每年由水利会组织一次业务培训，开展打桩等抢险演练，熟悉抢险业务，其业务培训和抢险演练所需费用均由水利会支付。

3. 防汛抢险预案

水利会备有详细的《防汛抢险预案》，责任落实到人。一旦达到险情达到规定程度，按预案落实责任、采取行动。

5.4.3　水利会与社会关系的处理方法

1. 工程产权关系

除村集体所有的水利工程外，水利会管理的水利工程的所有权归国家所有，由市水电局作为所有者。但是水利工程所占场地的经营权交由水利会，这也是水利会可以取得多种经营收入的基础。市水电局在近几年收回了许多被占用的水利工程场地，也曾为此与私人占用方打过官司，因此市水电局在保障水利会的工程场地经营权上支持力度很大。

2. 会与市的关系

水利会接受市水利水电局的业务指导，一些工程的技术问题水利会向市局寻求帮助。而市级的项目扶持资金，有些是直接拨到水利会的账户，但需要在相关镇的账目上转一下。

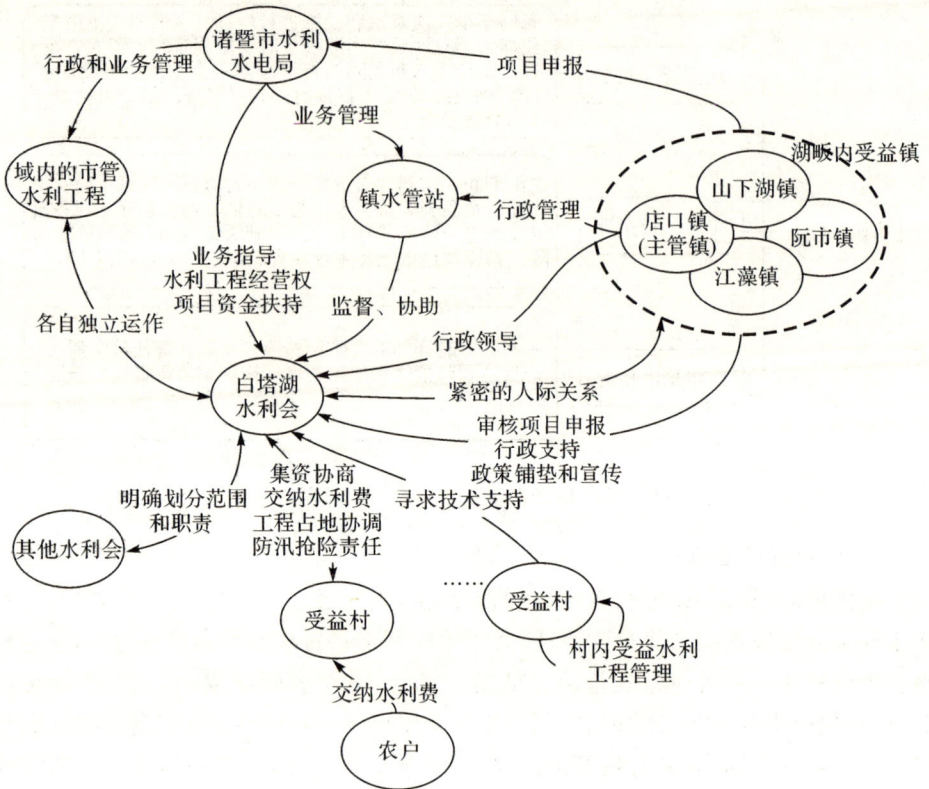

图 5.11 诸暨白塔湖水利会与各方面的关系

3. 会与镇的关系

水利会与区域内各镇的联系密切。水利会主任与各镇的分管副镇长和镇水利站站长联系最为频繁。事实上主任与镇领导关系密切，也是主任工作成功的标志之一。镇水利站的主要职责是为全镇的水利建设管理服务，对协会则起到监督、协助的作用。水利会向市里申报项目，需要通过主管镇的同意，由主管镇出面申报。水利会也曾依靠镇的行政权力协调各村的水利事务。总之，各项水利事业虽然都在各镇的管理范围之内，但具体操作和执行都交于水利会来完成，镇里负责监督、提供行政支持、进行前期政策铺垫和宣传。两方有密切的工作配合关系。

4. 会与村的关系

水利会的具体工作最终要落实到各村。比如按受益程度的集资协商、水利费的收缴、工程占地协调、防汛抢险的责任等。与村接触的工作多且细。因此水利会的工作人员认为对村工作必须要主动联系，赢得各村的支持。水利会人员与村的干部大多相当熟悉。水利会并不包办本湖畈内的所有水利事务，与村自管的水利事务有明确的区分,除《埕长责任制》分配各村的埕段养护和抢险任务以外,在渠道管理上,水利会只负责对公共干渠的管理,支渠由村自管;村内部灌溉事务,全部由村自管。平时涉及几个村的水利事务,由水利会出面召集各受益村协商解决。非跨村的水利事务,一般都由村内部解决。村内的水利管理和工程修建上的技术问题,往往要寻求水利会的支持,水利会工作人员义务提供技术支持,包括测量场地、设计规划、工程监督等。此外,水利会对各村的大小水利事务往往主动提供支持,从而赢得各村对水利会工作的支持。在村里,水利工作也是村委工作的重要部分,水利会对村的无偿技术支持,各村都比较感激。村里也愿主动配合水利会的其他工作。

总之,在处理与村的关系上,白塔湖水利会做得是比较好的,一是通过公平明确地划分责任来落实工作;二是通过主动热情的服务来赢得支持。

5. 会与其他水利会的关系

白塔湖水利会管辖区域位于枫桥江东岸,西岸为另一水利会所辖。因此白塔湖水利会修建枫桥江标准堤时,也只是修建了自己管辖的一侧。因而观看江两侧的堤防,颜色和高度明显不同。这种景观也是水利会之间管辖范围和职责划分明确所致。白塔湖水利会与其他水利会之间很少有实际的工作联系。

6. 域内各村的水利管理

域内各村内部的水利事务,由村集体进行日常管理。以域内的草江村为例,村委选派三位村民作为农田灌溉员,每人每年三百到五百的工资。农田灌溉员负责管理村里的机泵,从湖里提水灌溉,还要管理机泵出水的主渠道。田间的沟渠都有农户自家管理。村集体负担泵站的维护费用、灌溉员工资和提水灌溉的电费。一般一年运行下来,泵站维护花费 $500\sim1500$ 元(视是否出现故障,维护费用每年相差较大),工资 1200 元,电费 2000 多元。白塔湖区 90% 是平地,采用机泵从湖网中提水灌溉较为普遍,草江村的管理模式在白塔湖区很有代表性。

7. 域内的市管水利工程

白塔湖区的一座电力排涝站($155\text{kW}\times13$ 台)为市管的自收自支事业单位。排涝站的工程设备全部由国家投资。排涝站向受益地区收取每年 25500 元/km³ 费用,作为站里的日常维护和人员工资经费。排涝站独立运作,收费也与水利会分开。白塔湖水利会与排涝站实际的工作联系也不多。

5.4.4　管理模式分析

5.4.4.1　水利会能够长期存在并发挥重要作用的基础因素(见图 5.12)

一是在特有的自然条件下,同一湖畈内各方不得不联合起来保护自己的利益。畈内不管有多少个镇村的行政区域划分,迫于自然条件的制约,在水利事务上形成了共同的利益关系。特别在湖畈的水患面前,"一寸不牢,万丈无用",这种关系更

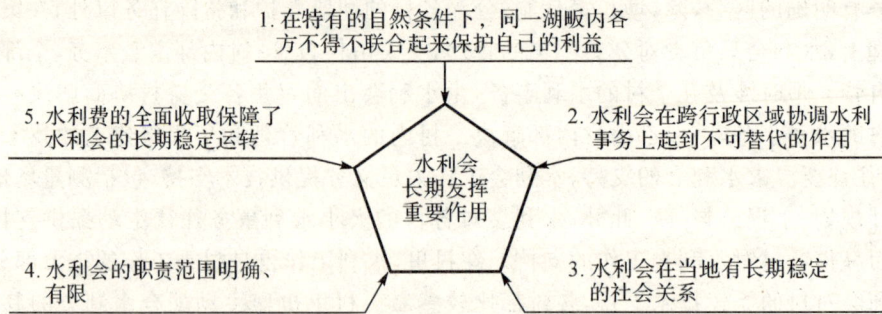

图 5.12　诸暨水利会能够长期存在并发挥重要作用的基础因素

为紧密和紧要。这是水利会存在的根本基础。

二是水利会在跨行政区域协调水利事务上起到不可替代的作用。水利会所扮演的角色,恰使在处理域内水利事务上行政区块的分割所产生的弊端得以很大程度的弥补。从镇与镇层面的横向联系的角度来看,水利会承接了各镇在水利事务管理上容易产生交叉的范围和职责,避免各镇在公共水利事务管理上的矛盾或低效。水利会为各镇之间就水利事务的协商准备了具体的技术基础和广泛的民意基础,使得这种跨镇协调变得现实可行。水利会作为非官方的组织,在出面组织行政区域间的协商时能够保持中立,确保最终结果的公平可信。从村与村层面的横向联系的角度来看,由水利会出面组织受益村协商费用分担或颁布统一的制度公约,有利于减少村与村之间的协作矛盾和复杂程度,有利于公平分配各村的责任,促进受益村协调配合,共同建设管理水利工程。从镇、村两级的纵向联系得角度来看,水利会自下而上反映现实民意,自上而下落实具体事务。水利会与村联系频繁,非常了解各个村的情况,而湖民代表也是来自各村的村主任。因而水利会有非常现实的民意基础,同时又深入了解地理和工程技术细节,所掌握的信息现实、具体、可信。而上级布置的水利事务,同过水利会来具体操作和执行,较为务实,阻力小,收效大。

三是水利会在当地有长期稳定的社会关系。水利会的工作重在协调各方关系,因此没有与市局、受益镇村和各利益相关者有长期稳定的联系,是难以开展工作的。特别是在当前现实情况中,在农村办事并不是严格规范的,水利会与各方面的良好关系就更显重要。水利会能够建立这种长期稳定的关系又有两大基础:首先是长时间的任期使得水利会的工作人员本身比较稳定。水利会工作人员并不按照通常的规定任期改选。人员得到认可就可以继续在任。使得水利会的工作人员能够在日常工作中与各方面的人积累人际关系。其次是选人机制保证了人员水利会工作人员有较强的责任心和较高的威信。水利会工作人员事实上经过了镇的推荐、前任水利会的考察和湖民代表大会表决才能产生,只有那些确实热心水利事务,业务能力强,社会关系好的人才能进入水利会。主任一般都有很高的社会威望和信誉。有些水利会主任成为市劳动模范等。传统上水利会的主任或会长,都由本湖畈内德高望重的人来担任,广大湖民也一直对水利会人员较为敬重。

四是水利会的职责范围明确、有限。如白塔湖水利会的案例中所述,水利会与其他相关各方的关系比较明确,这对水利会的有效率地开展工作大有裨益。水利会的管理职责范围是有限的,或者说是限于共同利益纽带的。水利会将村作为最小的利益单元,将本湖畈作为最大利益整体。在此区间之外的事务,并不属于水利会所辖。水利会长期坚持做好自己的核心职责内的工作,同时也确保了机构的小而高效。

五是水利费的全面收取保障了水利会的长期稳定运转。水利费的全面收缴使得水利会常规运转经费得到长期稳定的保证,而多种经营的收入是水利会运转的必要补充。

六是湖民代表大会制度并不是一个普通湖民所能直接参与的民主决策组织形式,但恰恰是这种形式保证了水利会能卓有成效地开展工作。白塔湖湖民代表大会制度规定"一般一个受益村选派一名(村主任)作为湖民代表,同时邀请有关主管镇镇长以及受益镇分管农业的镇长、水管站长、上级业务主管部门领导参加会议,组成湖民代表会",从制度上已经注明代表的身份。实际情况的确如此,湖民代表组成人员都是村主任、水利会工作人员以及镇的分管领导。普通村民基本不参与代表大会,以致对水利会的日常运作和近期工作了解甚少。这点我们在村民调研中也得到了证实,有些村民知道有个水利会,但不知道会里近几年都做过什么工作;所有被访问的普通村民都不曾参加过湖民代表大会的决策过程。事实上,湖民代表大会在基层是没有推选代表的形式的,新一届村主任自然成为代表本村的湖民代表。因此,湖民代表并不是真正意义上的湖民,确切地说代表基本上都是本地水利事务的主管,各名代表在本村或本镇都有较高的行政权利。那么从本质上来说,湖民代表大会并不是一个普通湖民所能直接参与的民主决策组织形式。普通农民的参与通过两个途径来体现,第一个是通过村委民主选举,推选出能够代表民意的村主任。村主任收集本村村民意见,参与到湖民代表大会行使民主权利;第二个是村民直接向水利会工作人员反映情况,配合工作人员的工程设计调研和巡查。但第二种方式往往是没有保障的,实际的参与面也较小。但也恰恰是这种制度形式,保证了水利会能够卓有成效地开展工作。首先是保证效果。水利会毕竟不是一个行政权力机构,目前仅能算一个还未在民政部门注册的民间社团组织。水利会也不是能够直接调动各村的力量的,它需要依托镇村两级的行政权力。各镇或各村的水利事务协调,也需要通过水利会这个平台解决。因而,水利会、村集体和镇政府在水利事务上,是相互借助、相互依靠的整体,三者集中到湖民代表大会这个最高权力机构中协调地方水利事务。这个全部都由水利主管领导组成的代表组织,有力地保证了决策的有效性和落实的力度。其次是保证效率。湖民代表成员都是行政区内有决定权的人,协商一致,立可生效;湖民代表文化层次相对普通村民较高,且了解本行政区内各方面的利害关系,办事稳妥执行能力强;水利会一般不直接与村民协调工作,涉及村内协调的事务,依靠村委出面解决;而涉及较多村的工作,依靠镇级行政权力统一协调。避免农村人多口杂,点多面广的问题,借助湖民代表的行政权力较顺利的开展工作。

5.4.4.2 市场化管理中存在的主要问题

村干部担任水利会的湖民代表已成为定势。如前所述,目前的白塔湖水利会的湖民代表大会更像是地方水利事务主管的大会。这样的机制的运行效率与村民参与程度之间的关系是值得探讨的。

财政拨款的比例难以确定。财政扶持,特别是占大部分的市级财政的扶持占多大的比例是合适的? 比例过大可能会削弱农户对水利工程所有权的意识,从而淡化自主管理的意识。比例过小又会对基层水利基础设施建设产生消极影响。

民主机制和行政化的冲突。由于一些当地的行政领导不很了解水利会的性质,又加上水利会的一些工作人员也比较愿意行政任命,因此有很多水利会主任不是湖民选举产生的,一些重大事项也往往以行政手段代替湖民代表大会制,水利会组织有一种行政化倾向。

水利费仅是水利会运转费用。水利费不是用水的成本,而是水利会运行的成本。事实上农民向水利会交纳的水利费,并不是水利工程运行维护的成本,而主要是水利会管理运行的费用。农民并没有直接向水利工程投入维护资金。水利会基本靠搞多种经营的收入来弥补工程的小修和维护。(这里是可以通过经费计算一下的)。所以本质上来说,农民是在为一个本地水利事务的管理、协调组织的正常运行支付费用,而不是水利工程的建设修护本身。水利工程的建设修护资金仍是由各级财政拨款和村集体集资联合筹措。那么农民参与水利工程建设管理的直接贡献仍然是参与集资,而集资是没有制度保障和稳定性的,不是稳定持续的。由此,从农民参与的角度来看,产生了可持续的水利工程管理组织和不可持续的水利工程经费渠道。

工业企业要不要交水利费。区域和职责涵盖了工业企业,但没有企业代表。据诸暨水电局周局长介绍,当地存在企业捐赠资金,从几万到二十万不等。但对于大多数企业来说,企业交纳的税款中包括了水利事业费,因而企业不愿交水利费。随着城镇化进程的推进,工业经济的发展,农田的减少,原有以农田为收费对象的模式已不适应当前的水利会正常运转,特别是水利工程建成后对管理的要求在提高,相应的管理费用在增加,经费不足的问题已经产生,必须寻找一条新的发展之路。

水利会达到多大规模,运行的效益最高。白塔湖水利会是最大的水利会,运行经费尚且不足,可想较小的水利会水利费收入比之白塔湖大幅减少,但管理运行成本确是有一定固定底线成本的,未必同比例减少,运行必将更为困难。此外水利会的规模较小,在当地的影响力和威信未必如白塔湖水利会这样高。将小水利会合并成大的水利会,目前尚只有一例,四个小湖流域自然形成的水利会。

水利会的合法地位如何解决。目前水利会从其性质来说是一种区域性群众自治组织,但没有法人资格,合法性得不到确认,没有正式的身份,这就意味着水利会面临的是无权对村委或农户开具正规的发票,对其正常工作的开展带来诸多不便。

水利会管理人员。水利会工作人员是从本湖受益村干部中选举产生的,也有退伍军人,存在年龄偏大、专业知识欠缺、开拓创新意识不强。

5.4.5　管理模式的改进与创新

水利会管理模式在建设和管理跨行政区域的农村水利公共工程上能够发挥不可替代的作用。以这样的一个组织为纽带,介于政府和农户之间,能对跨行政区域的水利工程担负起真正的管理责任。要进一步发挥水利会的作用,还需要在下述几个方面进行改进:

第一,水利会作为一种民间组织,应避免行政化。当地的镇领导必须认识并保持这种民间组织的重要性,特别是民间组织在调动民间力量参与水利工程建设和管理、广泛深入收集基层和农户的需求、协调各方面关系利益等方面的重要性。镇领导不能将水利会当作一个政府机构来管理。

第二,水利会在民政部门注册为正式的法人组织。根据现行有关规定,要成立一个具备法人资格的民间组织,应该有主管单位、明确的章程和 3 万元的注册资金、发起人和 50 名以上的会员。这些条件,白塔湖水利会以及大部分其他的水利会都是能够满足的。确立了正式的身份,将对水利会今后的发展起到积极的作用。

第6章　中国水利市场化管理效率 的空间差异研究

在水资源现状严峻、水利设施极其重要和管理存在困境的背景下,一方面,需要缓解日益严重的水资源供需矛盾,实现水资源的有效配置。建设节水型社会将逐渐减少农业用水量,我国灌溉水利用率仅有40%左右,发达国家的灌溉水利用率可以达到78%~80%,农业用水的低经济效益与高消耗比例显而易见;从另一方面来看,粮食安全是我国高度关注的重大问题,水是农业生产不可缺少的关键要素,目前短缺的农业供水制约了粮食产量的提高,而在建设节水型社会目标下,农业用水将进一步减少,这必将威胁到国家粮食安全(杨朔,2008)。如何解决农业用水供给量和需求量在节水型社会建设与国家粮食安全两大战略方针之间的矛盾?关键在于提高农村水利设施的管理效率,进而提高农业水资源生产效率,这样既能节省大量农业用水来缓解非农行业用水紧张的现状,又能保证在有限农业用水情况下高效用水,保证粮食生产安全。

从经济学的资源配置角度看,在产权界定清晰的前提下,市场机制是理想的资源配置方式,通过价格机制的自发调节,实现资源在产业之间和产业内部不同生产部门间的有效配置。然而,社会制度和经济体制等原因会影响资源配置的有效性,实际的生产经营活动可能由于信息不及时或不充分、管理水平低效、生产规模不合适、技术水平等原因,各生产主体难以实现生产资源的有效配置(孙巍,2000)。如何有效识别并提高农村水利管理效率,从而提高农业水资源的生产效率?这是本章所要解决的核心问题。本研究基于国内外已有研究,参照生产配置效率概念框架,考察不同地区农村水利生产配置实际状态与有效配置理想状态的差距,并基于空间计量经济模型进一步探讨差距存在的原因,试图寻找提高农村水利管理效率的途径。第一,不同地区农村水利设施实际生产配置状态与有效配置状态的差距有多大?哪些方面的因素造成了这些差距?第二,不同地区农村水利设施管理效率差距是否存在空间效应?第三,影响农村水利设施管理效率的影响因素是什么?如何有效地提高农村水利的管理效率?我国农村水利建设还存在投资结构单一,使用效率不高,水利设施老化失修、配套不全,农业用水的效率还需提高等问题,这就需要对我国农村水利设施管理效率的现状进行评价,并探索提高管理效率的方法。本章分别从理论框架和实证模型的角度,构建了基于DEA的农村水利设施管理效率的测算模型,并构建了考虑空间因素的农村水利设施管理效率的空间计量模型,为后面章节的实证研究奠定基础。

6.1 中国农村水利发展状况及存在的问题

自 1949 年新中国成立以来,我国对农村水利建设投入大量人力、物力和财力,初步形成了集防洪、排涝、灌溉、水土保持和养殖等为一体的农村水利工程体系(张宁,2007)。计划经济体制下,我国形成了政府财政拨款和农民投工投劳的二元投资结构,这一时期水利事业有很大发展。随着社会主义市场经济体制逐步确立,我国水利设施投资和管理的各项弊端逐渐显现,政府控制水利投资,抑制了私人部门对水利的投资,使水利成为国家和农民的事业。随着农村水利市场化改革的不断深入,水利投资开始向多元化、多层次、多渠道的投资结构转变,投资来源从主要靠财政资金转变为依靠财政资金、贷款、社会筹资等多种渠道;投资方式也由政府独资转变为国家、地方政府、私人组织相结合,这些新的措施对新时期水利建设有极大的促进作用(刘文,2008)。人均水资源量少、水资源时空分布不均是我国水资源的基本国情,洪涝灾害频繁、水土流失严重、水资源短缺和水生态环境脆弱等特点,决定了我国治水任务最为繁重、治水难度最为艰巨。新中国成立以来,我国围绕着防洪、供水、灌溉等方面,开展了大范围大规模的水利工程建设,初步形成了不同规模的水利工程体系。

6.1.1 中国农村水利发展现状

近年来,国家高度关注水利薄弱环节建设,全面加快水利基础设施建设,实行最严格水资源管理制度,划定用水总量、用水效率和水功能区限制纳污"三条红线",这些措施使我国农村水利有很大发展,本节从水利固定资产投资、蓄水工程、堤防和水闸、农业灌溉等方面分析我国农村水利建设取得的成果。

由于水利具有很强的公益性、基础性和战略性,2011 年的中央一号文件提出,应抓紧建立以政府公共财政投入为主,社会投入为补充的水利投入稳定增长机制。图 6.1 显示 2005—2011 年水利固定资产投资及其按用途分类情况,2005—2007年水利固定资产投资年均增长 13%,从 746.8 亿元增长到 944.9 亿元;2008 年之后,投资加速增长,年均增长 56%,从 944.9 亿元增长到 3086 亿元。从水利固定资产投资按用途分类情况来看,主要分为防洪工程、水资源工程、水土保持及生态环境工程和水电、机构能力建设等专项工程四个大类。防洪工程主要包括大江大河治理、控制性枢纽工程、病险水库加固工程、大中型病险水闸、城市防洪堤、行蓄洪区安全建设、重点海堤、国际界河、防汛通信、水文建设、防汛机动抢险队、平垸行洪退田还湖移民建镇和山洪灾害等工程;每年防洪工程所占水利固定资产投资的比例都很大,投入总额也逐年增加,从 2005 年的 292.8 亿元增长到 2011 年的

1018.3 亿元。水资源工程主要包括节水灌溉工程、人畜饮水、大型灌区建设、重点水源工程、小型农村水利设施、牧区节水灌溉示范工程和灌排泵站工程;水资源工程的重要性逐年受到关注,投资额从 2005 年的 223.1 亿元增加到 2011 年的 1284.1 亿元,平均年增长 79%。水土保持及生态环境工程主要包括重点治理和生态修复,从 2005 年的 39.2 亿元增长到 2011 年的 95.4 亿元。水电、机构能力建设等专项工程主要包括基础设施建设、科研教育、前期工作项目、小水电及农村电气化工程和其他项目;专项工程投资额增加速度明显,2005—2011 年间,从 191.7 亿元增加到 688.1 亿元,年平均增加 43%。

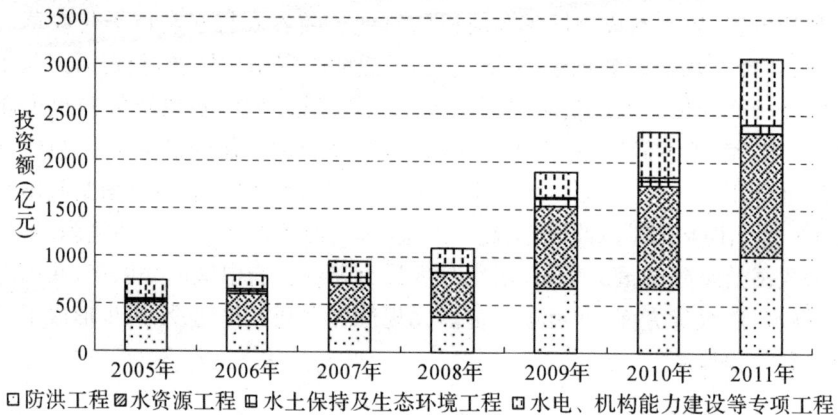

图 6.1   2005—2011 年我国水利固定资产投资使用情况

资料来源:作者根据《中国水利年鉴》2005—2011 年数据整理获得。

6.1.1.1   蓄水工程

兴建水库等蓄水工程,解决了水资源时间分布不均问题;跨区域引水调水工程,解决了水资源空间分布不均问题,我国初步形成了蓄引提调相结合的水资源配置体系。我国水库数量不断增长,调蓄能力不断提高,水库数量从 1949 年的 1200 多座增加到 2011 年的 8.72 万座,水库总库容从约 200 亿 m³ 增加到 7064 亿 m³。2005—2011 年,水库的总库容从 5624 亿 m³ 增加到 7201 亿 m³,其中大型水库数目从 470 座增加到 567 座,大型水库总库容从 4197 亿 m³ 增加到 5602 亿 m³。图 6.2 显示了对农村水利建设有重要影响的小型水库建设情况,2005—2011 年,我国小型水库数从 81704 座增加到 84692 座,小型水库总库容从 602 亿 m³ 增加到 645 亿 m³。小型水库库容量所占水库总库容的比例不高,且有下降的趋势,2005 年占总库容的 10.7%,2008 年下降到 9.06%,2011 年比例达到 8.96%。

6.1.1.2   堤防和水闸

大江大河干流防洪减灾体系是我国水利建设的重要组成部分,七大江河基本

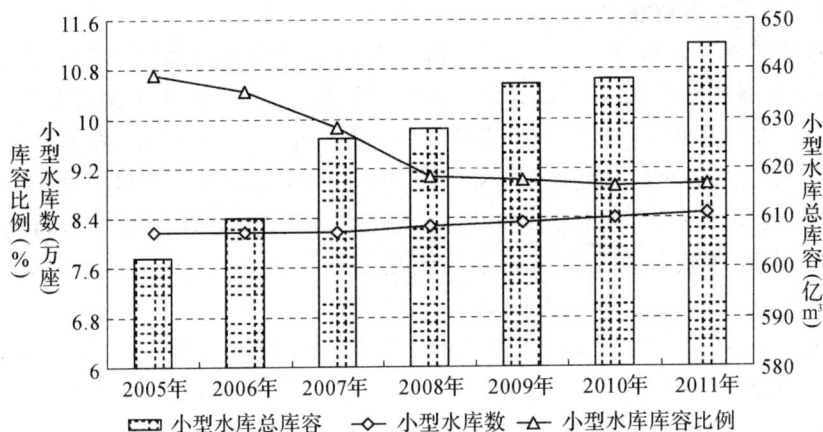

图 6.2 2005—2011 年我国小型水库建设情况

资料来源:作者根据《中国水利年鉴》2005—2011 年数据整理获得。

形成骨干枢纽、河道堤防、蓄滞洪区等工程措施与水文监测、预警预报、防汛调度指挥等非工程措施相结合的大江大河干流防洪减灾体系(周学文,2011)。2011 年,全国已建堤防 30 万 km,是 1949 年的 7 倍;大江大河重要河段具备防御特大洪水灾害的能力,重要城市防洪标准也达到防御 100~200 年一遇洪涝灾害的水平。图 6.3显示了我国堤防工程和水闸数量的建设情况,2005—2011 年,我国堤防长度从 27.7 万 km 增加到 30 万 km,水闸数从 39839 座增加到 44306 座,保护耕地面积从 441.21 万 km² 减少到 426.25 万 km²,保护人口从 54174 万人增加到 57216 万人。

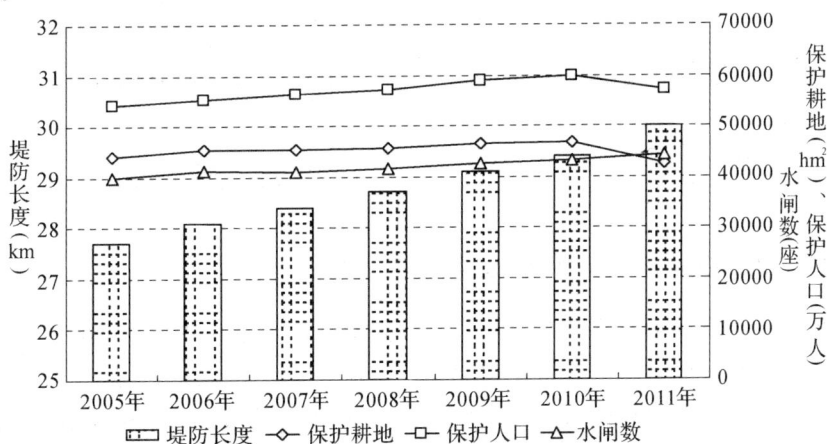

图 6.3 堤防工程及其社会安全效益

资料来源:作者根据《中国统计年鉴》、《中国水利年鉴》2005—2011 年数据整理获得。

6.1.1.3　农业灌溉

新中国成立以来,特别是 1950—1970 年间,我国开展了大规模的农村水利建设,大力提高农田灌溉面积,提高低洼地区的排涝能力,初步建立我国农田灌排体系。全国农田有效灌溉面积占世界首位,从 1949 年的 160 万 km^2 增加到 2011 年的 592.67km^2,占全国耕地面积 48.7%。图 6.4 显示 2005—2011 年我国农村水利设施的建设情况,万亩以上的灌区从 2005 年的 5860 处减少到 2011 年的 5795处,农田有效灌溉面积从 565.6 万 km^2 增加到 603.5 万 km^2,机电排灌面积从 378.7 万 km^2 增加到 407.5 万 km^2。

近年来,我国政府实施灌区续建配套工程与节水改造项目,大力倡导节水灌溉技术,农业灌溉用水有效利用系数从 1949 年的 0.3 提高到 2011 年的 0.5。农村水利建设极大提高了农业生产能力,以占全国耕地面积 48.7% 的灌溉农田,生产了全国 75% 的粮食和 90% 以上的经济作物,农村水利建设为保障粮食安全做出重大贡献。

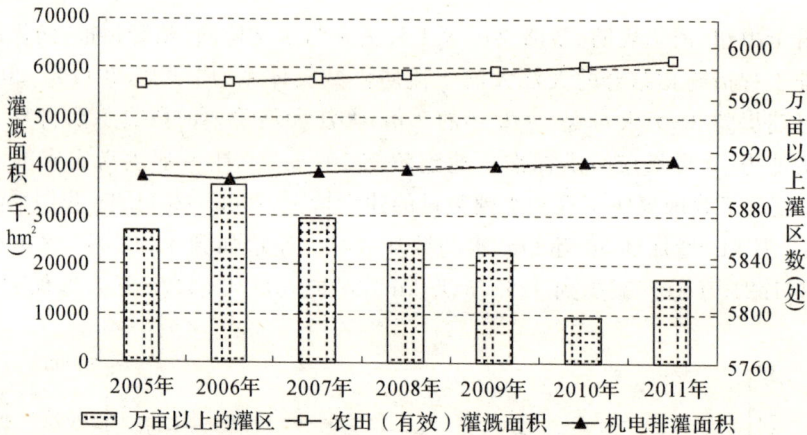

图 6.4　全国灌区建设情况

资料来源:作者根据《中国水利年鉴》2005—2011 年数据整理获得。

6.1.2　中国农村水利管理存在的问题

虽然我国农村水利建设在国家的大力支持下取得了较大成就,但小型农村水利还是在相当长的时间里存在"产权不清、主体缺位、工程老化、效益衰减"等现象,加大了农村水利管理难度,直接影响了农业生产的稳定发展。总结我国农村水利市场化管理存在的问题,主要集中在以下几点:

6.1.2.1　水利固定资产投资存在缺口且投资结构单一

我国治水任务艰巨,所以对资金的需求也很大,由于没有稳定增长的水利投入机制,水利建设长期存在较大投资缺口,1998—2010 年年均水利投资 367 亿元,水利设施投资支出在中央预算内固定资产投资中所占比重不高,且在 14%～24% 的范围内波动。我国政府认识到水利投资的重要性和紧迫性,制定了水利建设的目标,根据该目标 2011—2020 年 10 年间全国水利建设投资需求约为 4 万亿元,而 2011 年,全国水利实际投入约 3085 亿元,投资缺口较大。2011 年中央预算内固定资产投资中水利的比重约为 18%,无法满足江河治理、农村水利建设等需求,需要进一步提高水利在国家固定资产投资中的比重,需要落实好"从土地出让收益中提取 10% 用于农村水利建设"的政策,用来增加水利建设的投入。从 2008 年数据看,土地出让收入东部地区占 66.7%,中西部地区仅占 33.3%,而农村水利建设资金需求东部占 30%,中西部占 70%(周学文,2011),这显示东西部地区需求和供给之间存在空间不匹配的问题,而且土地出让收入主要集中在大中城市,而农村水利建设资金需求量最大的却在广大农村,这也是一大矛盾。

　　水利事业公益性强,社会和个人投资少,融资能力较弱。自从取消"农村义务工、劳动积累工"后,农村群众投工投劳骤减,而新的水利建设的投入机制没有有效建立,这从投入机制上对农村水利的建设提出了挑战。图 6.5 显示了 2005—2011 年水利投资来源,主要有政府投资、利用外资、企业和私人投资、国内贷款和其他投资,从中可以看出水利建设投资增长较为单一,政府投资的比重逐年上升,从 570 亿元上升到 2659 亿元,为支持中小型水利工程建设,中央财政专项水利资金规模逐年增加,2011 年达到 346 亿元;水利建设基金进一步提高,2011 年中央水利建设基金规模达到29.4亿元,重大水利工程建设基金达到 422 亿元;国内贷款数也逐年上升从 94.1 亿元上升到 270.3 亿元。而其他的投资渠道没有增多的趋势,这就需

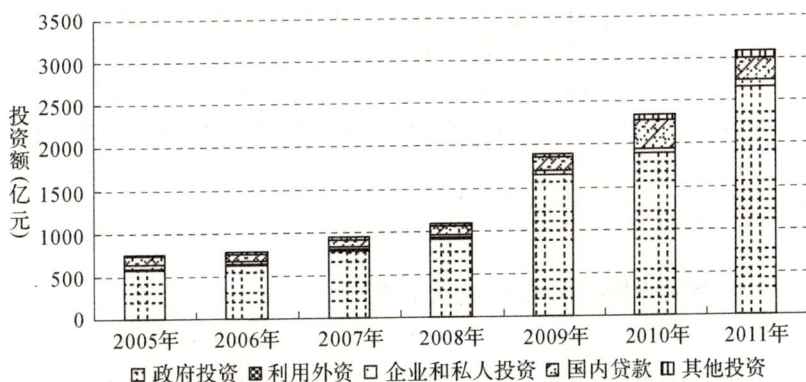

图 6.5　水利固定资产投资资金来源情况

资料来源:作者根据《中国水利年鉴》2005—2011 年数据整理获得。

要制定有效的水利建设金融支持政策、发布吸引社会资金参与水利建设的政策措施,从而拓宽水利投融资渠道;还需要加强对水利建设资金的监督管理力度,确保资金安全使用。

6.1.2.2 农村水利工程管理效率不高

我国的农业生产以灌溉农业为主,粮食产量对农村水利设施有较大的依赖。农村水利建设滞后,有效灌溉面积不足,农村水利设施薄弱,水利设施投入不足等还是我国现阶段农村水利建设面临的主要问题,这些问题一方面导致农业生产潜力没有得到充分发挥,另一方面导致农业生产抵御旱涝灾害的能力较低,这使我国农业稳定发展和粮食安全面临风险。

图 6.6 显示我国水利投资与农业水利建设的情况,2005—2010 年我国水资源工程每年以 79% 的速度增加投资,而农田有效灌溉面积年平均只有 2% 的增长,旱涝保收面积年平均只有 1.3% 的增长,机电排灌面积年平均只有 2% 的增长,这说明我国农村水利设施的投入与产出之间差异明显,农村水利工程效率不高。水利工程良性运行机制仍不完善,制约了水利工程的良性运行,影响了水利工程效益的充分发挥。

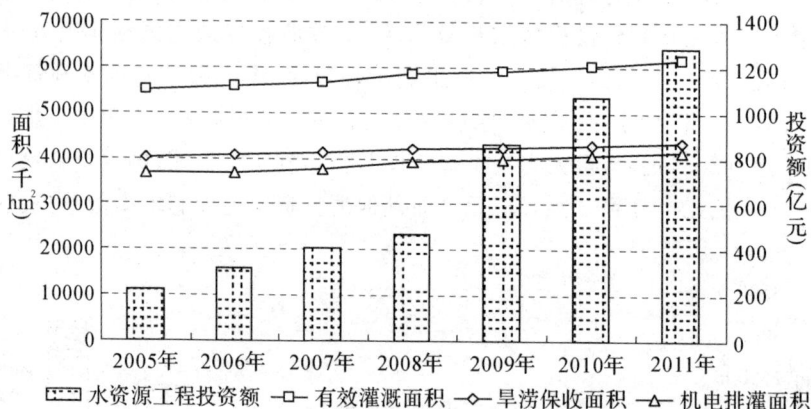

图 6.6 水利投资与农业水利建设情况

资料来源:作者根据《中国农村统计年鉴》、《中国水利年鉴》2005—2011 年数据整理获得。

6.1.2.3 水利设施老化失修、配套不全

我国水利设施老化失修严重。现有灌溉排水设施很多都是 1950—1970 年间建成的,由于管理和维护经费短缺等因素,我国水利设施长期缺乏管护,损坏率较高,效益水平逐年减低。大型灌区的骨干建筑物损坏率达到近 40%,病险水库数量也高达 4.1 万多座,水利设施老化损坏等原因平均每年约减少有效灌溉面积 3000km^2(周学文,2011)。

农村水利设施标准不高、配套不全。全国较多中小河流没有得到治理,只能防御 3～5 年一遇洪水,达不到国家规定的 10～20 年一遇以上防洪标准;人均水库库容仅为世界平均水平的一半;许多蓄滞洪区围堤标准低,缺少进退洪工程和避洪安全设施。大型灌区的田间水利工程配套率仅约 50%,灌溉面积中有 1/3 是中低产田,旱涝保收田面积仅占现有耕地面积的 23%,这些现状都说明我国水利配套设施还是较低。

6.1.2.4 农业用水使用效率偏低

随着工业化、城镇化建设的加速发展和农业现代化的加快推进,我国水资源需求将在较长的一段时期内持续增长,2010 年全国用水总量 6022 亿 m^3,其中农业用水约占 61%,我国灌溉农业的特点决定了以农业为主的用水结构将长期存在。从供水量的角度来看,我国平均缺水量约 536 亿 m^3,人均用水量约 440m^3,仅是发达国家的 2/5 左右,供水能力明显不足。

从图 6.7 可以看出我国农业用水量占总供水量的比重逐年降低,从 2001 年的 69% 下降到 2010 年的 61%;有效灌溉面积占耕地面积的比重也小幅度上升,从 2001 年的 41% 上升到 2010 年的 50%;2001—2010 年农业总产值上升较快,从 14463 亿元上升到 36941 亿元,这说明我国农业用水的效率逐渐提高,呈现可喜的趋势。虽然我国农业用水效率有所提高,但综合来看粗放的用水方式没有得到改变,世界先进水平每平方米水粮食产量已达 2～2.4kg,而我国不足 1.2kg;万元工业增加值用水量约 116m^3,需水量是发达国家的 2～3 倍;农业灌溉用水有效利用系数世界先进水平是 0.7～0.8,而我国只有 0.5,远低于世界先进水平(周学文,2011)。这些数据都说明我国农业用水效率还不高,还需要提高水资源的利用效率。

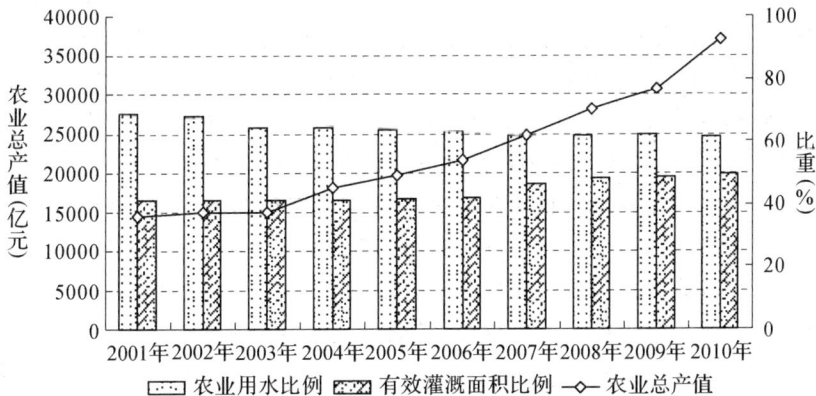

图 6.7 农业用水使用情况

资料来源:作者根据《中国统计年鉴》、《中国水利年鉴》2001—2010 年数据整理获得。

6.2 水利市场化管理效率的空间理论与实证

6.2.1 理论框架

6.2.1.1 水利管理效率的 DEA 评价方法

前面已经介绍了数据包络分析的相关内容,研究我国农村水利工程利用效率,希望分析各地区技术效率的差异、原因和解决方向,因此详细了解纯技术效率和规模效率的变化情况,便于从规模和技术上进行分析显得很有必要,研究采用可变报酬规模方法进行分析。通过研究农村水利工程资源的利用效率以期达到利用资源获得最大收益的目的,即在保证要素投入不变的情况下,增加产出的水平,选择产出主导型 DEA 计算方法展开研究。

$$\min \theta - \varepsilon \left(\sum_{i=1}^{m} s_i^- + \sum_{r=1}^{s} s_r^+ \right)$$

$$s.t \begin{cases} \sum_{j=1}^{n} \lambda_j x_{ij} + s_i^- = \theta x_{i0} & i = 1, \cdots, m \\ \sum_{j=1}^{n} \lambda_j y_{rj} - s_r^+ = y_{r0} & r = 1, \cdots, s \\ \sum_{j=1}^{n} \lambda_j = 1 \\ \lambda_j, s_i^-, s_r^+ \geqslant 0 & j = 1, \cdots, n \end{cases} \quad (6.1)$$

式中,n 表示我国的 31 个省(区、市)作为决策单元,每个决策单元在农村水利设施建设中有 m 项投入和 s 项产出,x_{ij} 表示第 j 个省(区、市)在第 i 个方面对农村水利设施的投入,y_{rj} 表示第 j 个省(区、市)在第 r 个方面农村水利设施的产出,λ_j 为各省(区、市)投入和产出的权向量,s_i^-,s_r^+ 为松弛变量,每个决策单元都有相应的技术效率指数 θ,$\theta \in (0,1)$,反映了各省(区、市)的农村水利设施的产出与可能的最大产出间距离的比值,能够反映农村水利设施利用的静态效率。

以往关于中国农业水利和水资源生产率的研究很多,尽管这些实证研究采用不同的分析方法,但都是基于可获得数据和经典的理论模型,以土地、劳动力及农业机械为生产函数的普遍投入变量。考虑本研究分析的是农村水利设施的效率问题并兼顾已有的研究在投入产出指标,借助传统的生产函数,构建了包含土地资源在内的投入产出分析框架:

农村水利建设情况 $= f$(劳动投入,资本投入,技术投入,土地资源投入) (6.2)

式(6.2)把农村水利设施系统看作一个投入产出的企业,那么农村水利设施建设情况就是这个企业的产品,根据科布-道格拉斯生产函数来看,影响产品产量的投入要素可能就是劳动和资本等。而现有的研究也将资本和劳动作为研究农业问题和水资源问题的主要投入因素,钱文婧、贺灿飞(2011)利用基于投入导向的DEA 模型,以水资源、资本和劳动力为投入,以 GDP 为产出,采用省级数据计算我国水资源利用效率;朱立志、邱君和魏赛(2005)基于耕地、劳动力、物质投入和农业用水等投入变量的 C−D 生产函数,分析了华北地区和中国各省区农用水资源投入产出状况、配置效果、提高利用率的潜力。

在农村水利设施的建设中增加劳动和资本投入,可以直接增加农村水利设施的数量,除了资本和劳动外,技术因素也是影响农村水利设施建设的一个主要因素,技术水平的提高,可以更有效使用劳动和人力资源增加产量。吴平、谭琼(2012)从人力、资本和技术三个方面的投入考虑,选择亩粮食总产量、机电排灌面积占耕地面积比率和旱涝保收面积占耕地面积的比率作为产出指标分析了我国24 个粮食主产区的农村水利效率。

由于农村水利设施的特殊性,其作用对象是耕地,如果耕地面积越大,越有利于实现农村水利设施的效用,如果耕地面积少,就算投入资本、劳动和技术也不可能有效提高农业产量,土地数量可能是影响农村水利设施建设的一个影响因素。王学渊、赵连阁(2008)用单位农业生产总值作为产出,以土地、劳动力、农业机械总动力等作为投入变量,利用面板数据 SFA 方法测算了中国农业生产的技术效率与灌溉用水效率;郭军华等(2010)运用三阶段 DEA 模型,产出变量选择农林牧渔总产值,投入变量选择劳动力、土地、农业机械动力等对农业生产效率进行实证研究。

6.2.1.2　影响水利管理效率的空间因素

已有文献关于农村水利管理效率影响因素的分析中,王金霞、黄季焜(2000)从产权制度、治理机制、管理者经营能力、系统成熟度和系统规模的角度度量机电井系统的技术效率水平;马林靖、张林秀、罗仁福(2007)认为自然条件、村经济因素、村社会因素及村治理因素是造成地区之间农村水利基础设施投资差异的主要原因。刘彬彬、陆迁(2013)从农户个体及家庭特征,农户认知因素,社区环境因素和社会资本因素等角度探究影响农村水利设施合作供给意愿的主要因素;张宁、陆文聪、董宏纪(2012)认为影响农村水利管理技术效率的因素包括水利工程产权、数量及规模、管理模式、区域经济发展水平、水费机制和农民参与程度;总结已有研究,学者们主要从地理环境、自然灾害、水利产权、治理机制、地区经济条件、农村水利工程规模与效益、农村劳动人数、经营能力等方面来分析农村水利效率的影响因素,几乎没有学者考虑空间地理上的关联性对农村水利管理效率的影响。本章结合我国各省统计数据及调研的实践,将农村水利效率的影响因素整理划分为地理环境与自然灾害、投资结构与经济条件、人力资本与经营能力、工程规模与工程效益、空间因素五个方面来构建农村水利设施管理效率的影响因素。建立考虑空间因素的空间计量模型框架如下:

农村水利管理效率＝ f(地理环境与自然灾害,投资结构与经济条件,工程规模与工程效益,人力资本与经营能力,空间因素)　　　　　　　　　　　(6.3)

1. 地理环境与自然灾害

朱红根(2010)运用博弈模型逻辑和 Logostic 模型分析农户参与农村水利建设意愿的影响因素,认为区域类型、易洪易涝面积比重、村庄双季稻种植比重等指标对农户参与农村水利建设意愿有显著的正影响。Kaneko 等(2004)基于中国1999—2002 年的分省(区、市)数据集,采用 C－D 随机前沿生产函数方法测算灌溉用水效率,发现农业用水效率的影响因素主要包括气候、土壤等自然条件。从地理环境与自然灾害角度来看,地理环境较好的地区,意味着适合农作物生长的平原和盆地等地形所占比例较大,适合农村水利设施的建设,也有利于发挥作用;自然灾害多的地区容易使农村水利设施受到破坏,也影响农作物产量的提高,对农村水利设施管理效率有不利的影响。

2. 投资结构与经济条件

倪细云、文亚青(2011)实证分析影响农民对农村水利基础设施建设满意度的因素发现:投资主体、近五年是否修筑新农村水利设施、区域比较等因素影响农民农村水利基础设施建设满意度。张宁、陆文聪(2012)认为水利工程产权、管理模式、区域经济发展水平、水费机制和农民参与程度影响农村水利管理技术效率的因素。投资结构体现农村水利设施中政府投资和非政府投资的情况,政府投资多意味着更易于集中化和规模化管理;经济条件好的地区有条件实现工业等产业反哺农业,可能更有利于农村水利设施管理效率的提高。

3. 工程规模与工程效益

农村水利设施规模可能是影响管理效率的一个重要因素,王金霞、黄季焜(2002)建立机电井系统供水量的随机边界生产函数模型发现系统规模、系统成熟度是影响机电井系统技术效率的主要因素。如果灌溉系统的规模不适中,规模过大或过小,都可能影响管理者经营能力的发挥和资源的优化配置,从而不利于农村水利设施管理效率的提高;反之,如果水利设施规模合适,从经济学的角度讲,平均成本最小时,资源的报酬最高,资源的配置得到最大化的优化,有利于管理效率的提高。

4. 人力资本与经营能力

刘彬彬(2013)运用二元 Logistic 模型探究农村水利设施合作供给意愿的主要因素,认为务农人数占家庭人数比例对农户的供给意愿有重要影响;朱红根(2010)认为种稻收益、粮食补贴政策评价、农业劳动力人数等因素对农户参与农村水利建设意愿有显著正影响,兄弟姐妹个数对农户参与农村水利建设意愿有显著负影响。所以人力资本方面,如果农村从业人口多,对农村水利设施需求量就大。王金霞(2000)认为管理者经营能力对机电井系统的技术效率水平有显著的正向影响。管理者经营能力强,能合理配资资源,有效利用可以利用的机会来谋求发展,那么农村水利设施管理效率就高。

5. 空间因素

空间因素,新经济地理理论(Krugrnan,1991;Fujita, et al.,1999)认为地区经济行为的高密度或低密度的地理分布很少是随机产生的,集聚产生的地点是由最初天赋条件或后天条件决定的,以往的文献较少研究不同地区之间农村水利设施管理效率的空间关联性,本文将其作为一个影响因素构建模型,从而分析农村水利设施管理效率空间上的分布状况和影响程度。

6.2.2　实证模型

6.2.2.1　农村水利管理效率测算模型

农村水利设施管理效率分析框架中选择劳动、资本、技术和土地作为投入指标,农村水利建设情况作为产出。根据理论框架模型,本章构建农村水利管理效率测算模型:

农村水利建设情况(有效灌溉面积、旱涝保收面积和机电排灌面积)=f[农林牧渔从业人口,农村固定资产(水利)构成情况,农用机械总动力,耕地面积] (6.4)

式(6.4)选择农林牧渔从业人口代表劳动的投入;选择农村固定资产构成中水利建设的资金情况作为资本的投入指标;农用机械总动力表示农村先进耕种设备的使用情况,可以用其来代表技术的投入;选择耕地面积作为土地指标的投入。

参考中国农村统计年鉴对农村水利建设情况的评价体系并结合本研究的目的,产出指标选择有效灌溉面积、旱涝保收面积和机电排灌面积这三个指标,可将其作为农村水利管理效率的产出评价指标。

投入产出各指标所选择的评价变量及其含义如表6.1所示:

表 6.1　农村水利管理效率评价指标

	变量名		单位	定义与度量
投入变量	劳动	农林牧渔从业人口	万人	从事农林牧渔业社会劳动并取得劳动报酬或经营收入的全部劳动人口
	资本	农村固定资产(水利)构成情况	亿元	指使用年限在一年以上,单位价值在规定的标准以上,并在使用过程中保持原来物质形态的水利资产
	技术	农用机械总动力	万 kW	指用于农、林、牧、渔业生产的各种动力机械的动力之和
	土地	耕地面积	$10km^2$	经常进行耕种的土地面积

续表

		变量名	单位	定义与度量
产出变量	农村水利建设情况	有效灌溉面积	10km²	指具有一定的水源,地块较平整,灌溉工程或设备已配套,在一般年景下当年能够进行正常灌溉的耕地面积
		旱涝保收面积	10km²	指在有效灌溉面积中,灌溉设施齐全,抗灾能力较强,土地肥力较高,遇到较大的旱涝灾害能保证遇旱能灌、遇涝能排的耕地面积
		机电排灌面积	10km²	利用动力机械驱动水泵进行排灌的灌溉面积

资料来源:本研究整理.

6.2.2.2　水利管理效率的空间计量模型

前文从地理环境与自然灾害、投资结构与经济条件、工程规模与工程效益、人力资本与经营能力和空间因素五个方面建立影响农村水利设施管理效率的分析框架,借鉴学者对影响农村水利管理效率影响因素的成果,结合实地调研的情况,建立农村水利管理效率的空间计量模型如下:

农村水利管理效率 $= f$(地形地貌,水资源总量,受灾面积,水利设施投资结构,区域经济发展水平,灌溉系统规模,水利工程效益,农业人口比重,农业劳动报酬管理者经营能力,空间因素)　　　　　　　　　　(6.5)

式(6.5)中将农村水利管理效率作为被解释变量,选择地形地貌、水资源总量、受灾面积、水利设施投资结构、区域经济发展水平、灌溉系统规模、水利工程效益、农业人口比重、农业劳动报酬和管理者经营能力这 10 个变量作为解释变量评价农村水利管理效率的指标,其中"空间因素"作为"空间计累"模型依据进行测算。指标体系的含义如表 6.2 所示。

地区地形特点对农村水利设施的建设、管理和维护等有很大影响。平原、盆地面积较多的地区,便于农村水利设施的规划、建设,有利于农村水利规模化、标准化管理,预期对农村水利设施的管理效率有正向影响。水资源充裕的地区,可以按照农作物需要随时引水灌溉,不需要建立系统化的蓄水设施、引水渠道等水利设施,对农村水利设施的需求量相对较小,预计水资源总量充沛的地区反而农村水利设施管理效率低。用地区受灾面积来表示自然灾害对农村水利管理效率的影响,自然灾害频繁、受灾面积大的地区对农村水利设施有破坏和影响,我们预测它们之间存在负相关。

水利基本建设投资完成额中政府投资所占的比例越高,说明政府对水利设施投资比例大,可以对其形成有效管理,便于农村水利管理效率的提高。区域经济发展水平高的地区可能有资金反哺农业,对农村水利设施可能投入较大资金进行建设,有利于管理效率水平的提高。

灌溉系统的规模用单位以上灌区有效灌溉面积大小来表示。灌溉系统规模的大小可能会影响管理者管理水平的发挥,从而影响灌溉系统的技术效率,如果灌溉规模越大,灌溉设备的利用就越充分,灌溉系统的效率可能越高。水利工程效益用亩均农业供水总量来体现,亩均农业供水总量越高说明农村水利效率越高,也越有效。

从事农业的人口越多,农业报酬越高,有利于农民对水利设施的投入,使农民有意愿参与农村水利的管理,本文预测农业人口和农业劳动报酬与水利设施管理效率之间有正向促进作用。管理者经营能力是综合性的指标,教育水平是其构成的一个重要指标。所以用平均每百个劳动力大专及以上学历数量代表管理者经营能力的高低。教育水平越高,管理者的经营能力可能就越高,农村水利系统的技术效率也就可能越高。反之,如果管理者的教育水平越低,经营能力可能相应降低,从而不利于技术效率的提高。

表 6.2 农村水利管理效率的影响因素指标

变量名		符号	单位	定义与度量	预期影响
地理环境与自然灾害	地形特点	DX	%	平原、盆地地形所占百分比	+
	水资源	SZY	亿 m³	水资源总量	—
	自然灾害	ZH	10km²	受灾面积	—
投资结构与经济条件	水利投资结构	TZJG	%	水利基本建设投资完成额中政府投资所占的比例	+
	区域经济发展水平	GDP	万元	国民生产总值	+
工程规模与工程效益	灌溉系统规模	GM	10km²	万亩以上灌区有效灌溉面积	+
	水利工程效益	XY	亿 m³	亩均农业供水量	+
人力资本与经营能力	农业人口比重	RK	%	第一产业就业劳动比重	+
	农业劳动报酬	BC	元/人	农村居民家庭人均纯收入	+
	管理者经营能力	JYNL	个	平均每百个劳动力大专及以上学历数量	+

资料来源:本研究整理。

6.2.2.3 数据来源

考虑到资源禀赋条件和数据可得性,实证研究框架没有包括台湾、香港和澳门地区,研究中所有数据来自《中国统计年鉴》、《中国农村统计年鉴》、《中国水利年鉴》及水利厅等相关网站。

　　研究揭示 2005—2010 年这一时间段,我国的 31 个省(区、市)的农村水利设施技术效率及其时空差异特征,在此基础上,按照行政区域并兼顾各地区的水资源情况、地形地貌和人口等因素,把 31 个省(区、市)划分华北、东北、华东、中南、西南和西北五个地区(见表 6.3)来进行区域差异分析。

表 6.3　中国 31 个(区、市)、行政区域划分表

行政区域	所含省(区、市)
华北地区	北京、天津、河北、山西、内蒙古
东北地区	黑龙江、辽宁、吉林
华东地区	山东、江苏、上海、浙江、福建、安徽、江西
中南地区	河南、湖北、湖南、广东、广西、海南
西南地区	重庆、四川、贵州、云南、西藏
西北地区	陕西、甘肃、青海、宁夏、新疆

资料来源:本研究根据全国行政区域划分标准整理获得。

6.3　水利市场化管理效率的空间测算与市场集聚

　　本章通过 DEA 进行农村水利设施管理效率的测算和空间分析和评价,应该保证决策单元的数量是投入产出指标的至少 2 倍以上,本文决策单元为 31 个,而投入产出指标为 7 个,适合应用 DEA 方法。另外,投入指标和产出指标之间应该具有显著的正相关关系,以避免出现某投入指标数量增加却引起产出指标数量减少的情况(蒋萍,2011)。农林牧渔从业人口、农村固定资产(水利)构成情况、农用机械总动力、耕地面积投入变量与有效灌溉面积、旱涝保收面积和机电排灌面积产出变量相关性检验得到表 6.4,可以看出投入变量和产出变量之间相关系数都通过了在 1‰ 显著性水平下的皮尔森双尾检验,可以认为它们之间具有显著的正相关关系,因此适合进行 DEA 效率分析。

表 6.4　投入产出变量相关性系数表

		有效灌溉面积	旱涝保收面积	机电排灌面积
耕地面积	Pearson	0.755**	00.661**	0.698**
	Sig. 2-tailed	0.000	0.000	0.000
农村固定资产(水利)	Pearson	0.390**	0.410**	0.243**
	Sig. 2-tailed	0.000	0.000	0.001

续表

		有效灌溉面积	旱涝保收面积	机电排灌面积
农林牧渔业从业人口	Pearson	0.697**	0.710**	0.472**
	Sig. 2-tailed	0.000	0.000	0.000
农业机械总动力	Pearson	0.873**	0.881**	0.852**
	Sig. 2-tailed	0.000	0.000	0.000
	N	186	186	186

注：*代表5%水平下显著（双尾）；**代表1%水平下显著（双尾）

6.3.1　水利管理效率的空间差异

基于 DEA 方法和上述构建的农村水利管理效率测算模型，本研究使用 DEAP2.1 软件对我国 31 个省（区、市）的农村水利管理效率情况进行测算，对以下几个方面进行了统计性描述。

2005—2010 年全国技术效率如图 6.8 所示，平均水平只有 0.7，说明我国农村水利效率水平较低，还有很大的改善空间；这段时间全国纯技术效率平均值 0.795，规模效率平均值 0.883，说明管理水平和规模经济都需要加强才能提高我国农村水利的效率水平，进而提高农业用水的使用效率。从时间趋势来看，如图 6.8 所示，2005—2007 年技术效率水平有上升的趋势，2007 年达到最高值 0.84，此后效率水平下降明显，稳定在 0.67 左右的水平；全国纯技术效率和规模效率随时间的变化趋势与技术效率的变化趋势大致相同，规模效率的起伏幅度更大，说明技术效率出现这种变化是纯技术效率和规模效率共同作用的结果，其中纯技术效率的影响更大。

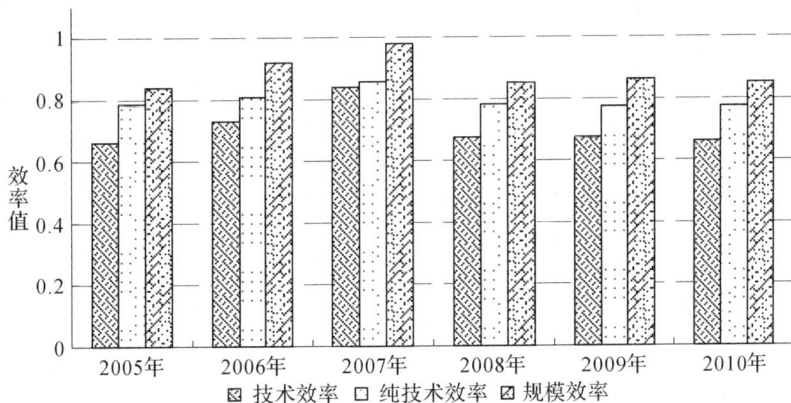

图 6.8　2005—2010 年技术效率、纯技术效率及规模效率平均值

表 6.5 显示了 2005 到这 2010 年这 6 年间中国各省(区、市)技术效率的变化情况,从中可以看出,天津、上海和新疆各年都处于最有效率的情况,北京、内蒙古、黑龙江、江苏等地区技术效率值很高且稳定,说明这些地区农村水利管理效率很好;河北、浙江、福建、山东、湖南技术效率值较高,广东在逐渐改善,山西、辽宁、吉林、安徽、河南、湖北等地区效率值上升后逐渐降低,这与全国的总体趋势相同;广西、海南、重庆、四川、贵州、云南、青海、宁夏等地区效率值在 0.5 以下,这些效率较低的地区需要着重关注农村水利设施管理效率的提升。综合来看,我国东部和中部地区的技术效率值一般较高;偏西部地区农村水利的技术效率值较低,需要更多关注水利设施的利用效率,这种状况可能与区域的经济水平和人口密度有关。北部地区的农村水利设施的效率值比南方要高,这可能是水资源量、地形地貌等因素造成的。

表 6.5　2005—2010 中国分省(区、市)技术效率值

	2005 年	2006 年	2007 年	2008 年	2009 年	2010 年
北京	0.754	0.713	1	1	1	1
天津	1	1	1	1	1	1
河北	0.889	1	1	1	0.866	0.869
山西	0.379	0.84	1	0.724	0.451	0.374
内蒙古	1	1	1	1	1	0.957
辽宁	0.59	0.655	0.831	0.568	0.487	0.453
吉林	0.767	0.703	1	0.696	0.6	0.558
黑龙江	1	0.944	1	1	1	0.919
上海	1	1	1	1	1	1
江苏	1	1	1	1	0.95	0.948
浙江	0.869	0.861	0.931	0.78	0.845	0.85
安徽	0.737	0.946	1	0.699	0.718	0.724
福建	0.823	0.792	0.875	0.745	0.806	0.805
江西	0.778	0.797	0.813	0.677	0.742	0.743
山东	0.826	0.827	0.945	0.747	0.769	0.782
河南	0.788	0.837	1	0.703	0.741	0.746
湖北	0.543	0.792	0.842	0.519	0.571	0.57
湖南	0.882	0.903	0.896	0.741	0.82	0.823
广东	0.509	0.484	0.562	0.677	0.73	0.731

续表

	2005 年	2006 年	2007 年	2008 年	2009 年	2010 年
广西	0.456	0.628	0.495	0.375	0.422	0.413
海南	0.275	0.359	0.33	0.352	0.403	0.406
重庆	0.358	0.342	1	0.306	0.337	0.34
四川	0.401	0.63	0.988	0.438	0.476	0.476
贵州	0.286	0.41	0.65	0.237	0.281	0.306
云南	0.335	0.492	0.703	0.294	0.31	0.291
西藏	0.718	0.526	0.523	1	0.784	0.744
陕西	0.481	0.733	0.96	0.344	0.383	0.38
甘肃	0.3	0.618	0.565	0.35	0.366	0.33
青海	0.319	0.413	0.486	0.482	0.53	0.516
宁夏	0.476	0.453	0.648	0.47	0.539	0.501
新疆	1	1	1	1	1	1
平均值	0.662	0.732	0.84	0.675	0.675	0.663

资料来源:作者根据 DEA 软件计算整理获得。

6.3.2　水利管理效率的空间集聚

本文将我国的 31 个省(区、市)按行政划分为 6 个区域,分别统计了各地区不同年份的技术效率的平均值,如表 6.6 所示。从各年数据来看,华东、华北地区技术效率值较高、西南地区较低,这说明可能由于地理位置、资源禀赋等因素造成不同地区间技术效率值的差异;2007 年各个地区的农村水利技术效率值都达到最高值,这可能是当年或前几年中央和地方的有关农村水利的政策起到了巨大的作用。从时间趋势来看,华北、东北和西南地区农村水利技术效率分布成倒"U"字形趋势,这三个地区 2007 年效率值都达到最高点,分别为 1、0.9437 和 0.7728;华东和中南地区技术效率值波动不大,华东地区稳定在 0.83 上下,中南地区稳定在 0.6 上下;西北地区波动较为明显,2007 年达到最高值 0.7318,2005 年最低值只有 0.5152。

从上面的分析可以看出不同地区之间农村水利技术效率值有明显的不同,Anselin(1988)认为,空间上各空间单位的指标数值大小具有集聚或分散的情形。地理上相邻的地区间存在空间上的依赖性,通过表 6.6 中 2005 年至 2010 年全国技术效率的空间分布情况可以看出,我国农村水利技术效率高的地区主要集中在我国的东北地区和华北地区,效率低的地区集中在西北地区(除新疆)和西南地区,且效率值相近的地区地理上相连,这说明农村水利技术效率存在地理上的空间集聚现象。

表 6.6　2005—2010 中国分地区技术效率值

	2005 年	2006 年	2007 年	2008 年	2009 年	2010 年
华北地区	0.8044	0.9106	1	0.9448	0.8634	0.84
东北地区	0.7857	0.7673	0.9437	0.7547	0.6957	0.6433
华东地区	0.8619	0.889	0.9377	0.8069	0.8329	0.836
中南地区	0.5755	0.6672	0.6875	0.5612	0.6145	0.6148
西南地区	0.4196	0.48	0.7728	0.455	0.4376	0.4314
西北地区	0.5152	0.6434	0.7318	0.5292	0.5636	0.5454

资料来源：作者依据各地区技术效率值计算整理获得。

从 2005 年与 2010 年各地区技术效率空间分布对比情况来看,农村水利效率值高的地区沿着地理边界不断向外扩散,如华北、西北地区,但是也有农村水利效率值低的省(区、市)沿着地理边界扩散,例如中南、东北地区,这些现象说明我国部分地区的农村水利技术效率出现有利的正向促进作用,但也有些地区出现倒退的现象。

总体来说,我国东部地区和北部地区的相邻地区农村水利的技术效率水平较高,而中部地区、南部地区、西北地区相邻的地区技术效率值偏低。

6.3.3　水利管理效率的空间评价

6.3.3.1　管理效率的分解及测算

前面一节使用我国的 31 个省(区、市)的截面数据分析了农村水利管理效率的情况,得到全国农村水利管理效率的总体情况和地区间空间差异情况,而全面分析农村水利管理效率还需要考虑不同年份之间效率的变化情况,本节使用 2005—2011 年的序列数据对我国的 31 个省(区、市)的农村水利效率进行 Malmquist 生产力指数分析,得到分年和空间的全要素生产力指数及其分解情况,更细致和全面地对农村水利管理效率进行分析和评价。

本文基于 DEA 的 Malmquist 指数法测算各省(区、市)的农村水利全要素生产率变动(TFP),TFP 由技术进步(Tech)和效率进步(Effch)组成(见图 6.11),技术进步是由于自主创新、技术改造、引进和吸收导致的生产技术水平的提高,即生产前沿面的外移;效率进步又可分解成纯技术效率变化(Pech)和规模效率变化(Sech),Pech 反应各种制度因素(如政府对市场的干预程度、市场化程度、产权制度、基础设施等)对提高生产效率的作用,即实际产出向前沿面不断逼近;Sech 反映了要素集聚和生产规模扩大等因素对生产效率提高的影响。如图 6.9 所示。

```
                    全要素生产率变化
                         TFP
           ┌──────────────┴──────────────┐
      技术进步                      效率进步
        Tech                         Effch
                          ┌────────────┴────────────┐
                     纯技术效率变化              规模效率变化
                         Pech                      Sech
```

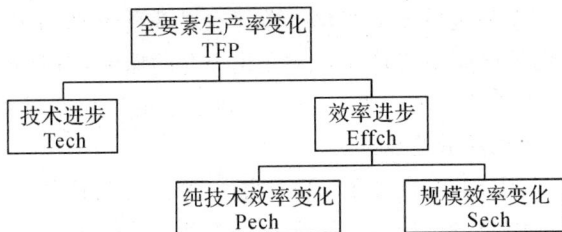

图 6.9　全要素生产率分解情况

6.3.3.2　水利市场化管理效率的空间评价

运用 DEAP2.1 软件,计算了 2005—2010 年我国的 31 个省(区、市)的全要素生产率变化值(见表 6.7),从总体情况来看,TFP 指数平均值只有 0.996,我国的农村水利设施的生产效率是呈现衰退的状况;其中技术效率变化以年平均 0.2% 的增长,而技术进步指数只有 0.994,说明我国农村水利设施的生产效率下降是由创新不足、没有"引进新技术等原因造成的。

表 6.7 显示了我国分地区的 TFP 指数及其分解指数情况,从中可以看出中南地区、华东地区和华北地区平均年增长 2.7%、1.3% 和 0.7%,三个地区 TFP 指数增长的原因却不相同,中南地区增长最快是因为技术进步和效率进步指数平均每年都有 0.6% 和 2% 的增长;华东地区主要是由于技术进步指数的大幅增长;效率进步指数年平均 0.8% 的增长是华北地区 TFP 指数增长的主要原因。西南和西北地区由于创新能力、技术引进吸收等原因造成效率的下降,而东北地区效率下降的主要原因是对农村水利设施的管理水平不够和规模不经济造成了效率进步变化指数的下降。

表 6.7　2005—2010 年分地区全要素生产率情况及其分解

	全要素生产率变化 TFP	技术进步 Tech	效率进步 Effch	纯技术效率变化 Pech	规模效率变化 Sech
华北地区	1.007	0.998	1.008	1.007	1.002
东北地区	0.980	1.025	0.957	0.998	0.960
华东地区	1.013	1.019	0.994	1.002	0.992
中南地区	1.027	1.006	1.020	1.009	1.017
西南地区	0.953	0.950	1.004	0.957	1.051
西北地区	0.988	0.970	1.017	1.024	0.994
全国平均值	0.996	0.994	1.002	0.998	1.004

资料来源:作者依据各地区数据计算整理获得。

从各地区效率进步变化的角度来看,华北、中南、西南、西北地区每年都有小幅度的提升,纯技术效率和规模效率变化指数都有提升是华北、中南地区效率进步变化提升的原因,西南地区是由于规模效率变化提升的原因,而西北地区是由于纯技术效率提升的原因提高效率进步水平。东北和华东地区效率进步变化有所下降,这主要是规模效率变化降低造成的。

从表6.8省(区、市)的情况来看,TFP指数每年有两位数以上增长的省(区、市)有北京、广东、海南、青海,这些地区在农村水利经营管理能力、技术创新和新技术运用上都有显著的提高;平均每年有增长的有山西、山东、江苏、上海、浙江、福建、安徽、江西、河南、湖北、湖南、四川和宁夏,这些地区 TFP 指数增长的主要原因大都是技术进步指数的提高,这说明采用更有效的农村水利设备、新的水利灌溉技术等原因可能是提高我国农村水利设施效率的有效途径;其余地区 2005—2010 年间农村水利设施的全要素生产率都有衰退的现象,这些地区大都集中在我国的中部和西部地区,造成 TFP 指数下降的原因也各不相同,可能造成这种现象的主要原因是取消农业税和实行农村"一事一议"政策后,中西部地区的地方财政能力有限,没有财力和物力提供农村水利设施有关的配套设施,来改进和更新已经老化、淘汰的水利设施。

表 6.8　2005—2010 年分省(区、市)全要素生产率情况及其分解

	全要素生产率变化	技术进步	效率进步	纯技术效率变化	规模效率变化
北京	1.113	1.052	1.058	1	1.058
天津	0.943	0.943	1	1	1
河北	0.976	0.981	0.996	1	0.996
山西	1.038	1.041	0.997	1.035	0.964
内蒙古	0.964	0.972	0.991	1	0.991
辽宁	0.989	1.043	0.949	1.043	0.909
吉林	0.969	1.033	0.938	0.95	0.988
黑龙江	0.981	0.998	0.983	1	0.983
上海	1.032	1.032	1	1	1
江苏	1.005	1.016	0.989	1	0.989
浙江	1.018	1.023	0.996	1.002	0.994
安徽	1.005	1.008	0.997	1.015	0.982
福建	1.015	1.019	0.995	0.994	1.002
江西	1.007	1.016	0.991	1.001	0.99
山东	1.009	1.02	0.989	1	0.989
河南	1.009	1.02	0.989	1	0.989

续表

	全要素生产率变化	技术进步	效率进步	纯技术效率变化	规模效率变化
湖北	1.013	1.003	1.01	0.97	1.041
湖南	1.006	1.021	0.986	0.995	0.991
广东	1.101	1.024	1.075	1.052	1.022
广西	0.928	0.946	0.981	0.869	1.128
海南	1.105	1.022	1.081	1.165	0.928
重庆	0.99	1.001	0.99	0.922	1.074
四川	1.005	0.971	1.035	0.981	1.055
贵州	0.883	0.871	1.014	0.893	1.136
云南	0.905	0.931	0.972	0.975	0.997
西藏	0.982	0.975	1.007	1.013	0.994
陕西	0.86	0.901	0.954	0.938	1.017
甘肃	0.977	0.958	1.019	1.077	0.947
青海	1.101	1.001	1.101	1.102	0.999
宁夏	1.03	1.019	1.01	1.001	1.009
新疆	0.971	0.971	1	1	1
平均值	0.996	0.994	1.002	0.998	1.004

资料来源：作者计算整理获得。

6.3.3.3　水利市场化管理效率的分年评价

从 2005 到 2010 年 6 年时间里，我国年平均全要素生产率变化值 0.996，技术进步值 0.994，效率进步变化值 1.002，其中纯技术效率变化值 0.998，规模效率变化值 1.004。从图 6.10 可以看出，全要素生产率变化波动平缓，2005—2006 年效率出现衰退的表现，2006 年以后正向增长直至 2008 年后趋于稳定；技术进步指数在时间维度上表现平稳，在 1.00 小范围波动，而 2005 到 2008 年效率进步变化指数有较大波动，之后保持平稳，这种现象说明 TFP 指数的变化主要是由效率进步变化造成的。

效率进步变化是全要素生产率变化的主要原因，那效率进步波动明显的原因是什么？图 6.11 显示了效率进步变化的情况及原因，从中可以看出 2005—2008 年纯技术效率变化波动较大，之后平稳；2005 年到 2007 年规模效率呈下降趋势，2007 年回升后保持 1.00 上下。这说明效率进步变化是纯技术效率变化和规模效率变化的共同作用。

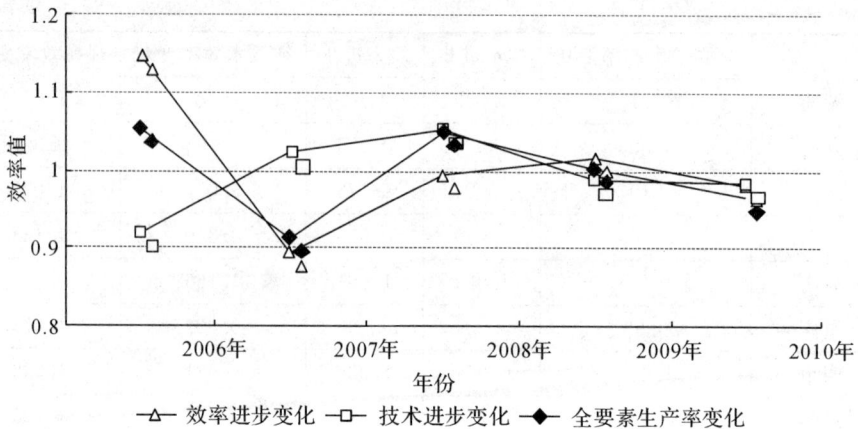

图 6.10　2006—2010 年全要素生产率变化及分解

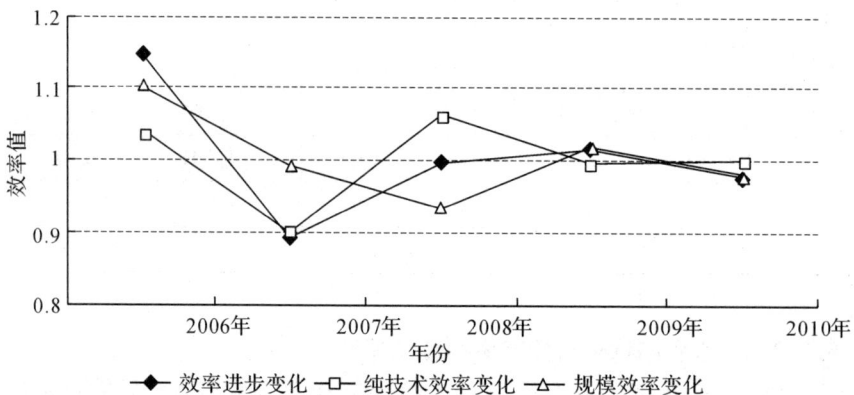

图 6.11　2006—2010 年技术效率变化及分解

6.3.4　研究小结

运用构建的投入产出模型,使用 DEAP2.1 软件,得到农村水利技术效率和全要素生产率变化值,得到结论如下:2005—2010 年我国农村水利技术效率水平较低,这是纯技术效率和规模效率共同作用的结果,纯技术效率的影响更大。农村水利技术效率高的地区主要集中在东北部地区和东南地区,效率低的地区集中在西北地区(除新疆)和西南地区,可能是由于地理位置、资源禀赋等因素造成不同地区间技术效率值的差异,且效率值相近的地区地理上相连,说明农村水利技术效率可能存在地理上的空间集聚现象。基于 DEA 的 Malmquist 指数计算全要素生产率变化情况,发现我国农村水利设施生产效率呈现衰退的状况,东北、西南和西北地区是造成全要素生产率变化下降的主要地区。从时间维度上,全要素生产率变化波动平缓,效率进步指数是全要素生产率变化的主要原因,纯技术效率变化和规模效率变化的共同作用导致了效率进步指数变化。

本章得到了我国农村水利管理效率的情况,为下一步构建空间计量经济模型来分析农村水利管理效率空间差异奠定基础。对农村水利技术效率、全要素生产率变化及其分解指标的分析,不仅反映在空间上对农村水利设施管理效率的测定,也能进一步对空间计量经济学模型的变量指标的选择提供了依据。

6.4　水利市场化管理效率的空间差异及成因分析

前文的研究发现相邻省(区、市)之间农村水利设施管理效率明显存在空间上的高效率水平和低效率水平的集聚现象,还需要量化研究这种空间相关性。本章使用全域空间相关性检验,空间关联局域指标(LISA)检验省(区、市)间农村水利设施管理效率空间关联性的状况,并基于农村水利设施管理效率空间计量模型,运用截面数据对我国的 31 个(区、市)农村水利设施管理效率影响因素进行实证研究,探究其内在机理。

6.4.1　水利管理效率的空间格局与集群特征

6.4.1.1　水利管理效率空间相关性及集群检验

根据前面的理论和实证研究发现,地理距离对农村水利管理效率溢出有不可忽视的作用,本研究将通过 Moran's I 统计值检验农村水利管理效率的全域空间自相关现象。表 6.9 显示了 2005—2010 年 31 个省(区、市)农村水利管理效率的空间自相关 Moran's I 计算结果:农村水利管理效率的 Moran's I 统计值在小于 1% 的显著性水平上提供了空间正相关的证据,表明农村水利管理效率空间随机分布的假设被拒绝。农村水利管理效率在样本期间呈现出一种集群的趋向,即相对高效率的地区倾向于与其他具有高效率的地区邻近,而较低效率值的地区与同样低效率的地区邻近,这表示地区之间农村水利管理效率空间上是相关的,不能把各个地区农村水利管理效率假定为一个独立的观测值。

2005—2010 年农村水利管理效率 Moran's I 统计值波动比较明显,围绕平均值 0.2147 上下波动,从 31 个省(区、市)的管理效率位于四个象限内的地区的空间 Moran's I 散点分布图 6.12—6.13 可以看出,绝大部分地区表现出在地理空间上正的空间相关性。Moran's I 散点分布图可以判别 HL 类型和 LH 类型的地区是偏离农村水利管理效率全域正的空间自相关的,这些地区的效率水平是非典型的。

表 6.9　省(区、市)农村水利设施管理效率的 Moran's Ⅰ 统计值

年份	Moran's Ⅰ 值	P-value
2005 年	0.2419	0.0000
2006 年	0.2355	0.0000
2007 年	0.2281	0.0000
2008 年	0.1798	0.0000
2009 年	0.2041	0.0000
2010 年	0.1988	0.0000
平均值	0.2147	0.0000

资料来源:作者依据 Geoda 软件计算整理获得。

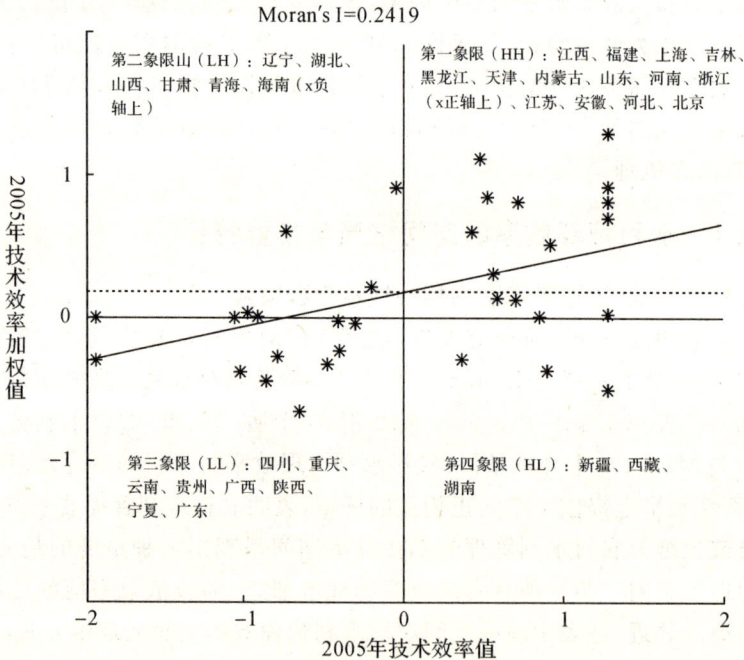

图 6.12　2005 年 31 个省(区、市)农村水利管理效率的 Moran's Ⅰ 散点图

2005 年,江西、福建、上海、吉林、黑龙江、天津、内蒙古、山东、河南、浙江、江苏、安徽、河北和北京等 14 个地区位于第一象限,是高—高(HH:高效率水平—高空间滞后)的正自相关关系的集群;海南、辽宁、青海、湖北、甘肃和山西 6 省(区)位于第二象限,是低—高(LH:低效率水平—高空间滞后)的负自相关关系的集群;第三象限有四川、重庆、云南、贵州、广西、陕西、广东和宁夏 8 个省(区、市),是低—

低(LL:低效率水平—低空间滞后)的正自相关关系的集群;新疆、西藏、湖南 3 个
省(区)位于第四象限,是高—低(HL:高效率水平—低空间滞后)的负自相关关系
的集群;浙江跨域第一、第四象限,海南跨越第二、第三象限。64.5%(22 个)的省
(区、市)显示相似的正向空间关联,其中 14 个位于 HH 区域,8 个位于 LL 区域;
35.5%(9 个)的省(区、市)显示了非相似的空间关联。

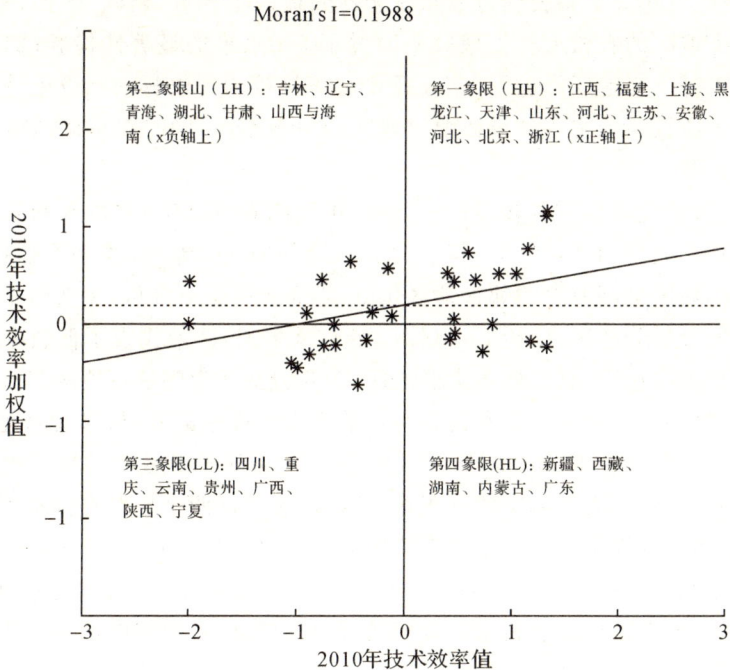

图 6.13　2010 年 31 个省(区、市)农村水利管理效率的 Moran's Ⅰ散点图

2010 年,江西、福建、上海、黑龙江、天津、山东、河南、江苏、安徽、河北和北京
12 个省(市)位于第一象限,是高—高(HH)的正自相关关系的集群;吉林、辽宁、青
海、湖北、山西和甘肃和海南等 7 个地区位于第二象限,是低—高(LH)的负自相关
关系的集群;第三象限有四川、重庆、云南、贵州、广西、陕西和宁夏 7 个地区,是
低—低(LL)的正自相关关系的集群;新疆、西藏、湖南、内蒙古和广东等 5 个地区
位于第四象限,是高—低(HL)的负自相关关系的集群;浙江跨域了第一、第四象
限,青海、海南跨越了第二、第三象限。61.3%(19 个)的省份显示了相似的正向空
间关联,其中 12 个位于 HH 区域,7 个位于 LL 区域;28.7%(12 个)的省(区、市)
显示了非相似的空间关联,其中 7 个位于 LH 象限,5 个位于 HL 象限。

6.4.1.2　水利管理效率空间关联局域指标(LISA)分析

Moran's Ⅰ散点分布图没有给出农村水利管理效率显著性水平的具体数值,

所以有必要通过测算局域空间自相关 LISA 显著性水平和局域统计值,进一步探索空间分布格局及地理空间上的可能成因。本文对农村水利管理效率进行了空间自相关空间关联局域指标(LISA)分析,重点放在对显著性水平较高的局部空间集群指标的考察。

2005 年我国 31 个省(区、市)域农村水利管理效率局域空间自相关 LISA 显著性水平,空间自相关检验表现为不同显著性的地区主要有:新疆、陕西、重庆、湖南和云南 5 个地区的农村水利管理效率通过了 5‰水平的显著性检验;四川、浙江、贵州和云南等 4 个地区通过了 1‰水平的显著性检验。农村水利设施管理效率的显著性水平值较高的主要分布在中南地区和西南地区,同时在东南地区和新疆地区也较为显著。

LISA 分析结果也进一步显示了 2005 年我国省(区、市)农村水利管理效率的局域空间自相关性的地区集群,其中 High-High(H-H,高—高集聚)区域代表了高效率水平的地区被高效率的邻近地区包围,是高效率集群地区,主要包括东北地区和华北地区等部分地区;Low-Low(L-L,低—低集聚)区域代表了低效率地区被低效率的邻近地区包围,是低效率集群地区,主要包括西南的一些地区和陕西省处在这一区域,这些地区的农村水利设施管理效率水平普遍偏低,与邻近的地区尚存在负相关的关系。Low-High(L-H,低—高集聚)区域显示低效率的地区被高创新的邻近地区包围,浙江省和海南省处于这一区域,说明这两个地区农村水利设施管理效率较低,但在其周围都是一些效率值较高的地区;High-Low(H-L,高—低集聚)区域显示了高效率的地区被低创新的地区包围,从分析结果来看,新疆和湖南处于这一区域,这两个地区的农村水利设施管理效率较高,且其周围都是一些效率值较低的地区。

6.4.2　水利管理效率成因分析

空间相关分析已经定量证明了我国农村水利管理效率具有空间相关性,本节采用空间计量经济模型对农村水利管理效率的影响因素进行估计。以农村水利管理效率(XL)作为被解释变量,从地理环境与自然灾害:地形地貌(DX)、水资源总量(SZY)、受灾面积(ZH);投资结构与经济条件:水利设施投资结构(TZJG)、区域经济发展水平(GDP);工程规模与工程效益:灌溉系统规模(GM)、水利工程效益(XY);人力资本与经营能力:农业人口比重(RK)、农业劳动报酬(BC)、管理者经营能力(JYNL)方面建立了农村水利管理效率影响因素模型如下:

$$XL_i = \beta_0 + \beta_1 DX + \beta_2 SZY + \beta_3 ZH + \beta_4 TZJG + \beta_5 GDP + \beta_6 GM$$
$$+ \beta_7 XY + \beta_8 RK + \beta_9 BC + \beta_{10} JYNL + \varepsilon_i \tag{6.6}$$

式(6.6)中 β 为回归参数,i 为 1,2,…,31 个省(区、市),ε_i 为随机误差项。该模型的目的是检验地理环境与自然灾害、投资结构与经济条件、工程规模与工程效益、人力资本与经营能力与农村水利管理效率的相关关系和决定因素,通过合适的估计方法考察农村水利管理效率的决定因素和区域溢出效应。

6.4.2.1　水利管理效率 OLS 分析

以我国的 31 个省(区、市)为空间单元,对农村水利设施进行管理效率状况的空间计量经济检验和估计。为了对不同模型的适用性进行比较,先进行了普通最小二乘法(Ordinary Least Squares Regression,OLS)估计,然后通过 Moran'I (误差)检验、两个拉格朗日乘数来判断空间计量经济学模型 SLM 和 SEM 哪一种可以对农村水利设施管理效率的影响因素能更好地进行解释,OLS 估计结果如表 6.10 所示:

表 6.10　2005 与 2010 年农村水利管理效率影响因素模型 OLS 估计结果

模型	2005 年				2010 年			
	回归系数	标准差	t 统计量	p 值	回归系数	标准差	t 统计量	p 值
CONSTANT	−0.0155	0.1027	−0.1512	0.8812	−0.0274	0.0846	−0.3236	0.7491
DX	0.0047**	0.0022	2.19704	0.0384	0.0010	0.0019	0.5172	0.6099
SZY	0.00005	0.00005	1.0071	0.3244	0.000001	0.000049	0.0188	0.9852
ZH	0.00005	0.00007	0.7528	0.4592	0.000016	0.000054	0.2885	0.7755
TZJG	0.002	0.0017	1.20536	0.2403	−0.00034	0.00219	−0.1548	0.8783
GDP	−0.00002	0.0000	−1.6105	0.1209	−0.000003	0.000004	−0.8214	0.4199
GM	0.0001	0.0001	1.4781	0.1529	0.000086	0.000055	1.5527	0.1341
XY	1.199	2.0447	0.5864	0.5633	2.3381	1.8760	1.2463	0.2252
RK	0.0021	0.0031	0.6655	0.5123	0.00083	0.00249	0.3351	0.7406
BC	0.00012**	0.00005	2.36764	0.0267	0.00009**	0.00003	3.5372	0.0018
JYNL	−0.0545	0.0401	−1.3586	0.1875	−0.0322	0.0232	−1.3860	0.1790
R^2	0.7633				0.82376			
调整 R^2	0.6604				0.7471			
F	7.4166***			0.00004	10.7501***			0.000002
LogL	16.5368				22.6779			
AIC	−11.0735				−23.3558			
SC	5.7164				−6.5659			
空间依赖性检验	MI/DF	统计值	小概率 p		MI/DF	统计值	小概率 p	
Morans(误差)	0.068**	1.555	0.02		−0.012*	−1.61	0.078	
LMLAG	1	3.199	0.074*		1	4.461	0.035**	
R-LMLAG	1	3.102	0.078*		1	5.836	0.016**	

续表

模型	2005 年				2010 年			
	回归系数	标准差	t 统计量	p 值	回归系数	标准差	t 统计量	p 值
LMERR	1	0.325	0.569		1	0.010	0.920	
R-LMERR	1	0.228	0.633		1	1.386	0.239	
SARMA	2	3.427	0.180		2*	5.846	0.054	

注：* 代表 10％水平下显著；** 代表 5％水平下显著；*** 代表 1％水平下显著

1. 2005 年农村水利管理效率影响因素模型 OLS 估计结果分析

从表 6.10 中可以看出 2005 年 OLS 估计的 31 个省（区、市）农村水利管理效率影响因素模型拟合优度达到 76.33％，F 值为 7.1466，模型总体上通过了 1％水平的显著性检验。

变量的显著性检验：地形地貌（DX）的回归系数符号为正，通过了 5％的变量显著性检验，与预期结果一致；水资源总量（SZY）的回归系数为正，说明水资源总量多的地区农村水利的管理效率高，这可能是由于水资源多的地区可以发展大规模的水利工程建设，便于水利部门的管理；受灾面积（ZH）的回归系数也为正，不符合预期。这可能是由于受灾面积大的地区也是经常受灾的地区，这些地区对如何利用农村水利设施来减少灾害有应对经验。水利设施投资结构（TZJG）的回归系数为正，符合预期。区域经济发展水平（GDP）的回归系数为负，不符合预期，由于经济水平较高的地区虽然有资金来投资农业，但农业资本回报率低，这些地区可能会把更多的投入到资本回报率更高的非农行业。灌溉系统规模（GM）回归系数符号为正，符合灌溉系统规模越大，农村水利设施管理效率越高的假设。水利工程效益（XY）的回归系数也都为正，符合本文的假设。农业人口比重（RK）的回归系数也都为正，符合本文的假设。农业劳动报酬（BC）回归系数为正，符合预期并且通过了 5％水平下的显著性检验。管理者经营能力（JYNL）的回归系数不符合原先的假设，系数为负，这可能是由于大专及以上学历数量相对高的地区都是经济发达的地区，这些地区更多关注投资回报率更高的非农产业，造成农村水利设施管理效率水平不高。

2. 2010 年农村水利管理效率影响因素模型 OLS 估计结果分析

2010 年 OLS 估计的 31 个地区农村水利管理效率影响因素模型拟合优度达到 82.376％，F 值为 10.75，模型总体上通过了 1％水平的显著性检验。变量的显著性检验与 2005 年类似，2010 年地形地貌没有通过显著性检验，投资结构的回归系数为负。

前面空间统计的 Moran' I 检验已经验证地区的农村水利管理效率之间具有明显的空间自相关性，存在明显的空间集群现象，这说明直接采用 OLS 法估计存在一定问题,原因可能有两个:一是遗漏了重要的变量;二是模型设定有问题,可能没有考虑地区之间的空间相关性。为了进一步验证空间自相关性的存在,表 6.2 中 Moran'I(误差)检验的空间依赖性检验表明 OLS 都较为明显,通过了显著性检验。两个拉格朗日乘数检验是为了区分是内生的空间滞后还是空间误差自相关,根据第 2 章介绍的判别准则,在空间依赖性检验中发现 LMLAG 比 LMERR 在统计上更加显著,且 R-LMLAG 显著而 R-LMERR 不显著,适合的模型是 SLM 模型。

6.4.2.2　水利管理效率空间常系数回归

前面用最小二乘法计算了农村水利设施管理效率的影响因素,而空间相关分析已经证明我国农村水利管理效率具有空间相关性,这一节利用极大似然估计(ML)的参数估计空间滞后模型和空间误差模型,分别对 2005 年和 2010 年农村水利管理效率空间常系数回归模型 SLM 和 SEM 进行估计,得到表 6.10 和表 6.11。

1. 2005 年农村水利管理效率空间常系数回归模型分析

2005 年农村水利管理效率影响因素空间常系数回归模型的统计检验结果如表 6.11 所示,SLM 和 SEM 的拟合优度分别为 0.792 和 0.794,均高于 OLS 估计值 0.763;比较对数似然函数值 Log L、AIC 和 SC 值发现,SLM 模型和 SEM 模型 Log L 均高于 OLS 估计,AIC 和 SC 值均低于 OLS 估计,说明空间常系数回归模型比 OLS 估计解释性更高。SLM 的 Log L 值 18.649 大于 SEM 的 Log L 值 17.99;极大似然比率(LR)SLM 估计通过了 5% 水平的显著性检验,而 SEM 估计只通过了 10% 水平的显著性检验,因此 SLM 比 SEM 和 OLS 估计的模型要好,这也验证了前一节的判断。

表 6.11　2005 年农村水利管理效率影响因素模型 SLM 和 SEM 估计结果

变量	SLM 估计				SEM 估计			
	回归系数	标准差	t 统计量	p 值	回归系数	标准差	t 统计量	p 值
CONSTANT	−0.0894	0.0851	−1.0505	0.2935	−0.0416	0.0895	−0.4645	0.6423
DX	0.0030*	0.0018	1.7063	0.0879	−0.0004	0.0021	−0.1974	0.8435
SZY	0.00004	0.00004	1.0442	0.2964	0.00006	0.00004	1.4588	0.1446
ZH	0.00004	0.00005	0.7276	0.4669	0.000003	0.00006	0.0494	0.9606
TZJG	0.0005	0.0014	0.3795	0.7043	−0.0019	−0.0019	−1.2194	0.2227
GDP	−0.00002**	0.00001	−2.1071	0.0351	−0.00001*	0.000006	−1.8525	0.0639
GM	0.0001**	0.00005	2.0995	0.0358	0.0001**	0.00005	2.3303	0.0198
XY	1.6814	1.5776	1.0658	0.2865	3.1635*	1.9637	1.6110	0.1072
RK	0.0021	0.0024	0.8517	0.3944	0.0041	0.0030	1.3482	0.1776

续表

变量	SLM 估计				SEM 估计			
	回归系数	标准差	t 统计量	p 值	回归系数	标准差	t 统计量	p 值
BC	0.00014***	0.00004	3.5507	0.0004	0.0001***	0.00004	3.0583	0.0022
JYNL	−0.0855***	0.0336	−2.5472	0.0109	−0.0677**	0.0282	−2.3986	0.0165
/	0.3270***	0.1198	2.7284	0.0064	1.0107***	0.0072	140.2467	0.0000
统计检验	DF	统计值	p 值		DF	统计值	p 值	
R^2		0.792				0.794		
Log L		18.649				17.999		
LR	1	4.224	0.0399**		1	2.926	0.0872*	
AIC		−13.297				−13.999		
SC		5.019				2.791		

注：* 代表 10% 水平下显著；** 代表 5% 水平下显著；*** 代表 1% 水平下显著

在 SLM 模型估计中，各变量的回归系数符号与 OLS 估计相同，模型的拟合情况更好，地形地貌（DX）回归系数符号为正，通过了 10% 水平下的显著性检验；区域经济发展水平（GDP）回归系数符号为负，通过了 5% 水平下的显著性检验；灌溉系统规模（GM）回归系数符号为正，通过了 5% 水平下的显著性检验；农业劳动报酬（BC）回归系数符号为正，通过了 1% 水平的显著性检验；管理者经营能力（JYNL）回归系数符号为负，通过了 1% 水平的显著性检验；SLM 的因变量向量的空间滞后回归系数（ρ）为正，通过了 1% 水平下的显著性检验。SEM 估计中，区域经济发展水平、灌溉系统规模、农业劳动报酬、管理者经营能力通过了显著性检验。SLM 模型的空间滞后回归系数（ρ）为 0.327，SEM 模型创新变量的空间误差系数（λ）为 1.01 都是正数，两者都通过了 1% 水平的显著性检验，这表明，空间邻近溢出效应对我国农村水利效率水平有明显作用，邻近（地区）管理效率的误差冲击对本地区的效率水平也有明显影响。

2. 2010 年农村水利管理效率空间常系数回归模型分析

2010 年农村水利管理效率影响因素空间常系数回归模型的统计检验结果如表 6.12 所示，SLM 和 SEM 的拟合优度分别为 0.849 和 0.856，均高于 OLS 估计值 0.824；比较对数似然函数值 Log L、AIC 和 SC 值发现，SLM 模型和 SEM 模型 Log L 均高于 OLS 估计，AIC 和 SC 值均低于 OLS 估计，这说明空间常系数回归模型比 OLS 估计对数据的解释性更高。SLM 的 Log L 值 25.206 大于 SEM 的 Log L 值 23.189；极大似然比率（LR）SLM 估计通过了 5% 水平的显著性检验，而 SEM 估计没有通过显著性检验，因此 SLM 比 SEM 和 OLS 估计的模型要好。

SLM 估计中，模型的拟合情况更好，地形地貌（DX）回归系数符号为负，没有通过显著性检验,这与预期不同;受灾面积(ZH)的回归系数也为正,不符合预期。投资结构(TZJG)的回归系数为负,不符合预期的假设;区域经济发展水平(GDP)回归系数符号为负,没有通过显著性检验。灌溉系统规模(GM)回归系数符号为正,通过了10%水平下的显著性检验;水利工程效益(XY)的回归系数也都为正,符合本文的假设,通过了5%水平下的显著性检验。农业劳动报酬(BC)回归系数符号为正,通过了1%水平的显著性检验。管理者经营能力(JYNL)回归系数符号为负,通过了5%水平的显著性检验;SLM 的因变量向量的空间滞后回归系数(ρ)为正,通过了1%水平下的显著性检验。SEM 估计中,水资源总量、投资结构、区域经济发展水平、灌溉系统规模、农业劳动报酬、水利工程效益、农业人口比重、农业劳动报酬和管理者经营能力都通过了显著性检验。SLM 的空间滞后回归系数(ρ)为0.261,SEM 模型创新变量的空间误差系数(λ)为 -1.469,两者都通过了1%水平的显著性检验,这表明,2010 年空间邻近溢出效应对我国农村水利效率水平有明显作用,邻近地区管理效率的误差冲击对本地区的效率水平没有明显影响。

表 6.12　2010 年农村水利管理效率影响因素模型 SLM 和 SEM 估计结果

变量	SLM 估计				SEM 估计			
	回归系数	标准差	t 统计量	p 值	回归系数	标准差	t 统计量	p 值
CONSTANT	−0.0939	0.0704	−1.3343	0.1821	−0.0600	0.0657	−0.9119	0.3618
DX	−0.0008	0.0016	−0.5104	0.6098	0.0026	0.002	1.2938	0.1957
SZY	−0.000008	0.00004	−0.1996	0.8418	−0.00005*	0.00003	−1.6449	0.1000
ZH	0.00002	0.00004	0.3670	0.7136	0.00005	0.00004	1.3077	0.1910
TZJG	−0.0018	0.0018	−0.9957	0.3194	−0.0033**	0.0016	−2.0446	0.0409
GDP	−0.000003	0.000003	−1.0355	0.3004	−0.000004*	0.00000	−1.8402	0.0657
GM	0.00008*	0.0004	1.9286	0.0538	0.00006*	0.00003	1.7333	0.0830
XY	2.8650**	1.4333	1.9989	0.0456	3.8758***	1.2553	3.0875	0.0020
RK	0.0013	0.0019	0.6687	0.5037	0.0030*	0.0015	1.7706	0.0766
BC	0.0001***	0.00002	5.0226	0.0000	0.0001***	0.00002	7.8326	0.0000
JYNL	−0.0405**	0.0180	−2.2509	0.0244	−0.0868***	0.0294	−2.9566	0.0031
/	0.2610***	0.1002	2.6058	0.0092	−1.4690***	0.0119	−123.2666	0.0000
统计检验	DF	统计值	p 值		DF	统计值	p 值	
R^2		0.849				0.856		
LogL		25.206				23.189		
LR	1	5.056	0.0246**		1	1.022	0.312	

变量	SLM 估计				SEM 估计			
	回归系数	标准差	t 统计量	p 值	回归系数	标准差	t 统计量	p 值
AIC		−26.411				−24.378		
SC		−8.095				−7.588		

注:* 代表 10% 水平下显著;** 代表 5% 水平下显著;*** 代表 1% 水平下显著

综合来说,基于 OLS 法的经典线性回归模型由于遗漏了空间误差自相关性而使设定的模型不够恰当,这也验证了各省(区、市)农村水利设施管理效率之间存在直接联系,假设地区之间相互独立的研究假设,基于 OLS 法估计结果和推论可能不够可靠,需要引入空间差异性和空间依赖性对经典的线性模型进行修正。通过对数似然函数值的比较发现,对于农村水利管理效率而言,SLM 比 SEM 有更好的估计效果。

6.5 本章小结

2005—2010 年 31 个省(区、市)农村水利设施管理效率的空间自相关 Moran's I 统计值在小于 1% 的显著性水平上提供了空间正相关的证据,农村水利管理效率在样本期间呈现集群的趋向。空间计量方法对不同省(区、市)农村水利设施管理效率影响因素的实证分析的结果显示,空间滞后模型(SLM)的各项统计性质均优于经典计量模型,更适合体现农村水利设施管理效率的空间依赖性。

实证分析的结果显示,周边地区的农村水利设施效率水平对本地区效率水平有很大影响,空间邻近溢出效应对我国农村水利效率水平有明显作用。区域经济发展水平对农村水利设施效率的提高没有正向的促进作用。灌溉系统规模、水利工程效益、农业劳动报酬的提高对农村水利设施管理效率有不可忽视的正向作用,提高灌溉系统规模,使水利设施形成规模效应,有利于提高农村水利设施的管理效率;水利工程效益高的地区,效率水平也高,可能是由于农业用水量大的地区更需要有效的农村水利设施来有效提供水资源;农业劳动报酬高表示农民有更多资金用在水利设施的维护上,能更好地促进水利设施效率的提高。管理者经营能力高的地区农村水利设施管理效率越低,这是由于受到良好教育的农民更多把时间和精力放在投资回报率更高的非农产业,这些地区的经济实力较强,农业收入的比重相对较低。

第7章 浙江省水利科技项目市场 推广案例研究

7.1 水利科技推广项目概况

近几年,浙江省各地区发生的洪涝灾害,及今年所提出的"五水共治"方针战略都充分表明了加快水利改革发展,促进水利科技的可持续发展,深化水利改革由传统水利管理向现代水利管理模式转化已刻不容缓。浙江省水利科技发展"十二五"规划强调:加大水利科技技术引进,进行市场推广提高其应用力度,从而提高农村水利管理创新水平。

浙江省水利科技先进技术项目的市场推广和应用,顺应了市场经济的时代要求,有效地促进了水利科技的可持续发展,促进了水利科技的成果转化,提高了水利资金投入利用率,有效地掌握了水利项目的市场推广辐射和可持续效益。

7.1.1 项目背景与意义

目前,浙江经济的快速发展,使得社会干预引起的自然响应机制及气候环境等变化愈加复杂,农村水利工程建设与管理面临着严重的不确定性,风险也将愈加突出,因此,针对浙江省水利工作的特点和难点,提高水利科技解决复杂问题的能力,促进先进的科技成果进行市场转化与应用,从而缩小水利科技与国内外先进水平的差距显得尤其迫切。通过加强先进适用技术的市场推广,对进一步提高水利对浙江经济社会发展的保障能力,促进经济社会全面、协调、可持续发展等具有重要的理论与实践意义。本研究针对浙江省水利科技项目市场推广的现状、特点,建立了一套较科学系统的绩效后评价指标体系和方法,这为以后开展的水利科技的市场转化等绩效后评价提供了一定的参考价值。

通过对浙江省水利科技推广项目绩效进行实地调查,利用评价指标对项目的绩效进行较全面客观的分析,分析项目在实施中存在的问题,为以后的各项目的设计中出现的不确定因素提供参考依据,从而真正提高公共财政投资的决策水平。通过绩效评价中的实际数据、资料来检验、分析技术应用中存在的问题,及时获取信息的反馈,更好地了解项目运行一段时间后实际效益,促使问题得以妥善解决,从而达到了提高投资效益的目的。另外,通过建立规范的项目绩效后评价指标体系和方法,可以有效地促使有关部门形成内部和外部的评价监督机制,提高水利科技推广项目的整体水平,最终确保项目的可持续发展。

水利科技推广项目的多数资金是政府水利专项支出,因此对科技推广项目的绩效评价也是对财政资金利用效益的评价。由于其具有其领域范围大、公共投资特点突出、效益难以量化、受益对象众多等特点,对其绩效评价成为财政支出绩效评价中的难点。当前我国财政支农绩效的研究仍处于初步阶段,缺乏一套较系统、科学的评价理论和方法。为此本研究对市场推广绩效的评价有一定的参考价值。

7.1.2 研究目的及范围

为深入总结经验和及时有效地掌握农村水利科技市场推广项目运行一段时间后的推广辐射和持续效应,为水利科技成果的转化及推广提供经验借鉴,提高项目管理水平,研究结合浙江省水利科技推广项目的特点,对 2009—2012 年省水利科技项目的推广计划进行绩效后评价。通过对项目的投入资金使用调查,了解省级、地方及其他各项资金的到位、使用情况及其带来的市场效益;通过对各领域典型项目的绩效评价,了解项目的实施情况及所带来的社会、经济、生态等各方面的效益,为今后年度主推技术(产品)的确定、项目的再推广提供有力的借鉴与启迪。

本项目在评价过程中根据水利科技推广专项概况及其分类。通过对现有水利科技推广专项实施的基本情况进行描述,将包括的 118 个水利科技推广子项目进行技术领域分类,为实施水利科技领域的综合评价提供依据;结合浙江省水利各个领域工程的特性及科技项目绩效评价的特点,对当前应用较为广泛的对比法和综合评价法进行阐述和比较,确定本项目评价方法和内容;根据五大技术领域中 12 个典型技术的划分,分别从技术概况、资金到位情况、项目实施情况以及项目综合评价四个方面,对典型的水利科技项目的市场推广进行绩效评价;基于 DEA 模型,设置相应的总投入产出指标,将每个推广地区设定为决策单元,运用相关统计与调查问卷的面板数据对 2009—2012 年水利科技市场推广地区的管理技术效率进行综合评价;从项目资金、项目进度、项目管理及项目效益 4 个方面构建了水利科技推广项目的综合评价指标体系,通过调查表及专家打分对各级指标权重进行测算,在分别对典型技术推广项目进行综合效益评价的基础上,对水利科技推广专项的绩效进行综合评价。

7.1.3 水利项目市场推广概况

2009—2012 年,我省水利科技推广技术(产品)共 40 项,涉及项目数 118 个,总投资 6540 万元,其中包括 2 个综合推广项目(附表 1)。本次评价以单个推广技术(产品)为单位进行,将综合推广项目按所包含技术(产品)拆成若干个独立项目。

7.1.3.1 推广地区

自 2009 年,我省水利科技推广项目实施以来,所推出的水利科技推广专项共涉及省内 48 个县(市、区),覆盖率达到 53.33%(除宁波市)。其中,2009 年项目主要分布于 19 个县(市、区),2010 年项目主要覆盖临安市、海盐县等 15 个县(市、区),2011 年项目主要覆盖遂昌、浦江等 25 个县(市、区),2012 年项目主要覆盖江山、开化等 30 个县(市、区)。项目覆盖区域有逐渐递增的趋势。

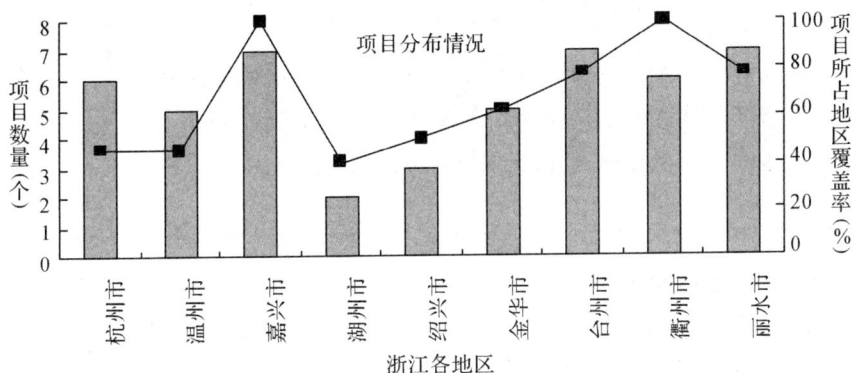

图 7.1　2009—2012 年浙江省水利科技推广专项项目区域分布

　　从图 7.1 中可以看出,近 4 年来,水利科技推广专项几乎覆盖了浙江杭州市、温州市、嘉兴市、湖州市、绍兴市、金华市、台州市、衢州市和丽水市 9 个地级市,共涉及 48 个县(市、区)。其中,杭州市覆盖率为 46.15%,主要分布在萧山区、余杭区、富阳市等六个地方;温州市覆盖率为 45.45%,主要分布在瑞安市、永嘉县等五个县;嘉兴市主要分布在秀洲区、嘉善县、桐乡市、海宁市等七个县市,覆盖率达100%;湖州市分布在南浔区、安吉县两个地方,覆盖率达 40%;绍兴市分布在嵊州市、绍兴县、新昌县三个地区,覆盖率达 50%;金华市主要分布婺城区、磐安县、浦江县等五个县区,覆盖率达 62.5%;台州市主要分布在黄岩区、仙居县、临海市、天台县等 7 个地区,覆盖率到达 77.78%;衢州市的各县区均有分布,覆盖率达100%;丽水市主要分布在遂昌县、松阳县、龙泉市等 7 个县市,覆盖率达 77.78%。从图 7.1 中可以看出,除湖州市、杭州市、温州市 3 个地区覆盖率没达到一半,其他均超过 50%,且在嘉兴与衢州两地覆盖率达 100%,项目分布在其下的所有县市,详见表 7.1。近年来科技推广项目取得很大成效,并有着显著的推广示范效果。

表 7.1　2009—2012 年水利科技项目推广地区统计表

序号	地区	县(市、区)	小计(个)
1	杭州市	萧山区、余杭区、富阳市、建德市、临安市、桐庐县	6
2	温州市	瑞安市、永嘉县、平阳县、文成县、泰顺县	5
3	嘉兴市	市本级、秀洲区、海盐县、嘉善县、平湖市、桐乡市、海宁市	7

续表

序号	地区	县(市、区)	小计(个)
4	湖州市	南浔区、安吉县	2
5	绍兴市	嵊州市、绍兴县、新昌县	3
6	金华市	婺城区、磐安县、武义县、浦江县、兰溪市	5
7	台州市	市本级、黄岩区、玉环县、三门县、仙居县、临海市、天台县	7
8	衢州市	市本级、柯城区、衢江区、开化县、江山市、常山县	6
9	丽水市	云和县、庆云县、缙云县、遂昌县、松阳县、龙泉市、景宁县	7
	全省合计		48

7.1.3.2 投资情况

从 2009 年我省成立水利科技推广专项以来,省财政投资力度在逐年增加,包括省补资金、地方补助、自筹等其他资金结构,项目推广数及各级计划投资情况,如表 7.2 所示。

表 7.2 2009—2012 年浙江省水利科技推广专项项目投资状况

年份	项目个数	项目计划投资(万元)			
		总投资	省补资金	地方补助	其他
2009	20	1649	250	476.7	922.3
2010	17	831.6	250	274.59	307.01
2011	33	1677.7	455	375.7	847
2012	48	2381	770	535.6	1075.4
总计	118	6539.3	1725	1662.59	3151.71

资料来源:2013 年浙江水利科技推广介绍会及相关 2009—2012 年水利统计资料.

由表 7.2 可知,2009—2012 年度水利科技推广专项共推出 118 个项目,除 2010 年数目有所减少外,其余每年项目都在逐年增加,从 2009 年的 20 个项目增加到 2012 年 48 个,增长率为 140%。随之相应的省水利厅、财政厅批准下达的科技推广专项资金(项目年度投资)呈现增长的趋势,总投资额近 6540 万元,其中 2012 年较 2011 年环比增加了 69.23%,2011 年较 2010 年增加了近 82%。四年来推出的 118 个项目中,平均每项投资近 55.42 万元。从资金结构上来看,省级补助共计 1725 万元,占总投资 26.38%,且年度投资增长率达 70% 左右;地方补助 1662.59 万元,占总投资的 25.42%;其余 3151.71 万元为地方自筹,包括村镇集体、农户集资、受益户投工投劳等,占总投资的 48.2%。各类资金所占比重呈现逐年增加的趋势。

近四年,项目总投资额度与绩效均有增长。目前已累计安排省级资金1725万元,带动地方财政投入4814.5万元。同时,由于多数项目是与当地水利建设重点项目相结合实施,有一些项目通过村集体和农民自筹相结合等灵活多样的方式较好地解决了自筹资金来源问题,自筹资金到位率相对也比较高。可见,专项资金在浙江省各地区的投资发挥了强有力的杠杆作用以及带动作用。

7.1.3.3　完工情况

根据专项申报指南,通过资料审核、现场调查、专家评审等程序,截至2014年6月,118个项目均已完工。其中,2009年推广18项技术,20个项目(其中5个重点项目、15个一般项目),涉及防汛减灾、水资源管理、水环境和水土保持、水利工程建设四大领域,分布于9市19个县(市、区)。截至2010年3月底,20个项目中有10个项目已全部完成,完成率50%;到2010年6月底,完成率到75%。

2010年17个项目列入2010年省水利科技推广专项计划,项目覆盖临安市、海盐县等15个县(市、区)。截止2011年6月底,有11个项目已完工,完工率为65%。

2011年33个项目为省财政支持推广专项项目,共下达地方补助455万元。项目覆盖遂昌、浦江等25个县(市、区)。到2012年11月,33个项目中,25个项目已经完工,其中有13个项目完成验收,完工率达到76%。

2012年下达的48个项目中,截止到2013年8月底,有30个项目已经完工,其中有19个项目完成验收,项目完成率62.5%,验收率为39.6%;其中水库堤坝白蚁监测—控制技术(IPM)和水质生物监测技术两项技术中的4个项目由于技术实施周期较长等原因未完成。

7.1.4　水利科技项目分类

所有推广项目技术(产品)按所属技术领域可分五类:防灾减灾领域、水资源保障与水土保持领域、农田水利领域、河湖健康领域和农村饮水安全领域,各大技术领域推广分布中30%的科技推广项目应用于农村水利领域,25%为防灾减灾领域,仅有10%的科技项目应用于河湖健康领域(见图7.2)。这表明,近年来浙江省不断地加大水利科技专项项目的投资,非常重视水利科技在农村水利和防灾减灾中的应用,不断地推出新的技术,积极地将科技应用于各类农村水利和自然灾害的防范领域中,促进其社会发展,减少灾害损失。这与我国整体水利科技发展现状具有极为密切的关系。

7.1.4.1　防灾减灾领域

防灾减灾领域主要包含11项技术和24个项目。其中,水下结构探测技术和山塘水库信息管理系统在防灾减灾领域涉及的项目最多,分别达到了5项和7项,占到了该技术领域总项目的50%。

各领域项目所占比重

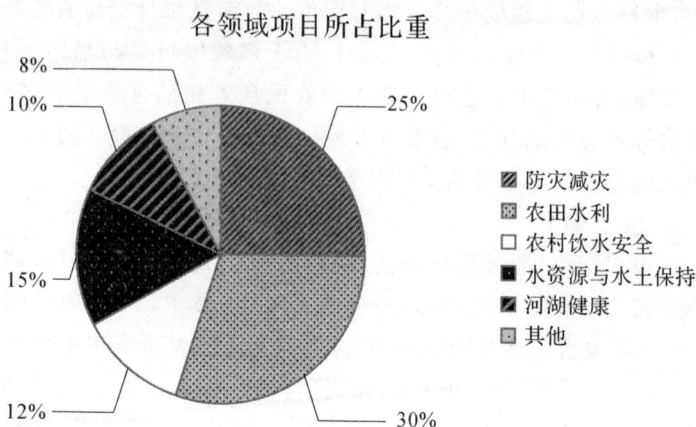

图 7.2　浙江省水利项目在不同领域中的比重

　　山塘水库管理信息系统对水库山塘实现高效的管理,及时掌握水库山塘的运行情况,提高管理效率,降低风险,具有显著的经济和社会效益。调查统计结果显示,山塘水库管理信息系统的建立不仅使该地区的管理人员数、管理维护成本减少,而且使隐患发现情况及应急响应时间都得到相应改善(见图 7.3)。

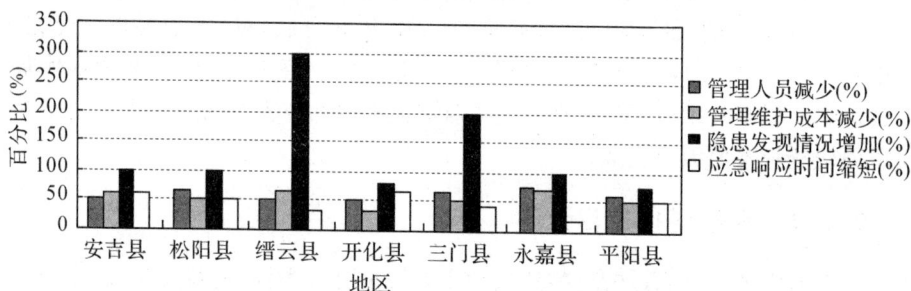

图 7.3　山塘水库管理信息系统推广效益指数

数据来源:2014 年浙江省水利科技推广中心调查数据。

7.1.4.2　水资源保障与水土保持领域

　　水资源保障与水土保持领域主要涉及 6 项技术(产品),包含 20 个项目。其中,雨水集蓄综合利用技术、水库上游植被生态修复技术以及取水计量在线检测技术等共涉及 17 项,占到了该领域总项目的 95% 左右。

　　雨水积蓄水利技术是一项简单易行、效果显著的农作物灌溉技术,该项技术的市场推广不但可以利用雨水资源,解决缺水地区的农作物灌溉难题,而且符合现有的生态农业的发展模式,利于地方农业的可持续发展。通过推广地区的自然环境条件,引用山泉或积蓄雨水或开挖渠道,有效减少了技术的运行成本,降低了农产品成本。图 7.4 也显示,通过该项技术使萧山地区的灌溉保证率为 88%,比实施项目前提高了 2 倍之多,遂昌、黄岩及临海地区分别提高了近 1 倍之多,衢州提高了 80%,安吉地区提高了 73%,都有效地保证了灌溉用水量。

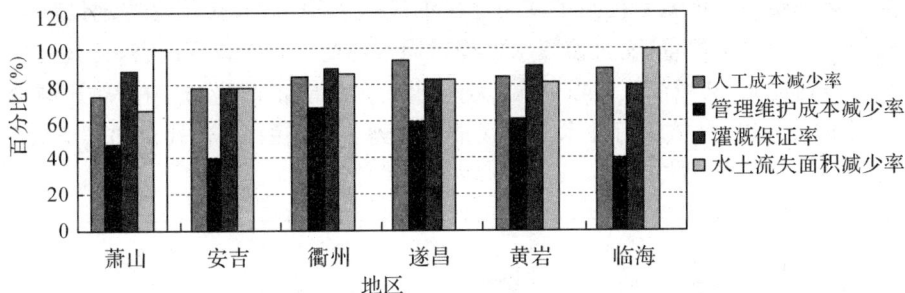

图 7.4　雨水集蓄综合利用技术推广效益指数

数据来源:2014 年浙江省水利科技推广中心调查数据。

7.1.4.3　农村水利领域

农村水利领域主要涉及 9 项技术(产品),包含 26 个项目。其中,温室大棚自动喷微灌与增湿降温技术集成、UPVC 提水泵管、新型混凝土防渗 U 型渠槽和渠道及渠系建筑物高效防渗等节水技术项目,成为农村水利领域技术推广的重要工作,占到了 70%左右。

通过该项技术的市场推广,在经济、社会、生态三方面产生较大的效益。防水护面剂在渡槽防渗修复中的应用示范,通过修补渠道,渗漏明显减少,估算每年减少渗漏 12.96 万 m³;由于原渡槽渗漏情况得到根本改善,渠道水利用系数明显提高(见图 7.5),下游灌溉得到更大保证,有效缓解了用水纠纷和城乡供水矛盾,提高综合生产能力,促进农村经济发展和新农村建设。

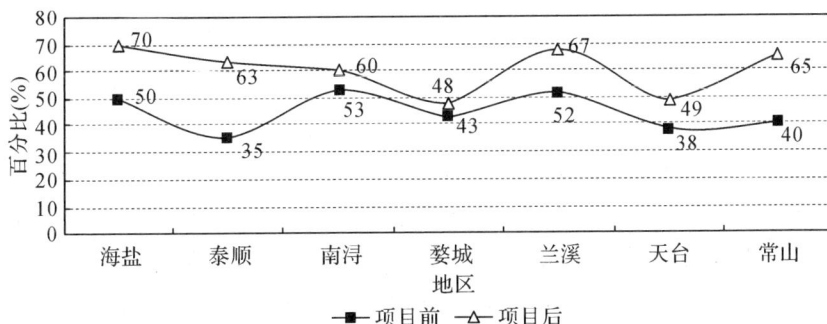

图 7.5　推广地区的渠系水系数变化图

数据来源:2014 年浙江省水利科技推广中心调查数据。

7.1.4.4 河湖健康领域

河湖健康领域涉及 5 项技术(产品),包含 13 个项目。其中,机制砂机制砂废水处理技术涉及项目 7 个,占到该领域技术项目的 48％左右。机制砂废水处理技术推广最重要的一项就是提高了试用地区的废水利用率,减少了这些地区的废水排放量以及淤泥排放量,而且使废水处理对周边环境的影响得到改善,尤其是使下游水质得到提高,从图 7.6 可以看出,无论何种经济指标项目实施前后对比减少率都达到了 50％以上,该项目技术的市场推广达到了较好的经济、社会和环境效益。

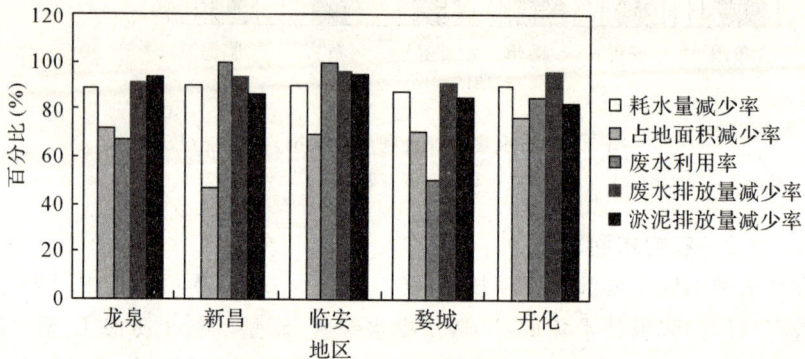

图 7.6 机制砂废水处理技术的推广效益指数
数据来源:2014 年浙江省水利科技推广中心调查数据。

7.1.4.5 农村饮水安全领域

农村饮水安全领域涉及 4 项技术(产品),包含 35 个项目。其中,农村饮用水消毒设备(包括了自动二氧化氯消毒设备)共推广了 24 个项目,涉及台数 1000 多台,占农村饮水安全领域的 68.6％,农村饮用水安全系统 6 个项目,占到了该领域的 17.1％。

由于该项水利科技的市场推广属于一项公益性项目,涉及社会效益较为明显。农村饮用水消毒设备从 2010 年开始在开化县、缙云县、仙居县三处推广应用 60 套 CL 缓释消毒器设备,受益人口达到 3 万多;2011 年在云和县、景宁县、龙泉市等 4 处推广 254 台消毒设备,受益人口 10 余万;而 2012 年该项目以在衢江区、婺城区、开化县等 17 个地区市场推广 745 台消毒设备,使受益人口增至 46.96 万。从 3 年来的推广情况看,该项技术有效地解决了各地水质中大肠杆菌超标的问题,水质合格率有效提升,通过对开化、衢江等 7 处的抽样调查发现,其水质合格率情况如图 7.7 所示。

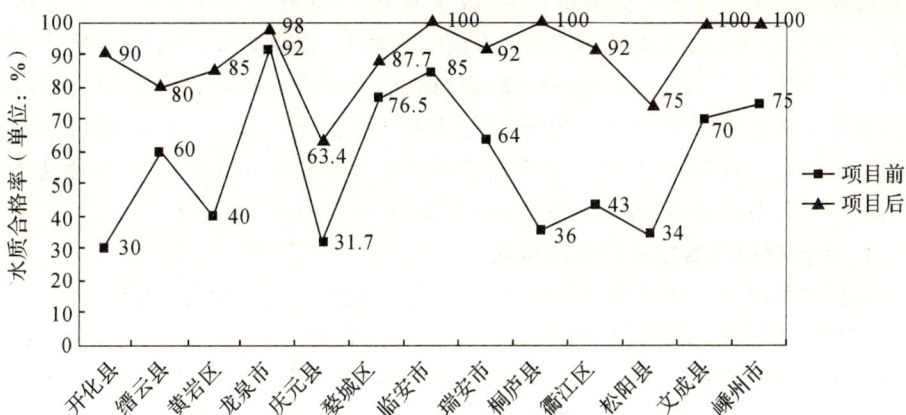

图 7.7　农村饮用水消毒设备的水质合格率变化图

数据来源:2014 年浙江省水利科技推广中心调查数据。

7.2　水利科技推广绩效评价理论框架

　　水利科技项目的市场推广目的是在众多的科技项目中,选择适合 2009—2012 年浙江省市场推广的水利项目,这些项目应该满足经济、生态、社会的要求,做到经济合理、环保有效、社会认可。为能更准确地分析水利科技推广专项的综合效益,提高浙江省水利科技建设与管理中的技术效率,需要建立一套水利科技推广专项绩效的一般评价体系,制定合理规范的评价标准,并对水利科技推广的单项技术进行系统的综合评价。研究结合现阶段浙江省水利项目的基本特征,可将影响水利科技市场推广的因素主要归结为经济、社会以及生态三个方面。根据每个技术领域的典型项目分别选取相应的评价指标,判断水利科技推广项目的综合效益,根据不同典型项目的效益表现制定不同技术领域的推广政策与措施,以期达到更好的推广目的。

7.2.1　水利科技市场推广评价特点

1. 评价内容较为广泛

　　农村水利项目绩效评价包括过程评价、经济评价、社会影响评价及技术评价等方面,评价内容较广泛[44-45]。其中经济评价包括国民经济评价和项目自身的财务评价。国民经济评价是按照资源合理配置原则,从国家整体角度考虑工程的效益和费用。财务评价依据国家相关的财税制度,对投资情况、运行费用和财务的效益利用一定方法绩效衡量,评价工程的偿债、盈利能力。社会影响评价包括人文环境和自然环境影响的评价。前者指经济、就业情况、公众参与和满意度、人们生活等内容,主要考察项目对地区经济发展、人们生活水平、就业增加、群众满意度等方面影响。自然环境评价结合相关的环境质量标准,有重点地确定评价范围、内容,采用一定方法进行的评价,并提出相应的结论和改进意见。技术评价以项目中所采用的技术措施为评价对象,考核技术措施对系统功能的贡献情况,其主要理论技术是运筹学中的最优规划,技术方案的不同对应的评价内容也不一样。

2. 评价指标与数据多且难以量化

农村水利项目绩效评价涉及内容广泛,除了经济效益评价外,还有社会、生态等方面的效益评价,这些评价指标间关系复杂,难以量化,另其评价所需大量数据要通过深入调查收集。资料的收集调查作为项目评价的一重要阶段,其方法有利用现有资料、参观访谈法、问卷调查法等,应视项目的具体情况与要求、资料收集的难易程度来选用适宜方法。在条件许可时,通常采用多种方法对同一调查内容相互验证,以提高调查成果的可信度和准确性。一些现有资料包括项目前期工作成果、实施阶段的工作成果、运行管理成果、项目有关经济、社会及环境方面的资料及项目所在地区社会发展及经济建设情况等。但是,由于历史原因及长期以来存在的"重建轻管"的现象,不重视资料的积累,水利建设没有规范化,很多项目资料都没有统计资料,或资料遗失、散乱等,这给农村水利项目的资料收集及评价工作带来极大困难。

3. 亟须定性与定量相结合

定量评价具有直观明确的特点,它要求具有大量的完善数据。但农村水利项目涉及内容多,资料难以收集,特别是其对环境及社会评价所需的资料需通过深入调查收集。且在其评价存在诸多无法定量的因素,如在灾害中人员伤亡造成的精神负担很难用货币来衡量;另一方面,在确定评价指标过程中,由于不同类型的农村水利项目对这些方面的影响存在较大差异,且不同指标间关系复杂,难以科学量化,故农村水利项目的绩效评价必须将定量与定性相结合来进行更合理的评价。

7.2.2　水利科技推广绩效评价原则

在水利科技推广专项中确立和投入实施等过程中,项目将对推广地区的经济、社会、生态等方面产生不同的效率和效果,这些效率和效果因项目推广时间的长短和地区等特点,可表现为显性或隐性,会造成对每个技术项目综合评价的复杂性、不确定性和艰巨性。因此,通过对典型技术项目的综合分析和实地调研,认为在项目评价过程中尽量遵循以下原则:

1. 全面和客观原则

评价从项目建设目标与立项申请书出发,全面调研与考察分析该技术项目对地区经济、社会以及生态环境等所做贡献,客观地反映各种技术项目的建设目标和社会、经济等各方面所带来的有利影响和不利影响。评价所依据的数据资料可靠性,对得出的评价结论和总结的经验需经得起推敲和检验,要有益于指导将来的水利科技推广项目的决策、规划和管理工作。

2. 适用与通用原则

水利科技推广专项包括 5 大技术领域,每一技术领域包含着多种技术项目,每一种技术项目可在不同年份、不同地区进行推广与实施。因此,针对每个技术项目进行详细评价相对较为困难,本次评价主要选择 5 大领域中较为典型的、具有创新性的技术项目进行重点评述。对不同领域的技术项目尽量选用适应度高、便于计算和推广的评价方法,通用性较高的评价指标进行综合评价。

3. 定量分析与定性分析相结合原则

在项目的综合评价指标设计中,本章主要采用定量与定性相结合的原则,通过定量分析对项目中能够直接或间接量化的效益指标进行计算和比较,比如一项科技项目推广的经济效益;定性分析是对那些无法量化的间接或无形的影响指标进行分析评价,比如一项技术推广后的辐射效应等。此外,有些指标也可运用评价管理过程中的项目招投标情况、项目资金运用情况,以及项目完成情况等理论依据或评价标准进行综合评价。评价流程如图 7.8 所示。

7.2.3　水利科技推广绩效评价方法

采用不同的评价方法对评价结果的准确性将产生不同程度的影响,进而影响决策的做出。目前所采用的绩效评价的方法有很多,本章将通过对常用评价方法的对比分析,结合农村水利科技推广项目的特点,选择合适的评价方法。

7.2.3.1　项目评价方法的分析

1. 对比法分析

对比法分为"有无对比法"及"前后的对比法"。"有无对比法"是通过对有无项目情况进行对比分析,确定工程引起的经济效益、社会效益和环境效益的总体情况,从而判断该工程带来的经济、社会、环境等影响情况。对比的重点是分清项目作用及其影响因素,度量效果归因于项目本身。项目不发生的情况难以准确度量确定,为此常在项目受益区外找个类似的"对照区"进行比较和评价。有无对比法需要大量可靠的数据,通常需要分析项目实施前的预测情况、实际效果,无项目情况时的效果等数据和资料。对比时需确定评价的主要内容与指标,建立可比的指标对比表,资料收集应采用科学的方法。"前后对比法"是指将项目实施前、后的情况进行比较,以确定项目的作用与效益。在项目绩效评价中可以将项目可行性研究报告、评估预测的结论、技术经济指标与实际运行结果进行对比,找出变化分析原因。该法主要用于揭示计划、决策和实施的质量。但项目绩效受内外界诸多因

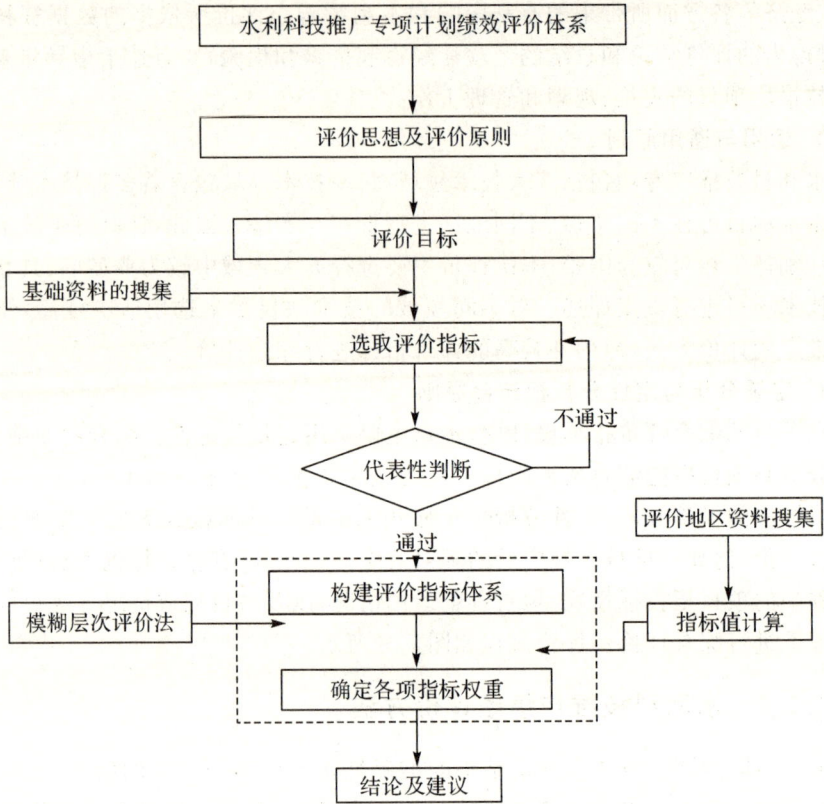

图 7.8　水利科技推广绩效评价流程图

素影响,为此简单的前后比较的法获得结果需考虑真实性。

2. 成功度评价法分析

成功度评价法是依靠评价专家,据项目实际运行情况,通过一定的系统准则来评价的项目的整体效益[53]。成功度评价以逻辑框架法的分析评价结论为基础,以项目的目标和效益为核心,对项目进行全面系统的评价。进行成功度评价,由评价小组成员据评价的目的、性质确定成功度表,在结合项目的具体特征来确定各指标的重要性。后根据项目成功度表格,由专家对各指标进行打分,通过对单个指标的重要性和成功度的结论,得到工程的总体成功度评价结果。项目成功度可分为完全成功与成功、部分成功、不成功与失败是成功度衡量的五个等级,成功度等衡量级标准表如表 7.3 所示。该法的关键在于根据评价人员的经验建立合理的指标体系,并结合项目实际采用一定的方法对各个指标进行权重的确定。

表 7.3　项目成功度等级衡量标准表

等级	内　容	标　　　准
1	完全成功	全面或超过实现项目的目标;比较成本,项目获得巨大的效益及影响
2	成功(A)	实现项目的大部分目标;比较成本,达到了预期的效益和影响
3	部分成功(B)	原定的部分目标被实现;比较成本,项目只取得了一定的效益和影响
4	不成功(C)	实现的目标非常有限;比较成本,几乎没有产生什么正效益和影响
5	失败(D)	无法实现,因目标不现实;比较成本,需终止项目

由于成功度评价方法以定性分析为主,受专家个人文化水平、知识结构、个人能力等方面的差异影响,很难对项目的具体指标做出客观评价。因此,所得到的综合成功度评价结论存在较大主观性和片面性,多用于项目的综合评价领域。

3. 层次分析法(AHP)

层次分析法也称为 AHP 法,它是由美国运筹学家萨蒂(T. L. Satty)提出的一种模拟人的分析、判断以及决策过程的系统分析方法[54]。其思路是:根据问题的性质和要求达到的总目标,把复杂的系统分解为各个组成因素,按支配关系对因素进行分组,建立一个层次结构,它描述了系统的功能、特征,后按一定的标度对因素间的重要性进行排列,构造出上下层因素间的判断矩阵,从而确定每层因素对上层因素的相对重要顺序,最后得到各决策因素对目标重要性的排序。该种方法的具体分析过程如图 7.9 所示:

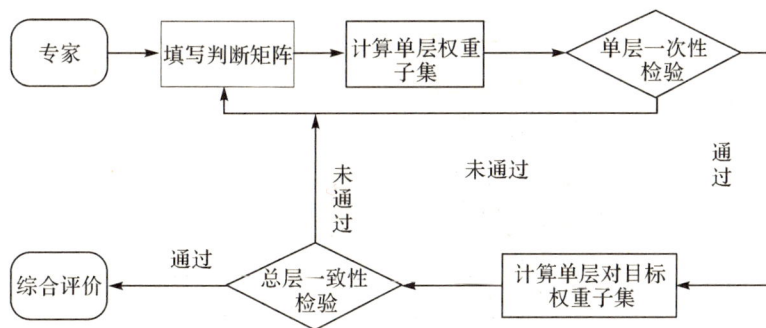

图 7.9　层次分析法(AHP)实施流程

该法可用于解决多因素复杂系统,尤其是很难定量描述的系统,进行定量与定性评价的一种分析方法。具有思路清晰、方法简便、系统性强等特点。该方法的评价一致性和准确受专家知识、经验和个人喜好影响大,具有较大的主观性和随机性;权重确定是否合理直接影响评价的科学性,为此该法常与其他评价方法组合使用,用于评价指标权重的确定。

4. 模糊综合评价法（FCE 法）

该法将模糊数学用在多目标综合评价里，目的是解决模糊性问题，尤其针对定性信息较多的情况。它据评价准则，先建立评价等级模糊子集并对其进行量化，后从诸多因素对被评价实物的隶属等级进行综合性评价。基本思路为根据最大隶属度原则或模糊线性变换原理，考虑各相关因素做出合理的综合评价[55]。应用步骤为：

第一，对象集的确定，因素集和评语集；

第二，对权数分配进行确定，获取各因素权重；

第三，建立每个因素的评分隶属度函数，最好确定各因素的隶属度值；

第四，计算模糊度即综合评价分数；

第五，影响因素为多层次结构时，进行多层次综合评价。

该法的特征是结合定量、定性指标，并将定性指标数量化和指标无量纲化，对项目进行综合的评价。最大优点是可处理现象的模糊性，使用数字反映经验，进而综合各因素对项目影响。

5. 数据包络分析法（DEA）

数据包络分析（简称 DEA）是由美国运筹学家查尼斯和库珀等学者在"相对效率评价"概念基础上发展起来的一种系统分析方法，它结合获得的样本数据，利用数学规划法对决策单元进行有效性评价，或处理多目标的决策问题[56]。（见图 7.10）。DEA 广泛应用于决策单元的相对效率和效益评价方面。

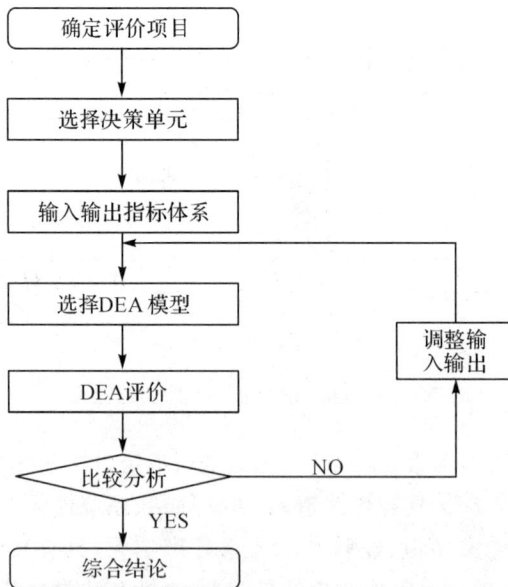

图 7.10　基于 DEA 的项目技术评价路线

以 DEA 的基本模型 C^2R 模型为例[57-59]，基本思路是：设有 n 个具有可比性的决策单元 DMU_j，$j=1,2,\cdots n$。每个决策单元都有 m 种类型的输入和 s 种类型的输出。DMU_j 的输入为 $x_j=(x_{1j},x_{2j},\cdots,x_{mj})^T$，输出为 $y_j=(y_{1j},y_{2j},\cdots,y_{ij})^T$，对应的权系数为：$V=(v_1,v_2,\cdots,v_m)^T$ 和 $u=(u_1,u_2,\cdots,u_s)^T$。

每个决策单元的效率评价指数为：$h_j=\dfrac{\sum\limits_{r=1}^{s}u_r y_{rj}}{\sum\limits_{i=1}^{m}v_i x_{ij}}$，$j=1,2,\cdots,n$。选取适当的 v 和 u，使得 $h_j\leqslant 1$，获得第 j 个决策单元的 C^2R 有效性评价模型，转化为如下线性规划模型：

$$\min[\theta-\varepsilon(\overset{\Lambda}{E}{}^T S^- + E^T S^+)]$$

$$S.T.\begin{cases}\sum\limits_{j=1}^{n}\lambda_j X_j + S^- = \theta X_0 \\ \sum\limits_{j=1}^{n}\lambda_j Y_j - S^+ = \theta Y_0 \\ \lambda_i\geqslant 0,j=1,2,3,\cdots,n \\ S^-\geqslant 0,S^+\geqslant 0\end{cases}$$

其中，ε 为非阿基米德无穷小，$\overset{\Lambda}{E}{}^T=(1,1,\cdots,1)^T_{1\times m}$，$E^T=(1,1,\cdots,1)^T_{1\times s}$，松弛变量 $S^-=(S_1^-,S_2^-,\cdots,S_m^-)^T$，$S^+=(S_1^+,S_2^+,\cdots,S_m^+)^T$。

设模型的最优解为 $\theta^0,\lambda^0,S^{0-},S^{0+}$，若 $\theta^0=1$，则称 DMU_{j0} 为弱 DEA 有效；若 $\theta^0=1$，且 $S^{0-}=0,S^{0+}=0$，则称 DMU_{j0} 为 DEA 有效；若 $\theta^0<1$，则称 DMU_{j0} 为非 DEA 有效。其意义是如果某个决策单元是 DEA 有效的，则认为其投入 X_{j0} 所获得的产出 Y_{j0} 已达到最优。

数据包络分析法以多指标的投入产出权系数为决策变量，在最优化的基础上进行项目评价，更具有内在客观性；另外，其投入与产出相互制约联系，该法具有黑箱研究方法的特点，由于其不要确定任何形式的关系表达式，但决策单元排序受诸多个因素影响，如决策人的偏好、输入输出指标的确定等。另外，DEA 方法对决策单元的数量要求较高，使得数据获取工作存在一定困难。

6. 逻辑框架法（LFA）

逻辑框架法是 1970 年由美国国际发展署开发的绩效评价工具，主要用在项目的规划、实施和监督评价。它可对项目的多个因素间的因果关系进行总结，同时评价其将来的发展方向。该法的核心概念为实物间的因果逻辑关系，认为如果提供某个条件（事物的内在与外部因素），则就会产生对应的结果。建立项目的逻辑框架的目的是确立目标层次间的逻辑关系，来分析项目的效率、效果、影响和持续性[60]。LFA 的基本模式如表 7.4 所示。

表 7.4　逻辑框架 4×4 矩阵模式

层次描述	客观验证指标	验证方法	重要外部条件
目标	目标指标	监测和监督方法	实现目标的主要条件
目的	目的指标		实现目的的主要条件
产出	产出物定量指标		实现产出的主要条件
投入	投入物定量指标		实现投入的主要条件

　　LFA 把目标及因果关系划分为四个层次：(1)目标：指由国家、地区的部门或投资方制定的宏观计划和政策方针等，一般由国家或行业部门确定目标。(2)目的：主要是项目实施带来的直接社会和经济方面的效果作用，项目给受益对象带来了什么，通常由项目与独立机构来制定目标。(3)产出：它要求提供可计量的直接结果，指项目投入的产出物。(4)投入：指项目的实施过程及内容，主要包括资源的投入量和时间等。LFA 的四个层次组成了由下到上的垂直逻辑关系。第一层是一定资源的投入保证并进行管理会有什么产出；第二层是项目的产出同社会、经济的变化关系；第三层是项目的目的对国家层次的贡献关联度[61]。而 LFA 的水平逻辑关系由验证指标、方法及假设条件构成，水平分析的目的是衡量项目的资源和成果。LFA 的客观验证指标能够反映出项目原预测指标和实际完成情况的变化。需要制定一张指标对比表来找出 LFA 中填写的内容。

　　逻辑框架法的应用能提供项目评价的全面性和规划设计水平，可系统逻辑分析项目各个方面，特别是对各层目标的逐级分解，找出主要问题，为决策提供可信的依据。然而由于它仅是一种思维模式，无法替代经济财务和成本效益等方法，为此它通常是作为方法论原则应用到项目评价中。

7. 成本效益分析法和生产函数法

　　20 世纪 30 年代，成本—效益分析法在美国出现，它是在一定时间内，将多个预选方案进行总成本与总效益进行分析对比，从中选出最优的方案。对于成本和收益都能准确计量的项目适合用该法。然而对于收益不能用货币计量的项目无法用此法进行评价，如以社会效益为主的公共支出项目不适合。

　　生产函数法通过明确产出与投入之间的函数关系来说明投入产出的经济效益，该法可对综合经济效益进行准确评价，对经济进步效益、资源配置和规模经济效益都有重要作用，缺点在于函数关系的确定较难。

7.2.3.2　项目评价方法的选择

　　综述以上各种方法都有其各自的优缺点，农村水利科技推广项目绩效评价该采用哪种方法，需要考虑到其本身绩效评价的特点。目前使用的方法侧重项目职责的落实、资金到位、项目完成情况等,缺乏对项目建设过程的合理性、有效性的研究,对成果的评价更多只是关注单方面,无法从社会、经济、生态等各方面进行综合评价[62]。考虑到农村水利科技推广项目作为一财政支农项目,涉及面广,数据难以收集,许多指标难以定量衡量等特点,本文选择模糊综合评价法对项目进行评价。

1. 权重方法的选择

指标权重的分配是否合理对绩效结果会产生很大的影响。目前主要有客观和主观赋权法。主观赋权法有德尔菲法、层次分析法和经验法,该法具有较强的针对性和灵活性,能根据实际情况变化做出快速调整,且使用简单方便。但主观性较强,不能客观反映出指标间的相对重要性。客观赋权法根据指标的原始信息,采用一定的数学方法进行处理来获得权数,其基本思想是权重是一个指标差异度和对其他指标影响度的变量。主要有有相关系数法、因子分析法和变异权重法等。

鉴于农村水利科技推广项目绩效受诸多因素的影响,其定性指标较多,数据获取困难的特点,为增强其可操作性、科学性,从定性和定量两方面来对项目绩效做较全面的评价,本文确定采层次分析法进行指标权重的确定。

2. 绩效评价方法的选择

综合以上各种评价方法可知,成本效益分析法和生产函数法更多从定量上对项目进行评价,要求能够获得大量完整的成本收益数据或投入产出数据,成本效益分析法对于收益不能用货币计量的项目,如以社会效益为主的公共项目就不适合;而在生产函数法中,如果投入产出数据不全就不能够准确地来确定函数的关系。对于 DEA 方法,它对决策单元的数量要求高,同样要求能够获取大量的输入输出的变量的数据。而成功度评价法以定性为主,存在较大的主观片面性。对比分析法中,要求的能够获取大量准确的项目前后或有无情况下的数据,以便做更好的对比。鉴于农村水利科技推广项目作为一项财政支农项目,具有公共项目的特点,其绩效评价涉及因素较多,项目受益面广,数据获取困难,难以收集全面;另许多指标具有不确定性和无法量化,需要专家打分量化,而专家打分给出的也是大致区间无明确的外延,存在模糊性。当系统增大时,复杂性和精确性存在反比关系。因此,本文在项目绩效评价上采取模糊综合层次评价法,能够较好地解决农村水利科技推广项目涉及因素多、许多指标难以定量化、数据获取困难等问题,结合定量与定性指标对项目的多目标进行综合评价它有利于充分发挥评价指标专家的作用,使评价结果更科学,同时通过评分标准量化各项指标,使评价过程有依据、更简便,增强其可操作性。

7.2.4　综合评价指标分类

为保证方案选择的合理性和总体决策的科学性,就必须对这些科技项目进行全面的评价,称为多目标综合评价,即从经济、社会、生态三个方面,对项目进行较全面和客观的描述和评价。

　　经济评价是以技术和其他要素对经济的发展和增长为对象,并利用一系列的指标进行定量分析。同时,技术的先进性最终反映到技术的成本、费用和收益方面,即经济的合理性。如管理维护成本、人工变动成本等。

　　社会评价是研究调整项目与人的关系,以达到水利科技项目在实施过程中,项目相关的群体之间的相互协调,促进项目的持续性,从而促进经济持续发展和社会的不断进步。水利是国民经济的基础设施和基础产业,具有防洪、治涝、灌溉、水土保持等多种功能,对地方、国家的社会发展目标的实现具有重要的作用,水利项目的社会评价采用定量与定性分析相结合的方法,但反映水利推广项目社会效益的评价指标中的很多因素难以定量分析,如受益群众对项目的支持态度,对社会稳定安全的影响等方面,因此指标选择时以定性为主。水利科技项目社会评价中所需要的社会资料和社会信息主要通过社会调查取得。

　　水利科技项目一般会对生态环境产生各种各样的影响,有些是明显的,有些是潜在的、较难预测的。由于项目数据有限,很难做定量分析。但项目对生态环境的影响是不可忽视的。因此,在对该项技术进行评价时,着重对当地的水文、气候、地质、水质以及动植物带来的影响进行分析。

7.2.5　模糊综合评价模型及工作流程

1. 模型构建依据

　　水利科技市场推广的好坏程度,是评价该项目是否适宜市场推广的重要指标,是同经济、社会、自然环境系统相互协调、相互适应、相互促进,并在互动中全面提高经济、社会、生态效益的综合指标。所以该水利项目的适用度评价不是简单的单目标决策问题,而是一个多目标决策问题,其评价工作应从经济、生态、社会等属性进行综合评价。绩效综合评价方法很多,如模糊数学法、单指标评价体系、综合指标评价模型等,本文以模糊数学为基本理论的综合指标评价法来设计水利科技市场推广综合评价函数:

$$F_i = \sum_{i=1}^{m} \omega_i x_{it}$$

式中,F_i 表示各指标的效益函数;x_{it} 为评价指标的标准化值;W_i 为各项评价指标的权重。

市场推广绩效计算公式:　　　$$T = \sum_{i=1}^{4} F_i(t,x) \mu_i$$

式中,T 为是市场推广绩效得分;μ 为各子系统的权重;$F_1(t,x)$ 为经济效益函数;$F_2(t,x)$ 为生态效益函数;$F_3(t,x)$ 为社会效益函数。

　　根据目前通行的满分 100 分,60 分为及格分线的做法以及国际上的相关参考标准做出如下判断,水利项目的市场推广绩效分数 $T \geqslant 60$,认为该水利项目适宜推广;水利项目的市场推广绩效分数 $T < 60$ 分则认为该项目不适宜推广;得分为 $60 > T \geqslant 40$,认为该项目还需要经过进一步的研究完善,由专业的研究机构深入研究分析,找出项目管理中存在的不足并加以改进,再进行市场推广应用,提出改进意见和建议。

2. 模糊综合评价模型的建立

第一,据评价指标体系,确定评价对象的因素论域,记作 $u = [u_1, u_2, \cdots, u_i]$ 称为指标集或因素集$(i = 1, 2, \cdots, n)$。

第二,评判等级域的确定。评判集 $v = [v_1, v_2, \cdots, v_j]$,$(j = 1, 2, \cdots, m)$,每个评判等级对应一个模糊子集。

第三,指标权重的确定。据因素对事物的不同影响程度来确定指标权重集 A,$A = (a_1, a_2, \cdots a_m)$,且 $\sum_{i=1}^{n} a_i = 1$,其中 a_i 表示指标 u_i 的权重。

第四,建立 U 与 V 的模糊评价阵。由指标值 u_i 确定该值对评语 v_j 的隶属度 r_{ij},建立单指标 i 的单因素评价集 $r_i = (r_{il}, r_{i2}, \cdots, r_{im})$。$r_{ij} =$ 为第 i 个因素做出第 j 评价尺度的专家人数/参加评价的专家人数。通过建立各指标的单因素评价集进而得到模糊评价矩阵 R。

$$R = \begin{bmatrix} r_{11} & r_{12} & \cdots & r_{1m} \\ r_{21} & r_{22} & \cdots & r_{2n} \\ \vdots & \vdots & \vdots & \vdots \\ r_{n1} & r_{n2} & \cdots & r_{nm} \end{bmatrix}$$

第五,模糊综合的评判。根据模糊评价矩阵,模糊综合评判集为:

$$B = W R = (w_1 \quad w_2 \quad \cdots w_n) \begin{bmatrix} r_{11} & r_{12} & \cdots & r_{1m} \\ r_{21} & r_{22} & \cdots & r_{2n} \\ \vdots & \vdots & \vdots & \vdots \\ r_{n1} & r_{n2} & \cdots & r_{nm} \end{bmatrix} = (b_1 \quad b_2 \cdots \quad b_m), W \text{ 是权}$$

重向量,B 是全部因素的综合评判结果。后根据最大隶属度原则定出评判结果。

第六,多层次综合评判。最后对各层级进行模糊综合评判,结合最大隶属度原则便可得出最后评价结果[129]。

3. 层次分析—模糊综合评价模型的流程

本文利用层次分析—模糊综合评价模型对浙江农村水利科技推广项目进行评价时,将按图 7.11 所示工作步骤展开。

7.3 水利科技项目市场推广的地区评价

2009—2012 年浙江省水利科技推广项目共涉及 40 项技术,118 个子项目,推

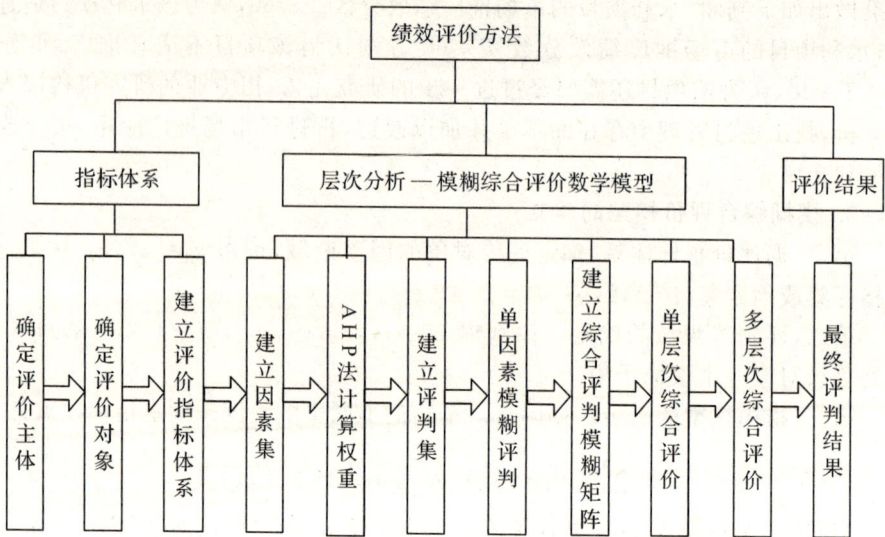

图 7.11　基于层次分析—模糊综合评价的工作流程图

广了 48 个地区。所有这些项目不仅覆盖了防灾减灾、水资源保障与水土保持、农村水利、河湖健康与农村饮水安全等 5 个技术领域，而且每项技术所涉及的项目多、种类复杂，推广地区多、技术差异大、实施范围及投资方式等不尽相同。如何对浙江省水利科技推广专项的整体投资、建设与管理进行有效综合评价？以及各个县、市项目区内不同年份的水利科技项目推广绩效到底如何？或对其他地区的水利科技推广工作是否带来经验或教训？基于上述三个问题，本研究将针对 118 个项目的推广地区展开有效评价。首先，对 2009—2012 年水利科技推广专项的 48 个地区进行整理与综合；其次，将专项中包括的 118 个项目统一纳入表格中，设置相应的地区项目总投入产出指标；最后，利用地区与时间序列相结合数据的面板数据，分析该推广项目在不同地区不同时间的管理技术效率及其影响因素，从而为有关部门及时调整投资组合，合理安排水利科技推广项目资金提供有效依据。

7.3.1　理论基础与模型构建

技术效率是指由科技含量的提高而带来的产出成效，主要应用于科技管理评价，通过在管理方法或引进新技术方面提高生产管理效率，体现的是在既定投入水平下产出的最大能力。本研究是在推广地区水利科技推广项目总投入要素一定的条件下，对该项技术的最大化效益产出的能力进行评价。因此，技术效率评价是对每个推广地区的项目投入产出在管理效率上所取得的技术进步，它是提高科技推广的有力评价手段之一。目前，国内常用的项目评价方法主要有数据包络分析法

(Data Envelopment Analysis，DEA)和层次分析法(Analytic Hierarchy Process，AHP)。其中，层次分析法的计算结果简单、明确，易于被决策者了解和掌握，但就本项目的地区综合评价而言，因每个地区都存在着不同种类的水利科技项目，完全通过专家打分来确定每项技术在不同地区的权重还存在一定的难度和不科学性；数据包络分析法(DEA)可以将每个地区作为决策单元，将项目在该地区的投入产出指标为计算依据，可以避免评价指标权重的主观性，从而进行科学定论。

7.3.1.1　数据包络分析理论

数据包络分析法(以下简称 DEA)是一种"面向数据"的测评方法，用于测评一组具有多种投入和多种产出的决策单元(DMU)的绩效和相对效率。另外，由于DEA 方法注重测量个体而非直观测量的平均值，因此，对个体差异尤其是以推广地区为决策单元的差异，有着独特的优势。此外，DEA 是一种非参数估计方法，在技术领域预测中，可以避免因数据少而无法获得有效参数的限制。综合考虑该评价方法的优、缺点，及浙江省水利科技推广专项中存在的技术多、项目多、覆盖地区多、时间短以及数据获得难度大等特点，本文采用数据包络分析法进行水利科技推广项目的推广地区分析。

7.3.1.2　理论模型构建

水利科技项目在不同地区的推广存在着多种产出或效益，数据包络分析(DEA)恰恰是研究多种投入情况下多种产出的综合效率典型方法，我们把每一个被评价单位作为一个决策单元(DMU)，再由众多 DMU 构成被评价群体，通过对投入和产出比率的综合分析，以 DMU 的各个投入和产出指标的权重为变量进行评价运算，确定有效生产前沿面(100%有效)，并根据各 DMU 与有效生产前沿面的距离状况，确定各 DMU 是否管理有效。本研究主体——水利科技推广专项本身就是一个多投入多产出的复杂体系，如果将每个推广地区的调研数据表和相关地区统计资料，把项目推广地区作为决策单元，可以获得较为明显的总体投入与产出数据。

DEA 模型按是否引入规模报酬①的假定，分为不变规模报酬(CRS)和可变规模报酬(VRS)两种方法。CRS 方法计算每个决策单元的相对效率，它可以用来衡量项目推广过程中的整体效率，但若无效率时，将无法清晰分辨是项目的技术因素还是规模因素造成。VRS 方法，将 CRS 方法中管理技术效率分解为纯技术效率和规模效率两部分，便于分析技术投入之后的效率变化(即技术效率的变化)，比较分析水利科技项目推广地区的技术效率，希望能够很好地分析出每个地区技术效

---

①　规模报酬是指在其他条件不变的情况下，项目的各种投入要素按相同比例变化时所带来的效益变化。规模报酬分析的是随着项目推广数量的变化与所引起的效益变化之间的关系，它可以较好地长期分析技术推广的作用。

率的差异、原因和解决方向,因此,基于 VRS 方法,需要详细地估算项目在推广过程中的纯技术效率和规模效率。

DEA 基本数学模型:基于运筹学原理,设有 n 个决策单元 DMU,每个 DMU 都有 m 种类型的输入以及 s 种类型的输出,其形式为:

$$X = \begin{bmatrix} v_1 \text{、} v_2 \cdots v_i \cdots v_m \end{bmatrix}^{\mathrm{T}} = \begin{Bmatrix} x_{11} & x_{12} & \cdots & x_{1j} & \cdots & x_{1n} \\ x_{21} & x_{22} & \cdots & x_{2j} & \cdots & x_{2n} \\ \vdots & \vdots & \vdots & \vdots & \vdots & \vdots \\ x_{i1} & x_{i2} & \cdots & x_{ij} & & x_{in} \\ \vdots & \vdots & \vdots & \vdots & \vdots & \vdots \\ x_{m1} & x_{m2} & \cdots & x_{mj} & \cdots & x_{mn} \end{Bmatrix}$$

$$Y = \begin{bmatrix} u_1 \text{、} u_2 \cdots u_r \cdots u_s \end{bmatrix}^{\mathrm{T}} = \begin{Bmatrix} y_{11} & y_{12} & \cdots & y_{1j} & \cdots & y_{1n} \\ y_{21} & y_{22} & \cdots & y_{2j} & \cdots & y_{2n} \\ \vdots & \vdots & \vdots & \vdots & \vdots & \vdots \\ y_{r1} & y_{r2} & \cdots & y_{rj} & & y_{rn} \\ \vdots & \vdots & \vdots & \vdots & \vdots & \vdots \\ y_{s1} & y_{s2} & \cdots & y_{sj} & \cdots & y_{mn} \end{Bmatrix}$$

其中每个决策单元 $j(j=1,2,3,\cdots,n)$ 对应一个输入向量 $X_j = (x_{1j}, x_{2j}, \cdots x_{mj})^{\mathrm{T}}$ 和一个输出向 $Y_j = (y_{1j}, y_{2j}, \cdots, y_{sj})^{\mathrm{T}}$。$x_{ij}$ 为第 j 个决策单元对第 i 种类型输入的投入总量,$x_{ij} > 0$;y_{rj} 为第 j 个决策单元对第 r 种类型输出的产出总量,$y_{rj} > 0$;v_i 为对第 i 种输入的一种度量;u_r 为对第 r 种类型输出的一种度量;$i = 1,2,3,\cdots,m$;$j = 1,2,3,\cdots,n$;$r = 1,2,3\cdots,s$。

从投入(产出)角度预算决策单元相对效率的 DEA 模型($\mathrm{C^2R}$)可以表示为 (1)、(2):

$$(1) \begin{cases} \theta_0 = \min \theta \\ s.t. \sum_{j=1}^{n} X_j \lambda_j + s^- = \theta X_0 \\ \sum_{j=1}^{n} Y_j \lambda_j - s^+ = Y_0 \\ \lambda_j \geqslant 0, j = 1, \cdots n \\ s^-, s^+ \geqslant 0 \end{cases} \qquad (2) \begin{cases} \alpha_0 = \max \alpha \\ s.t. \sum_{j=1}^{n} X_j \lambda_j + s^- = X_0 \\ \sum_{j=1}^{n} Y_j \lambda_j - s^+ = \alpha Y_0 \\ \lambda_j \geqslant 0, j = 1, \cdots n \\ s^-, s^+ \geqslant 0 \end{cases}$$

基本变量含义:θ_0 为决策单元 DMU_0 的有效值(指投入相对与产出的有效利用程度),x_i 为 DMU_j 的投入元素集合,可由 $x_j = (x_{ij}, x_{2j}, \cdots, x_{mj})^{\mathrm{T}}$ 表示,Y_j 为 DMU_j 的产出元素集合,由 $Y_j = (y_{1j}, y_{2j}, \cdots, y_{sj})^{\mathrm{T}}$ 表示;λ_j 为相对于 DMU_0 重新构造一个 DMU 有效组合中第 j 个决策单元 DMU 的组合比例;s^-,s^+ 为松弛变量。

7.3.2 指标设置与数据来源

严格地讲,运用 DEA 方法测评水利科技推广的地区管理技术效率,应当将水利科技推广项目在每个地区的投入和产出数据进行归纳与总结,再统统纳入 DEA 模型,来估算与测评每个地区的效率系数。但由于每个技术项目的产出效益不尽相同且难以量化,基于投入产出分析理论,选择每个地区推广项目总数(X1/个)、地区推广项目投资额(X2/万元)、地区覆盖县、地区个数(X3/个)作为投入变量,实证分析水利科技推广项目的地区投入所带来的效益变化。确定投入变量之后,相应地选择项目中能够综合反映较多信息的产出效益指标:社会效益—受益人口数量(Y1/千人)、经济效益—项目区人均收入变化率(Y2/元)和生态效益—项目区水土流失面积(Y3/hm²)作为该项目的产出变量,其中 Y1 主要代表社会效益成果,由于项目数量多,且差异性较大,所以其能表现社会效益的共同指标比较有限,而受益人口数量可以作为所有项目的公共指标来表示社会效益;Y2 主要代表经济效益,主要表现为区域人均收入变化率,由于人均收入变化的影响因素很多,难以全部归功于本项目的推广,可将项目在该地区的投资比重作为权重,直观反映出推广项目的经济效益;Y3 主要代表生态效益,数据来自于地区调查表;另外,若产出效益较为突出,且技术成本低,势必带来第二层技术项目的产出指标,即推广效益,它可以通过购买该项技术的数量来反映该项技术所带动的辐射效应。

本研究运用 DEA 方法测评水利科技推广项目效率所用数据资料,均来自于 67 份调查表统计资料、电话调查追踪、实地调研、2009—2012 年浙江省水利推广项目申报书及每年项目推广评价小结里的部分年度数据的综合。其中,推广项目投资额 X2 考虑到项目实施的时间连续性,利用差分法将项目起初一次性总额投资分配到以后的各年;受益人数 Y1 的数据来源为项目申报书及其他相关验收资料加总测算,由于浙江省人口增长百分比不大,且为了方便数据获取可以忽略人口增长百分率,但考虑到项目相关县(区)不可能全部覆盖,为了统一口径,经与有关水利技术专家协商讨论,在相关县、市(区)实际人口的基础上都赋予 10% 的权重,再乘以该地区的项目覆盖率(见第 2 章);Y2 为地区人均收入,数据分别来自 2009—2012 浙江省水利推广项目的验收材料,取值原则为各推广县、区当年的农村居民人均纯收入的均值乘以当年推广项目投资额占当地当年水利总投资的比重;Y3 生态效益主要来自各项目区的调查统计表;被评价的 9 个相关地级市的投入产出指标的数据结构如附表 1、附表 2 所示。

7.3.3 模型结果与评价

本项目旨在通过研究水利科技推广项目的各项资源利用效率以期获得最大效益,在保证投入要素基本不变的情况下,增加产出的水平。为此,本研究分别选择

DEA 模型中的投入主导型 CRS 计算方法估算出各推广地区效率水平,再通过产出为导向的 VRS 计算方法对其效率的影响因素进行分析与评价。

7.3.3.1 推广地区效率有效值及平均值测算

首先运用 DEAP2.1 软件选择投入主导型的 CRS 计算方法,处理 2009 到 2012 年 4 年间推广的县、市总体数据,对计算得到的每年各相关县、市的管理技术效率有效值及平均值汇总如表 7.5 和图 7.12 所示。

表 7.5　2009—2012 年相关县、市的技术效率值

	杭州	嘉兴	湖州	金华	衢州	丽水	绍兴	台州	温州	平均值
DEA 有效值	0.804	0.870	0.441	0.781	0.245	0.632	1.000	0.215	1.000	0.628
有效值排序	3	2	6	4	7	5	1	8	1	

由表 7.12 可以看出,经济发展比较好的地区,温州和绍兴的技术效率值均为 1,即在项目推广的 4 年时间内,这两个地区的推广效果最好,其次依次是嘉兴、杭州、金华、丽水、湖州、衢州、台州。效率值的地区排序仅说明了水利科技专项推广技术在各相关县、市的相对推广效果,这种效果仅作为参考,因为它不仅与相关地的投资额、管理办法和推广规模有关,还可能与当地的经济基础、自然环境、气候条件和人文因素有关。

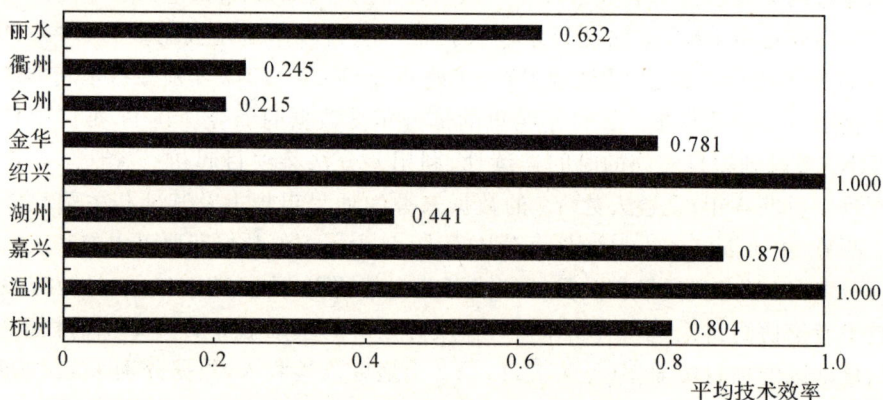

图 7.12　2009—2012 年各相关县市项目推广的技术效率

7.3.3.2 推广地区效率的影响因素

介于上述多种因素对地区技术效率的影响,我们运用 DEAP2.1 软件再次选择产出主导型的 VRS 计算方法,来分别处理 2009 到 2012 期间各个相关县、市数据,计算出每年各县、市项目推广的技术效率、纯技术效率和规模效率,分析项目在推广过程中的影响因素。计算结果如表 7.6 和图 7.13 所示。

表 7.6　2009—2012 年浙江省水利推广专项的技术效率及其影响因素

	技术效率	纯技术效率	规模效率
2009	0.632	0.796	0.783
2010	0.615	0.772	0.811
2011	0.483	0.772	0.675
2012	0.785	0.868	0.899

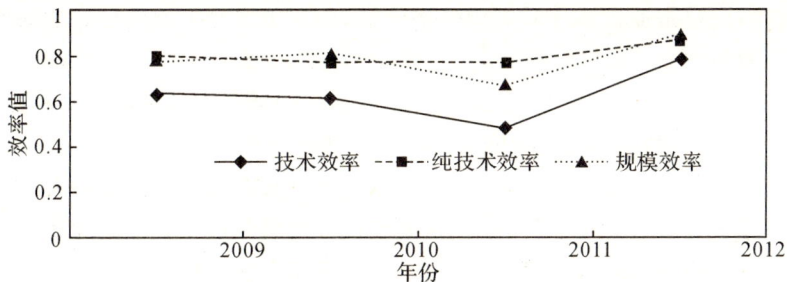

图 7.13　2009—2012 年水利科技项目的管理效率及其影响因素变化趋势

　　表 7.6 和图 7.13 说明了省水利科技推广项目在 9 个相关县、市的综合效率。从三种效率的趋势来看,2009 到 2010 年间基本保持平稳,2010—2011 年间略有下降,而 2012 年又有快速回升的趋势。这充分说明,虽然水利科技推广项目的总体实施过程只有 4 年,但由于 2009 年刚开始投入,至 2010 年,很多项目的建设与实施还没有完成,在 2009—2010 年间总体的推广效果并没有明显变化,效率值达到 60% 左右;而在 2010—2011 年间,水利科技推广项目的总体技术效率和规模效率都有所下降,下降了 20% 左右,主要与 2009 年和 2010 年的推广规模相关,从影响因素来看,主要是 2009 年投入的技术项目在 2010 年间的完工率与资金到位情况紧密相关。但到 2011—2012 年间效率值明显提升,而且可以推测在未来若干年内,项目的实施效果会越来越明显,效率值会呈现出增长趋势。这说明在水利科技项目推广的 4 年间,浙江省水利科技推广效率有稳步增长的趋势。

　　规模效率在 4 年间一直保持在 0.675 以上,2009 到 2010 年几乎保持稳定,2010—2011 年间在小幅度范围内下降,自 2011 年开始出现上升的趋势。纯技术效率在前三年内几乎保持不变,最后一年且呈现上升的趋势。

7.3.3.3　水利市场推广绩效的地区评价

　　总的来说,浙江省水利科技专项项目管理技术效率水平虽在最后一年有明显的上升趋势,但总体变化趋势不太明显,主要原因是水利科技推广项目实施年限尚短,效率与效益尚不明显,导致项目的纯技术效率不高,这就需要通过加强项目跟踪管理、继续完善各种制度管理因素等，来促进管理技术水平的提高。

综合效率＝纯技术效率×规模效率。综合效率是对决策单元（推广地区）的技术项目的适配性、经济性等多方面能力的综合衡量。纯技术效率反映的是推广地区（DMU）在一定（最优规模时）投入要素的生产效率，它是项目在实施过程中由于管理和技术等因素影响的生产效率；规模效率反映的是实际规模与最优生产规模的经济差距，它是由于规模报酬等经济因素影响的生产效率。综合技术效率＝1，表示该推广地区的投入产出是综合有效的，即同时技术有效和规模有效；纯技术效率＝1，表示在目前的技术水平上，其项目的各项投入资源使用是有效率的，未能达到综合有效的根本原因在于其规模经济无效，因此重点在于如何更好地降低成本，发挥其规模效益。

表7.7和图7.14都呈现了2009—2012四年间浙江省各地区水利科技推广项目的综合效率、纯技术效率和规模效率的变化情况。

杭州地区推广的水利科技项目，前三年内都没有达到综合效率最大，主要原因是其纯技术效率虽达到了总体的要求，但其现有规模与最优规模之间还存在差距，即推广数量少所带来的规模不经济，还需进一步加大推广规模。随着2012年推广项目和推广地区的增加，杭州市水利科技推广的综合效率也在逐渐提高。

嘉兴地区的综合效率在前三年都相对较高。通过调查表和投入产出指标可以发现嘉兴地区的投资额和推广地区较多，推广市场较为活跃，推广技术的适配性与经济性也都相对合理。但由于其生态效益指标——水土流失面积减少量较低，影响了该地区的综合效率。因嘉兴推广项目中水土保持类项目较少，只有2011年的桐乡市推广取水实时监控系统项目一项是针对水资源保持和水土保持领域的。

温州地区不管是纯技术效率还是规模效率都达到了相对最优，说明温州地区的水利科技推广项目的技术适配度相对较高，无论是在管理机制的创新，还是在推广规模的扩大等方面都做得相对较好。

绍兴地区水利推广的综合效率总体较好，虽然2010、2011两年间也存在技术效率和规模效率不足的状况，但随着管理水平的提升以及推广数量的增加，2012年末，该地区达到了较好的综合效率。

湖州、金华、台州、丽水四个地区在纯技术效率和规模效率相对略低，可以考虑在加强技术创新和寻找适合当地资源的技术开发同时，进一步扩大项目的技术集聚和推广规模，增加项目数量，实现规模经济。

衢州地区虽然在规模效率方面表现的较好，但由于其纯技术效率相对较低，导致衢州地区综合效率不高。

表 7.7 2009—2012 年推广地区管理技术效率值及其分解

	2009				2010				2011				2012			
	技术效率	纯技术效率	规模效率	规模收益	技术效率	纯技术效率	规模效率	规模收益	技术效率	纯技术效率	规模效率	规模收益	技术效率	纯技术效率	规模效率	规模收益
杭州	0.778	1	0.778	drs	0704	1	0.704	drs	0.821	1	0.821	drs	0.997	1	0.997	drs
温州	1	1	1	—	1	1	1	—	1	1	1	—	1	1	1	—
嘉兴	0.870	1	0.870	drs	0.709	1	0.709	drs	0.827	1	0.827	drs	1	1	1	—
湖州	0.441	0.5	0.881	irs	0.410	0.5	0.821	irs	0.491	0.5	0.983	irs	0.682	1	0.682	irs
绍兴	1	1	1	—	0.542	0.661	0.820	irs	0.539	1	0.539	—	1	1	1	—
金华	0.781	1	0.781	irs	0.511	0.537	0.952	drs	0.408	0.827	0.493	irs	0.658	0.788	0.836	irs
台州	0.215	0.333	0.645	irs	0.214	0.25	0.855	irs	0.269	0.385	0.699	irs	0.478	0.533	0.898	irs
衢州	0.245	0.333	0.735	irs	1	1	1	—	0.219	0.232	0.946	irs	0.418	0.494	0.847	irs
丽水	0.632	1	0.632	drs	0.643	1	0.643	drs	0.188	1	0.188	drs	0.830	1	0.830	drs
平均值	0.632	0.796	0.783		0.615	0.772	0.811		0.483	0.772	0.675		0.785	0.868	0.899	

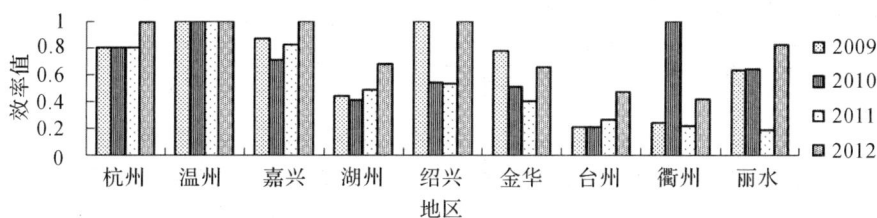

图 7.14 2009—2012 年推广地区管理技术效率值

7.3.4 推广绩效地区评价

总之,从各年综合技术效率的情况看:近几年来,浙江省水利推广项目管理技术效率水平较高,都达到了 80% 左右。杭州、温州、绍兴与台州、衢州等地区的效率差异较为明显,除温州外,嘉兴地区的水利科技推广效率在逐年显著提高,2012 年达到最优,金华、丽水略好于湖州。台州、衢州地区因时效短导致效率相对较低,但即使是纯技术效率相对较低的地区,因规模效率的增加如衢州市雨水集蓄利用示范项目,综合效率也呈现出增长的趋势。

因此,依据以上分析我们认为:提高浙江省水利科技推广综合效益需要从两方面入手。其一,对于纯技术效率相对不高的地区,需要健全适合当地的水利科技推广技术的建设管理制度,提高生产效率,积极探索水利技术的分级管理、分类管理、专业管理、群众管理的模式和途径,全面提高基层水利服务能力和管理水平。其二,基于经济地理条件,对于规模效率水平相对较低的地区,应加大推广项目的技术要素集聚(种类)和推广规模,同时应根据各地区的特点参考水利科技推广效率较高地区的经验进行调整。

影响水利科技推广效率的因素有很多,不仅包括各地的地理因素、经济基础、人口结构还包括各地的水利基础设施、农民农业态度、气候条件和制度因素等,所以为了更好地把握水利科技推广项目在各地的推广效果,还需要增加推广年限和推广数量,在大力推广新技术、新材料、新工艺基础上,寻找适合水利科技推广项目和符合当地特殊条件的管理模式和途径,提高各种技术、设施的利用效率。

7.4 水利科技项目市场推广绩效的综合评价

根据浙水计〔2010〕95 号《关于下达 2010 年度浙江省水利科技推广项目实施计划的通知》、浙财农〔2010〕86 号《浙江省财政厅关于拨付 2010 年水利科技推广项目省补助资金通知》文件精神,2010 年浙江农村水利科技推广综合示范项目主要包括 UPVU 提水泵管、渠道及渠系高效防渗、水泵、闸门自动化管理系统三项技术的推广。各分项目概况为:

7.4.1 项目示范工程市场推广现状

项目建设计划下达后,各地水利局和财政局按照立项要求及时落实项目建设任务,认真布置项目建设要求,与厂方协调做好施工前技术交底工作,督促建设单位做好工程招标、管理人员落实、现场施工质量管理和产品进场自验工作,在实施中,建设单位指定专人到现场进行技术指导与管理,严格把好工程质量关。工程于2010 年 4 月开工,至 2011 年 12 月底全部完工。资金管理上采取招投标方式,做到公开、公平、公正。项目实施严格实行施工合同管理,资金纳入镇财政核算中心统一管理,资金拨付按工程进度实行管理人员、建设负责人和分管镇长,镇长审核同意后支付,项目资金采用专项核算和专项管理,并做到专款专用。项目验收工作由各地区水利局组织水利、财政和农经有关专家进行,同时由建设单位进行核验,整个项目质量合格,项目整体达到验收合格。该综合项目作为一社会公益性项目,受到了广大农民的大力支持,受益群众、施工单位对其都具有较高的满意度。

7.4.1.1 浙江省 UPVC 提水泵管技术推广示范工程

浙江省原有小型提水泵站提水管采用铁质管,在使用中,群众普遍反映管体重量大、安装不方便、易腐蚀、使用寿命短等问题,且经常被盗,其损失每年到达上千万元,频繁的更新加重了村级经济和农民的经济负担。为了改善和提升泵站设备质量,浙江省决定引进 UPVC 提水泵管新产品代替铁质管,它将有效解决铁质管在使用中存在的问题。该产品分别在嘉兴、海盐、平湖三个地方得到推广使用,计划推广 370 套,总投资 146 万元,其中省级投资 50 万元,其余由地方自筹。嘉兴工程计划投资 40 万元,在王店镇和洪合镇各建设 2 个村 UPVC 提水泵管技术推广示范区,全村实现 UPVC 提水泵管改造,建设规模为 9871.6km^2,更新推广 70 套 UPVC 提水泵管。海盐项目计划投资 81 万元,其中省级补助 30 万元,在全县八个镇推广 200 套 UPVC 泵管。平湖项目计划投资 45 万元,在全市 9 个街道推广 100 套 UPVC 管,项目的实施将带来显著的经济社会效益。

预期项目实施有显著的直接经济效益和社会效益:

(1)延长使用寿命,节省设备更新费用。由于 UPVC 管使用的寿命是铁质管 5 倍以上,在 20 年内 370 套泵管使用可节省投入两百多万元的设备更新费用。

(2)有效杜绝被盗损失。预计平均每年每套可节省被盗损失近 6 万元。

(3)节能降低成本。由于该管光滑输水性能好,提高了出水效率,可节水 20%,降低排灌运营成本,减轻农民负担。

(4)绿色环保。UPVC 管是节能环保产品,无污染且保持了水质。

(5)维持社会安定。该管使用可有效杜绝偷盗现象,益于社会安定团结和农村和谐环境的建设。

嘉兴项目实际完成更新推广 125 座(套)UPVC 提水泵管,推广受益面积达 19142.9km^2,比计划超额完成 55 座(套),扩增受益面积 9304.7km^2,其中集中完成王店镇建设村 16 座泵站和洪合镇泾桥村 26 座泵站的 UPVC 管改造,2 个行政村实现 42 座泵站全村改造,其余 83 套 UPVC 管分散推广于王江泾镇、王店镇和新塍镇等。工程总投资 32.124 万,其中省级补助 10 万,其余的 22.124 万为镇村级企业自筹资金。海盐项目按计划顺利完成,实际总投资 74.1 万,推广 200 套 UPVC 泵管;平湖项目实际投资 36 万,省级投资 10 万元,地方配套空省级自筹 35 万,在全市 9 个街道共推广 100 套 UPVC 管。项目实施具有很好的推广辐射效应,在社会效益、经济及生态效益中取得了显著成效,主要体现在:

节省维护管理费用。UPVC 泵管由于具有管壁光滑、耐腐蚀、抗压强度高,有效增强其使用寿命,进而使得其更新次数减少。用按 4 年计算,每套以 2000 元计,20 年内 425 座泵站可节省更新费用 425 万元,节省人工费用 106.25 万元。

降低偷盗损失。UPVC 管的使用有效解决铁制管重量大、安装不方便、易腐蚀、使用寿命短和容易被偷盗等问题,425 处泵站以每处 500 元更新费用计算,按照原每年被盗一次计算,可避免被盗损失二十几万元。

节能效益。由于出水率提高 15%~20%,可节约用水 327 万 m^2,节约用电 8330kW·h 折合费用近 10 万元。综合各种经济效益可减轻村级经济 666.25 万元。

7.4.1.2　浙江省渠道及渠系建筑高效防渗示范工程

为了提高灌溉用水利用率,改善节水灌溉的现状,我省在 2010 年开展了渠系及渠道高效防渗示范工程的建设。该项技术主要在嘉兴、金华、兰溪、天台和常山五个地方进行推广应用。嘉兴项目位于浙江省嘉兴市的新塍镇陡门村,项目建设规模为 200.1km²,建新型混凝土防渗 U 型渠槽 3000m,计划总投资 20.5 万,省级补助 10 万,其余自筹。建设目标是通过采用新型混凝土防渗 U 型渠槽,提高灌溉水利用系数,使灌区灌溉保证率达到 95％以上。金华项目计划在城区乌溪江推广,计划投资 215.11 万元,省级补助 20 万元,其余自筹。兰溪项目位于东芝,计划投资 18.7 万元用于改造渠道总长度 33.44km,其中防渗衬砌渠道 32.048km,渡槽 12 座长 0.973km,隧洞 6 处长 0.419km,另采用强轮纤维Ⅱ型混凝土,对 16km渠道边坡约 7000m³ 混凝土进行防渗加固。项目的实施将有效控制混凝土砂浆的微裂纹,提高抗渗抗冻抗磨损抗冲击等性能,大大增强混凝土的耐久度。天台项目位于里石门,计划投资 150 万余对红旗渡槽进行全面的维修加固,修复面积约6000m²。常山项目计划投资 57 万元对罗马坞、水口、黄泥畈二号和上安等 5 座渡槽,长度 336m,防渗修复砼表面积约为 2000m²。项目实施预期具有较大的经济和社会、生态效益:

1. 提高渠系水利用系数,降低维护管理成本

项目实施后可使灌区灌溉保证率从 60％提高到 75％以上,改善灌溉面积9671.5km²,渠系水利用系数从 0.4 提高到 0.65,从而达到节水、保障灌溉用水的目的;按投资分摊,对渡槽绩效防渗修复将产生 15 万元的经济效益。

2. 有效减少灾害发生的损失

项目实施后,将有效减少渗漏水量,防止灌区周边因渠道渗漏造成周边根底沼泽化,有利于土壤改良和农作物生长,以及保障渡槽下人员车辆的安全通行。另外技术的推广,将为灌区农业稳定高产,社会经济可持续发展提供有力支持。

3. 绿色环保

新型混凝土防渗 U 型渠每立方米混凝土消化工业废渣数量大于 700kg,工业废渣用量达到混凝土胶凝材料总量的 80％以上,原料用量 35％以上可以做到废物利用,降低能耗,减少大气污染,保护环境。

该技术通过修补渠道、渡槽,将明显的改善其渗漏情况,节约水资源,提高渠系水利用系数,保证下游的灌溉用水。嘉兴项目的实施共投资 24 万元,其中省级补助 10 万元,项目的应用有效节省了管理维护费用,起到了较好的防渗节水电的功效,渠系水利用率达到 95％以上,比原沟渠提高 40％左右,200.1km² 农田 1 年可节水 9.2 万 m³,节省电费 0.25 万元,绿色环保。金华项目实际投资 210 万元,其实施有效修复广济堰、七姓堰两座坝堰新,建及改造建筑物 22 座,提高了渠系水利用系数,使莘畈溪水资源得到充分利用,为下游的农田灌溉创造了良好的条件。兰溪项目的实施有效减少了在骨干渠道输水过程中的水利损失,渠系水利用系数由实施前的 0.52 提高到 0.67,不仅新增加有效灌溉面积 19609.8km² 和改善有效灌溉面积55094.2km²万亩,使全区 74704km² 农田灌溉保证率从 70% 提高到 85%,项目实际投资 18.5 万,其中省级投资 10 万。天台项目由于天气原因未能按计划顺利完工,项目建设实现了对红旗渡槽约 6000m² 进行了修复。常山项目实际投资 58 万,其中省级补助 15 万。项目实施使灌区的灌溉保证率提高了 15%,渠系水利用系数提高了 0.16,较好地实现了预期目标。

7.4.1.3 浙江省泵闸自动化管理系统示范工程

水泵闸门自动控制技术的推广应用,能够通过计算机监控系统对泵站闸门的运行情况进行实时监测。为改变排涝闸站的运行管理模式较落后、信息传递速度较慢、调度管理困难、效率低下等问题,提升区内的防洪排涝综合运行管理水平,计划在海盐、南浔、秀洲三处进行推广应用该技术。海盐项目武原镇城防工程位于武原镇城区,保护面积 13.6km²,计划总投资 52.6 万元,将对古荡河等 8 座水闸、庙浜泵站等 3 座排涝泵站实现远程自动控制。南浔项目计划投资 42 万元,计划对防城范围内的东大街闸站、马家庄闸站 14 个点安装自动控制技术。秀洲区是浙北洪涝的重灾区,每年入汛后大部分河流都常年处于警戒水位以上,直接影响了工矿企业和居民的生产生活安全。全区已建成 57 片圩区工程,受益面积 25011hm²,其中农田 163415km²,保障了 18.4 万人的生活安全。项目计划对王店镇、新塍镇重点受灾区实施水利工程建设,采取"建闸、固堤、增动力"的排涝措施,保障农民的生活生产安全。计划建设 15 个泵站自动控制系统,3 个圩区水位在线监测系统,受益面积 10005km²。项目计划总投资 49 万,其中省级财政专项补助 20 万元,其余由地方自筹。

项目实施预期具有显著的经济效益和社会效益,体现在以下几点:

(1)节约人工及其他管理费。技术的应用实现了闸站无人值守的管理模式,可大大节约人员费用和其他管理费用,每年每片圩区可节约人员工资在 3 万/人,实施维护费用约 0.6 万,管理费用可节省一半。

(2)节水节能,由于排涝闸站分散。自动化管理使控制闸站启闭效率更高,可避免延迟关机情况,起到节约排涝电费和节水的效果。

(3)减少防盗损失。通过报警与视频监控系统的建设,可有效防止被盗现象,每台中型水泵被盗将造成 3.53 万元左右的经济损失。

(4)保证圩区人民生活的安全,提高工作效率。圩区运行自动化系统建设实现了闸站无人值守、远程控制排水的管理模式,同以前的人工值守方式相比,排水效率有了很大的提高,进而可降低圩区遭受洪涝灾害危险,从而保证了圩区内企业、居民的生产和生活安全,降低圩区内各种财产和设施的淹没成本以及农作物的减产损失。

(5)系统的建设对推进水利体制改革,促进规模化高效管理水平,提供及时区域水情信息,提高防洪指挥决策效率等都具有十分重要的意义。

嘉兴秀洲项目位于三建村三建圩区和新塍镇项目区的三个连片区,控制面积分别为 4802.24km²、22181.75km²,共有排涝闸站 16 座、25 台排涝水泵,动力647kW,项目建设内容有安装自动排涝系统 13 套、闸门自动启闭系统 3 套、布设水位信息控制点 2 处,并配套防盗警器 16 套。项目实际总投资 59.9891 万元,其中省级财政专项补助资金 20 万元,区财政配套资金 39.9891 万元,建设资金账目实际到位 60 万元。海盐项目按计划顺利进行,实际总投资 50 万元,其中省级补助20 万元,项目的应用实现了对 11 座水泵闸门的统一监控,有效地提高了管理效率。南浔项目由于地方实施方案的变化等其他原因,项目未按计划顺利完成,项目的建成将对 14 个闸站点实现统一自动实时的监督控制,实现无人值守,有效减少灾害损失,提高管理效率的目标。工程的实施有效地完成了建设目标,具有显著的经济、社会等效益,主要有:

(1)节约人员及其他管理费。泵闸站远程智能控制系统的应用,有效地减少了管理员数。如在海盐、南浔两地,系统应用后分别减少了 4 名、3 名管理员,每年可节省近 9 万元的人工成本。另外,也节省人员前后现场勘查的各项成本。

(2)提高管理效率,有效节约水电能源。通过闸站远程智能系统,可以随时了解闸门、泵站开关情况、在发生故障时利用短时报警等方式保护设备安全,将很大地减少应激相应时间,提高了闸泵站管理的时效性。过去由手工控制闸泵站开关的方式,从发现异情到赶往到现场关闭开关需 2 小时,现在只需 5 分钟。

(3)建设防盗损失,保证周边人民生活的安全。报警与视频监控系统的应用可防止被盗现象,若每台中型水泵被盗将损失 3.52 万元左右。水泵、闸站实现自动排涝,及时排除受洪涝的灾害,保障了项目区农作物的正常生长和人民财产的安全。

7.4.2 示范项目推广绩效的模糊综合评价

本次绩效评价所依据的资料主要来源于以下途径:浙江省水利统计年鉴收集农民人均收入、有效灌溉面积、资金投入、农业产值等数据;关于项目决策审批情况及实施的数据主要来自于浙江省水利厅水利科技推广项目申报书及相关通知;而项目竣工验收等数据资料参考了项目第三方监理机构提供的验收报告;对于项目的管理实施状况、实施效果及满意度等数据主要通过实地调研和问卷调查等方式获取。

7.4.2.1 基本指标的模糊评价

结合项目实际情况,将上述绩效评价体系应用于浙江省嘉兴秀洲区水利科技推广综合示范项目中,邀请 5 位专家根据实际情况及工程绩效评分标准进行评分,将专家的评分结果汇总,如表 7.8 所示。

表 7.8　项目实施绩效完成情况

维度指标	基本指标	具体指标	权重	优	良好	中等	差
管理绩效(B_1)	资金管理(C_1)	各级资金到位率(D_1)	0.078	5/5	0	0	0
		拨款及时、合规性(D_2)	0.0348	1/5	3/5	1/5	0
		财务管理情况(D_3)	0.0152	2/5	3/5	0	0
	过程管理(C_2)	项目决策审批(D_4)	0.0251	3/5	2/5	0	0
		机构与管理(D_5)	0.0105	0	2/5	3/5	0
		验收达标率(D_6)	0.0066	0	5/5	0	0
产出绩效(B_2)	数量指标(C_3)	新增节有效灌溉面积(D_7)	0.0739	2/5	3/5	0	0
		新增粮食产量(D_8)	0.1478	4/5	1/5	0	0
	质量指标(C_4)	灌溉水利用系数提高率(D_9)	0.1478	3/5	2/5	0	0
		灌溉成本降低率(D_{10})	0.0739	1/5	3/5	1/5	0
影响绩效(B_3)	经济效益(C_5)	新增农业产值(D_{11})	0.1031	1/5	2/5	2/5	0
		农民人均年收入(D_{12})	0.0266	0	2/5	2/5	1/5
		农业产业结构变化(D_{13})	0.0114	0	0	2/5	3/5
	社会效益(C_6)	农户满意度(D_{14})	0.0991	2/5	3/5	0	0
		受益人口数(D_{15})	0.0268	0	1/5	4/5	0
		示范推动效果(D_{16})	0.0676	2/5	3/5	0	0
		对防治灾害的影响(D_{17})	0.0144	0	1/5	3/5	1/5
	生态效益(C_7)	减少水土流失面积(D_{18})	0.0036	0	0	1/5	4/5
		改善农业生产条件(D_{19})	0.024	2/5	3/5	0	0
		节约资源情况(D_{20})	0.0107	1/5	3/5	1/5	0

1. 资金管理绩效

因素集 $C_1 = \{$各级资金到位率 D_1 拨款及时,合规性 D_2 财务管理情况 $D_3\}$,

评判集 $V = \{$优,良,中,差$\}$,绩效评价专家组 5 名成员对资金管理绩效的每个因素进行评价,得到单因素评定:

$$矩阵\ R_{C_1} = \begin{matrix} 优 & 良 & 中 & 差 \\ \begin{bmatrix} 5/5 & 0 & 0 & 0 \\ 1/5 & 3/5 & 1/5 & 0 \\ 2/5 & 3/5 & 0 & 0 \end{bmatrix} & \begin{matrix} 各级级资金的到位 & D_1 \\ 拨款的及时、合理性 & D_2 \\ 财务管理情况 & D_3 \end{matrix} \end{matrix}$$

再由前面的 AHP 评价法中得到 D_1、D_2、D_3 各具体指标的权重为 0.0780、

0.0348、0.0152，故可得出权重矩阵为 $W_{C1}=\begin{bmatrix}0.0780 & 0.0348 & 0.0152\end{bmatrix}$。

$$B_{11}=W_{C1}R_{C1}=\begin{bmatrix}0.0780 & 0.0348 & 0.0152\end{bmatrix}\begin{bmatrix}5/5 & 0 & 0 & 0\\1/5 & 3/5 & 1/5 & 0\\2/5 & 3/5 & 0 & 0\end{bmatrix}$$

$$=\begin{bmatrix}0.0910 & 0.0300 & 0.0070 & 0\end{bmatrix}$$

对 B_{11} 归一化处理得到 $B_{11}=\begin{bmatrix}0.711 & 0.234 & 0.055 & 0\end{bmatrix}$。可以看出，从资金管理绩效指标看，绩效优的隶属度为 0.711，绩效良的隶属度为 0.234，绩效中的隶属度为 0.055，绩效差的隶属度为 0。根据隶属度最大原则，从资金管理绩效指标 C_1 来评价项目为"优"。

2. 过程管理绩效

因素集 $C_2=\{$项目决策审批 D_4，机构与管理 D_5，验收达标率 $D_6\}$，评判集 $V=\{$优，良，中，差$\}$。根据 5 名绩效评价专家对过程管理绩效的评价结果和上文 AHP 法获得各因素的权重，可得模糊综合评判集为：

$$B_{12}=W_{C2}R_{C2}=\begin{bmatrix}0.02510 & 0.0105 & 0.0066\end{bmatrix}\begin{bmatrix}5/5 & 0 & 0 & 0\\1/5 & 3/5 & 1/5 & 0\\2/5 & 3/5 & 0 & 0\end{bmatrix}$$

$$=\begin{bmatrix}0.0151 & 0.0208 & 0.0063 & 0\end{bmatrix}$$

对 B_{12} 归一化处理得到 $B_{12}=\begin{bmatrix}0.358 & 0.493 & 0.149 & 0\end{bmatrix}$。可以看出，从过程管理绩效指标看，绩效优的隶属度为 0.358，绩效良的隶属度为 0.493，绩效中的隶属度为 0.149，绩效差的隶属度为 0。根据隶属度最大原则，从过程管理绩效指标 C_1 来评价项目为"良"。

3. 数量指标绩效

因素集 $C_3=\{$新增节有效灌溉面积 D_7，新增粮食产量 $D_8\}$，评判集 $V=\{$优，良，中，差$\}$，根据 5 名绩效评价专家对数量绩效的评价结果和上文 AHP 法获得各因素的权重，可得模糊综合评判集为：

$$B_{21}=W_{C3}R_{C3}=\begin{bmatrix}0.0739 & 0.1478\end{bmatrix}\begin{bmatrix}2/5 & 3/5 & 0 & 0\\4/5 & 1/5 & 0 & 0\end{bmatrix}$$

$$=\begin{bmatrix}0.1478 & 0.0739 & 0 & 0\end{bmatrix}$$

对 B_{21} 归一化处理得到 $B_{21}=\begin{bmatrix}0.667 & 0.333 & 0 & 0\end{bmatrix}$。可以看出，从数量绩效指标看，绩效优的隶属度为 0.667，绩效良的隶属度为 0.333，绩效中的隶属度为 0，绩效差的隶属度为 0。根据隶属度最大原则，从资数量绩效指标 C1 来评价项目为"优"。

4. 质量指标

因素集 $C_4=\{$灌溉水利用系数提高率 D_9，灌溉成本降低率 $D_{10}\}$，评判集 $V=\{$优，良，中，差$\}$。根据 5 名绩效评价专家对数量绩效的评价结果和上文 AHP 法

获得各因素的权重,可得模糊综合评判集为:

$$B_{22}=W_{C4}R_{C4}=\begin{bmatrix}0.1478 & 0.0739\end{bmatrix}\begin{bmatrix}3/5 & 3/5 & 0 & 0\\1/5 & 3/5 & 1/5 & 0\end{bmatrix}$$

$$=\begin{bmatrix}0.1053 & 0.1330 & 0.0148 & 0\end{bmatrix}$$

对 B_{22} 归一化处理得到 $B_{22}=\begin{bmatrix}0.412 & 0.529 & 0.0589 & 0\end{bmatrix}$。可以看出,从质量绩效指标看,绩效优的隶属度为 0.412,绩效良的隶属度为 0.529,绩效中的隶属度为 0.0589,绩效差的隶属度为 0。根据隶属度最大原则,从质量绩效指标 C_1 来评价项目为"良"。

5. 经济效益指标绩效

因素集 $C_5=\{$ 新增农业产值 D_{11},农民人均年收入 D_{12},农业产业结构变化 $D_{13}\}$,评判集 $V=\{$优,良,中,差$\}$,根据 5 名绩效评价专家对数量绩效的评价结果和上文 AHP 法获得各因素的权重,可得模糊综合评判集为:

$$B_{31}=W_{C5}R_{C5}=\begin{bmatrix}0.1031 & 0.2660 & 0.0114\end{bmatrix}\begin{bmatrix}1/5 & 2/5 & 2/5 & 0\\0 & 1/5 & 2/5 & 2/5\\0 & 0 & 1/5 & 4/5\end{bmatrix}$$

$$=\begin{bmatrix}0.0106 & 0.0519 & 0.0564 & 0.0122\end{bmatrix}$$

对 B_{31} 归一化处理得到 $B_{31}=\begin{bmatrix}0.146 & 0.368 & 0.400 & 0.086\end{bmatrix}$。可以看出,从经济绩效指标看,绩效优的隶属度为 0.146,绩效良的隶属度为 0.368,绩效中的隶属度为 0.400,绩效差的隶属度为 0.086。根据隶属度最大原则,从经济效益绩效指标 C_1 来评价项目为"中"。

6. 社会效益指标绩效

因素集 $C_6=\{$ 农户满意度 D_{14},受益人口数 D_{15},示范推动效果 D_{16},对防治灾害的影响 $D_{17}\}$,评判集 $V=\{$优,良,中,差$\}$,根据 5 名绩效评价专家对数量绩效的评价结果和上文 AHP 法获得各因素的权重,可得模糊综合评判集为:

$$B_{32}=W_{C6}\cdot R_{C6}=\begin{bmatrix}0.0991 & 0.0268 & 0.0676 & 0.0144\end{bmatrix}\begin{bmatrix}2/5 & 3/5 & 0 & 0\\0 & 1/5 & 4/5 & 0\\2/5 & 3/5 & 0 & 0\\0 & 1/5 & 3/5 & 1/5\end{bmatrix}$$

$$=\begin{bmatrix}0.0667 & 0.1083 & 0.0301 & 0.0029\end{bmatrix}$$

对 B_{32} 归一化处理得到 $B_{32}=\begin{bmatrix}0.321 & 0.521 & 0.145 & 0.014\end{bmatrix}$。可以看出,从经济绩效指标看,绩效优的隶属度为 0.321,绩效良的隶属度为 0.521,绩效中的隶属度为 0.145,绩效差的隶属度为 0.014。根据隶属度最大原则,从社会效益绩效指标 C_6 来评价项目为"良"。

7. 生态效益指标

因素集 $C_7=\{$ 减少水土流失面积 D_{18},改善农业生产条件 D_{19},节约资源情况

D_{20}},评判集 V={优,良,中,差},根据 5 名绩效评价专家对数量绩效的评价结果和上文 AHP 法获得各因素的权重,可得模糊综合评判集为:

$$B_{33} = W_{C7}R_{C7} = [0.0036 \quad 0.0240 \quad 0.0107] \begin{bmatrix} 0 & 0 & 1/5 & 4/5 \\ 0 & 2/5 & 3/5 & 0 \\ 1/5 & 3/5 & 1/5 & 0 \end{bmatrix}$$

$$= [0.0117 \quad 0.0208 \quad 0.0029 \quad 0.0029]$$

对 B_{33} 归一化处理得到 $B_{33} = [0.305 \quad 0.543 \quad 0.078 \quad 0.076]$。由可以看出,从生态绩效指标看,绩效优的隶属度为 0.305,绩效良的隶属度为 0.543,绩效中的隶属度为 0.078,绩效差的隶属度为 0.076。根据隶属度最大原则,从生态效益绩效指标 C_6 来评价项目为"良"。

7.4.2.2 维度指标的模糊评价

为了对项目的整体做出全面的判断,需要在基本指标评判的基础上对 3 个维度指标的评价结果进行高层次的模糊综合评价。

1. 管理绩效($B1$)

因素集 $B1$={资金管理 C_1,过程管理 C_2},评判集 V={优,良,中,差},从管理绩效的每个因素开始,依据 5 名绩效评价专家的评价结果计算出的各指标值对其进行评价,得到模糊关系矩阵 R_{B1}:

$$R_{B1} = \begin{bmatrix} 0.0910 & 0.0300 & 0.0070 & 0 \\ 0.0151 & 00208 & 0.0063 & 0 \end{bmatrix} \begin{bmatrix} 资金管理 & C_1 \\ 过程管理 & C_2 \end{bmatrix}$$

根据上述 AHP 法计算结果得到 C_1、C_2 两个指标占整体绩效的比重为 0.1269、0.0423,其权重矩阵为 $W_{B1} = [0.1269 \quad 0.0423]$,由此可以算出管理绩效的模糊综合评判为:

$$B1 = W_{B1}R_{B1} = [0.1269 \quad 0.0423] \begin{bmatrix} 0.0910 & 0.0300 & 0.0070 & 0 \\ 0.0151 & 0.0208 & 0.0063 & 0 \end{bmatrix}$$

$$= [0.0122 \quad 0.0047 \quad 0.0012 \quad 0]$$

归一化处理得到 $B1 = [0.674 \quad 0.260 \quad 0.066 \quad 0]$。由此可以说明,从管理绩效看,绩效优的隶属度为 0.674,绩效良的隶属度为 0.260,绩效中的隶属度为 0.066,绩效差的隶属度为 0。依据隶属度最大原则,从管理绩效指标 $B1$ 来评价项目绩效为"优"。

2. 产出绩效($B2$)

因素集 $B2$={数量指标 C_3,质量指标 C_4},评判集 V={优,良,中,差},从产出绩效的每个因素开始,依据 5 名绩效评价专家的评价结果计算出的各指标值对其进行评价,得到模糊关系矩阵 R_{B2}:

$$R_{B2} \begin{bmatrix} 0.1478 & 0.0739 & 0 & 0 \\ 0.1035 & 0.1330 & 0.0148 & 0 \end{bmatrix} \cdot \begin{bmatrix} 数量指标 & C_3 \\ 质理指标 & C_4 \end{bmatrix}$$

根据 AHP 法得到 C_3、C_4 两个指标占整体绩效的比重为 0.2217、0.2217，其权重矩阵为 $W_{B2}=[0.2217\ \ 0.2217]$，由此可以算出产出绩效模糊综合评判为：

$$B2=W_{B2}R_{B2}=[0.2217\ \ 0.2217]\cdot\begin{bmatrix}0.1478 & 0.0739 & 0 & 0\\ 0.1035 & 0.1330 & 0.0148 & 0\end{bmatrix}$$

$$=[0.0557\ \ 0.0459\ \ 0.0033\ \ 0]$$

归一化处理得到 $B2=[0.531\ \ 0.438\ \ 0.031\ \ 0]$，由此可以说明，从产出绩效看，绩效优的隶属度为 0.531，绩效良的隶属度为 0.438，绩效中的隶属度为 0.031，绩效差的隶属度为 0。依据隶属度最大原则，从产出绩效指标 $B1$ 来评价项目绩效为"优"。

3. 影响绩效（$B3$）

因素集 $B3=\{$经济效益 C_5，社会效益 C_6，生态效益 $C_7\}$，评判集 $V=\{$优，良，中，差$\}$，从产出绩效的每个因素开始，依据 5 名绩效评价专家的评价结果计算出的各指标值对其进行评价，得到模糊关系矩阵 R_{B3}：

$$R_{B3}=\begin{bmatrix}0.0206 & 0.0519 & 0.0564 & 0.0122\\ 0.0668 & 0.1083 & 0.0301 & 0.0029\\ 0.0117 & 0.0208 & 0.0029 & 0.0029\end{bmatrix}\begin{matrix}经济效益 & C_5\\ 社会效益 & C_6\\ 生态效益 & C_7\end{matrix}$$

根据第四章中使用的 AHP 法得到 C_5、C_6、C_7 三个指标占整体绩效的比重为可知其权重矩阵为 $W_{B3}=[0.1411\ \ 0.2080\ \ 0.0380]$，由此可以算出影响绩效的模糊综合评判为：

$$B3=W_{B3}\cdot R_{B3}$$

$$=[0.1411\ \ 0.2080\ \ 0.038\ \ 0]\cdot\begin{bmatrix}0.0206 & 0.0519 & 0.0564 & 0.0122\\ 0.0667 & 0.1083 & 0.0301 & 0.0029\\ 0.0117 & 0.0208 & 0.0029 & 0.0029\end{bmatrix}$$

$$=[0.0182\ \ 0.0306\ \ 0.0143\ \ 0.0024]$$

归一化处理得到 $B2=[0.267\ \ 0.474\ \ 0.222\ \ 0.037]$。由此可以说明，从影响绩效看，绩效优的隶属度为 0.267，绩效良的隶属度为 0.474，绩效中的隶属度为 0.222，绩效差的隶属度为 0.037。依据隶属度最大原则，从产出绩效指标 $B1$ 来评价项目绩效为"良"。

7.4.2.3　推广绩效的模糊综合评价

前面已完成了 3 个维度指标层的模糊综合评价，并得出了维度指标层对项目绩效不同等级评语的隶属度。在此需要对这 3 个维度层相对项目的整体绩效做出全面的判断，才能更好评价项目实施的绩效。

项目的整体绩效因素集 $A=\{$管理绩效 $B1$，产出绩效 $B2$，影响绩效 $B3\}$，评判集 $V=\{$优，良，中，差$\}$。从项目绩效的每个因素着眼，根据前文 5 名绩效专家的评价结果可得到模糊关系矩阵 R_A：

$$R_A = \begin{bmatrix} 0.0122 & 0.0047 & 0.0012 & 0 \\ 0.0557 & 0.0459 & 0.0033 & 0 \\ 0.0172 & 0.0306 & 0.0143 & 0.0024 \end{bmatrix} \cdot \begin{bmatrix} 管理绩效 & B1 \\ 产出绩效 & B2 \\ 影响绩效 & B3 \end{bmatrix}$$

（优　　良　　中　　差）

根据前文 AHP 法得到 $B1$、$B2$、$B3$ 三个指标所占整个项目绩效的比重可得出权重矩阵为 $W_A = [0.1692\ 0.4434\ 0.3874]$，则项目的模糊综合评判集为 A：

$$A = W_A R_A$$

$$= [0.1692 \quad 0.4434 \quad 0.3874] \begin{bmatrix} 0.0122 & 0.0047 & 0.0012 & 0 \\ 0.0557 & 0.0459 & 0.0033 & 0 \\ 0.0172 & 0.0306 & 0.0143 & 0.0024 \end{bmatrix}$$

$$= [0.0334 \quad 0.2162 \quad 0.0072 \quad 0.0009]$$

归一化处理得到 $A = [0.130\ \ 0.839\ \ 0.028\ \ 0.003]$。表明从整个项目的绩效来看，绩效优的隶属度为 0.130；绩效良的隶属度为 0.839，绩效中的隶属度为 0.028，绩效差的隶属度为 0.003。据隶属度最大的原则，该项目的绩效评价结果为"良"。

7.4.3　推广绩效综合评价

项目的绩效的好坏是一个整体过程，包括从设计到项目实施前、中、后的产出及其影响。利用模糊层次综合评价法，从维度层的评价结果看，项目的管理绩效、产出绩效、影响绩效分别为优、优、良，总的来说项目实施还是比较成功的。其中：

（1）项目的资金管理上严格按财政资金拨付的法规制度进行，能够及时到位，如省级资金到位率 100%，另外，资金的使用均符合相关制度和项目要求，做到专款专用；在财务管理上，管理制度健全，资金严格按要求实行报账制、审核批准制，并将进行会计审核制。但在项目实施管理过程中，由于浙江水利科技推广项目今年才开始实施，管理体制系统化不够健全，尤其是地方机构并没有设立专门的监督机构对项目的实施进行严格监督，在工程施工管理制度执行上有一定欠缺，为此今后应在项目的过程管理上采取措施，加强监督和管理，提高建设单位依法建设的意识。

（2）产出绩效被评为"优"，说明项目的投入基本按预定的计划完成了，达到预期的目标，一定上增加了有效灌溉面积，提高了水资源利用系数，使灌溉成本得到一定程度的降低。但由于该项目是公益性项目，其投入产出比不太显著。

（3）项目影响绩效为"良"，其中经济、社会、生态效益分别为"中"、"良"、"良"，这是由于项目建成应用的时间较短，其实施带来一定影响，但项目效益并没有完全发挥。另外，项目实施涉及范围较小，如相对于农民多元化的收入来源，项目的贡献比例并不是非常大，同时由于项目主要针对农村水利领域，故其对农业产业结构影响较小,使得经济效益不是很显著。而在社会和生态方面的影响,水利科技的应用确实很好地改善了农业的生产条件,促进农业增收,并且受到项目受益者好评,满意度较高。总体来说,该项目的实施应用带来了一定的影响和作用。

7.5　本章小结

本文在系统的概括国内外的有关绩效研究现状和农村水利项目绩效评价相关评价理论、评价特点的基础上,从绩效评价概念模型角度出发,结合浙江省水利科技推广项目的现状,构建了项目管理、产出和影响 3 个维度的绩效评价指标体系,它包括 7 个基本指标和 20 个具体指标。最后利用所构建的指标体系,应用模糊综合评价法对嘉兴秀洲水利科技推广示范综合项目进行实证分析,得出该项目实施结果良好。通过学习研究,本文的主要结论有如下几个方面:

(1)通过对国内外有关项目绩效评价发展研究现状的梳理,确立了本文的研究方向;另外,通过对各种评价方法的分析比较,结合农村水利项目绩效评价的特点及实际的可操作性,确定层次—模糊综合评价法作为本文的研究方法。

(2)经过对浙江农村水利科技推广项目的实际情况的调查分析,在前人的研究基础上,从项目绩效生成逻辑的概念模型角度出发构建了浙江农村水利科技推广项目绩效评价体系。该评价体系包括管理绩效、产出绩效、影响绩效 3 个维度指标,7 个基本指标和 20 个具体指标。指标选择有定量和定性两种,从项目实施的全过程来衡量绩效将更为全面、科学、合理。同时,本文采用层次分析法来确定各层次指标的权重,使权重确定更为科学、合理、简便;并给出绩效评判标准以及对项目按优、良、中、差 4 个等级进行综合评判。

(3)本文最后应用所构建绩效评价体系,采用模糊综合评价法对嘉兴秀洲区水利科技推广综合示范项目进行实证研究。评价结果较为准确地反映了项目实施全过中的各阶段绩效,项目中所存在的不足也得以清晰体现,有助于进一步来挖掘项目的潜在绩效,也为后期项目决策制定及管理提供了一定的参考。

第8章 水利市场化管理实施建议与保障体系

8.1 研究结论及政策建议

针对我国及浙江省目前水利市场化管理的现状及《中华人民共和国水法》、《农业法》、《农业技术推广法》、《小型农村水利和水土保持补助费管理规定》、《水利工程水费核订、计收和管理办法》、《灌区管理暂行办法》、《农村水利和水土保持补助费管理规定》、《水利工程水费核订、计收和管理办法》、《灌区管理暂行办法》等法律法规和我国水利市场化管理的地方法规和标准,再结合本研究的主要发现和结论,现提出如下几点意见:

8.1.1 政府在水利市场化管理过程中的角色定位

中国现在正处于经济发展和城市建设的高峰期,需要大量地对基础设施投入。所以,要真正支撑水利市场化管理的良性发展,政府将仍是投资体系中的重要角色。

1. 加快相关立法进程,弥补农村水利供给不足

加大有关法律法规政策制定的力度,健全和完善各种水务法规,培育严格科学的监管体系,更好地保护农民用水户,尤其是低收入的农民群体的合法权益。根据第3章的调查结果:在有效问卷中,有接近四分之一的农户对水利市场化管理的法律法规和制度完全不了解,一半的农户稍有了解,以及第4章的博弈模型分析结果也表明,缺乏相关的法律法规是影响浙江省农户参与水利管理的原因因素之一,所以建议加快相关的立法进程。另外,研究发现,针对我国水利市场化管理的地方法规和标准制定工作处于刚起步阶段,各级地方政府尚未建立针对当地市场化管理的政策法规。除了现行的法律法规外,建议地方政府制定用水户参与灌溉管理的法律体系,如构建用水户协会组织章程、用水户协会与灌溉机构之间的转让协议等,组织章程对会员资格、组织结构和内部管理、运行维护、水费、用水户协会的清算等做具体规定;转让协议对拟转让的灌溉系统、协会与灌溉机构双方的责任、共同管理阶段如何运作等做具体规定。具体做法可以参考国外的成功经验,如墨西哥的国家水法中规定用水户协会作为法人,一些国家根据旧的国家法律或地方法律来支持灌溉管理转移计划的实施(如阿根廷和土耳其),而一些国家则通过制定新的国家水法实施了灌溉管理职责转移(如菲律宾和哥伦比亚)。

　　政府要转变职能,在制定政策、执行政策和监管市场的责任及相关职能都要上升,直接干预市场经济运行的行政职能可以适当弱化。同时,要学会用看得见的手对水务市场进行有效的宏观调控,科学合理地配置各种水务资源,引入市场机制,利用"鲶鱼效应",实现水利事业的又好又快发展,在公共市场经济体制下实现公共利益的有效供给和服务。

2. 规范水利市场化管理运行机制,提高农户参与度和参与意识

　　从发展角度讲,灌溉用水管理改革的实质是改善政府服务,而改善政府服务成功与否关键取决于公众在决定他们获得服务质量和数量方面的参与程度,所以农民用水者全过程参与市场化管理显得尤为重要。因此,韩国农业基层公社的渠系承包、日本的土地改良区、中国台湾的农村水利会等农村水利工程管理较为成功的国家和地区都在强调一个共同的理念:充分发挥农户的能动性,构建农户参与有效管理模式。在中国,目前强化农户参与的关键在于规范农村水利市场化管理的运行机制。首先,从组建宗旨和原则上,政府、用水合作组织都应该进一步明确其不以赢利为目的、互助合作、自主管理的组织性质与创建宗旨;其次,在市场化管理过程中,要切实实行民主管理,设立健全的规章制度,以保障普通成员对市场化管理事务的知情权、议事权和监督权。另外,在明确农户是农村水利管理责任主体的基础上制定有效的水利市场化管理有效实施,以提高农户参与灌溉管理的积极性和主动性。

3. 政府应始终处于主导地位,加大对水利工程管理的支持力度

　　根据第 5 章的博弈分析,政府和农户混合策略下,系统复制动态方程存在 4 个鞍点和 1 个中心点。这表明:政府和农户采取混合策略时复制动态方程的演化呈现周期性特征,这也说明水利市场化管理是一个需要政府、农户长期参与与合作的过程,政府的主导地位尤其不能缺失,并且在整个过程中政府要时刻关注农户在参与过程中的行为变化,并深入分析,对症下药,切实保证农民用水户的自主管理有效性。另外,农村水利设施工程具有准公益性特征,且投资大、回收期长,因此,在农村水利市场化管理过程中,地方政府等基层管理组织属于非营利性组织的背景下,必须在农村水利设施的建设和管理体系中始终居主导地位,从资金、技术、培训等方面加大对农民用水合作组织或集体的大力扶持,提高其生存和发展能力,尽可能减少农民协会与村委会、水管站以及乡镇政府之间的交易成本。首先,各级财政要加大投入力度,切实保障水管部门交给用水者协会的是工程条件基本完好的农村水利工程,为促进灌区基层水利工程设施的可持续发展打好基础;其次,应该强化对相关人员的针对性培训和业务指导,规范市场化灌溉的运作办法,明确农户参与市场化管理的方式,把农户参与水利管理的方式和途径规范化、制度化、程序化,不断提升基层水利组织或农民用水合作组织的运作水平和服务质量;最后,政府应该

对水利市场化管理组织——企业或农民协会实行目标考核,严格考核标准并强化正负面激励。

4. 进一步完善水利市场化管理的实施机制

水利市场化管理运作成功的案例也表明:规范完善的运作机制是强化农户参与的制度基础,也是保证该模式持续发展的前提。在中国,目前进一步完善市场化灌溉管理的运作机制,关键在于理顺以下几方面关系:一是理顺承包企业或者水利会与相关机构之间的关系。从多数国家的运作经验来看,承包企业或水利会与水库、灌区管理机构在水利工程设施的建设与管理方面是相互合作关系,在水的交易方面是合同供水的买卖关系,即由水利会直接面向农户配水并收取水费,协会再直接向供水部门上缴购水费。企业或水利会与政府相关部门之间应该是扶持与被扶持、指导与被指导的关系。二是理顺企业或水利会内部的关系。在水利会进行企业化管理过程中,所有成员地位平等,享有相同的权利、责任和义务,民主协商灌溉事务,民主决策清淤、维护等投劳集资事务,自主决定内部运行、水价管理等业务事项。三是要完善连接水利管理绩效与农户利益的水利市场化管理的有效实施,强化农户对用水秩序和用水价值的评价参与,促进水利市场化管理的良性发展。

5. 推进产权改制进程,保障农户在水利经济上享有受益权

第5章的博弈研究结果表明农户受经济利益驱动性较强:当参与水利管理的成本高于其参与收益时,其不会采取主动参与的行为策略,即使政府的监管概率达到1,农户的参与概率也不会高于,而且在一定范围内随着政府惩罚措施的加重,农户选择参与的概率也会有所增加,但是政府参与的过程中,要把握好相应的激励与约束机制设计。由于农户受经济利益驱动性较强,倾向于报酬性参与,且随着报酬激励程度的高低,其参与程度也会有所变化,针对这种情况,政府和其他代理组织要对农户的行为给予一定的奖励或惩罚。尽管2005年的中央1号文件就明确提出:"政府补助资金所形成的农村水利设施固定资产归农民用水合作组织所有"。但是长期以来,灌区末级渠系和农村水利工程,其所有权并没有被清晰界定,而明晰产权恰恰是推行和完善市场化管理的前提。农村水利产权改制的关键是以竞争机制和补偿机制为基本的市场原则,保障农户在参与过程中能够在经济上享有受益权,在用水上享有优先权等个人报酬收益,有足够动力承担水利工程相应的管理、维修和养护义务,有动力遵守相应的管理制度来保证用水和收费的公开、公平。从产权设置角度来讲,应尽快明确灌区灌溉水源与骨干渠系工程的所有权、经营权和管理权归专管机构所有,而支渠以下即斗渠与田间工程的所有权、经营权和管理权归农民用水者协会所有。

6. 政府可以在不同阶段对农户采取不同的管制措施

第5章的博弈分析显示农户的行为决策会随着时间发生演变,同时政府的监管措施也会依赖于农户的决策选择,根据分析结果建议在水利市场化管理的初期,政府应把农村水利基础设施纳入到城乡建设规划当中,便于水利管理的市场化,同时应对积极主动参与水利管理的组织和个人给予补贴或税收上的优惠,随着水利市场化管理进程的开展,政府要根据农户策略行为动态调整相关的补贴或惩罚策略。

8.1.2　建立符合当地特色的农户参与式管理模式

研究表明,农户受利益驱动性较强,无论政府给予农户固定补贴,还是政府对农户给予动态的补贴,采取主动参与水利管理的农户都具有重要的优势。积极主动参与不仅可以获得一定的补贴和奖励,而且能有效保证农业灌溉收益,并且对于农户来讲,直接的农业收益保障是其经济收入的直接来源。减轻财政负担和提高灌溉设施的运营效率是政府将灌溉管理的职责由政府机构移交给用水者协会的直接原因,灌溉管理职责的转移会增加农户灌溉中的相关费用,它包括直接的现金支出、参与灌溉管理的劳力和物质贡献、其他间接的交易费用等。但是,如果农户主动参与能获得更为可观的效益,如通过参与使得农户缴纳的水费降低、在用水资源分配制度上更趋于公平、供水环境的改善而减少了用水纠纷、农户可以在补偿参与灌溉管理的运行成本基础上获得剩余收益的分享权利等。那么农户参与灌溉获得的净收益将大于未参与时的净收益,农户就会产生积极的参与行为,从而使灌溉系统形成良性循环。

1. 有效性激励是提高农户参与水利市场化管理必要前提

农户多数不愿积极参与水利管理工作,存在诸多制约因素,比如法律法规确实、体制不健全、参与渠道不畅通、政府主体地位缺失等,需要识别和分析制约因素当中的根本原因因素和关键因素。根据实证分析得到了影响农户参与水利管理的主要影响因素和关键影响因素,以及这些因素之间的相互关系,然后通过对浙江省部分地区农户的实证调查和分析证实了农户的个人状况和经济特征(收入、个人文化程度)、农户间的互动(缺乏来自周围人的支持)、农户的认知程度(对市场化管理的重要性认识不足)、农户的参与动力(农业收入所占的比例)、农户的参与意愿(对目前水利市场化管理的满意程度)等因素都对农户参与农村水利管理具有一定的影响,且从很多农户态度不明确的状况来看,从宏观的角度考虑最根本的原因还是在于缺乏政府支持和有效的水利市场化管理的市场化管理模式,如果政府做出合理的水利市场化管理有效实施和宣传措施,可以有效地增强潜在农户的参与意愿和已经参与农户继续参与的决心。

2. 建立合适的水利市场化管理的参与渠道

从博弈演化分析结果来看,当农户参与水利管理带来的收益大于其参与成本时,农户采取主动参与的策略选择概率是1,但是通过实际调研结果来看,只有很少一部分农户会主动参与到水利管理工作中来,而且在已经参与过的农户中有

58.82%的农户表示以后愿意继续参与,29.41%的农户表示不知道是否会参与,在未参与过的农户中有10.30%的农户表示以后可能会参与,61.21%的农户表示不知道,这说明如果有合适的水利市场化管理有效实施和参与渠道,很多农户还是愿意参与到农村水利的管理中来的。

3. 政府对农户进行直接监管的成本较高,需授权第三方组织

从博弈演化分析结果来看,当政府的监管成本高于政府监管的收益和对农户的强制处罚费用之和时,政府的最优策略选择是不监管,而根据第3章的实证调查也发现,政府对农户实施直接监管的迹象不太明显,而且随着税费制度的改革,政府的主导地位已经不太明显。所以为了降低政府的监管成本,又要避免政府不监管、不作为的状况,需要在政府的监管下授权第三方统一组织协调和监管,以降低政府的监管成本,实现水利管理工作的长期有效进行。

4. 农户参与水利管理、政府加大补贴力度和监管效率,是双方实现长期共赢的唯一途径

从政府和农户的混合策略博弈演化分析结果来看,系统复制动态方程具有四个鞍点和一个中心点,政府和农户的复制动态方程演化呈现周期性特征,这也说明水利市场化管理是一个需要政府、农户长期参与合作的过程,政府的主导地位尤其不能缺失,并且在整个过程中政府要时刻关注农户在参与过程中的行为变化,并深入分析,对症下药,切实保证农户自主管理的有效性。

8.2 水利市场化管理有效实施的保障体系

美国著名政策学家艾莉森认为,在政府工作中,政府政策目标的实现方案只占10%,而其余90%则取决于有效的执行[81]。为了促进农户有效参与水利管理,本章根据前几章的研究成果,构建了农户有效参与水利管理的保障体系,该体系分别由以下四个部分:①营造有利的政策环境;②设计合理的激励机制;③建立有效的监督模式;④把握参与者的需求特征。其中营造有利的政策环境是从目前立法缺失的角度进行设计的;设计合理的激励机制是基于目前水利市场化管理激励机制的缺失进行设计的;建立有效的监督模式是基于缺乏有效的监督问责机制进行设计的;把握参与者的需求特征是基于农户参与意愿较低进行设计的。该水利市场化管理有效实施的保障体系主要是从政府的视角,对水利市场化管理有效实施途径的探索具有重要的现实意义。

8.2.1 营造有利的政策环境

通过第4章的定量分析可以知道,缺乏政府激励和相关的法律法规是影响浙江省农户参与水利市场化管理的最主要和最关键制约因素,所以各地级市政府需要结合当地不同的具体情况、因地制宜,在大力支持用水者协会等机构的行之有效的水利市场化管理模式的同时,把相关的管理职责适当的转移到农户手里,并且需要建立强有力的制度和政策环境,以实现农户的有效参与。除了现行的法律法规外,建议地方政府制定用水户参与水利管理的法律体系,如构建水利会组织章程、水利会与灌溉机构之间的转让协议等。

8.2.2　设计合理的激励机制

第 3 章中的实地调查表明我国农户参与的积极性不高,但并不全是因为不愿意参与,很多人是有参与意愿的,究其原因在于政府的激励不够或者不到位,缺乏相应的激励与约束机制、没有合适的诉求渠道,导致农户参与流于形式,严重影响农业稳定生产与发展。

1. 中央政府对地方政府的多目标激励

在水利市场化管理的改革进程中,地方政府不仅肩负着地方的经济增长和保障环境效益,还肩负着地方农村水利灌溉事业的顺利进行的责任,但由于我国的换届选举制度特征,使每一届的地方领导任期较短,并且地方政府的业绩考核和经济增长直接关联,所以地方政府在利益的驱动下往往对受益较大的行业和产业关注较高,对水利事业的发展重视不够,尤其是浙江地区,工业和服务业发展较快,所以中央政府更要采取措施以有效地激励地方政府对水利灌溉事业的可持续发展做出努力,必须实行多目标激励。

2. 地方政府对村委会努力工作的奖金激励

村委会作为地方政府管理水利灌溉事业的助手和下属机构,相当于政府的一部分,由于信息的不对称和村委会作为代理方本身存在的投机特性而有意隐瞒自己的投机行为不愿意主动参与管理,会导致地方政府不能有效地掌握村委会的努力程度和更下层级的工作状况,所以为最大限度保障村委会可以代表政府行使职权开展工作,政府不仅要对村委会采取一定的监督、惩罚措施,还应有条件地对村委会进行正向激励,以保证其努力工作。

3. 地方政府和村委会对用水者协会的补贴激励

用水者协会作为农户参与水利管理的最有效的组织形式,一般由用水户通过选举的形式组成,用水者协会的成立标志着有更多的农户参与到水利管理中来,有望使农民成为水利管理的主体。但由于水价较高、农村水利设施年久失修以及水费和实际水量不相符等原因,农户对用水管理组织的需求越来越低。另一方面,用水管理组织因无利可获,水费的收缴工作也成为难题。最为严重的是,以前村社组织农村水利设施与农户对接,如今村社的退出使农村水利根本无法与农户对接,进而减少和减退了水利管理组织的经营收入与作用,使得人员流失、设施陈旧、效益较差,形成恶性循环。所以地方政府和村委会要对用水者协会积极开展工作、保证及时送水到田、保证灌溉做出必要的补贴激励。

4. 用水组织等对农户的分层次激励

农户是农田灌溉的直接受益者,农户有效参与水利管理是提高灌溉效率和推进市场化灌溉管理持续发展的关键。但在农村水利市场化管理中,由于水利工程、水资源、土地产权为政府所有,农民之间的利益冲突和矛盾隐性化,一般的利益纠纷大多发生在农民个体与集体经济组织之间,农村水利市场化管理中农民与集体或政府中的不和谐现象体现为农民的参与水利管理的热情不高、懒散、搭便车和对水利设施以及水资源的不爱护、不珍惜。因此需要地方政府、村委会、用水者协会等对积极参与水利管理的农户、有望参与水利管理和地址参与水利管理的农户分别采取不同的激励制度。

5. 公众对地方政府的责任激励

政府不仅肩负着地方的经济发展,同时也承担着管理好地方的艰巨任务,所以地方政府的声望对其考核有一定的关联,所以针对政府的作为,公众可以根据其效果采取批评、抗议、异议等负激励方式,也可以采取支持、赞同、喝彩等正激励方式,特别是信息技术的发展,网络成为公众评价、监督政府的平台。总之,对政府在水利市场化管理中的责任激励既要有硬性的合同约定,也需要来自公众的认同,公众的认同和激励,对政府的激励是无形的、巨大的。

8.2.3　建立有效的监督模式

在农户水利市场化管理中,由于政府、集体和农户的地位是不平等的,农户相对处于弱势,那么为了保障其利益和诉求,一方面,需要构建政府对集体的监督机制,除此之外,还应构建农户对强势主体的监督机制。另一方面,不光管理者需要接受监督和制裁,参与农户同样需要受到监督惩罚,比如在建设、维护、管理水利设施中,农户偷懒怎么办?欠交水费和故意拖欠水费时怎么办?为了自身利益而不顾他人怎么办?这些常见的卸责、偷懒行为不便于动用严厉的惩罚措施,况且农户较为分散,对他们进行监督也比较困难,因此还需要建立有效的监督模式以便于农户之间,以及农户和管理者之间可以相互监督、相互制约,激励他们主动实施监督和制裁的职责,从而节省成本和提高效率。

8.2.4　把握农户的参与诉求

观念决定行为,内在激励因素的缺失是导致农户不愿意参与农村水利管理的重要原因,表现为在政府不了解农户需求的时候就开始宣传政策,那么此时无论政府宣传和讲解做得多到位、采取的措施多有力、对市场化管理可能带来的收益进行说明得多详细,农户还是没有很大的参与愿望。所以把握农户的需求特征,使农户真正从心理上认同市场化管理,认识到自己在农村水利管理中的主体地位,真正成为"政策的响应者、项目的参与者、工程的受益者",摆脱"等、靠、要"的思想,树立"自己参与自己受益"的思想观念,才有可能指引他们有效的参与到水利管理的工作中来。

1. 了解农户需求特征

科学的激励方法往往事半功倍,更有利于目标的实现,在采取激励措施之前更为重要的一步是确定农户所处的需求层次,马斯洛曾将人类的需求分为五个层次:生理需求、安全需求、社交需求、获得尊重的需求和自我实现的需求,概括之即为物质需求和精神需求。物质性需求阶段的农户比较重视参与管理带来的实际收益和保障,若市场化管理比单干能带来更大的利益和回报,比如在加入用水者协会之后水费的收缴会相对便捷且能避免水费被挤占挪用等,便能提高物质性需求阶段农户的积极性。精神性需求阶段的农户希望自己被尊重、有更强的影响力和更广泛的人际关系,若市场化管理比单干更能为其提供交流的平台和机会,比如在加入用水者协会之后就具有参加用水小组会议、选举和被选举权、有监督执委会工作的权利、有参与决策制定的权利等,便能提高精神性需求阶段农户的积极性。物质激励与精神激励的合理运用才能更好地激励农户参与水利管理。

2. 加强宣传、正确引导

水利市场化管理有效实施文化体系的建立处于不可替代的核心位置,人的主观意识和能动性是推动一项制度和政策有效实施的关键因素,但是基于目前农户参与程度较低的现状,政府应有效地鼓励、支持和引导农户在农村水利管理中发挥其应有的、不可或缺的重要作用。首先应加强对相关法律法规的宣传和教育,在每次"一事一议"等会议时,都加入对相关法律的内容,将市场化灌溉管理的概念灌输到农户的思想里。其次,政府应健全相关财税政策和补贴政策,不仅要保障足够的资金来源和必要开支,形成财政预算支持水利管理的长效机制,还要对农户进行补贴,起到正向激励的作用,目前我国农田水利市场化管理的主要行为主体有政府、集体和农户,三方若都单独行事不足以推进水利事业的发展,只有集中三方的力量,才能维持博弈的均衡。目前水利市场化管理的正向激励还没有发挥应有的效果,另一方面负向激励的政策更少,所以政府应调整对农户的补贴,正确引导他们参与到水利管理工作中来。

3. 调动社区的氛围和力量

农户长期固定居住在一个社区内,彼此间建立了较为深厚的依赖感和信任感,他们的模仿行为较为明显,所以如果能调动社区氛围,以带动的方式引导农户参与到水利管理工作中来,就会达到事半功倍的效果。首先培养社区领导者,作为一个社区德高望重、声誉地位较高的人,其宗族、邻里都会倾向于他所做的决定,而且很多处于社区的个人,很害怕因为自己的步调不一致而被别人孤立。其次培育互惠性社会资本模式,社会资本存在于特定的群体中,包括社会网络、互惠性规范和信任。培育互惠性社会资本模式主要是营造社区内部农户与农户之间的相互信任、融洽、乐于奉献与合作的文化氛围。可从以下两个方面着手：第一，重视社区文化对互惠性社会资本的影响。每个社区和居住环境都因其独有的特征而具有不同的氛围和文化，有些地区民风淳朴、邻里融洽并且重视农业生产，有些地区外出谋生者较多、多剩留守儿童和孤寡老人，且不重视农业生产。应根据不同社区的不同状况充分利用其社区文化来鼓励农户参与水利管理，通过向农户提供美好的愿望和共同的信念，采取以人为本、重视人的价值更容易获得农户的信任，在相互成员之间营造一种融洽、互信、团结的网络关系，是调动社区氛围、鼓励农户参与水利管理的有效手段。第二，重视非正式组织对互惠性社会资本的培育。社区也存在很多非正式组织，比如跳舞团、围棋团等，他们由于有某些共同的爱好和相同点而自发形成，非正式组织的存在是强化社区人们感情关系的重要枢纽，非正式组织通过人们的知识、经验、感情的交流而容易使大家达到一定的非正式默契和支持，所以充分发挥社区非正式组织的作用是鼓励农户参与水利管理的一个重要的方法。

附　　录

农户参与水利市场化管理激励因素及认知、评价状况调查问卷

* *

1. 被访者基本信息

(1)性别　　　A. 男　　　　　B. 女　　　　　　　　　（　　）

(2)年龄　　　A.35 岁以下　B. 36～45 岁　C. 46～55 岁　D.56 岁以上

　　　　　　　　　　　　　　　　　　　　　　　　　　　　（　　）

(3)学历　　　A. 小学及以下　B. 初中　　　C.高中　　D. 高中以上

　　　　　　　　　　　　　　　　　　　　　　　　　　　　（　　）

2. 个人及经济特征

(4)您的家庭年收入是多少?　　　　　　　　　　　　　　　（　　）

　　　A. 小于 1 万　　B. 1 万～2 万　　C. 2 万～3 万　　D. 3 万～4 万

　　　E. 4 万及以上

(5)你的收入来源是什么?　　　　　　　　　　　　　　　　（　　）

　　　A. 全部农业生产　　　　　　　　B.大部分农业生产

　　　C.农业生产收入和其他来源收入相仿

　　　D. 少部分农业生产　　　　　　　E.全部其他收入

(6) 您在村内是否担任职务?　　　　　　　　　　　　　　　（　　）

　　　A. 是　　　　　　B. 否

(7)您是否有意愿加入农民组织?　　　　　　　　　　　　　（　　）

　　　A. 意愿强烈　　B. 很有意愿　　C. 意愿一般　　D. 意愿不强

　　　E. 几乎无意愿

3. 农户对市场化水利管理的认知状况

(8)对水利工程市场化管理的法律法规了解吗?　　　　　　　（　　）

　　　A. 比较了解　　B. 了解一些　　C. 不了解

(9)对同社区其他农户参与水利管理的情况了解吗?　　　　　（　　）

　　　A. 比较了解　　B. 了解一些　　C. 不了解

(10)自己的参与行为容易受其他农户行动的影响吗?　　　　　（　　）

　　　A. 比较容易　　B. 不太容易　　C. 不清楚

(11) 如果容易受其他农户行为的影响,是否会模仿?　　　　　（　　）

A. 模仿　　　　　B. 不模仿

3. 农户参与水利管理的意愿与评价状况

(12) 您曾经参与过水利管理的相关工作吗?　　　　　　　　　(　)

A. 参与过　　　　B. 从没

(13) 若参与过水利管理,您今后是否愿意继续参与?　　　　(　)

A. 愿意　　　　B. 不愿意　　　　C. 不知道

(14) 若参与过水利管理,您对相关管理状况的评价如何?　　(　)

A. 比较满意　　B. 不太满意　　C. 很不满意

(15)若参与过,是否有所奖励或优惠措施?　　　　　　　　(　)

A. 有　　　　　　B. 无

(16) 若未参与过水利管理,您今后是否愿意参与?　　　　　(　)

A. 愿意　　　　B. 不愿意　　　　C. 不知道

(17) 若未参与过水利管理,您对相关管理状况的评价如何?　(　)

A. 比较认可　　B. 不太认可　　C. 不知道

(18)若未参与过,是否有所惩罚或强制性措施?　　　　　　(　)

A. 有　　　　　　B. 无

(19)您是否经常受到权威力量对不努力工作者的威慑?　　　(　)

A. 频率很高　　B. 频率较高　　C. 一般　　　　D. 频率较低

E. 频率很低

(20)您是否介意政府或组织对自己的不合作行为实施惩罚?　(　)

A. 非常介意　　B. 比较介意　　C. 一般　　　　D. 不很介意

E. 毫不介意

(21)您是否在意政府或组织对自己的合作行为进行奖励的程度?　(　)

A. 非常介意　　B. 比较介意　　C. 一般　　　　D. 不很介意

E. 毫不介意

(22)您在进行行为选择时是否考虑成本?　　　　　　　　　(　)

A. 毫不在乎　　B. 较少在乎　　C. 一般　　　　D. 比较在乎

E. 非常在乎

(23)您是否介意被孤立或排挤?　　　　　　　　　　　　　(　)

A. 非常介意　　B. 比较介意　　C. 一般　　　　D. 不很介意

E. 毫不介意

(24)您的活动区域内亲缘、人缘关系是否紧密?　　　　　　(　)

A. 非常紧密　　B. 比较紧密　　C. 一般　　　　D. 较不紧密

E. 毫不紧密

(25)您对您周围的农户信任吗?　　　　　　　　　　　　　(　)

A. 非常信任　　　B. 比较信任　　　C. 相对信任　　　D. 较少信任
E. 毫不信任

(26)您是否重视声誉、地位等社会资本的积累？　　　　　　　　　（　　　）
A. 非常重视　　　B. 比较重视　　　C. 一般重视　　　D. 较少重视
E. 几乎不重视

(27)您对自我参与水利工程管理努力程度的评价？　　　　　　　　（　　　）
A. 非常努力　　　B. 比较努力　　　C. 相对努力　　　D. 较少努力
E. 不努力

＊＊＊＊＊＊＊＊＊＊＊非常感谢您的关注与支持＊＊＊＊＊＊＊＊＊＊＊＊＊

《水利科技项目市场推广绩效评价指标》
专家打分表

专家老师你们好！我们是《中国水利市场化管理困境研究》的课题组，在研究中我们需要各位专家对部分水利科技市场推广绩效的评价指标进行重要性打分，请您务必考虑周全，参照表中给予相应的分值（1～9 或 1/2～1/9）填写在**空白处**。非常感谢您在百忙之余帮助我们。

打分要求：您只需从 1、2、3、4、5、6、7、8、9、1/2、1/3、1/4、1/5、1/6、1/7、1/8、1/9 这 17 个数中选择一个数字代表两两指标比较后的相对重要程度。这些数字含义如下：

1	F_i 与 F_j 同样重要
3	F_i 比 F_j 略重要
5	F_i 比 F_j 较重要
7	F_i 比 F_j 重要得多
9	F_i 比 F_j 重要很多
2、4、6、8	F_i 与 F_j 比，处于 1 与 3、3 与 5、5 与 7、7 与 9 之间的程度
1/3、1/5、1/7、1/9	反之，F_j 比 F_i 同样重要、略重要、较重要、重要的多、重要很多
1/2、1/4、1/6、1/8	反之，F_j 与 F_i 比，处于 1/3 与 1、1/5 与 1/3、1/7 与 1/5、1/9 与 1/7 之间的程度

第一部分　打分依据

表 1 是浙江农田水利科技推广项目绩效评价的指标体系，本指标体系是针对农田水利领域里的推广项目进行设计的。由于本研究是采用层次分析法来确定各指标的权重，为此表一是为了让各位老师有个整体的印象，为下面各层级打分做铺垫。

表 1　浙江农田水利科技推广项目绩效评价指标体系

维度指标	基本指标	具体指标
管理绩效 （B1）	资金管理 （C1）	各级资金到位率（D1） 拨款及时、合规性（D2） 财务管理情况（D3）
	过程管理 （C2）	项目决策审批（D4） 机构与管理（D5） 验收达标率（D6）
产出绩效 （B2）	数量指标 （C3）	新增节水灌溉面积（D7） 新增粮食产量（D8）
	质量指标 （C4）	灌溉水利用系数提高率（D9） 灌溉成本降低率（D10）
影响绩效 （B3）	经济效益 （C5）	新增农业总产值（D11） 农民人均年收入（D12） 农业产业结构变化（D13）
	社会效益 （C6）	农户满意度（D14） 受益人口数（D15） 示范推动效果（D16） 对防治灾害的影响（D17）
	生态效益 （C7）	减少水土流失面积（D18） 改善农业生产条件（D19） 节约资源情况（D20）

表 2　分级比例表达参考表

指标对比	同等重要	稍微重要	明显重要	强烈重要	绝对重要	介于两者中间
标度	1	3	5	7	9	2、4、6、8

　　说明：本指标体系共设计了三层指标，需要各位老师根据经验对每一层次指标相对它所属上一级指标的重要程度进行两两比较，然后结合上表的分级比例参考表由低到高进行打分。如，一级指标中的实施、产出、影响三个指标相对于总目标的重要程度进行两两比较，根据其重要程度给出分值。

　　第二部分　各层指标打分表

　　一级指标　以下三个一级指标是相对总目标的重要程度情况

	管理绩效	产出绩效	影响绩效
管理绩效	1	1/3	1/2
产出绩效	3	1	1
影响绩效	2	1	1

二级指标　以下两个指标是相对于管理绩效的重要程度情况

	资金管理	过程管理
资金管理	1	3
过程管理	1/3	1

二级指标　以下两个指标是相对于产出绩效的重要程度情况

	数量指标	质量指标
数量指标 0.75	1	3
质量指标 0.25	1/3	1

二级指标　以下三个指标是相对于影响绩效的重要程度情况

	经济效益	社会效益	生态效益
经济效益	1	1/2	5
社会效益	2	1	4
生态效益	1/5	1/4	1

三级指标　以下三项指标相对于资金管理指标的重要程度情况

资金管理	各级资金到位率	拨款及时、合规性	财务管理情况
各级资金到位率	1	3	4
拨款及时与合规性	1/3	1	3
财务管理情况	1/4	1/3	1

三级指标　以下三项指标相对于项目管理指标的重要程度情况

	项目决策审批	机构与管理	验收达标率
项目决策审批	1	3	3
机构与管理	1/3	1	2
项目验收达标率	1/3	1/2	1

三级指标　以下两项指标相对于数量指标的重要程度情况

	新增节水灌溉面积	新增粮食产量
新增节水灌溉面积	1	2
新增粮食产量	1/2	1

三级指标　以下两项指标相对于质量指标的重要程度情况

	灌溉水利用系数提高率	灌溉成本减低率
灌溉水利用系数提高率	1	2
灌溉成本减低率	1/2	1

三级指标　以下两项指标相对于经济效益指标的重要程度情况

	新增农业产值	农民人均年收入	农业产业结构变化
新增农业产值	1	5	7
农民人均年收入	1/5	1	3
农业产业结构变化	1/7	1/3	1

三级指标　以下两项指标相对于社会效益指标的重要程度情况

	农户满意度	受益人口数	示范推动效果	防治灾害的影响
农户满意度	1	4	2	5
受益人口数	1/4	1	1/4	3
示范推动效果	1/2	4	1	4
防治灾害的影响	1/5	1/3	1/4	1

三级指标　以下两项指标相对于生态效益指标的重要程度情况

	减少水土流失面积	改善农业生产条件	节约资源情况
减少水土流失面积	1	1/5	1/4
改善农业生产条件	5	1	3
节约资源情况	4	1/3	1

附　表

附表 1　2009—2012 年 9 个相关地级市水利推广项目投入产出原始数据

	2009 年						2012 年					
	投入指标			产出指标			投入指标			产出指标		
	x_1	x_2	x_3	y_1	y_2	y_3	x_1	x_2	x_3	y_1	y_2	y_3
	个	万元	个	千人	元	公顷	个	万元	个	千人	元	公顷
杭州	2	39.3	2	207.8	1129.3	73.81	3	60.47	2	207.8	1201.2	62.14
嘉兴	3	52.65	3	221.2	1271.3	0	6	91.62	5	264.29	1411.1	0
湖州	3	64.73	2	100.2	1132.6	0.97	5	98.66	2	100.25	1284.0	0.13
金华	1	53.8	1	76.17	1003.9	43.07	2	60.03	2	132.22	948.3	35.87
衢州	3	50.05	3	95.1	712.6	55.77	5	75.72	5	95.1	934.5	46.32
丽水	2	25.45	2	34.62	630.35	104.4	6	104.06	4	89.02	667.8	103.91
绍兴	1	5.5	1	67.98	1008.7	48.54	2	15.5	2	106.02	1126.3	42.23
台州	3	59.38	3	72.27	828.5	20.32	6	1155.18	4	110.55	868.3	17.64
温州	1	10.25	1	129.3	1285.4	82.63	1	10.25	1	129.3	1442.8	95.52

附表 2　2011—2012 年 9 个相关地级市水利推广项目投入产出原始数据

	2009 年						2012 年					
	投入指标			产出指标			投入指标			产出指标		
	x_1	x_2	x_3	y_1	y_2	y_3	x_1	x_2	x_3	y_1	y_2	y_3
	个	万元	个	千人	元	公顷	个	万元	个	千人	元	公顷
杭州	6	271.22	2	207.8	1392.6	59.63	14	943.22	6	480.03	1401.0	57.54
嘉兴	13	356.67	6	331.47	1637.0	0.09	15	643.27	7	431.47	16672	0.1
湖州	10	226.88	2	100.25	1415.2	0.14	12	298.88	2	100.25	1427.6	0.11
金华	5	118.53	4	210.94	1122.7	33.21	8	320.82	5	228.41	1231.7	31.45
衢州	8	225.72	5	141.89	981.1	41.67	14	462.5	6	176.03	987.6	40.82
丽水	14	298.64	6	118.75	757	100.72	24	657.04	7	132.9	823	99.56
绍兴	4	55.9	3	209.1	1334.5	40.21	6	138.8	3	209.1	1426.5	48.45
台州	8	1194.8	5	173.76	1015.8	18.36	13	1363.7	7	268.28	1023.4	17.34
温州	1	10.25	1	129.3	1440.1	89.23	9	284.25	5	401.41	1443.2	85.68

附表 3 2005—2006 年技术效率值及其分解情况对比

省(区、市)	2005 年				2006 年			
	技术效率	纯技术效率	规模效率		技术效率	纯技术效率	规模效率	
北京	0.754	1	0.754	irs	0.713	0.781	0.913	irs
天津	1	1	1	—	1	1	1	—
河北	0.889	1	0.889	drs	1	1	1	—
山西	0.379	0.487	0.778	drs	0.84	1	0.84	drs
内蒙古	1	1	1	—	1	1	1	—
辽宁	0.59	0.678	0.871	drs	0.655	0.685	0.955	drs
吉林	0.767	1	0.767	drs	0.703	0.725	0.97	drs
黑龙江	1	1	1	—	0.944	0.991	0.953	drs
上海	1	1	1	—	1	1	1	—
江苏	1	1	1	—	1	1	1	—
浙江	0.869	0.87	0.999	irs	0.861	0.863	0.998	irs
安徽	0.737	0.863	0.853	drs	0.946	0.994	0.952	drs
福建	0.823	0.831	0.99	irs	0.792	0.819	0.968	irs
江西	0.778	0.788	0.986	drs	0.797	0.799	0.997	irs
山东	0.826	1	0.826	drs	0.827	1	0.827	drs
河南	0.788	1	0.788	drs	0.837	1	0.837	drs
湖北	0.543	0.706	0.769	drs	0.792	0.793	0.998	drs
湖南	0.882	0.914	0.966	drs	0.903	0.904	0.999	irs
广东	0.509	0.576	0.884	drs	0.484	0.484	0.999	—
广西	0.456	1	0.456	drs	0.628	0.629	0.999	drs
海南	0.275	0.281	0.977	irs	0.359	1	0.359	irs
重庆	0.358	0.511	0.7	drs	0.342	0.356	0.963	irs
四川	0.401	0.711	0.563	drs	0.63	0.739	0.852	drs
贵州	0.286	0.653	0.437	drs	0.41	0.426	0.962	irs
云南	0.335	0.469	0.713	drs	0.492	0.496	0.993	drs
西藏	0.718	0.721	0.995	drs	0.526	0.642	0.819	irs
陕西	0.481	0.926	0.519	drs	0.733	0.738	0.993	irs
甘肃	0.3	0.522	0.575	drs	0.618	0.618	1	—

续表

省、市、区	2005 年				2006 年			
	技术效率	纯技术效率	规模效率		技术效率	纯技术效率	规模效率	
青海	0.319	0.328	0.974	irs	0.413	1	0.413	irs
宁夏	0.476	0.506	0.942	drs	0.453	0.502	0.901	irs
新疆	1	1	1	—	1	1	1	—
平均值	0.662	0.785	0.838		0.732	0.806	0.918	

注：irs 表示规模收益递增，drs 表示规模收益递减

附表 4　2007—2008 年技术效率值及其分解情况对比

省、市、区	2007 年				2008 年			
	技术效率	纯技术效率	规模效率		技术效率	纯技术效率	规模效率	
北京	1	1	1	—	1	1	1	—
天津	1	1	1	—	1	1	1	—
河北	1	1	1	—	1	1	1	—
山西	1	1	1	—	0.724	0.766	0.945	drs
内蒙古	1	1	1	—	1	1	1	—
辽宁	0.831	0.842	0.986	drs	0.568	0.638	0.892	drs
吉林	1	1	1	—	0.696	0.738	0.943	drs
黑龙江	1	1	1	—	1	1	1	—
上海	1	1	1	—	1	1	1	—
江苏	1	1	1	—	1	1	1	—
浙江	0.931	0.931	0.999	drs	0.78	0.882	0.885	drs
安徽	1	1	1	—	0.699	0.868	0.805	drs
福建	0.875	0.875	0.999	irs	0.745	0.816	0.912	drs
江西	0.813	0.815	0.998	drs	0.677	0.842	0.804	drs
山东	0.945	1	0.945	drs	0.747	1	0.747	drs
河南	1	1	1	—	0.703	1	0.703	drs
湖北	0.842	0.946	0.891	drs	0.519	0.75	0.693	drs
湖南	0.896	0.912	0.982	drs	0.741	0.903	0.821	drs
广东	0.562	0.563	1	—	0.677	0.768	0.881	drs

续表

省、市、区	2007 年				2008 年			
	技术效率	纯技术效率	规模效率		技术效率	纯技术效率	规模效率	
广西	0.495	0.635	0.779	drs	0.375	0.551	0.68	drs
海南	0.33	0.349	0.945	drs	0.352	0.458	0.768	drs
重庆	1	1	1	—	0.306	0.348	0.88	drs
四川	0.988	1	0.988	drs	0.438	0.781	0.562	drs
贵州	0.65	0.651	0.998	irs	0.237	0.327	0.726	drs
云南	0.703	0.709	0.991	drs	0.294	0.417	0.705	drs
西藏	0.523	0.536	0.977	irs	1	1	1	—
陕西	0.96	0.968	0.991	irs	0.344	0.576	0.597	drs
甘肃	0.565	0.579	0.977	drs	0.35	0.754	0.465	drs
青海	0.486	0.488	0.996	irs	0.482	0.52	0.926	drs
宁夏	0.648	0.668	0.969	drs	0.47	0.479	0.981	drs
新疆	1	1	1	—	1	1	1	—
平均值	0.84	0.854	0.981		0.675	0.78	0.849	

注:irs 表示规模收益递增,drs 表示规模收益递减

附表 5　2009—2010 年技术效率值及其分解情况对比

省、市、区	2009 年				2010 年			
	技术效率	纯技术效率	规模效率		技术效率	纯技术效率	规模效率	
北京	1	1	1	—	1	1	1	—
天津	1	1	1	—	1	1	1	—
河北	0.866	1	0.866	drs	0.869	1	0.869	drs
山西	0.451	0.648	0.695	drs	0.374	0.578	0.647	drs
内蒙古	1	1	1	—	0.957	1	0.957	drs
辽宁	0.487	0.78	0.625	drs	0.453	0.838	0.541	drs
吉林	0.6	0.671	0.894	drs	0.558	0.774	0.721	drs
黑龙江	1	1	1	—	0.919	1	0.919	drs
上海	1	1	1	—	1	1	1	—
江苏	0.95	1	0.95	drs	0.948	1	0.948	drs
浙江	0.845	0.883	0.957	drs	0.85	0.878	0.968	drs
安徽	0.718	0.908	0.791	drs	0.724	0.929	0.78	drs

续表

省、市、区	2009 年				2010 年			
	技术效率	纯技术效率	规模效率		技术效率	纯技术效率	规模效率	
福建	0.806	0.809	0.997	irs	0.805	0.805	1	—
江西	0.742	0.79	0.94	drs	0.743	0.792	0.939	drs
山东	0.769	1	0.769	drs	0.782	1	0.782	drs
河南	0.741	1	0.741	drs	0.746	1	0.746	drs
湖北	0.571	0.608	0.939	drs	0.57	0.607	0.938	drs
湖南	0.82	0.889	0.922	drs	0.823	0.89	0.924	drs
广东	0.73	0.744	0.982	drs	0.731	0.742	0.986	drs
广西	0.422	0.575	0.735	drs	0.413	0.497	0.832	drs
海南	0.403	0.581	0.694	drs	0.406	0.603	0.673	drs
重庆	0.337	0.338	0.997	irs	0.34	0.34	0.998	irs
四川	0.476	0.645	0.738	drs	0.476	0.644	0.738	drs
贵州	0.281	0.348	0.807	drs	0.306	0.37	0.828	drs
云南	0.31	0.413	0.751	drs	0.291	0.413	0.704	drs
西藏	0.784	0.88	0.891	drs	0.744	0.769	0.968	irs
陕西	0.383	0.666	0.574	drs	0.38	0.671	0.566	drs
甘肃	0.366	0.662	0.553	drs	0.33	0.754	0.437	drs
青海	0.53	0.535	0.99	irs	0.516	0.532	0.969	irs
宁夏	0.539	0.566	0.952	drs	0.501	0.508	0.985	drs
新疆	1	1	1	—	1	1	1	—
平均值	0.675	0.772	0.863		0.663	0.772	0.85	

注:irs 表示规模收益递增,drs 表示规模收益递减

附表 4 2005—2010 年全国全要素生产率变化及分解

年份	效率进步变化 EFFCH	技术进步 TECH	纯技术效率变化 PECH	规模效率变化 SECH	全要素生产率变化 TFP
2005—2006	1.147	0.921	1.042	1.101	1.055
2006—2007	0.893	1.023	0.9	0.993	0.914
2007—2008	0.995	1.055	1.064	0.935	1.05
2008—2009	1.015	0.989	0.995	1.02	1.003
2009—2010	0.979	0.986	0.999	0.98	0.965
平均值	1.002	0.994	0.998	1.004	0.996

参 考 文 献

[1] 王金霞,徐志刚,黄季焜,Scott Rozelle. 水资源管理制度改革、农业生产与反贫困[J]. 经济学(季刊),2005(04):18-25.

[2] 刘静,Ruth Meinzen-Dick,钱克明,张陆彪,蒋黎. 中国中部用水者协会对农户生产的影响[J]. 经济学(季刊),2008(04):110-115.

[3] 韩洪云,赵连阁.灌区资产剩余控制权安排——理论模型及政策含义[J]. 经济研究,2004(04):23-27.

[4] 刘铁军.产权理论与小型农田水利设施治理模式研究[J].节水灌溉,2007(03):80-85.

[5] Omezzine, A. and L. Zaibet. Management of modern irrigation systems in Oman: allocative vs. irrigation efficiency. Agricultural Water Management, 1998, 37(2): 99-107.

[6] Allan T. Productive efficiency and allocative efficiency: why better water management may not solve the problem[J]. Agricultural Water Management, 1999, 40(1): 71-75.

[7] Dinar A, Mody J. Irrigation water management policies: allocation and pricing principles and implementation experience. Natural Resources Forum, 2004[C]. Wiley Online Library.

[8] 冯广志. 关于农业高效用水体系建设的几个问题[J]. 中国水利,2001(11):64-67.

[9] 许志方,张泽良. 各国用水户参与灌溉管理经验述评[J]. 中国农村水利水电, 2002(06):10-15.

[10] 张陆彪,刘静,胡定寰.民用水户协会的绩效与问题分析[J].农业经济问题, 2003(02):29-33.

[11] 刘静,Ruth Meinzen-Dick,钱克明,等. 中国中部水者协会对农户生产的影响[J]. 经济学(季刊), 2008(02):465-480.

[12] 贺雪峰,郭亮. 农田水利的利益主体及其成本收益分析——以湖北省沙洋县农田水利调查为基础[J].管理世界,2010(07):87-95.

[13] 宋洪远,吴仲斌. 推进产权制度与管理体制改革加强小型农田水利基础设施建设[J]. 红旗文稿,2007(23):113-115.

[14] 仝志辉.农民用水户协会与农村发展[J].经济社会体制比较,2005(04): 71-75.

[15] 刘俊浩.农村社区农田水利建设组织动员机制研究[D].重庆:西南大学, 2005:34-36.

[16] 普雷母詹德.公共支出管理[M].北京:中国金融出版社,1995:192-193.

[17] 刘芳芳.财政支农项目绩效评价研究[D].保定:河北农业大学,2012.

[18] 丛九源.基于 GFNN 的高校建设项目绩效评级研究[D].大连:大连理工 大学,2009.

[19] 孟建民.中国企业绩效评价[M].北京:中国财政经济出版社,2002:2.

[20] 胡宁生.中国政府形象战略[M].北京:中共中央党校出版社, 1998:1078.

[21] 琳达·G·莫拉·伊玛斯,雷·C·瑞斯特.通向结果之路:有效发展评价 的设计与实施[M].北京:经济科学出版社,2011:4-15.

[22] 威廉·邓恩.公共政策分析导论(第二版)[M].北京:中国人民大学出版 社,2002:435-435.

[23] 胡鲍良.公共投资项目绩效评价与管理体系研究[D].北京:中国地质大 学,2008.

[24] Vermillion, D. L. Garces Restrepo. Irrigation management transfer in colombia: a pilot experiment and its consequences [A]. Short Report Series on Locally Managed Irrigation. Colombo, SriLanka: IIM, 1996,5.

[25] Vermillion, D. L. . Impacts of irrigation management transfer: a review of the evidence. Research Report 11[M]. Colombo, Sri Lanka: International Irrigation Management Institute, 1997.

[26] Hunt, Robert. Appropriate social organization water user associations in bureaucratic cnnal irrigation systems [J]. Human Organization, 1989, 1(10): 79-90.

[27] Uphoff, N. , Wickramasinghe, M. L. & Wuayaratna, C. M. Optimum participation in irrigation management: issues and evidence from Sri Lanka[J]. Human Organization, 1990,49(1): 353-381.

[28] Meinzen-Dick, R. Farmer participation in irrigation: 20 years of experience and lessons for the future[J]. Irrion and Drainage Systems, 1997,16(11):103-118.

[29] Bardhan, P. Analytics of the institutions of informal cooperation in rural development[J]. World Development, 1993,21(4): 633-639.

[30] Elinor Ostrom,Larry Schroder, Susan temperature. 制度激励与可持续

发展[M]. 上海：上海三联书店、上海人民出版社，2000.

[31] Tankhiwalle, N. R. 灌溉管理中的农民参与[A]. 中国国家灌溉排水委员会，中国水利学会和农田水利专业委员会，编译 // 灌溉农业的可持续性—农民对可持续灌溉农业的参与[C]. 北京：中国水利水电出版社，2001：43-53.

[32] 仇志峰. 我国农民用水者协会组织建立与管理运行研究[D]. 济南：山东大学，2010.

[33] 侯建华，王继涛，董鹏飞. 谈农民用水者协会的组建与管理[J]. 山东水利，2010(5)：6-8.

[34] Samad，M.，& Vermillion，D. Assessment of Participatory Management of Irrigation Schemesin Sri Lanka：Partial reforms，partial benefits[M]，Research Report Colombo，Sri Lanka：International Water Management Institute，1999.

[35] Sam，H.，Johnson，Ⅲ & Mark，S，et al. 灌溉部门机构改革方案[A]. 第六届用水户参与灌溉管理国际研讨会重要报告[C]，2002.

[36] 理查德·瑞丁格. 中国的参与式灌溉管理改革：自主管理灌排区[J]. 中国农村水利水电，2002(6)：7-9.

[37] 刘凤丽，彭世彰. 灌区参与式管理模式探讨[J]. 水利水电科技进展，2004，24(2)：63-65.

[38] 周杰. 农村水利参与式管理机制研究[D]. 杭州：浙江大学，2007.

[39] 杨春，陆文聪. 新农村视角下农民参与式小型水利工程管理体制研究[J]. 中国农村水利水电，2007(6)：32-35，39.

[40] 韦鸿鸷. 农田水利工程用水户参与式管理模式初探[J]. 科技资讯，2008(2)：49-50.

[41] 韩青，袁学国. 参与式灌溉管理对农户用水行为的影响[J]. 中国人口·资源环境，2011，21(4)：126-131.

[42] 刘静，Ruth M einzen-Dick，钱克明，张陆彪，蒋藜. 中国中部用水者协会对农户生产的影响[J]. 经济学(季刊)，2008，7(2)：465-480.

[43] 孟德锋. 农户参与灌溉管理满意度的影响因素分析——基于苏北地区调查数据[J]. 安徽农业科学，2011，39(7)：4333-4336.

[44] Wade，R. The management of common property resources[J]. Cambridge Journal of Economics 1987(11)：95-106.

[45] Svendsen，M. & Vermillion，D. Irrigation Management Transferin the Columbia Basin：Lessons and International Implications[M]. Research Monoh. Colombo，Sri Lanka：International Irrigation Manage-

ment Institute,1994.

[46] Johnson, S. H. Ⅲ. Management Transfer in Mexico: A Strategy to Achieve Irrigation District Sustainability [M]. Research Report 16. Colombo, Sri Lanka: International Irrigation Management Institute, 1997.

[47] Bromley, D. W. The commons, common property and environmental policy[J]. Environment and Resource Economics, 1992(2): 1-17.

[48] 韩洪云,赵连阁,王学渊. 农业水权转移的条件——基于甘肃、内蒙典型灌区的实证研究[J]. 中国人口·资源环境,2010, 20(3): 100-106.

[49] 夏朋,倪晋仁. 政府管制下的水权制度博弈分析[J]. 中国人口·资源环境,2007,17(5): 75-79.

[50] 郑通汉. 制度激励与灌区可持续运行[J]. 中国水利,2002(1).

[51] 周晓平,郑垂勇,陈岩. 小型农田水利工程产权制度改革动因的博弈解释[J]. 节水灌溉,2007(03).

[52] 刘凤丽,彭世彰,徐俊增,等. 控制灌溉模式下水稻群体结构试验研究[C]. 中国农业工程学会农业水土工程专业委员会第三届学术研讨会. 中国沈阳,2004.

[53] 丁平,李崇光,李瑾. 我国灌溉用水管理体制改革及发展趋势[J]. 中国农村水利水电,2006(04):18-20.

[54] 李友生. 农业水资源可持续利用的经济分析[D]. 南京:南京农业大学,2004.

[55] 冯广志. 农田水利的公益属性及投入机制[J]. 农村工作通讯,2008(06):14-15.

[56] 谢崇宝,张国华,高虹,等. 我国灌区用水管理信息化软件系统研发现状[J]. 节水灌溉,2009(02):8-10.

[57] 沈菊琴,陈明,陈晓坤. 农业节水投资与效益分析方法初探[J]. 灌溉排水,2001(04):51-55.

[58] 张宁,陆文聪,董宏记. 基于农村小型水利工程参与式管理模式的农户模型[C]. 第八届中国管理科学学术年会. 中国江苏南京,2006.

[59] 张宁. 农村小型水利工程农户参与式管理及效率研究——以浙江省为例的实证分析[D]. 杭州:浙江大学,2007.

[60] 孔祥智,史冰清. 当前农民专业合作社品牌建设的现状、问题与对策研究. 自主创新与持续增长第十一届中国科协年会,中国重庆,2009[C].

[61] 张兵,孟德锋. 农户参与灌溉管理意愿的影响因素分析——基于苏北地区农户的实证研究[J]. 农业经济问题,2009(02):66-74.

[62] 赵立娟,乔光华.农民用水者协会发展的制约因素分析[J].中国农村水利水电,2009(11):16-18.

[63] 郭玲霞,张勃,李玉文,等.妇女参与用水户协会管理的意愿及影响因素——以张掖市甘州区为例[J].资源科学,2009(08):1321-1327.

[64] 陈永福,于法稳.农户意愿灌溉水价影响因素的实证分析——以内蒙古河套灌区为例[J].中国农村观察,2006(04):42-47.

[65] 韩青,袁学国.参与式灌溉管理对农户用水行为的影响[J].中国人口·资源与环境,2011(04):126-131.

[66] 刘辉,陈思羽.农户参与小型农田水利建设意愿影响因素的实证分析——基于对湖南省粮食主产区475户农户的调查[J].中国农村观察,2012(02):54-67.

[67] 曾桂华.农民用水者协会参与灌溉管理的研究——以山东省为例[D].济南:山东大学,2010.

[68] 周利平,苏红,付莲莲.农民参与农村公共产品建设意愿的影响因素研究——基于江西省639份调查问卷的实证分析[J].江西农业大学学报(社会科学版),2012(03):42-47.

[69] 李熠煜.关系与信任:中国乡村民间组织实证研究[M].北京:中国书籍出版社,2004.

[70] 阎占定.新型农民合作经济组织参与乡村治理研究[D].武汉:华中农业大学,2011.

[71] 刘美萍.我国农村非政府组织生长动力机制研究[J].理论与改革,2007(4):66-68.

[72] 李武.农村社会化服务组织的合作机制研究[D].南昌:南昌大学,2009.

[73] 苏杨珍.村民自发供给公共物品的行为逻辑[D].济南:山东大学,2007.

[74] 贺雪峰.熟人社会的行动逻辑[J].华中师范大学学报(人文社会科学版),2004(1):5-7.

[75] 王志华.参与视角下的村民合作——以云南易村为研究对象[D].武汉:华中科技大学,2007.

[76] 吴理财.对农民合作"理性"的一种解释[J].华中师范大学学报(人文社会科学版),2004(1):8-9.

[77] 徐超.农民合作的困境——以J市Y村水利为例[D].武汉:华中科技大学,2007.

[78] 刘滨,康小兰,王珂.农民行为逻辑与合作能力:一个新的阐释视角[J].江西农业大学学报(社会科学版),2009,8(2):30-34.

[79] 陈毅,袁明旭.集体行动中合作何以可能[J].北京化工大学学报(社会科

学版),2006(4):10-13.

[80]赵立娟,史俊宏.农民用水者协会持续运行的博弈分析[J].兰州商学院学报,2010,26(1):103-106.

[81]蒋明,孙赵勇.农民专业合作经济组织问题探析——基于博弈理论的实证分析[J].科技进步与对策,2011,28(2):28-32.

[82]王孝莹,张可成,胡继连.农户生产合作博弈模型[J].运筹与管理,2006,15(3):114-118.

[83]梁巧转,马建欣.不同激励机制有效性的系统分析[J].系统工程理论与实践,1999(5):13-17.

[84]徐宏毅,张子刚,李晓慧.国有资本的代理人激励机制模型研究[J].武汉大学学报(工学版),2001,34(2):107-109.

[85]魏光兴,覃燕红,蒲勇健.联合契约:基于公平心理偏好的行为博弈分析[J].系统工程,2006,24(9):32-37.

[86]李志敏,杜纲.非营利组织人力资本的动态激励机制[J].西北农林科技大学学报(社会科学版),2006,6(5):75-79.

[87]周金阳,戴毓,周德群.国有农业企业经营者激励机制研究[J].农业经济问题(月刊),2008(10):96-100.

[88]董宏纪,张宁.小型水利工程农户参与式管理的激励机制设计——理论模型与实证分析[J].中国农村水利水电,2008(10):50-53,57.

[89]王小龙.我国公共部门的劳动契约和敬业激励——一个存在委托人道德风险的理论模型[J].经济研究,2000(11):45-49,57.

[90]张延人,顾江.官僚体制中的契约与激励机制[J].经济研究,2001(10):3-12,28.

[91]丁元耀.同时考虑隐藏信息与隐藏行动的激励约束机制[J].数量经济技术经济研究,2003(4):122-125.

[92]黄宁静.农民专业合作组织的激励机制研究[D].成都:西南交通大学,2006.

[93]崔思岚.我国农民专业合作经济组织农户成员激励机制研究[D].成都:四川省社会科学院研究生学院,2009.

[94]朱士华,丁丽.政府激励机制设计模式探析[J].玉林师范学院学报(哲学社会科学),2005,26(2):8-11.

[95]庞娟.博弈视角下农村社区公共品自愿供给的激励机制研究[J].学术论坛,2010(5):105-108,136.

[96]杨淑君.所有者与经理人双向激励约束机制研究[D].天津:天津大学,2004.

[97] 黄健柏.我国经理人市场激励契约设计与效率研究[D].长沙:中南大学,2004.

[98] 邓玉林.知识型员工的激励机制研究[D].南京:东南大学,2006.

[99] 吴一平.组织激励、契约设计与经济效率—激励理论在转轨时期产业组织分析中的应用[D].上海:上海财经大学,2006.

[100] 张朝孝.基于博弈论的员工激励与合作的机制研究[D].重庆:重庆大学,2003.

[101] 罗倩文.我国农民合作经济组织内部合作行为及激励机制研究[D].重庆:西南大学,2009.

[102] 李双燕,万迪昉,史亚蓉.互惠的激励作用研究:经验证据及启示[J].管理工程学报,2009(2):152-155.

[103] 李训.基于公平偏好的激励机制研究[D].重庆:重庆大学,2007.

[104] 钟美瑞.公平偏好视角下行为激励契约理论及应用研究[D].长沙:中南大学,2007.

[105] 魏光兴,覃燕红.基于公平偏好的同事压力及团队合作机制[J].山西财经大学学报,2008,30(6):64-69.

[106] 李蓉.农田水利市场化改革的制度经济学分析[D].武汉:华中师范大学,2008:56-58.

[107] 莫易娴.国内外水利建设投入机制的经验启示[J],农业经济与管理,2011(4):34-37.

[108] 张联,陈明,曾万华.法国水资源环境管理体制,世界环境 2000(3):23-25.

[109] 马培衢.农田水利市场化政策评价[J].农村经济,2014(5):23-27.

[110] 曲延春.农村公共产品市场化供给中的公共性流失及其治理——基于农村水利市场化的分析[J].中国行政管理,2014(5):45-48.

[111] 青木昌彦,奥野正宽[日].经济体制的比较制度分析[M].北京:中国发展出版社,1999.

[112] 关谷俊作.日本的农地制度(中译本)生活.读书[M].新知三联书店,2004.

[113] 陈菁,水谷正一,松井宏之.日本的农业用水管理研究[J].中国水利,2001(3):25-26.

[114] 田中景.日本经济过去.现状.未来[M].中国经济出版社,2004.

[115] 韩东.当代中国的公共服务社会化研究:以参与式灌溉管理改革为例[M].水利水电出版社,2010.

[116] 吴浓娣,编译.日本的灌排工程和土地改良[J],中国农村水利水电,

2001,2:33-36.

[117] 刘润堂.日本灌排事业与土地改良[J].中国水利,2002(3):17-20.

[118] Takeshi Shinohara, Yasutake Okano. Worldwide progress in the convergence of water conservancy management, information water management and broadcasting: the tasks facing Japan. NRI Papers No. 41 January 1, 2002.

[119] Yu Sakazume. Is Japanese land reformation a new system: a comparative study between apanese land reformation and water reformation [J]. Journal of Japan Water Management, 2005, 55(6): 341-349.

[120] Yoshiji Suzuki. Structure of the Japanese agricluture production system: elusiveness and reality[J]. Asian Business and Management, 2004, 3(2): 201-219.

[121] HideoAizaki,KazuoSato,Hiroshi Osar. Contingent valuation approach inmeasuring the multifunctional of agriculture and rural areas in Japan [J]. Paddy and Water Environment,2006(12):34-37.

[122] 水利部农村水利司.第六届用水户参与灌溉管理国际研讨会[C].灌溉协会,2005:34-39.

[123] 赵翠萍.参与式灌溉管理的国际经验与借鉴[J].世界农业,2012(02):18-22.

[124] 谢元鉴.构建中小型水利设施农民参与式管理体制研究[D].厦门:厦门大学,2006.

[125] 李鹏,张庆华,孟夏.灌区参与式管理存在的问题与对策[J].水文水资源,2006(04):15-19.

[126] 郭宗信,王焕明,边红彬.我国参与式灌溉管理中存在的问题及对策[J].研究与探讨,2007(05):37-40.

[127] 韩青.灌溉管理中的农户参与和参与式水利管理有效实施[J].国际比较与借鉴(下)世界农业,2009(06).

[128] 张玉飞.中国水资源安全法制保障研究[D].重庆:重庆大学,2005:63.

[129] 刘春生,廖虎昌,熊学魁,黄迪.美国水资源管理研究综述及对我国的启示[J].未来与发展,2011(6):12-16.

[130] 王广深.中国农村水利投融资机制的历史回顾与前瞻[J].社会科学,2012(1):13-15.

[131] 韩瑞光,马欢,袁媛.法国的水资源管理体系及其经验借鉴[J].中国水利,2012(11):54-57.

[132] Friedman D. Evolutionary games in economics[J]. Econometrica:

　　　　Journal of the Econometric Society，1991：637-666.

[133] Friedman D. On economic applications of evolutionary game theory [J]. Journal of Evolutionary Economics，1998，8（1）：15-43.

[134] Gintis H. Game theory evolving：a problem-centered introduction to modeling strategic interaction ［M］. Princeton University Press，2009.

[135] 刘江.世纪中国农业发展战略[M].北京：农业出版社，2000.

[136] 黄季焜.中国农业的过去和未来[J].管理世界，2004，（3）：95-104.

[137] 邓淑莲.中国基础设施的公共政策[M].上海：上海财经大学出版社，2003：40.

[138] 陆文聪，梅燕.中国粮食生产区域格局变化及其成因实证分析——基于空间计量经济学模型[J].中国农业大学学报（社会科学版），2007，（03）：140-152.

[139] 孙巍.生产资源配置效率—生产前沿面理论及其应用[M].北京：社会科学文献出版社，2000.

[140] 宋洪远，吴仲斌.盈利能力、社会资源介入与产权制度改革——基于小型农田水利设施建设与管理问题的研究[J].中国农村经济，2009，（3）：4-13.

[141] 刘欣.农村水利公共设施的供给与需求分析[J].中国农村水利水电，2007，（7）：131-134.

[142] 林万龙.中国农村公共服务供求的结构性失衡：表现及成因[J].管理世界，2007，（9）：62-68.

[143] 李泉.中国农田水利发展：反思与检讨——兼论城乡一体化进程中的农村公共产品供给[J].中国农村水利水电，2012，（8）：1-8.

[144] 潘志富.浅谈基层水利管理存在的问题及对策[J].水利科技与经济，2008，（02）：101-103.

[145] 杨梅茹，张庆华，刘绍伟，等.山东省农村水利建设存在的问题与对策研究[J].水利经济，2008，（06）：48-50.

[146] 刘能胜，毛羽飞，龙立华.从武夷山市农民用水者协会经验看我国农村水利管理对策[J].农村经济与科技，2010，（12）：45-46.

[147] 王娟丽，马永喜.台湾农田水利管理模式及机制[J].农田水利，2012，（15）：44-47.

[148] 吴平，谭琼.我国粮食主产区农田水利设施配置效率及区域差异分析[J].农业现代化研究，2012，33（3）：331-335.

[149] 孟德锋，张兵.灌溉管理、农户参与和农业生产技术效率——基于淮河

流域经验数据的随机前沿分析[Z].中国北京:2010.

[150] 张兵,孟德锋,刘文俊,等.农户参与灌溉管理意愿的影响因素分析——基于苏北地区农户的实证研究[J].农业经济问题,2009,(02):66-72.

[151] 张宁,陆文聪.中国农田水利管理效率及其农户参与性机制研究[J].自然资源学报,2012,27(3):353-362.

[152] 陈贵华.新中国农田水利发展的制度性特征分析[J].中国农村水利水电,2011,(10):146-148.

[153] 周玉玺,胡继连,周霞.农田水利基础设施的供给制度选择[J].改革,2005,(3):59-65.

[154] 刘铁军.产权理论与小型农田水利设施治理模式研究[J].节水灌溉,2007,(3):50-53.

[155] 王克强,王春明,俞虹.农田水利基础设施农户参与管理决策机制研究[J].农村经济,2011,(9):92-95.

[156] 刘红梅,李国军,王克强.基于引力模型的中国农业虚拟水国内贸易影响因素分析[J].中国农村经济,2011,(05):21-32.

[157] 吴泽俊,吴善翔.小型农田水利工程治理模式变迁与选择研究[J].中国农村水利水电,2012,(08):5-8.

[158] 王振颖,曹丽娜.基于GIS的辽宁省农田水利管理信息系统研究[J].中国农学通报,2006,(06):449-451.

[159] 王军,王丽学,王振颖.基于GIS的灌区灌溉管理信息及决策支持系统的研究与应用[J].现代农业科技,2006,(06):114-115.

[160] 王丽学,崔鹭,付翔,等.基于GIS的东港灌区管理信息系统[J].中国农村水利水电,2006,(08):12-13.

[161] 姚寒峰.中国农村水利管理信息系统建设实践与研究[J].中国水利,2008,(19):24-26.

[162] 张宁.农村小型水利工程农户参与式管理及效率研究[D].杭州:浙江大学,2007:242.

[163] 刘文.我国农业基础设施建设与管理研究[D].武汉:华中农业大学,2008:179.

[164] 钱文婧,贺灿飞.中国水资源利用效率区域差异及影响因素研究[J].中国人口·资源与环境,2011,21(02):54-60.

[165] 郭军华,倪明,李帮义.基于三阶段DEA模型的农业生产效率研究[J].数量经济技术经济研究,2010,(12):27-38.

[166] 朱立志,邱君,魏赛.华北地区农用水资源配置效率及承载力可持续性研究[J].农业技术经济,2005,(06):28-32.

[167] 王学渊,赵连阁.中国农业用水效率及影响因素——基于 1997—2006 年省区面板数据的 SFA 分析[J].农业经济问题,2008,3:10-17.

[168] 王金霞,黄季焜,Scott R.地下水灌溉系统产权制度的创新与理论解释——小型水利工程的实证研究[J].经济研究,2000:(04):66-74.

[169] 王学渊.基于 DEA 和 SFA 方法的农户灌溉用水效率比较研究——以西北地区的实地调查数据为例[J].中国农村水利水电,2010,(01):8-13.

[170] 王金霞,黄季焜,Scott R.激励机制、农民参与和节水效应:黄河流域灌区水管理制度改革的实证研究[J].中国软科学,2004,(11):8-14.

[171] 朱红根,翁贞林,康兰媛.农户参与农田水利建设意愿影响因素的理论与实证分析——基于江西省 619 户种粮大户的微观调查数据[J].自然资源学报,2010,25(04):539-546.

[172] 王金霞.地下水灌溉系统产权制度创新、效率及政策[D].中国农业科学院,2000:174.

[173] 胡晓光,刘天军.农户参与小型农田水利设施管护意愿的影响因素——基于河南省南阳市的实证研究[J].江苏农业科学,2013,(04):377-380.

[174] 胡志强.小型农田水利工程建设影响因素的系统分析[D].长沙:中南大学,2012:69.

[175] 柴盈,曾云敏.管理制度对我国农田水利政府投资效率的影响——基于我国山东省和台湾省的比较分析[J].农业经济问题,2012,(02):56-64.

[176] 袁伟民,陈曦,柴建,等.我国农业水资源管理相关研究的分析与评价[J].中国农机化学报,2013,34(04):261-265.

[177] 吴玉鸣.中国区域农业生产要素的投入产出弹性测算——基于空间计量经济模型的实证[J].中国农村经济,2010,(06):25-37.

[178] 吴玉鸣.县域经济增长集聚与差异:空间计量经济实证分析[J].世界经济文汇,2007,(02):37-57.

[179] 蒲勇健,张强,黄森.西部地区经济发展效率及其影响因子分析——基于 Malmquisit 指数与空间计量模型的结合[J].系统工程,2012,30(09):94-100.

[180] 王珏,宋文飞,韩先锋.中国地区农业全要素生产率及其影响因素的空间计量分析——基于 1992—2007 年省域空间面板数据[J].中国农村经济,2010,(08):24-35.

[181] 王学渊.基于前沿面理论的农业水资源生产配置效率研究[D].杭州:浙

江大学,2008.

[182] 曹芳东,吴江,徐敏. 基于空间计量经济模型的县域经济发展差异研究——以江苏省为例[J]. 地域研究与开发,2010,29(6):23-28.

[183] Kaneko S, Tanaka K, Toyota T, et al. Water efficiency of agricultural production in China: regional comparison from 1999 to 2002[J]. International Journal of Agricultural Resources, Governance and Ecology, 2004, 3(3): 231-251.

[184] Aigner D J, Chu S. On estimating the industry production function [J]. The American Economic Review, 1968, 58(4): 826-839.

[185] Anselin L. Spatial econometrics: methods and models[M]. Springer, 1988.

[186] Kumbhakar S C. Stochastic frontier analysis[M]. Cambridge University Press, 2003.

[187] Charnes A, Cooper W W, Rhodes E. Measuring the efficiency of decision making units[J]. European Journal of Operational Research, 1978, 2(6): 429-444.

[188] Fan S. Effects of technological change and institutional reform on production growth in Chinese agriculture[J]. American Journal of Agricultural Economics, 1991, 73(2): 266-275.

[189] Yang C, Chen X, Xu J. A method to optimize gross fixed capital investments for water conservancy in China[J]. Economic Systems Research, 2008, 20(2): 151-172.

[190] Yan D, Feng J, Li C, et al. General framework and key issues concerning integrated strategies for coping with drought and flood in China in a changing environment[J]. Natural hazards, 2012, 64(1): 577-592.

[191] Kinzli K, Martinez M, Oad R, et al. Using an ADCP to determine canal seepage loss in an irrigation district[J]. Agricultural Water Management, 2010, 97(6): 801-810.

[192] Zhang N, He H M, Zhang S F, et al. Influence of reservoir operation in the upper reaches of the Yangtze River (China) on the inflow and outflow regime of the TGR-based on the improved SWAT model[J]. Water Resources Management, 2012, 26(3): 691-705.

[193] Oad R, Garcia L, Kinzli K, et al. Decision support systems for efficient irrigation in the Middle Rio Grande Valley[J]. Journal of Irriga-

tion and Drainage Engineering, 2009, 135(2): 177-185.

[194] Liu J, Zang C, Tian S, et al. Water conservancy projects in China: Achievements, challenges and way forward[J]. Global Environmental Change, 2013.

[195] Feng L H, Huang C F. A risk assessment model of water shortage based on information diffusion technology and its application in analyzing carrying capacity of water resources[J]. Water Resources Management, 2008, 22(5): 621-633.

[196] Liu X, Chen X. Methods for approximating the shadow price of water in China[J]. Economic Systems Research, 2008, 20(2): 173-185.

[197] Whitford A B, Clark B Y. Designing property rights for water: mediating market, government, and corporation failures[J]. Policy Sciences, 2007, 40(4): 335-351.

[198] Yu L. The Huanghe (Yellow) River: recent changes and its countermeasures[J]. Continental Shelf Research, 2006, 26(17): 2281-2298.

[199] Li Z, Li X, Xu Z. Impacts of water conservancy and soil conservation measures on annual runoff in the Chaohe River Basin during 1961—2005[J]. Journal of Geographical Sciences, 2010, 20(6): 947-960.

[200] Pearsall S H, Mccrodden B J, Townsend P A. Adaptive management of flows in the lower Roanoke River, North Carolina, USA[J]. Environmental Management, 2005, 35(4): 353-367.

[201] Gensler D, Oad R, Kinzli K. Irrigation system modernization: case study of the Middle Rio Grande Valley[J]. Journal of Irrigation and Drainage Engineering, 2009, 135(2): 169-176.

[202] Piper S, Martin W E. Evaluating the accuracy of the benefit transfer method: a rural water supply application in the USA[J]. Journal of Environmental Management, 2001, 63(3): 223-235.

[203] Yang Y E, Zhao J, Cai X. Decentralized optimization method for water allocation management in the Yellow River Basin[J]. Journal of Water Resources Planning and Management, 2011, 138(4): 313-325.

[204] Zhang H. The analysis of the reasonable structure of water conservancy investment of capital construction in China by AHP method[J]. Water Resources Management, 2009, 23(1): 1-18.

[205] 国务院.国家农业节水纲要(2012—2020年)[R].北京:国务院,2012.

[206] 中共中央,国务院.关于加快水利改革发展的决定[R](2010).

[207] 国务院.关于实行最严格水资源管理制度的意见[R].2012.

[208] 水利部农村水利司,中国灌溉排水发展中心.中国大型灌区[DB/OL].[2013-9-23].http://www.dxgq.org.cn/WMGIS/index.aspx.

[209] 周学文.我国水利建设现状、问题及对策[EB/OL].[2011-3-23].http://www.npc.gov.cn/npc/xinwen/2011-03/23/content_1648671.htm.

[210] 2011年中央一号文件《中共中央国务院关于加快水利改革发展的决定》发布[J].中国水利,2011,4(3).

[211] 朱立言,张强.美国政府绩效评估的历史演变[J].湘潭大学学报(哲学社会科学版),2005,(1):1-7.

[212] 陈昌盛,蔡跃洲.中国政府公共服务:体制变迁与地区综合评估[M].北京:中国社会科学出版社,2007:23-25.

[213] 张小玲.国外政府绩效评估方法比较研究[J].软科学,2004,(5):1-4.

[214] Steven. R. GFOA and the evolution of performance measurement in government[J], Government Finance Review, 2005, (10): 50-52.

[215] Julian. V. The utilization of the logic model as a system level Planning and evaluation Device[J]. Evaluation and Program Planning, 1997(3): 251-257.

[216] Millar, A. Simeone, R. S. & Carnevale, J. T. Logic models: a system stool for performance management [J]. Evaluation and Program Planning, 2001(24): 73-81.

[217] Shih-Jen Kathy Ho, Yee-ching Lilian Chan. Performance measurement and implementation of balanced scorecards in municipal governments [J]. The Journal of Government Financial Management, 2002 (4): 8-19.

[218] Berman, Evan, Xiao Hu Wang. Performance measurement in U. S. counties: capacity for reform [J]. Public Administration Review, 2000(5): 409-420.

[219] De Lancer Julnes , Patria and Marc Holzer. Promoting the utilizations of performance measuresin public organizations: an emPirical study of factors affecting adoption and implementation [J]. Public Administration Review, 2001(6): 693-708.

[220] Behn, Robert. Why measure performance different purposes require different measures[J]. Public Administration Review, 2003 (5): 586-604.

[221] Carl G . Thor . How to find, select and display performance meas-

ures in government[J]. Cost Management, 2003(3): 31-38.

[222] Sean Nicholson. Crotty, Nick A, Theobald and Jill Nicholson Crotty. Disparate measures: public managers and performance, Measurement Strategies [J]. Public Administration Review, 2006(1): 101-113.

[223] Project Mnament Instituet. A guide to the project managemnt body of konwledge. Project Management Institute Standard Committee. 2000: 213-259.

[224] 卢荣勤,董丽荣,毛民治. 水利工程后评价[J]. 东北水利水电,1995 (10): 23-25.

[225] 朱志刚. 财政支出绩效评价研究[M]. 北京:中国财政经济出版社, 2005: 51-52.

[226] 冯国斌,张立中. 黄河三门峡水利枢纽后评价[J]. 人民黄河,2001(12): 39-42.

[227] 水利部松辽水利委员会,东北水利经济研究会. 察尔森水库后评价 [M]. 长春:吉林科学技术出版社,2000: 22-26.

[228] 赵晖. 浅谈水利建设项目后评价[J]. 水利经济,2002,(1):50-53.

[229] 白鸿莉. 开展水利工程建设项目后评价的意义[J]. 山西水利科技, 2004,(1):72-74.

[230] 孙湘琴,钱善扬. 后评价是水利工程基本建设的重要程序[J]. 浙江水利 水电专科学校学报,2002,01:42-45.

[231] 黄少锋,佟玉冬,刘继光. 水利工程后评价的作用[J]. 中国农村水利水 电,2003,(04):76-79.

[232] 张仁田,章劲秋,童利忠. 水利工程项目后评价研究[J]. 江苏水利, 2004,09:7-11.

[233] 王萍. 浙江省水利项目后评价指标体系和方法研究[D]. 杭州:浙江大 学,2006.

[234] 陈守煜,李庆国. 多指标半结构性模糊评价法在水利工程后评价中的应 用[J]. 水利学报,2004,04:27-32.

[235] 吴松娟. 基于DEA的水利建设项目后评价研究[D]. 南京:河海大 学,2005.

[236] 韩栋. AHP的两种近似算法在水利项目后评价中的比较[J]. 中国农村 水利水电,2006,04:88-89.

[237] 张立中. 黄河三门峡水利枢纽后评价国民经济评价方法[J]. 华北水利 水电学院学报(社科版),2003,02:95-97.

[238] 苏学灵,纪昌明,黄小锋. 基于投影寻踪的水利工程后评价模型[J]. 水

力发电,2009,03:95-97.

[239] 李暄煜. 水利建设项目综合效益评价指标体系构建与应用方法研究 [D]. 天津:天津大学,2006.

[240] 刘礼军. 水利工程项目绩效评价的研究[D]. 西安:西安理工大学,企业管理,2005.

[241] 曹卫平. QF集团农业灌溉项目绩效综合评价研究[D]. 西安:西安理工大学,工商管理,2006.

[242] 张新玉. 水利投资效益评价理论、方法与应用[D]. 南京:河海大学,水利水电工程,2002.

[243] 张莉萍. 地方财政支出绩效评价体系构建研究[D]. 重庆:西南财经大学,2008.

[244] 梁国华. 农村公路工程项目绩效评价理论与方法研究[D]. 西安:长安大学,2008.

[245] 茆英娥. 地方政府一般预算绩效评价指标体系的构建[J]. 财经论丛,2007,9(5):31-36.

[246] 胡永铨. 基于和谐发展观的项目社会评价体系研究[J]. 科技进步与对策,2006,1:129-131.

[247] 吕伟华. 基于PM的高校创新实践活动评价体系研究[D]. 大连:大连理工大学,2009.

[248] 李贵山. 基于模糊综合评价的吉林省公路运输绩效评价[D]. 吉林:吉林大学,2007,4:1-24.

[249] 师宝山. 基于DEA算法的建设工程项目评标方法应用研究[J]. 郑州轻工业学院学报,2007,22(4):151-153.

[250] 王建华,闻燕. DEA方法在绩效评价中的应用与扩展[J]. 科技管理研究,2007,8:101-105.

[251] Levine P, et al. Rules integra data in a multicriteria decision support system[J]. IEEE Transactions on SMC, 1990, 20(3): 678-685.

[252] 姜伟新,张三力. 投资项目后评价[M]. 北京:中国石化出版社,2001:63-84.

[253] 王义嘉,傅梅烂. 基于9个水利建设指标对浙江省水利建设绩效的评价[U]. 中国农村水利水电,2007(5):55-57.

[254] 黄元发,胡有洲. 浅谈"小农水"项目,施工现场安全管理[J]. 湖南水利水电,2011(1):88-89.

[255] 骆浩文,梁俊芬,张禄祥,等. 广东省农业标准化绩效评价方法研究[J]. 广东农业科学,2008(9):114-117.

[256] 贺勇. AHP 在财政专项资金项目绩效评价指标权重确定中的应用 [A]. 中国农业技术经济研究会,2010,(7):20-25.

[257] De Lancer Julnes, Patria and Marc Holzer. Promoting the utilizations of performance measuresin public organizations：an emPirical study of factors affecting adoption and implementation [J]. Public Administration Review, 2001, (6)：693-708.

[258] Jarvis, C. B, Mackenzie, S. B, Podsakoff, P. M. A critical review of construct Indicators and measurement model misspecification in marketing and consumer research. Journal of Consumer Research. 2003.

[259] 陈岩. 基于可持续发展观的水利建设项目后评价研究[D]. 南京:河海大学,2007.

[260] 李钟群. 浙江农田水利工程绩效评价研究[D]. 杭州:浙江大学, 2012.

[261] 焦树锋. AHP 法中平均随机一致性指标的算法及 MATLAB 实现[J]. 太原师范学院学报(自然科学版),2006(4).

[262] 李友华,韦恒. 科技成果推广转化绩效评价理论与方法研究[M]. 北京:中国农业出版社,2008.

学术关键词索引

后　记

　　水利市场化管理是一项长期的、全面的、复杂的任务,涉及的利益主体多、关系复杂、理论性强、操作难。虽然在中国对市场化管理的研究还处于起步阶段,尤其是对水利市场化管理有效实施的研究也比较局限,近期来有关水利市场化管理出现了两种不同的声音,市场化管理理解各异,导致评价也褒贬不一。本研究通过三年时间的大量实地调研,用数据说明了我国水利市场化管理的现状、困境及出路选择。同时,由于本人精力有限,虽经过了大量的调查,但在研究与计算过程中仍然不可避免地存在一些不足和局限,这同时也将成为以后的研究方向:第一,针对政府和农户的动态博弈结论是否与实践存在偏差,还有待于进一步论证;第二,本文缺乏对从相应的水利市场化管理有效实施,以及对政府、农户、村集体三者之间组成的系统完整的水利市场化管理有效实施的研究;第三,随着水利市场化管理利益主体行为的变化,并随着市场的动态演化,应及时调整政府激励措施和确保市场化管理有效实施的保障体系,并需加快构建其实施效果的追踪和评价机制。

　　在农户水利市场化管理中,由于政府、集体和农户的地位是不平等的,农户相对处于弱势,为了保障其利益和诉求,既要构建政府对集体的监督机制,还应构建农户对强势主体的监督机制,并以此为切入点,探索水利市场化管理中的政府责任制建设。

　　在几个项目研究期间,我得到了美国肯塔基大学(Univiersity of Kentucky)对本人在美的实地调研、会议出席及本课题的 Siminar 的讨论的帮助,让我有机会学习了很多美国博士生的研究经历及研究方法,所有这些都对本研究起到了关键性的作用。感谢美国肯塔基大学 Pro. Wuyang Hu 和 Dr. Guzhen Zhou 对本项目研究的大力支持,感谢浙江大学陆文聪教授、盐城工学院周博博士、中国地理与资源研究所在读博士后姚旻教授、杭州电子科技大学申恩平教授的批评与指正,感谢杭州电子科技大学对本书的出版资助。